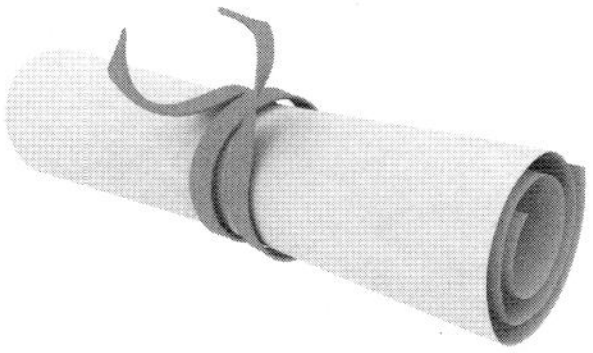

黄埔风云榜

Huangpu Popularity Ranking List

HUANGPU POPULARITY RANKING LIST

孙中山是民主革命先行者，为了人民，为了国家，可以抛弃一切个人恩怨，可以撇开任何意识形态的分野。他爱书本，因为知识可以给人以智慧；他爱革命，因为革命可以给人民以幸福；他爱女人，因为女人是无私的母爱的代名词。作为国父，孙中山从铁与血的教训中才认识到革命党与革命军的重要性：有了革命党，才能造就革命军；有了革命军，才能缔造革命政权。

没有孙中山，就没有“亲爱精诚”的黄埔军校，就没有 20 世纪叱咤风云的黄埔系；没有新三民主义思想的确立，就没有大革命时代国共的第一次合作；没有“不要钱，不要命，爱国家，爱百姓”的黄埔精神，就没有黄埔师生的可歌可泣。一部黄埔风云史，就是 20 世纪中国的发展史。合与分，斗与争，黄埔师生皆是主角。

黄埔教父孙中山

HUANGPU POPULARITY RANKING LIST

曹 群◎著

人民东方出版传媒
東方出版社

责任编辑：孙兴民
装帧设计：史宪罡
版式设计：东昌文化
责任校对：张　彦

图书在版编目（CIP）数据

黄埔教父孙中山／曹群 著．－北京：东方出版社，2014.1
（黄埔风云榜系列）
ISBN 978－7－5060－5546－8

I. ①黄…　II. ①曹…　III. ①孙中山（1866~1925）－生平事迹
IV. ① K827=6
中国版本图书馆 CIP 数据核字（2012）第 250838 号

黄埔教父孙中山
HUANGPU JIAOFU SUNZHONGSHAN

曹　群　著

東方出版社 出版发行
（100706　北京市东城区隆福寺街 99 号）

保定市北方胶印有限公司印刷　新华书店经销

2014 年 1 月第 1 版　2014 年 1 月北京第 1 次印刷
开本：710 毫米 ×1000 毫米 1/16　印张：25　字数：344 千字

ISBN 978－7－5060－5546－8　定价：42.00 元

邮购地址 100706　北京市东城区隆福寺街 99 号
人民东方图书销售中心　电话（010）65250042　65289539
发行电话（010）65210059　65210060　65210062　65210063

黄埔教父孙中山

HUANGPU JIAOFU SUNZHONGSHAN

目 录
CONTENTS

绪论
从“教父”到“国父”

在2009年共和国六十周年国庆期间去过天安门广场的人都应该不会忘记，在天安门广场上那座中国自古以来最大的、共和国为纪念中国近现代史上的革命烈士而修建的人民英雄纪念碑的正北面，摆放着中国革命的先行者孙中山先生的巨幅画像，恰巧与天安门城楼上悬挂的毛泽东像遥遥相望。

在共和国重大节日期间，在天安门广场悬挂伟人画像，是提醒国人不要忘记那些缔造共和国的民族英雄。孙中山是中国近代革命的先驱。每逢“五一”劳动节和国庆期间，孙中山先生画像都竖立在天安门广场上，与毛泽东画像一南一北，遥相凝视，这是自20世纪50年代以来共和国政府确定下来的一个庆典惯例。由此，可以看出中共对辛亥革命的高度评价，反映了中共领导人对历史的尊重，对孙中山先生的尊敬。

孙中山是当之无愧的黄埔教父，可以说，没有黄埔军校就没有现代中国。海外民国史专家、美籍华裔著名历史学家唐德刚说：“没有黄埔军校就没有北伐；没有北伐就没有国民党的政权；没有国民党的政权，抗战期间中国就没有政府。国共两党的高层人士都和黄埔军校有关系，可以说没有黄埔军校就没有现代中国。整个一部中国近代史，逃不掉黄埔的影子。黄埔军校诞生于中国的军阀时代，它的诞生统一了中国的革命军，打掉了军阀，开启了中国的一个新时代。”

黄埔军校创建的历史背景

1924年成立的黄埔军校是国共两党在俄国人支援下合作创办的一所军事学校。孙中山为什么要创办黄埔军校？这是孙中山总结吸取此前革命斗争的经验教训所做出的重大决策。

1900年，孙中山在惠州举旗反清，因无援军、弹药不足失败。1903年，他在日本创办青山军校培养军事骨干。1905年，他在东京成立中国同盟会，鹄的是推翻专制，建立共和。1908年至1911年，孙中山吸取失败教训，开始寄望于清朝新军，鼓动他们倒戈暴动，相继有1910年2月的广州起义、1911年3月的“三・二九”起义等，直至1911年4月27日的黄花岗之役才震惊了清廷。同年10月10日，革命党人在新军中宣传革命道理，打响起义第一枪，武昌首义成功。1912年，同盟会联合其他党派改组为中国国民党，以扫除专制、建立民国为目的。孙中山在《革命方略》中，首次提出建立国民军，制定军队的编制、军官的等级、军饷、军律等，在思想上和组织上为建立革命武装作了准备。然而，随着革命形势的迅猛发展，孙中山并未着手创建属于革命党直接领导的革命军，而是“空手套白狼”，利用未经整改的缺少牺牲奋斗精神的地方武装力量。

辛亥起义胜利后，孙中山不但没有对倾向革命的新军和各省起义的武装力量进行重组和整顿，而且，他竟于4月1日把中华民国临时总统宝座拱手让与了包藏祸心的袁世凯，以致在“护法反袁”斗争中，不得不利用桂系和滇系军阀，鼓动他们自相残杀，消除革命阻力。但是，滇、桂军阀却挂羊头卖狗肉，假“护法”之名，行割据之实，在广东革命政府中，政令不能出府门。孙中山由此认识到：“欲争取真共和，非得强大之海陆军。”为了改变局面，孙中山又倾注全力培养陈炯明，依靠粤军将滇、桂军阀赶出广东，第二次建立广东革命政府。但是，陈炯明依旧不改旧军阀恶习，于 1922 年 6 月 16 日突然发动叛乱，炮轰总统府，孙中山不得不仓皇避难永丰舰。

检讨以往的得失，孙中山痛定思痛，说：“我们国民党革命三四十年，从未指挥过自己的军队打仗，差不多全是利用着人家来打仗，一旦利害问题发生了，非但靠不住，而且会造起反来。”为了讨伐陈逆，孙中山又利用杨希闵、刘震寰的滇、桂联军赶走陈炯明，再次建立了广东革命政权，但是，滇、桂联军把持财政，拥兵自重。孙中山愤然地说：“吾国之大患，莫过于武人之争雄，南与北如一丘之貉，没有哪一种军队可以居革命的地位。”进一步“认识到依靠一派军阀去打倒另一派军阀是断无成就的，在建军问题上非寻找新的道路不可”，而苏俄革命的成功，也是促成孙中山创建军校的一个重要因素。

黄埔军校的创办与苏联、共产国际的建议和帮助是分不开的。黄埔军校的创建是国共第一次合作的杰出产物，中共积极参与军校的酝酿、筹备、组建以及教学诸事务：“共产国际代表马林会晤孙中山，中国共产党为其提供便利条件；在陈炯明叛变，孙中山绝望之际，中国共产党给予他热情的支持；孙中山组织‘孙逸仙博士代表团’访苏，共产党人积极参加。”可以说，“孙中山和国民党左派及中国共产党人的合作努力”，“是军校创建的主要动力和根本支柱。”

在蒋介石率团访苏期间，国民党临时中央执委会专门讨论了军校创建问题，让廖仲恺等人负责筹办军校。国民党一大后，苏联顾问鲍罗廷即将第一批苏联军事顾问推荐给孙中山，“帮助设计”军校。随后，苏联又应孙中山之请先后派来几十名顾问，主要指导国民党创建黄埔军校。无论是在编制体制上，还是军事教育训练上，黄埔军校深受苏联红军的影响，都深深地打上了苏军的烙印。黄埔军校突出政治教育的特征，是孙中山“以俄为师”的办学方针的具体体现。苏联顾问帮助制订教学计划，提供最新的苏联红军资料，重订各科教程，在教学中亲自示范和教练，所以，黄埔军校显著的教育成绩，“是与苏联顾问在教学实践中的帮助分不开的”。

黄埔军校的发展也离不开苏联的帮助。黄埔军校宣告成立后，困难重重，在关键时刻，苏联在人财物方面给予了无私的支援，帮助黄埔军校渡过了草创之际的难关。据统计，除派遣军事顾问外，苏联提供了250万卢布的经费，先后6次运来了大批的枪炮弹药，计有步枪51000枝，子弹57400万发，机枪1090挺等，从根本上保证了军校的训练、建军及东征北伐的顺利进行。

蒋介石、周恩来与黄埔军校

1924年1月20日，国民党一大召开。会上，孙中山重新解释了“三民主义”，制定了“联俄、联共、扶助农工”的三大政策，决议改组中国国民党，实行国共合作创办军校，组建国民革命军。1月24日，孙中山下令在黄埔岛筹建军校，委派蒋介石、廖仲恺为建校筹委会正、副委员长。然而筹建工作，一波三折。

蒋介石为何能当上黄埔校长，由此崛起为“黄埔枭雄”？蒋介石当黄埔校长，这是当时多种时代因素的组合而造成的一个历史必然。首先，蒋介石对孙中山表现得很忠诚，又学过军事，有一定军事才能，当时才三十出头，年轻有为，得到了孙中山的充分信任。其次，当时国民党内缺乏军事人才，蒋介石又“毛遂自荐”，出使苏俄。第三，关于校长人选，孙中山最初决定为程潜，而让蒋介石、李济深当副手。但是，蒋介石不愿在程潜之下，就闹个人情绪，消极对抗，于1924年2月21日，突然辞职，出走上海、宁波、奉化，并请张静江出面说情，孙中山就在5月3日任命蒋介石为校长。

蒋介石亲自主政黄埔期间，此一时期他的治军思想主要来源于中国传统治军思想，兼容苏俄红军的治军原则。蒋介石的治军思想从客观效果上讲，对军校及军中良好作风的形成，对军队政治素质的提高有一定的积极作用；另一方面，他又利用他的特殊职位极力推行曾国藩、胡林翼那套封建主义、旧式军阀思想与方法，树立个人权威，把黄埔军校变成蒋记军校。

周恩来作为黄埔政治部主任，为军校政治工作的创建和发展做出了重要的贡献。第一，建立、健全政治部组织机构和工作制度。周恩来一上任政治部主任，马上就整顿原来班子，增设组织机构，从黄埔一期毕业生中选调优秀共产党员任职，保证政治部正常运转。第二，制定了服务细则，明确了政治工作宗旨，规定了各级领导的权力范围和工作职责，提高政治教育分量，重订政治教育计划，丰富政治教学内容。他采取的主要措施有三："一是确定政治教学课目，制定政治教学计划"；"二是扩大名人来校作政治演讲的范围和内容，并举办师生政治讨论会"；"三是组织政治部创办刊物，教唱革命歌曲，营造浓厚的进步的政治氛围"。第三，组建"中共黄埔特别支部"，成立"中国青年军人联合会"，加强和扩大中共在黄埔的政治影响，中共黄埔党组织得以迅速发展。第四，把政治教育同实战相结合，开展战时政治工作。周恩来对黄埔师生所进行的战时政治工作成效显著。总之，"周恩来在黄埔军校的政治工作，创造了光辉的业绩。"

特殊的黄埔师生群体

黄埔师生作为20世纪中国的一个特殊群体，历来备受关注，尤其是前六期生，更是被关注的焦点。据统计，黄埔军校在第一次国共合作期间共招收六期学生，前六期生总数量约为1.18万人。在民国国民党军界中，前六期黄埔生是最有地位和影响力的，而且，在前六期生内也讲究年级这一资历，前后期之间界限泾渭分明，高一期引以为傲，低一期自甘屈就。其中黄埔一期生更自诩为"天子门生"。比如说，戴笠就每每以身为六期生而遗憾。从黄埔一期生的生源、出身、文化程度、入校年龄、信仰等情况来看，黄埔一期生来自农民家庭的学员居多，年龄大多在18到28岁之间，地域分布广，利于互相交流学习和取长补短，具备中等以上的文化程度，便于接受新知识，大多数学生无宗教信仰，为迅速接受三民主义提供了有利的土壤。黄埔四期步科生阙汉骞回忆："虽然是军官学校军队之生活，仍保有文学校儒雅之作风，尤其同学间相亲相爱相互切磋之精神，有如家人兄弟骨肉……"

再看黄埔一期师生中的中共党员，教职员中有 15 人，学员中有 88 人。他们文化程度较高，阅历十分丰富，入党时间早，有的还是各地共产党组织创始人，多数是各地革命运动的骨干，一些人有过从军经历。这批共产党员经过在黄埔的学习和磨炼，后来大多成为中国革命的中坚力量。事实正是如此，共和国十大元帅中就有五位是从黄埔军校走出来的，他们是聂荣臻、叶剑英、陈毅、徐向前、林彪。可以说，孙中山是中国红色革命的奠立者。共和国第一代领导集体把辛亥革命当作中共党史研究不可缺少的一部分。1942 年，毛泽东就指出，"严格地讲，我们研究党史，只从一九二一年起还不能完全说明问题，从辛亥革命说起差不多，应该把党成立以前的辛亥革命和五四运动的材料研究一下"，"不然，就不能明了历史的发展。"

在国共两党的共同熏陶下，以黄埔师生为骨干的教导团和国民革命军战士，赴汤蹈火，前赴后继，无论是在平定"商团"叛乱，消灭滇、桂军阀，还是在两次东征铲除陈炯明叛乱，两次北伐打败军阀吴佩孚、孙传芳、张作霖等一百多场的殊死搏斗中，都是所向披靡，攻无不克，为巩固两广革命大本营，挺进宁、沪，一统中原，立下了赫赫的功勋。黄埔军校也由此扬名于中外，被誉为"东方的西点军校"和"将军的摇篮"。国民党军旅中的风云人物何应钦、陈诚、顾祝同、胡宗南、宋希濂、杜聿明、王耀武等都发迹于黄埔，还有那些黄埔英魂如曹渊、戴安澜等以及无数藉藉无名的中下级黄埔军官和士兵。不过，很遗憾的是，孙中山未能亲眼目睹东征、北伐的胜利盛况，于 1925 年 3 月 12 日在北京病逝。

黄埔军校与中国革命

黄埔军校曾是中国革命军队的摇篮，黄埔出身的国共将士在两次国共合作期间，为中国革命事业做出了不可磨灭的贡献。黄埔军校为反帝反封建的民主革命培养了大批政治军事人才，黄埔师生在东征、北伐和抗战中的出色表现，共同为中国人民反帝反封建的事业做出了重大贡献，一起树起了为国家为民族建功立业的历史丰碑。

毛泽东说："孙中山在政治思想方面留给我们许多有益的东西。"的确，辛亥革命和孙中山的一些经验、教训，是中共革命理论形成的"思想材料"，其中许多精华都被共产党人科学地继承下来。孙中山政治思想的核心内容是三民主义学说，主要实践活动是辛亥革命，也就是旧民主主义的理论与实践。而毛泽东思想的主要内容，就是新民主主义的理论与实践。它们之间联系密切，前者是后者的准备和基础，后者是前者的继承与发展。毛泽东对中国民主革命对象的分析和界定，就是对辛亥革命失败教训的超越和升华。辛亥革命中暴露了帝国主义与中国军阀"勾结为恶"，挑动内战，破坏中国和平与统一，阻碍了中国生产力的发展，是最落后最反动的势力，由此认定："帝国主义"和"勾结帝国主义的军阀、官僚、买办阶级、大地主阶级以及附属于他们的一部分反动知识界，是我们的敌人"，是革命的对象。又如孙中山为上海求是中学的题词："实事求是。"这对毛泽东的影响很大，毛泽东曾说："孙中山注意研究中国历史情况和当前社会情况方面，是值得我们学习的。"并指出："从孔夫子到孙中山，我们应当给以总结，承继这一份珍贵的遗产。"

关于中国共产党领导的新民主主义革命与孙中山领导的资产阶级民主革命的历史渊源，毛泽东不止一次地表达过类似于"我们是孙中山先生事业的继承者"这样的观点。例如，1956 年在纪念孙中山诞辰90周年之际，毛泽东就说：“现代中国人，除了一小撮反动分子以外，都是孙先生革命事业的继承者。我们完成了孙先生没有完成的民主革命，并且把这个革命发展为社会主义革命。”

孙中山的建军思想是共产党人和毛泽东武装斗争思想的重要来源。毛泽东说：“战争解决一切，这个基本点，孙中山是我们的先生。”中共成立初期，还不懂得直接准备战争和组织军队的重要性。可以说，参加创建黄埔军校是中国共产党建军实践的肇始，为工农红军的建设积累了初步经验并准备了军事、政治人才。黄埔师生中的共产党员成为当时中共掌握部分国民革命军，及其此后创建人民军队——工农红军、八路军与新四军、人民解放军的中坚骨干力量。他们为人民武装的肇创、发展和壮大，建树了不朽功勋。此外，还有众多的黄埔师生在中共的感召下走上了“红色革命”的道路。在十年内战时期，先后有3000余名黄埔师生跟着中共继续革命，他们参加了几乎所有的重大的武装起义，为革命的发展，为苏区的建设，为白区斗争的开展，都做出了杰出的贡献。

从蒋介石1927年发动“四·一二”反革命政变到1936年12月25日西安事变结束，国共两党之间打了将近十年的内战，到了全面抗战时期，国共两党实现了第二次合作，最终把日本侵略者赶出了中国，光复了国土。合作前，国民党用的是青天白日旗，中共用的是五星红旗。而抗战八年期间，中国只有一面旗子，就是青天白日旗。此时红军整编成了八路军。军饷和弹药都应由国民政府发，朱德是八路军总司令，而最高指挥官是蒋介石。唐德刚说：“尽管当时共产党事实上领导了八路军，但表面上不这么说，因为中国抗战只有一个系统，八路军是当时中国国民政府军事委员会手下的一部分，它的全称叫中国国民革命军陆军第八路军，最高指挥是蒋介石。”

黄埔精神

"亲爱精诚"是孙中山手订的黄埔校训。蒋介石作为黄埔军校校长，1925年12月5日，在《陆军军官学校第三期同学录序》中写道："'亲爱精诚'之校训，不可须臾离者也。子思曰：'诚者物之终始，不诚无物。'诚则亲，诚则爱，诚则精，而诚则成矣。未有不诚而能实行三民主义者也；亦未有不诚而能实行共产主义者也。未有不以诚对三民主义者，而能以诚对共产主义者也；亦未有对共产主义以诚，而对三民主义不诚者也。然则今日本校与本军，何为而然者？曰：'不诚则已矣。'吹毛求疵者不诚也；勾心斗角者，亦不诚也。未有不诚而能避免冲突与分裂者，也未有冲突与分裂，而其革命能成者。是故不成者，不诚也。"他又写道："不亲则离，不爱则妒，不精则杂，而不诚且无以致亲，致爱，与致精也。诚则明，诚则强，诚则金石且为之开，而况与人乎；于同志乎？吾同志其勉旃。"

黄埔军校培育出来的黄埔精神，至今仍有着重要的现实意义。那么，什么是黄埔精神呢？有的学者认为：黄埔精神"就是为主义而英勇奋斗的精神"。

有的学者认为："黄埔精神是一个以中华传统武德为基础，以新三民主义的革命精神为主体，以大同理想为核心的思想系统。它不仅具有丰富的武德内涵和独特的武德规范，而且充满着道德悟性和人生智慧。它是一座既有人格魅力又有思想魅力的精神宝库。"

还有学者认为，黄埔精神就是孙中山倡导的爱国爱民的革命精神，即"孙中山倡导的'忍苦耐劳、努力奋发'的学习精神；'一心一意为国家奋斗'的革命精神；为民众利益'不要身家性命'的牺牲精神；主动活泼的富于进攻的战斗精神。"

“教父”亦“国父”

在海峡两岸，孙中山是最没有争议的政治人物，是在整个中国近现代史上具有岿然不动的历史地位的一个伟人。虽然孙中山辞世八十多年了，似乎我们还是生活在他的影子之下，他的遗像不仅悬挂于台湾地区各地，在北京天安门广场以及内地不少地方也有他的影像。民国政府从1940年开始通令全国尊称孙中山为“国父”。

毛泽东说，“中国反帝反封建的资产阶级民主革命，正规地说起来，是从孙中山先生开始的。”“孙中山及其一派人领导的辛亥革命，是人类历史上资产阶级民主革命中的一次”，推翻了两千多年的封建君主专制，“把皇帝从他的宝座上面踢下来，建立一个没有皇帝的共和国，……”这是一项“丰功伟绩”。孙中山是“伟大的革命先行者”，“是中国民主革命派的旗帜”和“伟大领袖”。“孙先生的伟大在什么地方呢？在于他的三民主义的纲领，统一战线的政策，艰苦奋斗的精神。”“孙先生的三民主义纲领与统一战线政策，实为处在半殖民地国家的大革命家对于中华民族最伟大的贡献。”

辛亥革命是一次思想解放运动。1981年，以邓小平同志为核心的第二代中国共产党中央领导集体指出：“辛亥革命带来了一次思想上的大解放。”而在辛亥革命时，孙中山就曾指出：“国家的基础，是建筑在人民思想之上。……只有改造人心，除去人民的旧思想，另外换成一种新思想，这便是国家的基础革新。”事实上，辛亥革命对中华民族从封建主义的束缚下解放出来是有一定功绩的。

1997年，中共十五大报告指出，辛亥革命同中华人民共和国的成立、社会主义制度的建立和改革开放、实现现代化是“一个世纪以来，中国人民在前进道路上经历的三次历史性的巨大变化”，孙中山、毛泽东、邓小平是“三位站在时代前列的伟大人物”。

2006年，在孙中山先生诞辰140周年纪念大会上，胡锦涛指出，中国共产党人是孙中山先生革命事业最坚定的支持者、最亲密的合作者、最忠实的继承者。孙中山先生也始终把中国共产党人当成自己的亲密朋友。孙中山先生逝世后，中国共产党人继承孙中山先生的遗志，团结带领全国各族人民夺取了新民主主义革命的胜利，实现了民族独立和人民解放，建立了人民当家作主的社会主义国家政权，……孙中山先生一生追求真理，始终与时俱进；一生不懈奋斗，始终坚韧不拔；一生热爱祖国，始终致力于振兴中华。孙中山先生100多年前第一个喊出了“振兴中华”的口号，他毕生的追求就是实现中华民族的完全独立和中国的民主统一，并通过中国人民自己的奋斗，改变中国的贫弱处境，将中国建设成为现代化强国。孙中山先生亲手规划设计的中国现代化发展蓝图，体现了他的雄心壮志和远见卓识。孙中山先生的一生，是为近代中国的民族独立、民主自由、民生幸福而无私奉献的一生，是为实现国家统一、振兴中华而殚精竭虑的一生。正是因为他对国家和人民作出了杰出贡献，孙中山先生始终在全中国人民中享有崇高的威望，始终受到全中国人民由衷的景仰。

总之，孙中山是中国国民党的“教父”，也是黄埔军校的“教父”，更是中华民国的“国父”，说得更远一点，孙中山甚至于是共和国的“教父”，是中国红色星火的播种人，是中国红色革命的开路先锋。

第一章
黄埔开学忆当年

第一节　“很容易但完全失败的革命”

一次里程碑式的演讲

1924年6月16日，现代中国第一所革命者的军事学校——黄埔军校，在位于广州东郊、珠江南岸的长洲岛上正式开学。当时处于革命阵营中的滇、桂、湘、粤、豫各军司令及师、旅长，中国国民党党政要员胡汉民、汪精卫、廖仲恺、谭延闿等，苏联顾问团成员，也都应邀参加了开学典礼。孙中山偕夫人宋庆龄于是日清早六点即乘江固舰由大本营出发，于七点四十分抵达黄埔长洲岛。抵校后，孙中山等人先入校长室小憩，并巡视职员、教授计划各项图表、讲堂及寝室等。至九点二十分，孙中山回校长室稍事休息即赴礼堂演讲。

黄埔军校大门

面对礼堂里一律穿着苏式黄咔叽布军装和翻毛皮鞋的英气勃勃的黄埔新生，孙中山感慨万千地发表了约一个小时之久的具有民主革命里程碑式意义的一次演讲，勉励大家共同承担救国救民的历史重任。

到孙中山演讲完毕之时，会场上掌声雷动，口号雀跃。

孙中山在讲话之初便一针见血地指出：“诸君知道中国的革命，有了十三年，现在得到的结果，只有民国之年号，没有民国之事实。像这样看来中国革命十三年，一直到今天，只得到一个空名，所以中国十三年的革命，完全是失败，就是到今天，也还是失败。”

接着，孙中山又将“完全失败”的辛亥革命与“彻底成功”的俄国革命进行了比较，得出了一个看似“荒谬”的结论——中国的革命来得太容易。他从对内和对外两方面进行了比较性的总结：“就对内一方面来说。中国从前革命，是对外来的满洲人。满清皇帝的权威，到我们革命的时候，已经很薄弱，政治也很腐败。当那个时候，满洲的国家势力，是世界上最衰微的国家，比较俄国对他们皇帝革命的时候是怎么样呢？俄皇是本国人，又是俄国的教主，在国内的威权是第一，当没有革命的时候，俄罗斯的国势，是世界上最强盛的国家。像这样比较，可以说中国是对权势很薄弱的皇帝来革命，俄国是对权势很强盛的皇帝来革命，所以就对内这一方面讲，中国革命是很容易的，俄国革命是很艰难的。就对外一方面说，俄国革命之后，所遇到的障碍是很大的，中国革命之后，毫没有人干涉。在革命之前，外国人虽有瓜分中国言论，我们也怕到革命的时候，受列强的干涉，但是发生了革命之后，列强毫没有理会，俄国发生了革命之后，遇到外国人的障碍，不只是言论，并且实受兵力的干涉，各国军队侵进俄国境内的，有英国、法国、美国、日本和意大利，以及其他各小国的军队，外国人集合全世界的力量来干涉俄国。”

孙中山在演说中将辛亥革命说成“完全失败”以及“太容易”，主要是为了激励大家不要惧怕反革命的表面强势，应当学习俄国革命先烈不畏艰难的革命精神。诚然，与俄国革命相比，中国的革命确实没有俄国革命成功，但也有其推翻两千年帝制的历史功绩，如果我们回顾一下孙中山的早年革命生涯，便会知道辛亥革命的成功并不是那么“太容易”。下面我们简略回顾一下孙中山先生曲折奋斗和辉煌壮丽的人生轨迹，这样令我们能更加全面地了解孙中山这位“黄埔教父”的革命生涯，由此也就能够更好地理解他此时此际创建黄埔军校的“良苦用心”。

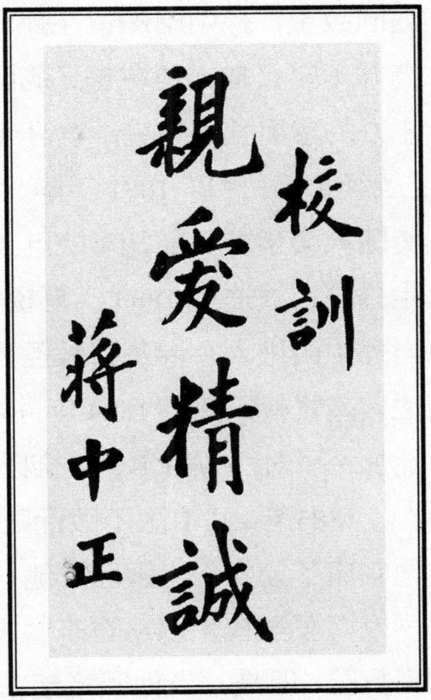

黄埔军校校训

从军，从政，还是从医？

1866年11月12日（清同治五年农历十月初六），孙中山出生于中国广东省香山县（今中山市）翠亨村一个普通农民之家，在家中排行第三，按照族谱，其父孙达成给他取名“德明”。另外，据说孙中山出生后，其祖母请算卦先生为他算命，竟算出他是“天子命”，所以便为他取了一个“帝象”的名字。待他年纪稍大之后，自己又取名“文”，字“载之”，取“文以载道”之义。18岁在香港受教会洗礼时，他又取“日新又新”之义，署名日新，其业师区凤墀根据粤语“日新”的发音给他改号为“逸仙”，自此以后，“孙逸仙”（Sun Yat-sen）的称号渐渐在海外中西友人之间流传开来。1897年，孙中山在日本投宿旅店的时候，因为当时他是清政府通缉的要犯，不想以真名示人，所以日籍友人平山周为他代署“中山”，而他在下面续写了一个“樵”字（意为“中国的山樵”），此后也常常在信函署名时自署“中山”。此后，尤其是辛亥革命之后，虽然公文、函电多自署“孙文”，日本人也仍习惯称他为“孙文”，但“孙中山”的名字却渐渐在外界被叫响起来。

孙中山从7岁开始进入私塾，接受了七年的传统教育。1879年，孙中山随同母亲赴美国夏威夷州首府檀香山探访长兄孙眉，也正是在此次旅行中，孙中山自述自己“始见轮舟之奇，沧海之阔，自是有慕西学之心，穷天地之想”。到了檀香山不久，孙母便返回故土，孙中山却留在孙眉经营的米店里帮忙。但孙中山对经商并不感兴趣，便在长兄的同意和赞助下，开始就读于英国教会主办的意奥兰尼书院，学习英语、英国历史、数学、化学、物理、《圣经》等科目。1881 年毕业之后，孙中山又进入当地最高学府、美国教会学校奥阿胡学院继续学习，但因受洗入教问题与长兄产生分歧，被迫于 1883 年夏辍学，回国返乡。但是，这一年冬天，当孙中山进入香港基督教圣公会的拔萃书院后，如愿以偿正式受洗入基督教，并于 1884 年进入香港中央书院研读中外文书籍，由此加深了对西方科学、社会以及政治制度的认识。

1885 年，“中国不败而败，法国不胜而胜”的中法战争深深地刺痛了孙中山，因而，他在毕业选择职业之时，曾准备投考陆军或海军学校，以从军来救国；又准备学习政治与法律，以从政来救国；但是，当他回忆起在檀香山时教会司铎杜南山曾对他说的范仲淹的名言：“不为良相，当为良医”，最后决定学医，以从医来救国，以雪国人被外国人蔑称为“东亚病夫”之耻辱。

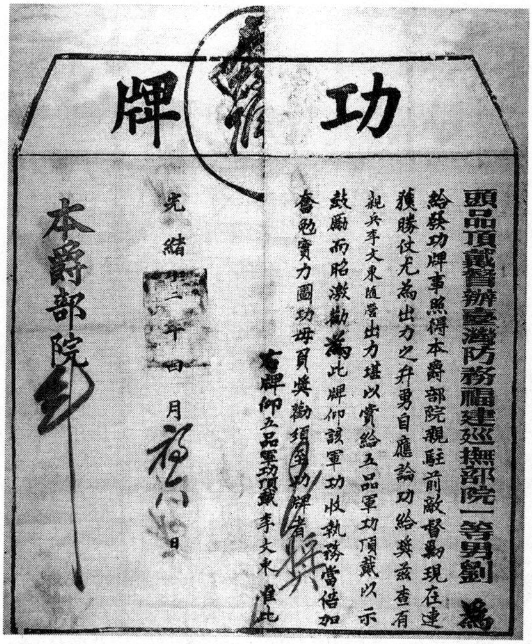
功牌

頭品頂戴督辦臺灣防務福建巡撫部院一等男劉 為
給發功牌事照得本爵部院親駐前敵督勦現在連
獲勝仗尤為出力之弁勇自應論功給奬茲查有
親兵李文東隨營出力堪以賞給五品軍功頂戴以示
鼓勵而昭激勸 為此牌仰該軍功收執務當倍加
奮勉實力圖功毋負奬勸須至功牌者
右牌仰五品軍功頂戴李文東 准此
光緒 [illegible] 四 月 日
本爵部院

功 牌

中法战争结束后，福建巡抚刘铭传为中法战争中有功将士颁赐的功牌。

1886 年秋，孙中山进入广州博济医院的附属医科学校——南华医学堂学医。1887 年，他转入今日香港大学的前身——香港西医书院学习，并于 1892 年 7 月以年级第一名的优异成绩毕业，并获得当时的香港总督威廉·罗便臣的亲自颁奖。此后，孙中山便开始在澳门、广州等地行医，并很快成为了一位远近称道的名医。

艰难的民主革命之路

孙中山也曾对改良政府抱有希望，曾于 1894 年上书李鸿章，提出“人尽其才，地尽其利，物尽其用，货畅其流”的多项改革建议，但均未被李鸿章采纳。继而中日甲午战事中，清军屡败，孙中山开始多方筹措，准备组建“兴中会”。1895 年 2 月 21 日，兴中会总会在香港成立，与会者皆以“驱除鞑虏，恢复中华，创立合众政府”为誓。兴中会成立之后，积极筹备举义，准备袭取广州为根据地，但因事先泄密，广州起义流产，以陆皓东为首的多位会员被捕被处死，孙中山则被清廷通缉，不得不流亡海外。

1896 年秋天，孙中山在英国伦敦的中国使馆被清廷缉捕关押，

興中會成立宣言
民國紀元前十八年甲午於檀香山公布
中國積弱非一日矣上則因循苟且粉飾虛張下則蒙昧無知鮮能遠慮文物冠裳被輕異族有志之士能無撫膺夫以四百兆蒼生之衆數萬里土地之饒固可發奮爲雄無敵於天下乃一蹶不興如斯之極方今列強環列虎視鷹瞵久垂涎於中華五金之富物產之饒蠶食鯨吞效尤接踵瓜分豆剖隱憂目前有心之人不禁大聲疾呼亟拯斯民於水火切扶大廈之將傾用特集會衆以興中協賢豪而共濟抒此時艱奠我中夏仰諸同志盍自勉旃謹訂規條臚列如左
一是會之設專爲聯興中華維持國體起見蓋我中華受外國欺凌已非一日皆由內外隔絕上下之情罔通子民受制無告苦況日深爲害何極茲特聯絡中外華人創興是會以申民志而扶國宗
一入會之人每名捐會底銀五元另有義捐以助經費襄人推力是視務宜踴躍赴義
一本會公舉正副主席各一位正副文案各一位管庫一位值理八位益每二位以專司理會中事務
一每逢禮拜四晚本會集議一次正副主席必要一位赴會方能開議
一凡會中所收會底各銀必妥由管庫存貯妥當或貯銀行以備有事調用惟管庫須有殷商二名擔保以昭鄭重
一凡會中捐助各銀皆爲舉辦國家之用除此不得動支以爲將來如成會中遇別事要用少數者可由會友集議妥允照撥支給
一凡新入會者須由會友一位引薦擔保方准入會
一凡會內所議各事當照捨少從多之例以昭公允
一以上所訂規條章程未及須要修改者可隨時當衆議定加增以臻完美
民國三十年暮春之甲辰吳興戴傳賢敬書於渝州之思勗院之育德齋

1895 年兴中会成立宣言（1940 年手抄复制本）

后经他的两位老师康德黎与孟生竭力营救才得以脱险，此事成为名噪一时的国际事件（事件后来被称为“伦敦蒙难记”），孙中山也成为一个中外知名的民主革命家。1897 年，孙中山重返日本，结识了宫崎寅藏、平山周，经此二人的介绍，又结识了日本的政界要人如犬养毅、大隈重信等。当时，由于日本政府正在设法缓和甲午战后的中日关系，因此对于孙中山的态度比较矛盾，但在犬养毅等人的努力之下，孙中山还是被允许留居日本。

1898 年戊戌政变之后，维新派领袖康有为、梁启超等避难日本，犬养毅、宫崎等劝孙中山与康梁联合，共谋革新。然而，康有为妄称奉有“衣带诏”，不便与革命党来往，只有梁启超多次与孙中山交谈，表示愿意合作。所谓的“衣带诏”，当时同在日本避难的维新党人王照公开揭发其是伪诏。

1900 年庚子事变后四五年间，国内外革命组织遍起，比如说，王宠惠、李自重、冯自由等组建的“广东独立协会”，章炳麟、秦力山、马君武等发起的“中夏亡国纪念会”，张继等人组织的“青年会”，蔡元培、吴敬恒等组织的“爱国学社”，黄兴、刘揆一、宋教仁等组织的“华兴会”，龚宝铨、蔡元培、陶成章等组织的“光复会”，等等。一时间，革命如星星之火，在海内外展开燎原之势。

短命的青山军校

1903 年，在日本的中国留学生中兴起了一场“名为拒俄，实则革命”的拒俄爱国运动，先后组织了拒俄义勇队、军国民教育会，号召留学生在日本学习军事。当时，清廷驻日使馆和日本政府会商后取得共识，“严厉禁阻”留日学生进入日本振武、成城等军事学校学习，还强制解散了拒俄义勇队。出于为将来革命准备武装力量的考虑，孙中山经日本友人犬养毅介绍，聘请日本现役军人日野熊藏少佐担任校长，于 1903 年 8 月在东京青山创办了一所秘密军事学校，“以收容有志军事教育之留学青年”。青山军校由日野任校长，退役军官小室健次郎为助教，招收了学生李自重、黎勇锡、胡毅生、郭健霄、郑宪成等 14 人。孙中山手订青山军校学制为8个月，军事训练科目也是从中国实际出发——主要是学习一般军事知识以及盒子炮、木炮和火药的制造，着重研究以寡敌众的夜袭战法和散兵战术。

犬养毅

犬养毅（1855—1932），号木堂。日本冈山县人。在明治时代就十分关注中国革命，孙中山至日本后，犬养毅对其予以庇护，积极支持孙中山的革命活动。辛亥革命时，犬养毅甚至亲赴上海，走访武昌，以支持孙中山。1931年“九·一八”事变后组阁，当选为日本首相。1932年，被军部右翼分子刺死。

孙中山在日本青山开办革命军事学校时，将革命誓词改为“驱除鞑虏，恢复中华，创立民国，平均地权”。他规定军校学生毫无例外必须在他的亲自主持下举行宣誓，表示效忠革命的决心，并规定严守秘密。青山军校开学后，“诸生均能孜孜问学”，深得日本教员嘉许。不过，开学才一个月，孙中山便离开日本赴美洲游历，由冯自由接替他管理校务。不久，青山军校内派别林立，意见分歧，四个月后内斗犹如水火而不可调解，冯自由不得已，只能宣布解散军校。孙中山在美国获悉此事，“为之慨叹不止”。

青山军事学校开办“不及半载”便告解散。虽然军校开办得并不成功，却为孙中山日后创办黄埔军校提供了办校经验。从长远的眼光来说，这一次创办军校的行为不仅是孙中山培养革命军人的一次尝试，也可以算作是创办黄埔军校的一次小演习。

中国同盟会

1904年初，孙中山在檀香山加入洪门，成为致公堂洪棍。同年秋，孙中山在纽约首次发表了题为“中国问题之真解决”的对外宣言，呼吁外国人民同情并支持中国革命。1905年夏，孙中山自欧洲经南洋返抵日本，在宫崎寅藏介绍下与黄兴相识。

孙中山与温哥华洪门成员合影

1911年，孙中山在温哥华与洪门的部分领导成员合影。前排左起：马球、黄树球、高超、谢秋；后排左起：李希襄、许昌平、周国、孙中山、冯自由、马延远、黄佳。

1905年8月，在日本黑龙会创始人内田良平的牵线周旋下，孙中山的兴中会、黄兴与宋教仁等人的华兴会、蔡元培与吴稚晖等人的爱国学社、张继的青年会等联合组成“中国同盟会”，孙中山被推为同盟会总理，确定了“驱除鞑虏，恢复中华，建立民国，平均地权”的革命政纲。同盟会成立后，创办《民报》为机关报，孙中山亲撰发刊词，正式提出“三民主义”，并与康梁等改良派展开了激烈的论战，争论的焦点是中国的出路到底是走君主立宪还是走资产阶级民主革命的道路。

1907年春，日本政府迫于外交压力，请孙中山离开日本。由于孙中山曾收取了日人的“离开费用”，而此事未经同盟会内部商议，于是引起了同盟会内由章太炎、陶成章、张继、刘师培等掀起的第一次“倒孙风潮”，期间宋教仁亦曾一度加入“倒孙风潮”。由于被章太炎、刘师培拥戴的黄兴拒任同盟会总理，第一次“倒孙风潮”逐渐平息下来。1909年，章太炎、陶成章掀起了第二次“倒孙风潮”，并于 1910 年 2 月公然在东京成立光复会总部。与此同时，宋教仁、谭人凤等也开始“研讨革命前途”，筹建同盟会中部总会。1911 年 7 月，同盟会中部总会在上海正式成立，拟定了自己的会章和旗帜（五色旗），尽管它“奉东京本部为主体，认南方本部为友邦”，但实际上是一个“独立”的资产阶级民主革命组织。

光复会部分领导人合影

前排左起：陶成章、陈魏、徐锡麟；后排左起：龚宝铨、陈志军。

辛亥革命的发生与中华民国的成立

1909 年至 1911 年期间，孙中山大部分时间是在环游各国，在华侨、留学生中筹募革命经费，争取外国政府的支持。而此时，在一次又一次起义（其中便包括孙中山领导的十次起义）的打击下，摇摇欲坠的大清王朝也走到了生命的尽头，自 1911 年 10 月 10 日武昌起义爆发后一个月内，全国已有 13 个省响应起义而宣布独立。1911 年 12 月 25 日，孙中山自海外归国抵达上海，这是孙中山经 15 年海外流亡之后第一次公开踏上故土，成千上万的民众夹道欢迎。12 月 29 日，17 省代表会议在南京召开，孙中山被选举为中华民国临时大总统。1912 年 1 月 1 日，孙中山在南京宣

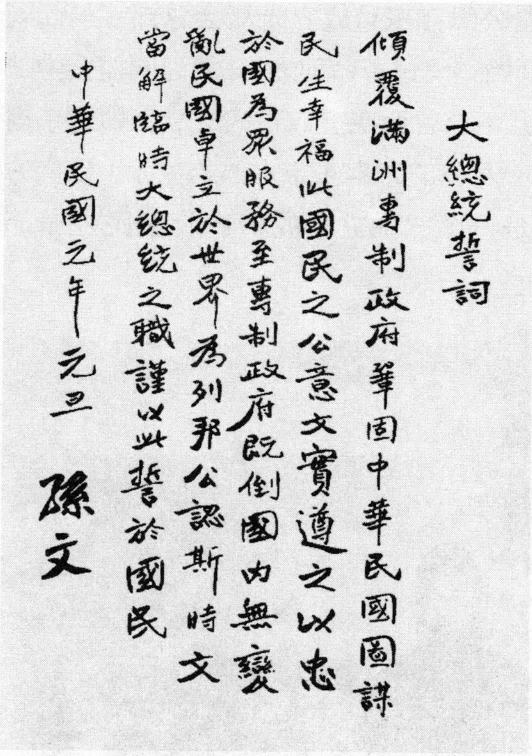
大總統誓詞
傾覆滿洲專制政府鞏固中華民國圖謀民生幸福此國民之公意文實遵之以忠於國為眾服務至專制政府既倒國內無變亂民國卓立於世界為列邦公認斯時文當解臨時大總統之職謹以此誓於國民
中華民國元年元旦
孫文

孙中山《大总统誓词》

誓就职，以1912年为中华民国元年，改行公历。

南京临时政府虽为名义上全国性的中央政府，但对已起义独立的省区却是无法掌控，其权力不仅不能推行于被立宪派和旧官僚所控制的省区，即便是在革命派掌权的地方，也往往各自为政，不能够完全服从中央。同时，各外国政府也迟迟不承认临时政府的合法地位，这也给临时政府造成了巨大的压力。在革命军被北洋军接连打败后，孙中山不得已决定与袁世凯和谈。南北双方经过反复商谈，最终达成协议：革命党人同意让出政权，袁世凯则同意赞成共和，并逼迫清帝退位。

1912年2月12日，隆裕太后以宣统皇帝的名义下诏清室逊位。2月13日，孙中山向参议院递交了辞去临时大总统职务的咨文，并向参议院推荐袁世凯继任临时大总统。袁世凯就职后，与孙中山也保持着比较良好的关系，多次向孙中山发出北上共商国是的邀请。1912年8月，孙中山携夫人宋庆龄抵京并逗留一星期有余，这段逗留北京的时间是孙、袁在政治关系上的蜜月期，两人会面达13次之多，有时一谈就是五六个小时，有几次甚至交谈至凌晨两点。

国民党成立与宋教仁遇刺

孙中山此次北上除了与袁世凯会晤，还有一个重要内容就是参加国民党的成立大会。1912年8月，在宋教仁的斡旋下，同盟会与统一共和党、国民共进会、国民公党合并改组为国民党。在北京举行的国民党成立大会上，孙中山以绝对多数票被选为理事长，但孙中山“决不愿居政界，惟愿作自由国民”，国民党中央便决定由宋教仁暂时代理理事长。1913年2月，民国中央政府开始进行国会议员普选，国民党获得了全面胜利。3月，宋教仁被暗杀，袁世凯成为幕后主使嫌疑人。当时，孙中山正在日本访问，获悉宋教仁遇刺后立即中止访问返回国内。3月25日晚，在上海黄兴寓所召开了国民党高层会议，孙中山力主起兵讨袁，但除戴季陶一人附和之外，其他与会者大都主张通过法律方式解决，黄兴尤其主张慎重采取武力行动。

遇害后的宋教仁

1913年3月20日，袁世凯派人暗杀了为议会民主政治而积极奔走的国民党领袖人物宋教仁。图为遇害后的宋教仁。

1913年4月,袁世凯与英、法、德、俄、日五国银行团签下了2500万英镑的借款合同（所谓的“善后大借款”），获得了充足的战争经费，以便对付那些不服中央的地方力量。5月，北洋第6师、第2师相继入鄂，随时可以进军江西。6月，袁世凯下令罢免坚决反袁的赣督李烈钧、粤督胡汉民、皖督柏文蔚。7月12日，在孙中山的动员下，李烈钧在江西湖口宣布独立，发布措辞激烈的“讨袁檄文”，号召“天下共击之”，是为“二次革命”之序幕。7月15日，黄兴在南京迫使江苏都督程德全宣布江苏独立，随后安徽、上海、广东、福建、湖南、重庆等地也相继宣布独立，赞同

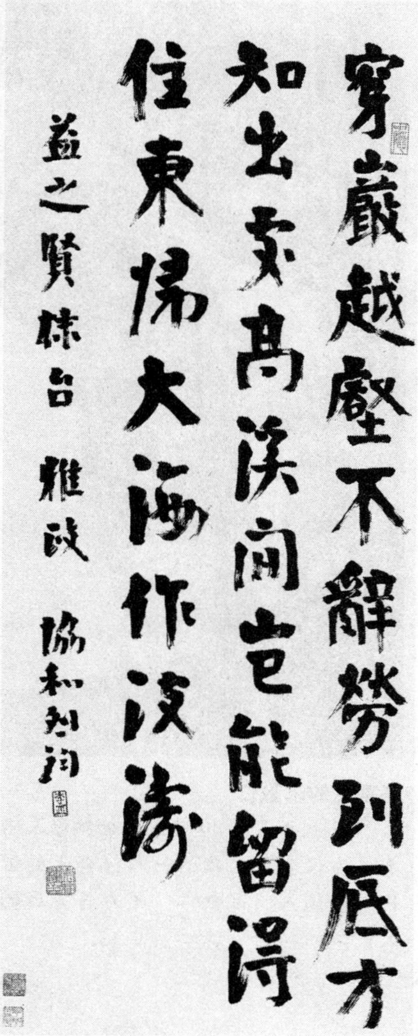

李烈钧书法作品

李烈钧（1882—1946），原名烈训，字侠如，号侠黄。江西九江人。中国著名革命家，军事家。无论是在为推翻满清，打响反袁独裁第一枪的“二次革命”，还是护国战争，平定陈炯明之乱中，为国为民都有过重大贡献，是跟随孙中山的革命元老之一，也是推举蒋介石上台的关键人物。

讨袁。七省宣布独立，一时声势颇盛，但是各省互不统属，没有统一的部署和指挥。除江西、江苏外，各省内部多不巩固，战争主要在江西和南京地区进行，故“二次革命”又称赣宁之役。举事仓促且内部分歧的革命起义部队在兵精饷足的北洋军面前溃不成军，二次革命仅维持两月便告失败，各省相继取消独立，孙中山、黄兴、李烈钧等逃亡日本。

军阀混战与护法讨逆

孙中山认为，二次革命的失败是因为声势浩大的国民党过于涣散无力——“党魁则等于傀儡，党员则有类散沙”，患难之际彼此“疏如路人”。正是基于此种考虑，孙中山决心缔造一个新的组织坚强的政党。1914 年 7 月，中华革命党于日本东京正式成立，孙中山被选为总理。1916 年，袁世凯的“洪宪帝制”闹剧在千夫所指下不得不狼狈收场，但袁世凯死后的中国却未走向安定。到了 1917 年 5 月间，黎元洪与段祺瑞的“府院之争”日益激化。此时，安徽督军张勋借“调停”之机进入北京，先逼黎元洪解散国会，再拥戴清室复辟。然而，这场复辟只维持了十二天就在各省督军和各界人士的一致声讨下匆匆退场。此后，“再造共和”的段祺瑞修改了国会组织法，宣布重组国会。孙中山号召国会议员到广州以行民国统治之权，1917 年 7 月 25 日，南下的国会议员在广州召开了国会非常会议，议定了《国会非常会议组织大纲》和《中华民国军政府组织大纲》。9 月 1 日，国会非常会议选举孙中山为中华民国军政府大元帅，由其执行护法讨逆任务。此时，段祺瑞已经用武力控制了北京政府，准备以武力统一南北，孙中山遂于 10 月 7 日下令北伐，护法战争自此开始。

孙中山就任护法军政府大元帅时与同仁合影

1918 年桂、滇系军阀控制了国会，改组了护法军政府，以七总裁取代大元帅，被架空的孙中山愤然离开了广州。1919 年，孙中山改中华革命党为“中国国民党”，被推举为党的总理。此后不久，岑春煊、陆荣廷等人控制的广州军政府中，桂系和滇系之间的矛盾激化。1920 年 2 月，驻粤桂、滇两军发生武装冲突，唐继尧、伍廷芳、林森等宣布脱离军政府，经香港转赴上海。国会中很多议员也因不满桂系而离粤赴沪，一时到达上海的国会议员多达 300 余人，发表共同宣言，否认广州军政府。从 8 月到 10 月，陈炯明兵分三路进军粤东，将桂系势力迫至退守粤西一线。11 月 10 日，孙中山任命陈炯明为广东省省长兼粤军总司令，不久，与伍廷芳、唐继尧、宋庆龄等由上海回到广州，恢复了军政府，重开政务会议。

1921 年，广州非常国会取消军政府，选举孙中山为大总统（习惯上称为非常大总统），开始第二次护法运动。孙中山就职大总统后力主军事北伐，与主张“暂缓军事，联省自治”的陈炯明产生激烈冲突，以至于孙中山说：“我已立誓不与竞存（陈炯明字）共事。我不杀竞存，竞存必杀我。”最终于 1922 年 6 月，爆发了著名的炮击总统府事件，孙中山逃出广东，退居上海。

陈炯明肖像

第二节　铁与血的教训

军阀叛变的教训

陈炯明这次公然叛变不仅使孙中山险些遇难，宋庆龄在逃亡中还不幸流产，以致终生丧失了生育能力。这次惨痛的经历令孙中山愈加坚信决不能再依靠这个或那个军阀的支持，欲想革命胜利必须在建军问题上谋得出路。为了铭记这次惨痛的教训，事件发生两年之后的黄埔军校正式开学日期，由孙中山亲定为陈炯明叛变的同一天——6 月 16 日。关于此点，孙中山在黄埔军校开学演讲中曾这样说道：

“我们革命的时期比较俄国要长一半，所遇的障碍又不及俄国的大，弄到至今，革命还是不能成功呢，由中国和俄国革命的结果不同，推求当中原因，便是我们的一个大教训。因为知道了这个教训，所以有今天这个开学的日期。这个教训是什么呢？就是俄国发生革命的时候，虽然是一般革命党员做先锋，去同俄皇奋斗。但是革命一经成功，便马上组织革命军，后来因为有了革命军，做革命党的后援，继续去奋斗，所以就是遇到了许多大障碍，还是能够在短期间之内，大告成功。中国当革命之时，在广东奋斗的党员，最著名的有七十二烈士，在各省舍身奋斗的党员也是不少。因为有了那些先烈的奋斗，所以武昌一经起义，便有各省响应，推倒满清成立民国，我们的革命便有一部分的成功，但是后来没有革命军，继续革命党的志愿，所以虽然有一部分的成功，到了今天，一般官僚军阀，不敢明目张胆，更改中华民国的正朔，至于说到民国的基础，一点都没有。这个原因简单地说，就是由于我们的革命，只有革命党的奋斗，没有革命军的奋斗，因为没有革命军的奋斗，所以一般官僚军阀，便把持民国，我们的革命便不能完全成功。我们今天要开这个学校，是有什么希望呢？就是要从今天起，把革命的事业重新来创造。要用这个学校内的学生做根本，成立革命军。诸位同学，

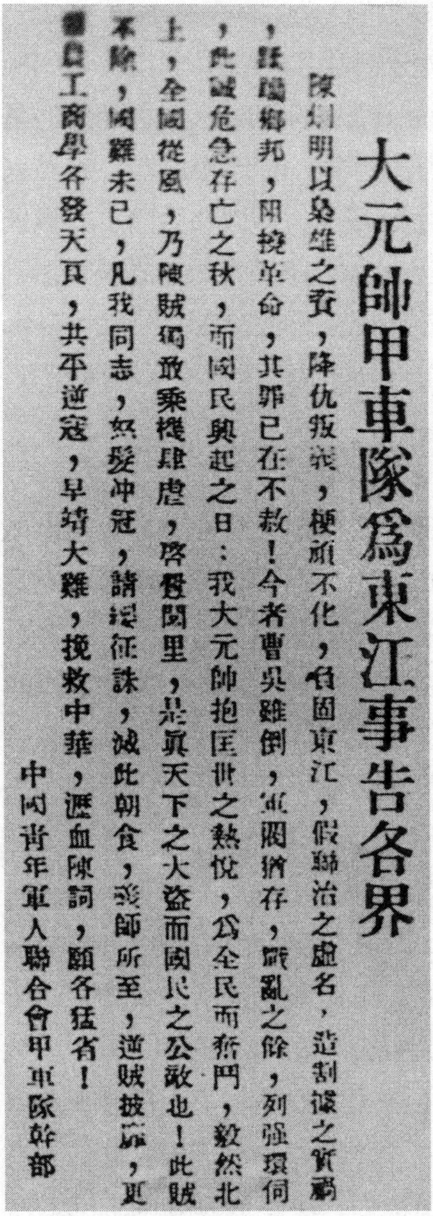
大元帥甲車隊爲東江事告各界

陳炯明以梟雄之資，降仇叛黨，梗頑不化，負固東江，假聯治之虛名，造割據之實禍，既竊鄉邦，阻撓革命，其罪已在不赦！今者曹吳雖倒，軍閥猶存，戰亂之餘，列強環伺，此誠危急存亡之秋，而國民興起之日：我大元帥抱匡世之熱忱，爲全民而奮鬥，毅然北上，全國從風，乃陳賊竟敢乘機肆虐，啓釁閭里，是眞天下之大盜而國民之公敵也！此賊不除，國難未已，凡我同志，怒髮冲冠，請纓征誅，滅此朝食，我師所至，逆賊披靡，更[illegible]工商學各發天良，共平逆寇，早靖大難，挽救中華，瀝血陳詞，願各猛省！

中國青年軍人聯合會甲車隊幹部

《甲车队为东江事告各界书》

1925年初，陈炯明准备进犯广州。图为铁甲车队干部为讨伐陈炯明而发布的告各界书。

就是将来革命的骨干，有了这种好骨干，成立革命军，我们的革命事业，便可以成功，如果没有好革命军，中国的革命，还是永远要失败。所以今天在这地开这个军官学校，独一无二的希望，就是创造革命军，来挽救中国的危亡！”

因为手中无军而烦恼无奈，对于孙中山来说并非自陈炯明叛变始，更早可追溯至辛亥年把总统让给袁世凯时。继之而来的是二次革命的惨败，对于其失败原因，孙中山曾于1915年在致黄兴函中进行了分析：“癸丑之役，文主之最力，所以失败者，非袁氏兵力之强，实同党人心之涣散。”当时加入国民党的各省督军占到多一半，但是各自为政，并非全部听从国民党党魁孙中山的指挥，甚至有的老同盟会员如阎锡山因在北方势孤而未敢举兵响应反袁，而有的革命党人还为袁世凯所收买。

改组国民党，宣誓“服从一人”

鉴于以往革命失败的经验，孙中山痛定思痛，决定改组涣散的国民党为中华革命党，遂于1913年9月开始招收中华革命党党员。中华革命党的“入党誓言”中强调服从孙中山一个人，并且在宣誓人名字下还要加盖指模。在建党问题上，孙中山和黄兴的争论很激烈，黄兴坚持不同意“入党誓词”中写入“服从一人”以及加盖指模，故而坚决不入中华革命党，于是，不少原同盟会员也拒绝加入，此后原同盟会便分裂出欧事研究会。

现在看来，对于宣誓效忠，“服从一人”的举措，孙中山当时做出这样的决定绝非为逞个人权力之欲，实是由于经过多年革命战阵磨难，他发现如果不统一事权，革命便永远不能成功。对于“服从一人”的缘由，当时孙中山曾经解释：“我是要以身结束数千年人治之陈迹，而开亿万年民主法治之宏基。我为贯彻革命目的，必须要求同志服从我。老实说，你们许多不懂得，见识亦有限，应该盲从我，我绝对对同志负责任，决不会领导同志向专制失败路上走去。”

尽管黄兴不入中华革命党，但是，孙中山仍与黄兴来往信函，讨论党魁事权统一问题，而黄兴坚持民主建党原则，曾在信中反对孙中山仿效袁世凯的人治独裁："若徒以人为治，慕袁氏之所为，窃恐功未成而人已攻其后，况更以权利相号召乎？数月来，弟之不能赞成先生者，以此。"孙中山复信黄兴，仍坚持原见，并反对黄兴实行暗杀："盖吾甚利袁之生而扑之。如兄计划成功，袁死于旦夕，则吾计划必坏……又，此后彼此不谈公事，但私交上兄是为我良友，切勿以公事不投而间之也。"为避免党内分裂，黄兴于1914年6月底决定启程赴美，于是孙中山于6月27日宴别黄兴，并书赠"安危他日终须仗；甘苦来时要共尝"一副对联，以表达自己对黄兴的期望与器重。1923年初，孙中山又以此对联书赠蒋介石。

行书书法"富春"（黄兴）

中华革命党的正式成立也宣告进入了第三次革命时期，孙中山也第一次具有了指挥全党的绝对权力，开始完全按照自己的思想与学说领导全体党员。孙中山的日本友人宫崎寅藏对于此一时期孙中山的"独裁转变"极表理解："弟知先生久矣。先生理想高大，诚心至深，而先生环顾四围之人士，则多是理想、诚心俱不足，而口舌与野心俱多之人士耳。于是先生痛慨思维，以如是之人士，共建立真正共和政体，决不可望焉。于是先生自以为凡望共和者，唯从吾，顺吾命令。"我们今天可以客观地说，作为局外人的日本人宫崎寅藏对孙中山民主革命思想的理解甚至较黄兴等中国革命党人更为透彻。

“南与北如一丘之貉”

“洪宪帝制”失败之后，共和国会恢复，孙中山解散了中华革命党和军队，此举决然不同于其他军阀拥兵自重，但共和政府仍掌握在北洋军阀手中，威胁共和的隐患只是暂时没表露出来而已。此时，孙中山仍未想到自己建立一支革命军队以维护共和，他在1916年9月30日的欢迎华侨回国从军的聚会中说帝制已取消，《约法》、国会已恢复，革命军已无存在的理由。因此，此后的护法运动开始之时，手中无军的孙中山不得不依靠西南军阀。不过滇桂军阀不外是利用“护法”的旗号和孙中山的名望与北洋军阀对抗，以达到割据一方的目的，当直系军阀主张停战息兵之后，便开始图谋排挤孙中山。孙中山身为军政府大元帅，不但不准掌握军队，甚至不能走出大元帅府的门。孙中山终于看清了这样一个不争的事实：“故吾国之大患，莫大于武人之争雄。南与北如一丘之貉，虽号称护法之省，亦莫肯俯首于法律及民意之下。”

孙中山迫切需要有自己的军队，故而他努力从粤督陈炳焜争来省长公署的二十营警卫军，把这约八千人交给了一个随从自己十余年“可资依靠”的“革命将领”——陈炯明。然而，不幸的是，孙中山不但识人不明，而且还不知道如何改造旧军队。不久，陈炯明个人野心膨胀，把这支粤军变成了一支新的军阀武装。陈炯明利用这支军队大力扩张自己的势力，除担任粤军总

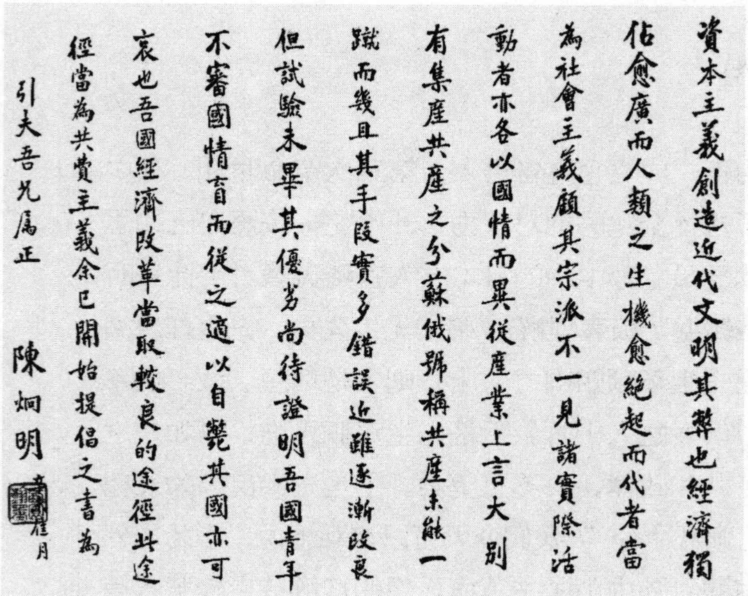

陈炯明书法作品

司令外，还兼任军政部长、内政部长、广东省长等军政要职，他手中紧紧掌握着广东政府的实际权力，孙中山的非常大总统和北伐军大元帅不过徒具虚名而已。也许正是有鉴于此，后来蒋介石上台掌权之后，吸取了孙中山“名不副实”的教训，把军队的最高统帅权牢牢地控制在自己手中，深信“有军才有权”的不二道理，而毛泽东也旗帜鲜明地宣布“枪杆子里面出政权”，大力组建无产阶级政党自己的武装力量。

第三节 “革命军能以一敌百”

培养真正的革命军

通过近二十年的革命经验，孙中山深刻认识到，自己手中必须要有一支与旧式军队截然不同的具有革命精神的新式军队，这也是他建立黄埔军校的主要原因，这样才能达到培养训练忠于革命党的新式军事人才的目的。然而，孙中山却在这次演讲中声称，“中国在十三年之中没有一种军队是革命军”，这又是为什么呢？为了向黄埔新生论述什么才是真正的革命军，孙中山以陈炯明为例解释说：“在二年之前，竟有号称革命同志的陈炯明军，炮攻观音山，拆南方政府的台。从前叫做革命军，同在一个革命政府之下的军队，因为利害不同，竟会倒戈相向，做敌人所做不到的行为，因此知道不明白革命主义的军队，究竟不能除却自私自利的观念，如果和他们本身的利害相反，马上便靠不住，所以我们的革命，总是失败。”

孙中山继续说：“中国现在不好的军人，可以分成两派：一派是在革命党内的军人，这派军人口头赞成革命，行动都是反对革命，所谓口是心非；一派是在革命党外的军人，这派军人完全反对革命，只知道升官发财，时时刻刻都想推翻共和，恢复专制。诸君要将来维持共和，消灭这种军人，现在便要立志，要存心将来成功之后，不做自私自利的师长、旅长和一般横暴无道的军阀。诸军有了这种志气，才可以入革命的第二层门径。什么是革命的第二层门径呢？就是要学革命先烈的行为。革命先烈的行为没有别的长处，就是不要身家性命，一心一意为国来奋斗。”

接着，孙中山又以武昌起义的胜利为例鼓励大家不要惧怕敌人势大：“当时在武昌、汉口的革命党，总共还不足三百人，真正革命党不过是几十人；所有的枪，都没有子弹，临时到处搜索，只得到两盒子弹，一共不过五十颗。革命党分到了五十颗子弹，便在城内的工程营中发难；城外的炮兵营，立时回应，便拉两门炮进城，遥攻总督衙门，赶走瑞澄，占领武昌。至于当时驻在武昌的清兵，有第八镇的新兵，有长江的海军，又有巡防营的旧陆师，总共不下两万多人。革命党只用几十个人去打两万多人，可以说是用一个人打五百个人。广州起义，用一个人打一百个人，结果是失败；武昌起义，用一个人打五百个人，结果是成功，都是以极少数的人打极多的人，在广州是失败，在武昌便成功，所以革命的奋斗，不能一概而论。”

参加武昌起义的革命军炮兵部队

在黄埔军校开学演说中，孙中山还提出一个重要立论，那就是——革命的基础在高深的学问：“立志做革命军，先要有什么根本呢？要有高深学问做根本！有了高深学问，才有大胆量；有了大胆量，才可以做革命军。所以做革命军的根本，还是在高深学问。要造就高深学问，是用什么方法呢？造就高深学问的方法，不但是每日在讲堂之内，要学先生所教的学问，还要举一隅而三隅反，自己去推广；在讲堂之外，更须注重自修的工夫，把关于军事学和革命道理的各种书籍及一切杂志报章，都要参考研究。研究有了心得之后，一旦融会贯通，自然可以发扬革命的精神，继续先烈的志愿，舍身流血，……既是有了救国救民的责任，便要从今天起，先在学问上加倍去奋斗；将来毕业之后，组织革命军，对于共和的障碍，更是要同他们拼命，要能够用一个人去打一百个人……我因为要维持共和，消灭这般贪暴无道的军阀，所以要诸君不怕死，步革命先烈的后尘，更要用这五百人做基础，造成我理想上的革命军。有了这种理想上的革命军，我们的革命便可以大告成功，中国便可以挽救，四万万人便不至灭亡。所以革命事业，就是救国救民。我一生革命，便是担负这种责任。诸君都到这个学校内来求学，我要求诸君，便从今天起，共同担负这种责任。”

接着，孙中山要求大家要革除从前不好的思想、习惯和性质。他说：“诸君不远千里或者数千里的道路来此求学，既是已经明白了我们的宗旨要造成一种革命军，一定是富有这种志愿，来做革命的事业。要做革命事业，是从什么地方做起呢？就是要从自己的方寸之地做起，要把自己从前不好的思想、习惯和性质，像兽性、罪恶性和一切不仁不义的性质，都一概革除。所以诸君要在政治上革命，便先要从自己的心中革起。自己能够在心理上革命，将来在政治上的革命便有希望可以成功。如果自己不能在心理上革命，就是此刻在这样设备完全的军官学校之内研究军事学，将来还是不能成革命军，做革命军的事业。”

庄严的宣誓

孙中山在黄埔军校的开学演说结束，与会者群呼“孙总理万岁！国民党万岁！”上午十一点半，全体集合操场，行开学式。操场前头已经搭好了主席台，台上正中央悬挂着军校校训：“亲爱精诚。”两边挂着一幅“养天地正气；法古今完人”的对联。

在简陋的主席台上，孙中山站在中央，一身白色的中山服，头上一顶白通帽。宋庆龄、蒋介石、廖仲恺等随侍孙中山左右。

国民党部分领导人合影

图为国民党改组会议时，部分领导人合影留念。第二排左起：廖仲恺、汪精卫、胡汉民、孙中山等。

尤其是宋庆龄，她一身白衣黑裙，优雅地站在孙中山旁边，美如天仙。此情此景，李默庵、宋希濂等人60年之后回忆起来仍然记忆犹新。

由廖仲恺主持开学仪式，黄埔新生首先向党旗行三鞠躬礼，然后向校旗行三鞠躬礼，最后向总理行三鞠躬礼。五百多黄埔新生齐唱“黄埔校歌”和“军歌”，然后由胡汉民双手捧“总理训词”，肃立于孙中山身旁高声朗读。

有趣的是，胡汉民是广东番禺客家人，所以他宣读“训词”时用的是广东客家话，操场上非广东籍新生只听见胡汉民在台上一阵叽里呱啦，好像说什么“三位煮鸡，萝卜大葱，……”硬是听不懂他在说什么，事后，看了贴在墙上的训词，才恍然大悟，原来“总理训词”是这样的：

三民主义，吾党所宗，以建民国，以进大同，
咨尔多士，为民前锋，夙夜匪懈，主义是从，
矢勤矢勇，必信必忠，一心一德，贯彻始终。

之后，由汪精卫代表中国国民党中央执行委员会宣读祝词：

三民五权，革命宗旨。
谁欤实行，责在同志。
民国肇始，倏逾周纪。
纷乱相寻，吾党所耻。
誓竭血诚，与众更始。
尽涤瑕秽，实现民治。
军校权舆，国命所系。
髦髦诸君，忠义勇起。
勤于所事，以继先烈，
以式多士。
披坚执锐，日进无已。
谨贡清言，愿同生死。

最后是阅兵式和分列式。

后来在1927年国民政府定都南京后，孙中山的书面训词配以乐谱被明令定为国歌。开学典礼后，孙中山经反复认真研究和琢磨，正式决定以“亲爱精诚”四字作为黄埔军校校训。此一四字校训来自1924年5月创作的黄埔校歌：“莘莘学子，亲爱精诚，三民主义，是我革命先声。革命英雄，民国先锋，再接再励，继续先烈成功。同学同道，乐遵教导，终始生死，毋忘今日本校。以血洒花，以校作家，卧薪尝胆，努力建设中华。”1926年10月，

孙中山书法作品

国民革命军北伐光复了武汉三镇，当时的黄埔军校政治部主任熊雄请政治教官陈祖康重新写词，后由音乐教官林庆梧谱曲，黄埔军校新校歌就诞生了："怒潮澎湃，党旗飞舞，这是革命的黄埔！主义须贯彻，纪律莫放松，预备做奋斗的先锋！打条血路，引导被压迫的民众！携着手，向前行，路不远，莫要惊！亲爱精诚，继续永守。发扬吾校精神，发扬吾校精神！"这首校歌，黄埔学子都会唱诵，而且一直延续至今。

黄埔军校党代表廖仲恺为黄埔军校题词："富贵不能淫，贫贱不能移，威武不能屈"。另外，在孙中山黄埔军校开学演讲之后，有人根据他的讲话精神书写了一幅对联，上联曰："升官发财请往他处"，下联曰："贪生怕死勿入斯门"，横批为"革命者来"。表明了革命者和被压迫者的理想和追求，也是黄埔精神的内核。

"国建于党，无党即无国"

黄埔军校开学典礼当天中午，大家在黄埔军校食堂举行宴会。下午，孙中山小憩至三点左右，然后亲临操场检阅了新生阅兵式和分列式。礼毕已至下午五点，黄埔师生排队欢送孙中山总理出校。晚间七点，国民党中央执行委员会及广州市党部宴请黄埔军校教职员及全体学生。宴席设于军校后面的操场，中央执行委员会的胡汉民、汪精卫、廖仲恺、张继、谭延闿、林森等和广州市党部的孙科、吴铁城、马超俊、陈其瑗、邓演达、黄季陆等出席了宴会，与黄埔师生六百余人开怀畅饮。酒过数巡，由谭延闿代表中央执行委员会，向所到众宾敬酒一杯。

风华正茂的汪精卫

宴会中，汪精卫也发表了简短的致词："有学问尤须有主义，无主义之学，如官僚军阀，其祸国且甚于无学。今本校学生皆属同志，皆属有主义者，异日学成当为有主义之学。次本校与其他军官学校绝异之特点，亦即本党对于诸同志学生最大之希望。……党与兵实相依为命。兵出于党，无党即无兵，党赖乎兵，无兵即无党。国建于党，无党即无国。往者吾党之失败，由于党自党，兵自兵。此后吾人万不可再蹈覆辙。今日酒食虽薄，但本党同志特借以表示相依为命之精神。请以最恳挚最亲切之心意，再奉校长、教职员、学生诸同志酒一杯。"

之后，黄埔学生代表上台致答词，表白一定遵照中央执行委员会的教导，为三民主义为国民党而牺牲，词毕并高呼"三民主义万岁！孙总理万岁！中央执行委员会万岁！"再有，广州市党部执行委员孙科也代表该党部向军校师生致词，向诸同志表达了慰问鼓励并敬酒祝贺。

黄埔军校校长蒋介石最后发言："今日中央执行委员会及广州市党部特至此欢宴我等，系最深之意味，与普通之宴会绝殊。汝等须知，我等受中央执行委员会之款待，不自今始。本校是中央执行委员会所办，我等所衣所食所住所用，何一非中央执行委员会而来？今兹之宴，不过乘庆祝开学机会，借以表示相依为命之精神。汝等今日所饮之酒，不啻饮血，本党当此财府奇窘之际，一丝一粒，实不知费几许血汗得来，汝等切勿忘记。顷间汪先生所言无兵即无党，无党即无国，汝等之身，此后已为党有，非汝等所自有，须以此身为本党作临阵之牺牲，方不负中央执行委员会广州市党部诸同志之厚望。”言毕三呼“中国国民党万岁”，众人齐呼，声震山谷。至此已八点许，晚宴结束，宾主先后散去。

第二章
“以俄为师”

第一节　与苏俄的早期接触

与苏俄革命者的同志友谊

早在 1918 年夏，正当全世界反动势力一同疯狂地诅咒和污蔑年轻的苏维埃国家的时候，孙中山便和列宁领导的苏俄政府有了函电来往。他曾致电列宁和其政府表示祝贺之意：“中国革命党对贵国革命党所进行的艰苦斗争表示十分敬佩，并愿中俄两党团结共同奋斗。”列宁委托苏联外交人民委员契切林于 1918 年 8 月 1 日复信，可惜的是，这封复信孙中山并未收到。

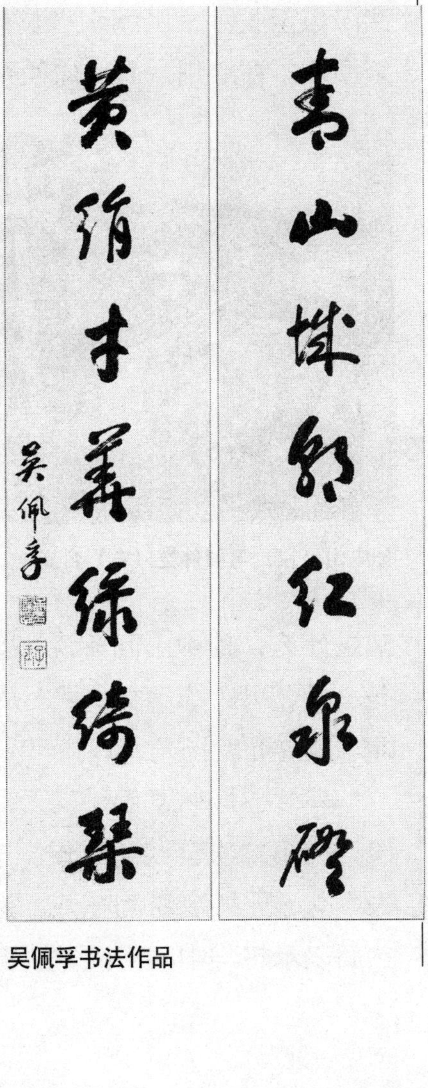

吴佩孚书法作品

1920 年 9 月，孙中山首次接触共产国际代表，他向共产国际代表魏金斯基介绍了中国革命的情况与历史，还表示了同苏俄建立某种合作的意愿。但当时的苏俄对吴佩孚则抱有更大的希望，共产国际伊尔库茨克远东局和远东共和国都采取接近吴佩孚的政策，他们认为开展中国的民族主义运动而可以合作的人，是吴佩孚而不是孙中山。

1921年，正当孙中山遭受军阀挟制进退两难之时，共产国际向他伸出了友好的援助之手。当时，荷兰人马林奉列宁之命以共产国际代表的身份来到中国协助组建中国共产党，经过对中国实际情况的考量，马林认为中国共产党有必要和中国国民党联合。李大钊、林伯渠向孙中山转达了马林的意图，孙中山遂派张继至上海托陈独秀转告马林可以相见会谈。

共产国际代表马林的提议

1921年12月10日，在张太雷陪同下，马林由上海启程先到武汉再至长沙，由湖南省长兼湘军总司令赵恒惕派卫队护送南下至广州。在广州，通过陈独秀的介绍，马林会见了陈炯明。当时，因为孙中山准备北伐，已转去桂林的大本营，所以廖仲恺热情接待了马林一行，并很快派人送他们于12月23日傍晚抵达桂林。当晚，孙中山立即予以接见。马林曾问及孙中山其革命基础是什么，孙中山回答说："为爱人类而革命……中国有一道统，尧、舜、禹、汤、文、武、周公、孔子相继不绝。余之思想基础即承此统而发扬光大耳。"

孙中山（左）与廖仲恺（右）合影

马林在桂林逗留了三天，与孙中山共进行了两次长时间的会谈。在第二次会谈的时候，国民党军政要员如胡汉民、许崇智、朱卓文、孙科等列席陪同，马林首先说明了一下第三国际的意旨，然后表示想与中国国民党进行联合结盟。孙中山问在场同志意见如何，大家都默然不语，于是孙中山便用英语回答马林：“……顾革命之主义，各国不同，甲能行者，乙或扞格而不通。故共产之在苏俄行之，而在中国则断乎不能。况吾师次桂林，志在北伐……今仅能与苏俄作道义上之联络。一俟义师北举，直捣幽燕，再谋具体合作未为晚也。”此间，马林提出以中国国民党和苏俄合作为前提的三项建议：

改组国民党，与社会各阶层，尤其与农民、劳工大众联合。

创办军官学校，建立革命军的基础。

谋求中国国民党和中国共产党的合作。

马林还特别举出苏联把“新经济政策”付诸实行的这一例子，力述苏联政策的“灵活性”，以缓和孙中山对共产主义的戒备心理。孙中山对“新经济政策”很感兴趣，向马林详细询问了苏俄革命的情况和新经济政策以及红军政治训练等方面的情况，马林则力言中国工人、农民对革命的重要作用。

此后，孙中山对廖仲恺、汪精卫等谈及此次会谈时，曾说：“苏俄革命后，实行马克思之共产主义，余甚滋疑惑。以现世界正在资本主义极盛时代，俄国工商不甚发达，共产主义不能单独成功，其去实行之期尚远。今闻马林言，始悉苏俄行共产主义后，深感困难，乃改行‘新经济政策’矣。此种经济政策，其精神与余所主张之民生主义不谋而合。余深喜苏俄能先实行与余之主义相符之政策，益信余之主义切合实行，终必能成功也。”

国共合作的首倡者

马林向共产国际强烈建议应联合孙中山，而且提议中国共产党应加入到国民党里共举革命大业。然而，当时的中国共产党领导人陈独秀等却对于加入国民党的提议甚不同意，1922 年 4 月 6 日陈独秀还向共产国际远东局写信表示：双方革命宗旨不同，且怕和陈炯明不和。为此，马林在 1922 年 7 月返回莫斯科，在给共产国际的报告中，他说：“……现在，我愿意谈谈国民党组织的性质，在和好几位领导人谈话后，我发现国民党中有四类成员：（1）起领导作用的知识分子……（2）侨民……（3）士兵……（4）工

马林肖像

马林（1883—1942），荷兰鹿特丹人。1902年加入荷兰社会民主党。1914年在爪哇创建东印度社会民主联盟。1918年被爪哇当局驱逐出境，返回荷兰，加入荷兰共产党。1920年以马林的名字赴苏联出席了共产国际第二次代表大会，并作为爪哇的代表担任民族殖民地问题委员会秘书，被选为共产国际执委会委员。1921年受共产国际委托，帮助建立中国共产党，并同孙中山建立了联系。1942年被纳粹杀害。

人。……国民党的党纲使得这些各种不同的团体都能加入进去。它主要的性质是民族主义的。它的三项原则：反对外国统治；争取民主；争取公民的人的生活。最后一条由孙中山和意见与他相同的人解释为社会主义。1920年，孙中山出版了一本论中国经济发展的书，其中包括他的国家资本主义经济计划。他在序言中声言这种国家资本主义经济可以通向社会主义生产形式。孙中山希望依靠外国贷款来发展中国，但要求排除所有外国对中国事务的干涉。……我曾经三次与孙中山长谈关于苏俄承认它以及与之结成联盟的可能性问题。他认为虽然华盛顿会议已使中国处于空前不幸之地位，但到他胜利结束北伐之前，要与苏俄结成联盟在事实上不可能。他声称，待北伐胜利结束，立即提议与苏俄公开建立联盟。他的看法是中俄携手将完成亚洲的解放。”

这一时期，除马林外，在1922年的4月至6月，孙中山还多次在广州会见少共国际执行委员达林，由瞿秋白作为翻译陪同。与马林一样，达林也劝孙中山与中国共产党联合，据陈独秀的《告全党同志书》：“青年团国际代表达林来中国，向国民党提出民主革命派联合战线政策，国民党的总理孙中山严词拒绝了。他只许中共及青年团分子加入国民党，服从国民党，而不承认党外联合。”

在马林、张太雷走后不到半年，就爆发了陈炯明炮轰总统府事件，孙中山躲在永丰舰与其相持五十余日。后来，由于北伐军战事失利，所部被截成数段，无法集中兵力回师讨伐陈炯明。8月9日，孙中山决定暂时离开广州，与蒋介石、陈策等离开永丰舰，乘英国摩汉号炮舰经香港转抵上海。孙中山一到上海便立即发表宣言，谴责陈炯明祸国殃民，并号召民众："凡有血气，当群起以攻，绝其根本，勿使滋蔓；否则流毒所播，效尤踵起，国事愈不可为矣。"

第二节 《孙文越飞宣言》

李大钊：第一位加入国民党的共产党人

1922年8月12日，苏俄新任驻华全权代表越飞抵达北京，马林也随之返回中国。马林带回了共产国际的指示，国际同意中国共产党党员以个人身份加入中国国民党。8月22日，马林在上海向李大钊、陈独秀等中共中央委员传达了共产国际的指示。次日，李大钊拜访了当时因陈炯明叛变而退居上海的孙中山，与孙中山讨论了国共合作和改组国民党的问题，孙中山答允李大钊"尽管一面做第三国际党员，尽管一面加入本党帮助我"。此后不久，共产党人李大钊经张继介绍，由孙中山主盟，第一个以个人身份加入了中国国民党，继李大钊之后，陈独秀、张国焘、张太雷、蔡和森等中共领导人也先后以个人身份加入国民党。

张国焘

张国焘（1897—1979），字恺荫，又名特立。江西萍乡人。中国共产党早期领导人之一。长征时期，红军红一、四方面军会师后，为争夺中央领导权，他公然另立中央，分裂红军，继而对党的批评心怀不满，屡屡拒绝挽救，最后竟于1938年4月私逃叛党，投靠国民党，上演了一幕"中共缔造者反对中共"的丑剧。

中共党员以个人身份加入中国国民党，这种国共合作的形式，是1922年8月在杭州召开的中共中央西湖特别会议的讨论结果，是遵照共产国际要中共党员以个人身份加入国民党以进一步建立民主联合战线的提议而做出的决议。

自苏俄全权代表越飞来华之后，孙中山便一直与其保持着紧密的信函联系。孙中山在信中主要表示对苏俄外交政策有所不满，如“对苏俄外交政策之目标与他国之不同不甚清楚；传闻苏俄军队准备派兵入北满；闻苏俄有意与吴佩孚军阀集团进行联盟，使从东北驱除张作霖，不解苏俄政府何以不待南方护法政府取得北京后再协商中苏关系正常化问题。”1922年底，孙中山还专门派张继赴北京面见越飞，表示对苏俄外交政策的批评。越飞对此予以解释说：“苏联革命刚成功后，形势很危险，不能不拉拢（北京）。革命是要经过曲折的道路的，不是可以走直线的。”

与越飞的全面接触

1923年1月17日，离开北京的越飞一行15人抵达上海。次日晚，孙中山宴请越飞，并在法租界寓所与其会谈。22日，越飞再次拜访孙中山，商谈有关事宜。23日晚，越飞在上海大东饭店宴请孙中山。1月26日，孙中山与苏俄全权代表公开发布了《孙文越飞宣言》，具体内容如下：

孙中山书法作品

越飞君此次在沪，曾与孙逸仙博士会谈数次，关于中俄关系各重要事件，意见一致，而下列数端尤著：

一、孙逸仙博士以为共产组织，甚至苏维埃制度，事实上均不能引用于中国，因中国并无可使此项共产主义或苏维埃制度实施成功之情形存在之故。此项见解，越飞君完全同意，且以为中国最重要最迫急之问题，乃在民国的统一之成功，与完全国家的独立之获得。关于此项大事业越飞君并向孙博士保证，中国当得俄国国民最挚烈之同情，且可以以俄国援助为依赖。

二、为明了此等地位起见，孙逸仙博士要求越飞君，再度切实声明，1920 年 9 月 27 日俄国对中国通牒中所列之原则。越飞君当即重行确认此等原则，并向孙博士切实宣称：俄国政府准备且愿意根据俄国抛弃帝制政府时代对华一切条约及强索权利之基础，另行开始中俄交涉。上述各条约中，包括关于中东路之各项条约及协定在内。（关于此路之管理，上述通牒中第七条，曾特别叙述之。）

三、因承认全部中东铁路问题，只能于适当之中俄会议始克满意解决。故孙逸仙博士以为目前的实际状况，宜于该路之管理上觅一相当办法，且与越飞君同意现行铁路管理办法，只能由中俄两政府不加成见，协商暂时改组，但不得损害两方之真实权利与特殊利益。同时，孙逸仙博士以为此点应与张作霖将军商洽。

四、越飞君向孙博士切实宣称：（孙博士对于此层，完全满意）俄国现政府，决无，亦从无欲在外蒙实施帝国主义政策，或使其脱离中国之意与目的。孙博士因此，以为俄国军队不必立时由外蒙撤退，缘为中国实际利害与必要计，中国北京现政府庸弱无能，无力防止因俄兵撤退后，白俄反对赤俄之阴谋与抵抗行为之发生，而酿成一种较目下尤为严重之局面。

越飞君与孙逸仙博士以最亲挚有礼之情形相别，彼将于离日本之际，重来南方，然后赴北京。

1923 年 1 月 26 日

上海

孙逸仙、越飞签字

孙中山说，列宁是“中国最好的朋友”

《孙文越飞宣言》表明了苏俄对中国革命的支持和希望建立平等的中俄关系，这个宣言的发表也标志着孙中山联俄政策的正式确立。此后，孙中山派廖仲恺与越飞一同坐船赴日，在日本的热海，廖仲恺和越飞讨论落实“宣言”中的细节和一些未曾公开的问题，据学界推测，双方可能商议了筹办军官学校以及苏俄援助、派代表团访苏等问题。

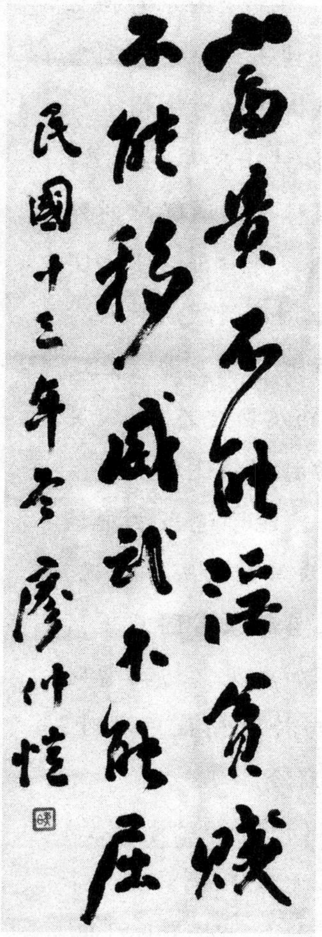

廖仲恺行书（1924）

《孙文越飞宣言》签订后，孙中山与苏俄的联系愈加密切。1923 年 8 月，对于国共两党和中国革命走势皆有重大影响的鲍罗廷，以苏联政府特派代表的身份来到中国。9 月，鲍罗廷到达上海，会见了陈独秀等中共领导人，随后南下赶赴广州拜访孙中山。10 月 6 日，鲍罗廷抵达广州，孙中山立予接见，并不断展开长谈。孙中山与鲍罗廷谈话时表示极为关注列宁的身体健康问题，并称列宁为“中国最好的朋友”。10 月 9 日，孙中山举行酒会欢迎鲍罗廷的到来，并将在广州重要的军政要员介绍与鲍罗廷。此日，鲍罗廷也与谭平山和瞿秋白进行了晤谈，对中国国民党的情况有了一些了解。

第三节　孙逸仙博士代表团赴苏考察

组织“孙逸仙博士代表团”

早在 1922 年 12 月，孙中山就曾写信给列宁：“本人拟派遣全权代表于近期往莫斯科，与你和其他同志磋商合作事宜，以裨俄中两国的合法利益。”1923 年 1 月，孙中山和苏俄代表越飞在上海会谈之时，孙中山要求苏俄给予 200 万金卢布的援助，同时表示愿意派遣军事代表团访问苏联。5 月 1 日，越飞自日本东京转发给孙中山苏联政府的电报，电报表明同意提供 200 万金卢布，并且同意准备提供军事物资，帮助孙中山在中国北部和西部建立作战单位，以及开办军校。5 月 10 日晚，孙中山设宴招待共产国际代表马林，蒋介石应邀作陪，一同“商议赴欧事宜”。5 月 12 日，孙中山复电越飞，对于苏联的慷慨援助表达感谢，并表示将派代表赴莫斯科磋商。7 月，在香港的蒋介石得知孙中山将派代表团访苏的消息后，立即给时任大元帅府秘书长的杨庶堪写了一封信，表示：“为今之计，舍允我赴欧外，则弟以为无一事是我中正所能办者……如不允我赴俄，则弟只有消极独善，以求自全。”

孙中山同意蒋介石加入“孙逸仙博士代表团”，并以他为首席代表，实为团长，其他三个代表分别为张太雷（中共党人）、沈定一（中共党人）和王登云（后任黄埔军校教导团党代表，军校英文秘书）。在代表团出发前，孙中山分别写信给苏联领导人列宁、托洛茨基、斯大林，向他们介绍了蒋介石的情况，随后写信给苏联驻华大使加拉罕，向其告知了“孙逸仙博士代表团”赴苏考察的性质和任务——“将讨论我们的朋友靠什么方法和途径，能够对我在我国的工作给以帮助。”

张太雷（中）和胡志明（左）、片山潜在 1932 年的合影

莫斯科之行

1923 年 8 月 5 日，蒋介石秉承孙中山的意旨，在上海会晤苏

俄代表马林以及张继、汪精卫、林业明等，商谈筹组代表团以及考察政务及党务的相关事宜。1923年8月16日，蒋介石率同张太雷、王登云、沈定一由上海乘“神田丸”号启程，19日抵达大连改乘火车，25日至满洲里中苏边界换车进入俄国境内，于9月2日抵达莫斯科。到莫斯科的第二天，蒋介石等便拜访苏联政府外交人民委员部，与东方部部长商定了会见苏联外交人民委员契切林的日期。9月5日，外交人民委员契切林接见了以蒋介石为首的代表团，由沈定一担任会议记录。

9月7日上午，蒋介石等代表与俄共（布）中央政治局委员兼书记处书记鲁祖塔克进行了会谈。双方交谈非常热情客气，蒋介石还对鲁祖塔克说：“国民党一向认为，苏联共产党是自己的姐妹党。”并向其请教：“代表团希望听到对俄国革命的一些最重要的阶段、对革命时期所犯的错误以及对共产党在革命进程中的作用和意义的简单介绍，因为俄国革命的经验教训可能对国民党在中国的工作很有教益。”鲁祖塔克热诚地讲了两个小时，蒋介石很重视“详言”记录：“其革命成功之点：一、工人知革命之必要；二、农人要求共产；三、准俄国一百五十民族自治，成联邦制。其革命缺点：一、工厂充公后无人管理；二、集中主义过甚，小工厂不应同样归国有；三、分配困难。”鲁祖塔克还提议代表团和共产国际代表组成专门委员会，讨论如何协调国民党同俄共中央的共同合作行动，建议最好有一名国民党代表常驻莫斯科。

9月7日下午，蒋介石等代表还拜会了共产国际远东局书记魏金斯基。9日上午，蒋介石等再次访问魏金斯基，相谈甚欢。当天下午，蒋介石等代表访问苏联革命军事委员会副主席斯克良斯基和红军总司令加米涅夫等。蒋介石向斯克良斯基提出三项要求：“1. 俄国革命军事委员会尽量向中国南方多派人，去按红军的模式训练中国军队；2. 向孙逸仙代表团提供了解红军的机会；3. 共同讨论中国的军事作战计划。”蒋介石还向斯克良斯基和加米涅夫介绍了中国的国内形势以及孙中山和吴佩孚的力量对比并建议：“在库仑以南邻近蒙中边境地区建立一支孙逸仙的新军。由招募来的居住在蒙古、满洲和中国交界地区的中国人，以及由满洲西部招募来的一部分中国人组成。在这里按照红军的模式组建军队。从这里，也就是从蒙古南部发起第二纵队的进攻。”斯克良斯基和加米涅夫建议蒋介石能以书面形式具体阐明此项计划。此后，从 9 月 10 日起，蒋介石开始在招待所起草此项书面“计划”，至 12 日上午，蒋介石完成书稿，名为“中国革命的新前景”。13 日，开始起草《致苏俄负责人员意见书》，于 14 日草成。

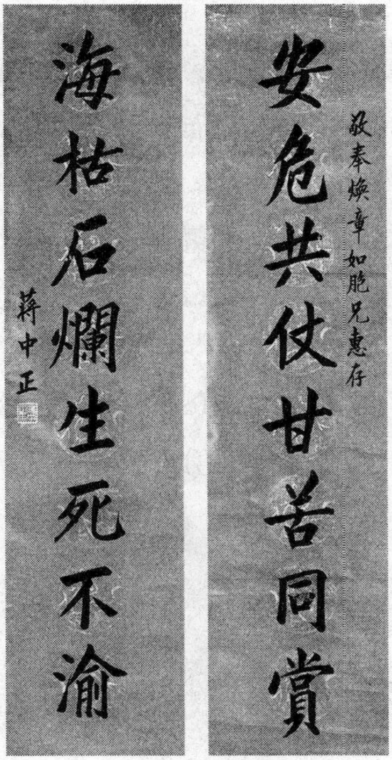

楷书八言联（蒋介石）

蒋介石论“党代表制”

1923 年 9 月 16 日，苏联陆军学校举行学生毕业典礼，蒋介石等应邀参加，且受到了与其他各国出席代表不同的特别招待。17 日，蒋介石等代表参观了苏联步兵第 144 团，蒋介石应邀发表演说，盛赞苏联红军“是世界上的一支最勇敢、最强大的军队”。对于红军中的“党代表制”，蒋介石也感觉不错，在其当日日记中，他认为司令员与党代表之间的权限分工得当，“大约军事指挥上事务皆归团长，而政治及智识上事皆归政党代表，尤其是精神讲话及平时除军事外之事务，皆归代表也。”19 日至 22 日，蒋介石等参观了苏联步兵第二学校、研究毒气的军用化学学校、高级射击学校，对于苏联军队的武器装备，蒋介石在其日记中多有慨叹：“俄国武器之研究及进步可与欧美各国相等，不比我国之腐败也。”9 月 23 日，张太雷与苏联外交人民委员部的工作人员发生争吵，蒋介石“袒护”张太雷，认为苏方“其部员之下流无赖，实使人讨嫌”，此事令一直甚为满意赴苏考察诸事的蒋介石心情上颇为不爽。次日，他在日记中还写道：“为外交部员无礼怠慢，使人嫌恶，几欲回国。”

自9月26日至10月1日，蒋介石等在彼得格勒参观了冬宫、海军大学、海军学校、海军博物馆、皇村。10月2日，蒋介石等返回莫斯科，又因外交人民委员部的工作人员“弄鬼”而大为气恼。当日晚间，蒋介石将在彼得格勒期间起草的一份函稿修改誊写完毕。10月5日，蒋介石完成修改《中国革命的新前景》，定名为“孙逸仙代表团关于越飞5月1日东京电中所提建议之备忘录”。10月6日，蒋介石将《函稿》及《备忘录》，一份送交外交人民委员契切林，一份送交革命军事委员会托洛茨基、斯克良斯基和加米涅夫。蒋介石递上《备忘录》后，开始等待苏方答复，在此期间苏方安排代表团往莫斯科大剧院观剧、参观莫斯科灯泡制造厂及发电厂、参观克里姆林宫、参观博物馆、参观莫斯科市苏维埃大会，另外当11月7日苏维埃联邦共和国六周年纪念日之时，蒋介石等还受邀到红场参观阅兵式及群众游行，蒋介石在日记中写道：“观今日之运动，足知苏维埃政府对于人民已有基础，殊足以破帝国主义之胆。吾于苏俄无所间言。”

克里姆林宫

红色政权下的灰色

1923年11月11日，斯克良斯基和加米涅夫再次与蒋介石等进行会谈，苏方表示不赞成国民党代表团的库仑军事计划（涉及苏方在蒙古的利益）。早在10月21日蒋介石拜会契切林时便谈及“蒙古自治问题及根本计划”，希望苏联放弃对蒙古的操纵。然而，双方最终无法达成一致，对此蒋介石极为愤懑，在日记中写道："无论为个人，为国家，求人不如求己。无论亲友、盟人之如何亲密，总不能外乎其本身之利害。而本身之基业，无论大小成败，皆不能轻视恝置。如欲成功，非由本身做起不可。外力则最不可恃之物也。"

11 月 25 日晚，蒋介石到共产国际主席团参加共产国际执行委员会会议，蒋介石在会上发表演说，提出"中国革命两步走"之议："民生主义是通向共产主义的第一步。我们认为，对中国革命来说，目前最好政策是，作为第一步，使用'(争取)独立的中国'、'人民政府'、'民族主义'之类政治口号。作为第二步，我们将根据共产主义的原则做一些事情。"对于国民党的"三民主义"，共产国际主席团主席季诺维也夫表示"不是共产主义的口号"，要使这些口号"更具体，更明确"。11 月 28 日，共产国际主席团发布《关于中国民族解放运动和国民党问题的决议》，批评国民党"没有吸收城乡广大劳动群众参加斗争"，把希望寄托于国内反动派，建议对三民主义作出新的解释，以使国民党能成为"符合时代精神的民族政党"。蒋介石对于《决议》颇为不满，认为苏联"其自居为世界革命之中心，骄傲虚浮。"

蒋介石戎装照

11 月 27 日，革命军事委员会主席托洛茨基接见代表团全体成员。会见谈话涉及蒙古问题，蒋介石很是生气，认为苏联明显在欺骗他们，曾与其他代表说："如果蒙古想独立，那需要我们承认，需要我们给予他独立，而不是他自己承认自己。"与托洛茨基会见完毕的当晚，蒋介石即向苏联外交人民委员契切林辞行。11月29日，除了张太雷留在莫斯科之外，蒋介石率领的“孙逸仙博士代表团”离开莫斯科，提前回国。12月8日，代表团返入中国境内，之后，蒋介石赶赴家乡奉化纪念母亲王氏的六十冥诞，在奉化时将其所写《游俄报告书》寄给了孙中山，在此期间，汪精卫、胡汉民、廖仲恺屡次电函蒋介石邀其赴粤报告访苏的情况，但蒋介石多方推脱，总是拖延不离家门。不过，在《游俄报告书》中，蒋介石也明确地向孙中山提出了组建革命者的军校的建议：“为求国家强盛，必先统一中国；要统一中国，必先消灭军阀；要消灭军阀，必先建立军队；要建立军队，必先创办军校。”可见，蒋介石的思路是建立革命者的军校，才能够建立革命军，有了革命军，才能够消灭军阀，一统国家。

蒋介石的《游俄报告书》

1924年1月16日，蒋介石抵达广州复命，向孙中山口头报告访苏情形，并表示其反对联俄的主张，他认为：“俄共政权如一旦臻于强固时，其帝俄沙皇时代的政治野心之复活并非不可能。则其对于我们中华民国和国民革命的后患，将不堪设想。”对此，孙中山的看法是，蒋介石“对于中俄将来的关系，未免顾虑过甚，更不适于当时革命现实的环境”，仍坚持联俄、容共之政策不变。3月14日，蒋介石还致函廖仲恺，强烈指责“俄党”对中国的政策，他说：“尚有一言欲直告于我兄者，即对俄党问题是也。对此问题，应有事实与主义之别，吾人不能因其主义之可信，而乃置事实于不顾。以弟观察，俄党殊无诚意可言，即弟对兄言俄人之言只有三分可信者，亦以兄过信俄人，而不能尽扫兄之兴趣也。……俄党对中国之惟一方针，乃在造成中国共产党为其正统，决不信吾党可与之始终合作，以互策成功者也。……至其对中国之政策，在满、蒙、回、藏诸部，皆为其苏维埃之一，而对中国本部未始无染指之意。……彼之所谓国际主义与世界革命者，皆不外凯撒之帝国主义，不过改易名称，使人迷惑于其间而已。所谓俄与英、法、美、日者，以弟视之，其利于本国而损害他国之心，则五十步与百步之分耳。……中国共产党之在俄者，但骂他人为美奴、英奴与日奴，而不知其本身已完全成为一俄奴矣。”由上可见，鉴于苏俄之行的所见所闻，蒋介石形成了极力反对联俄容共的思想和观点，但是，此后不久，蒋介石为何却又以坚决主张联俄、联共的“左派”姿态出现于中国政治舞台之上呢？他究竟在耍什么花招呢？

第四节 “联俄联共”与国民党改组

改组国民党

1919年10月10日，孙中山正式改组中华革命党为中国国民党。之所以特加“中国”二字于国民党之前，是为了与民元之时的国民党有所区别。孙中山将中华革命党“实行民权、民生两主义”的政纲改为“巩固共和，实行三民主义”，并且在反对帝国主

中华革命党成员合影

1914年7月8日，中华革命党在东京成立，图为当时的合影。前排右起：田桐、廖仲恺、居正、胡汉民、孙中山、陈其美、许崇智、郑鹤年、邓坚；中排左一萱野长知、右三谢持，后排左五戴季陶。

义侵略的意义上恢复了民族主义。因为当时在国内中国国民党党务尚未能公开，所以只有对海外和本部使用新名“中国国民党”，其他地区仍使用中华革命党之名。相较于中华革命党，中国国民党本部的机构已经大为缩小，只设总务、党务、财务三部，孙中山亲命居正为总务主任，谢持为党务主任，廖仲恺为财务主任。

1920 年 10 月 29 日，陈炯明粤军克复广州。11 月 1 日，孙中山以军政府名义任命陈炯明为广东省长兼粤军总司令。因为在广东有了立足之地，所以在国内进行党务活动便有了可能。11 月 4 日，孙中山在上海中国国民党本部谈话说，今后将在国内进行党务，所以章程一定要进行修改。11 月 9 日，孙中山主持本部会议，制定了《中国国民党总章》：

第一条：本党以三民主义为宗旨。

第二条：本党以创立五权宪法为目的。

第三条：本党进行分二期：（一）军政时期——……同时由政府训政，以文明治理，督率国民建设地方自治。（二）宪政时期——地方自治完成，乃由国民选举代表，组织宪法委员会，创制五权宪法。

第四条：自革命起义之日，至宪法颁布之日，总名曰革命时期；在此时期内，一切军国庶政，悉由本党负完全责任。

1922 年 9 月 4 日，孙中山召集张继等 53 名同志，商讨如何改组国民党。孙中山认为应当学习俄国经验，诸同志一致同意。9 月 6 日，孙中山指定丁惟芬、张秋白、陈独秀（此时已加入国民党）等九人一同起草改组方案。1923 年 1 月 1 日，孙中山以中国国民党名义，发表改组宣言，对其三民主义做出了新的解释：关于民族主义，赋予其反帝意义，所谓“内以促民族之进化；外以谋世界民族之平等”；关于民权主义，规定人民直接行使选举、创制、复决、罢免四权；关于民生主义，明确提出均富政策。1 月 2

日，孙中山召集干部会议，通过了党纲、党章，并议决了中央干部人选（代表大会召开之前，由孙总理任命干部）。1月10日，将新的党纲、党章和宣言通告各地，此后新党员入党改“誓约”为“愿书”。

1923年10月11日，孙中山抱病参加了党务讨论会，并对过去的失败进行了检讨：“一为党中缺乏组织。此盖由于当日革命党人，多属留学生，自由平等之见深入脑中，以为党员绝对自由，一切联络维系之法，弃而不讲。二为党人误信谬说。光复时有一种谬说，谓‘革命军起，革命党消’，此说倡自热心赞成革命之官僚，如本党党员黄兴、宋教仁、章炳麟等咸起而和之，当时几识为天经地义，故改组国民党，本党遂完全变为政党，革命精神由此消失。三为本党基础未固，无革命军，故党之宣传工夫，此后应亟从军队着手，庶可立统一之基础。”当日，孙中山还接见了鲍罗廷，鲍罗廷面陈了有关改组国民党计划的五点建议：“（一）组织之先，对各种计划先加研讨，并

章炳麟书法对联

章炳麟（1869—1936），又名章太炎，字枚叔。浙江余杭人。近代民主革命家、学者、书法家、语言文字学家、思想家、散文家。因发表《驳康有为论革命书》和《革命军序》，坐《苏报》案被捕入狱。1905年出狱后，东渡日本，参加同盟会，主持《民报》。辛亥革命后，参加孙中山的军政府。不久又因反对袁世凯称帝而被幽禁。他曾“七被追捕，三入牢狱，而革命之志终不屈挠”。辛亥革命后，日渐脱离政治，退居书斋，专意治学，成为一代儒宗。

广泛散布于人民群众，以取得他们一致的意见。……（二）精细设计，制定国民党总章。（三）在广州组织一坚强的秘密核心。上海为第二核心。……（四）在可能及早时机，举行国民党全国代表大会，至少西南四省可以出席。……（五）在全国代表大会集会之后，应……即建立地方党部。”对于鲍罗廷的计划建议，孙中山立即同意。当日，孙中山还发电告上海本部，即将实行中国国民党改组。

改组进行曲的分歧

1923 年 10 月 17 日，孙中山委任鲍罗廷为中国国民党改组教练员。18 日，电告上海本部，已经委派廖仲恺、汪精卫、张继、戴季陶、李大钊为中国国民党改组委员。25 日，鲍罗廷被委任为国民党组织训练员，一般称其为总顾问。同日，胡汉民、邓泽如、林森、廖仲恺、谭平山、陈树人、孙科、吴铁城、杨庶堪被委派为国民党临时中央执行委员会委员。28 日，召开国民党临时中央执行委员会第一次会议，议定每省区代表 6 人，总部派 3 人，地方党推 3 人，海外支部推选一人。11 月 19 日，在孙中山亲自主持下，召开了临时中央执行委员会第七次会议，决议在党纲中增加一段：“所谓三民主义、五权宪法，倡之吾党总理孙中山，故其内容解释，当以孙中山之说为断。”会议还同时决议：“成立国民党讲习所；成立三种委员会调查农、工、中产阶级状况；招聘有军事学识党人数十人，日间讲习军事学和党义，夜间教练义勇军。”

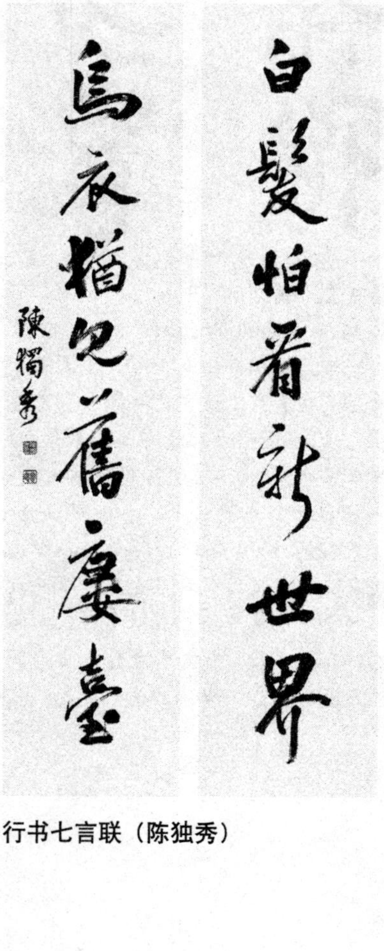

行书七言联（陈独秀）

11 月 26 日，孙中山出席主持

召开了国民党临时中央执行委员会第十次会议，开始正式筹备中国国民党第一次全国代表大会。议定由林森、邓泽如、吴铁城筹备党的全国代表大会，决定每省代表6名，其中由孙总理指定3名，海外总支部、支部12人，初定总额共144人。会议还议决成立义勇军军校，定名为“国民军军官学校”，校长定为蒋介石。27日，召开了临时中央执行委员会第十一次会议，议定筹办军校事项和筹办党报事项。因为上海本部对于“容共”一直颇有顾虑，所以孙中山于本月29日特派廖仲恺到上海进行解释。

12月3日，孙中山对于邓泽如等11同志有关容共之意见书进行批答：“此稿（笔者按：即改组计划）为我请鲍君所起，我加审定……陈独秀并未与闻其事……俄国欲与中国合作，只有与吾党合作，何有干陈独秀？陈如不服从吾党，我亦必弃之。……我国革命向为各国所不乐闻……资本国家断无表同情于吾党，所望为同情者只有俄国及受屈之国家受屈之人民耳。”7日，上海本部改为国民党驻沪执行部。13日，中国国民党重行登记党员。

1924年1月19日，孙中山主持中国国民党第一次全国代表大会预备会议，并召见了海外代表同志，向他们解说了联俄容共政策：“第一，苏俄革命之后，对于中国侵略的威胁大见减少，同时他们需要人来同情支援他们国内的革命；第二，共产党……不如吸收到本党来，共同为革命工作。……目前革命工作情绪低沉，需要新血液刺激，所以这次党中吸收了更多的知识青年，共同从事革命工作。”

国民党一大的核心理念：“把党放在国上”

1924年1月20日，中国国民党第一次全国代表大会在广州召开，大会代表以地方党部推选和孙中山指派相结合的方法产生，出席代表共198人，其中有共产党人陈独秀、李大钊、毛泽东、林祖涵（林伯渠）、瞿秋白、谭平山等24人（陈独秀也是大会代表，但并没有出席），另苏联顾问鲍罗廷也出席了大会。孙中山以总理身份担任大会主席，并指定胡汉民、汪精卫、林森、谢持、李大钊组成大会主席团。20日上午，孙中山致开幕词，主要内容为

五言草书对联（林森）

林森（1868—1943），原名林天波，自号青芝老人。福建闽侯人。1905年加入中国同盟会，曾任国民政府主席、国民政府临时参议院院长。1943年8月1日因车祸在重庆逝世，葬于福建省连江县青芝山。

提出改造党和改造国家两大任务。下午，孙中山讲说“中国之现状及国民党改组问题”。临时中央执行委员会提出组织国民政府之必要案，大会原案通过。孙中山说明此案时指出在革命过程中应学习俄国，国基没巩固前要以党建国，巩固之后要以党治国，而后实行宪政将政权交与人民：“当俄国革命时，用独裁政治，诸事均一切不顾，只求革命成功。……其最初之共产主义，亦由六年间之经验，渐与民生主义相暗合。可见俄之革命，事实上实是三民主义。其能成功，即因其将党放在国上。我以为今日是一大纪念日，应重新组织，把党放在国上。”

1月21日，为了解决许多崇拜共产主义的新青年与排斥共产主义的老国民党党员之间的误解，孙中山在大会上对于民生主义与社会主义的关系进行剖析：“本党旧同志，骤闻共产党员纷纷加入本党消息，顿起怀疑，盖恐本党名义被彼利用也。对于此事怀疑尤甚者，为海外同志。……本党与之联合，将来必能得中俄互助之益，决无大害，此即为我海外同志所宜放心者也。就是非而言，本党既服从民生主义，则所谓社会主义、共产主义，与集产主义，均包括其中。……若俄国今日所行之政策，实非纯粹共产主义，不过为解决民生问题之政策而已。本党同志于此，便可十分了解，共产主义与民生主义，毫无冲突，不过范围有大小耳。”

建立“党军”的思想

1924年1月23日，大会通过了《大会宣言》。《大会宣言》系孙中山委托鲍罗廷起草，经反复研讨修改，经孙中山审定并提交大会，其主要分为三个部分：第一部分为中国现状，包括过去革命失败原因和中国现状特点分析；第二部分为三民主义分析；第三部分为国民党的对内和对外政策。对于《大会宣言》，海外同志多不赞成，力图想说服孙中山放弃大会宣言，而以《建国大纲》代之。孙中山与鲍罗廷商议此事后，予以折中决定同时公布《大会宣言》与《建国大纲》。大会期间，孙中山确立了建立“党军”的思想，他说：“党之基础……在于军队。……军队全属党人故也……设无此庞大之党军，苏俄势力必无今日之盛。”24 日，召开追悼列宁大会，孙中山亲自参加。同日，派定蒋介石为陆军军官学校（黄埔军校）筹备委员会委员长。25 日，大会通过《出版和宣传问题案》。28 日，大会通过《中国国民党总章》。有代表提议本党党员不得加入他党，李大钊于此特予表示：“我们留在本党一日，即当执行本党的政纲，遵守本党的章程及纪律，倘有不遵本党党纲，不守本党纪律者，理宜受本党的惩戒。”

《中国国民党党章》共十三章。关于党部，有最高党部，省、县、区、区分部各级党部，各级党部均有执行委员会。党员、各级党部，均应服从中央党部。《党章》中专列“总理”一章：“本党以创行三民主义五权宪法之孙中山为总理。党员须服从总理之指导以努力于主义之推行。总理为全国代表大会之主席。总理为中央执行委员会之主席。总理对于全国代表大会之决议有交复议之权。总理对于中央执行委员会之决议有最后决定之权。”孙中山死后，无人再任总理，其职权直至后来蒋介石被选为“总裁”之时才由“总裁”代行。所以，在此后的国民党内部，“总理”一词成为孙中山的一个代称、尊称。

新三民主义

1924 年 1 月 30 日，孙中山主持大会选举出第一届中央执行委员会和监察委员会。当选为中央执行委员和候补委员的 41 人中，有共产党员李大钊、谭平山、于树德、毛泽东、瞿秋白、林祖涵等 10 人，约占总数的四分之一。本日，中国国民党第一次全国代表大会闭幕。次日，《大会宣言》正式发表。孙中山召集中央执监委员会全体会议，推举出中央常务委员，组成中央党部。三名中央常务委员为廖仲恺、戴季陶和谭平山。中央机关由秘书处和八部组成，大会议定组织部长谭平山、宣传部长戴季陶、工人部长廖仲恺、农民部长林祖涵、青年部长邹鲁、妇女部长曾醒、军事部长许崇智、海外部长林森。中央各部部长、秘书 13 人中，共产党员有 5 人。

孙中山当然并非完全同意马克思主义，他尤其不同意马克思的历史观和阶级斗争学说。1924 年 2 月他在与一日本人谈话时说："我辈之三民主义首渊源于孟子……文虽不屑，岂肯尝列宁等人之糟粕。况如共产主义，不过中国古代所留下之小理想者哉。"他在讲解三民主义时说："民生为社会进化的重心，社会进化又为历史的重心，归结到历史的重心是民生，不是物质。……吾党之提倡民生主义，正合夫进化之原理，非同时髦学者之人云亦云。……社会之所以有进化，是由于社会上大多数的经济利益相调和，不是由于社会上大多数的经济利益有冲突。……社会上大多数的经济利益之所以要调和的原因，就是为解决人类的生存问题。古今一切人类，之所以要努力，就是因为要求生存，人类因为要有不间断的生存，所以社会才有不停止的进化。所以社会进化的定律，是人类求生存。人类求生存，才是社会进化的原因。阶级战争，不是社会进化的原因，阶级战争是社会进化的时候所发生的一种病症。……所以马克思只可说是一个社会病理家，不能说是一个社会生理家。……我们今日，师马克思意则可，用马克思之法则不可。"

孙中山书法

孙中山有其自己的思想体系与信仰，本来便是准备以三民主义来治理中国，他的联俄容共更多是为了扩大国民党的影响。据邹鲁回忆，孙中山曾明确指出：“容共只是允许共产党以个人资格加入本党，实行本党主义，断不能让他们在党内做不合于本党主义的活动。所以你办党和办教育，应该坚决保持本党的立场，如若共产党有法外的活动，当加以严防。”马超俊也曾追述孙中山关于容共的意见：“青年富于理想，对现实大多不满，易受人煽惑，误入歧途。中国青年现多倾向马克思学说，强调为社会主义，而对之却无深刻研究。不知其与我国国情不合，亟应导之以正，吸收他们加以训练，使踏上正当途径，了解中国历史文化和伦理之优点，从而参研西洋政治思潮及制度，自可服膺本党主义而成爱国有为的人才。……本党系容许共产党员的个人个别加入，并非容许共产主义加入。凡加入本党者，应奉行三民主义，违则受党纪制裁。总之，我系矜恤误入共产党之青年，不忍看他们成为毒蛇猛兽。这点要告知各地青年与工人，应须共谅。”

第五节　莫斯科与黄埔军校的创建

从建“党军”到建“军校”

孙中山起初关于建立党军，并非是打算先建军校，而是准备直接建军，并想借助苏联帮助建军，这主要体现在其《西北计划》之中。1920 年，旅俄华侨“共产党员”刘谦在上海时便同孙中山讨论过与苏俄合作的计划：“1）立即把中国南部、俄国中部和远东的中国革命势力统一起来，以便共同地、步调完全一致地为反对华北现在的反动政府打好基础；2）为此务必在远东有一个指挥中心，确定布拉戈维申斯克为此中心，届时将可从这里向华南和苏俄境内的团体发布命令；3）苏俄、华南现有军队

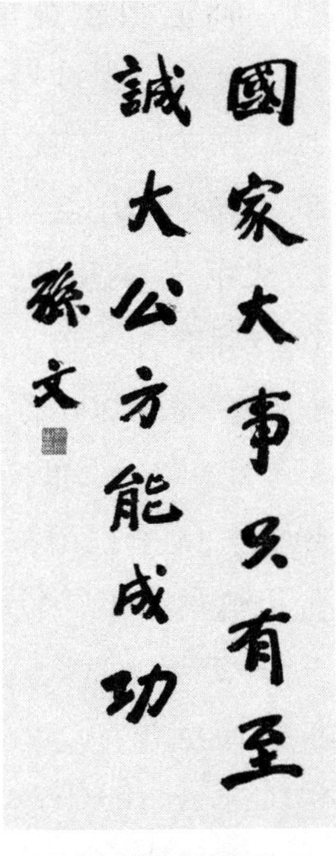

行书治国格言（孙中山）

的集结地定为新疆省，在谢米巴拉廷斯克和七河省交界处，靠近新疆的地方。”

然而，当时苏俄与日本在远东关系正非常紧张，苏俄当局恐怕此计划“某些部分有招致日本不同程度干涉的危险”，因此便完全否定了该计划。同时，苏俄政府也未放弃争取北京政府承认其合法性，而且苏俄政府更不愿意国民党在俄蒙交界处拥有军队。蒋介石率孙逸仙博士代表团访问苏联时，还曾就这个计划提交了《致苏俄负责人员意见书》，可苏方却迟迟不予回复。因为该计划涉及与苏联利益相关的蒙古问题，而且当时苏联正热衷于在德国、保加利亚、波兰等地发动革命，由此托洛茨基就此曾致函契切林和斯大林，要求向国民党代表团“灌输”：“他们面临着一个很长的准备时期，……军事计划以及向我们提出的纯军事计划，要推迟到欧洲局势明朗和中国完成某些政治准备工作之后。”当时与蒋介石会谈此事的苏联革命军事委员会副主席斯克良斯基按此方针寸步不让，同时提出补偿方案：可以允许“中国同志”到苏联军事学校学习。参谋部学院可以接受 3—7 人，军事学校可以接受 30—50 人。

确定组建黄埔军校

虽然以上计划并未实行，苏联方面确实有其自己的难处，但其对援助孙中山之事也并非毫不重视。自 1923 年初苏联政府得知越飞同孙中山会谈的详细情况，便决定委托托洛茨基、契切林、拉狄克三人组成一个委员会专门研究对国民党的援助。此后，1923 年 5 月 1 日，苏俄政府通过越飞电告孙中山，告诉他苏联政府同意援助 200 万金卢布——不过是以一年为期分次付款，每次 5 万金卢布，同时还准备援助了一些武器装备——8000 支日本式步枪，15 挺机枪，4 门奥利萨卡炮和 2 辆装甲车。苏方希望孙中山用这批援助“物资和教练员建立一个包括各兵种的内部学校”，“而非野战部队”，这也直接促使孙中山决定先建军校再建党军。

1923 年 11 月 13 日，因陈炯明部的威逼广州，鲍罗庭建议中国国民党临时中央执行委员会立即建立义勇军。此后不久，议定成立义勇军学校，定名为“国民党军官学校”，以蒋介石为校长，

苏联为黄埔军校提供的武器

陈翰誉为教练长，廖仲恺为政治部主任。此时，蒋介石率孙逸仙博士代表团尚在苏联访问考察，故而临时中央执行委员会委托廖仲恺筹备创建军校事宜。而蒋介石在莫斯科也同苏方具体讨论了苏联帮助国民党开办军校的事宜，与蒋会谈的革命军事委员会副主席斯克良斯基对此答复：“俄国革命军事委员会并没有多少了解中国并且懂得汉语的干部，……所以最好的办法是在俄国为中国人成立专门的军事学校。”双方经过交换意见达成协议：“1）在俄国境内为中国学员开办军校，此事应同外交人民委员部协商。2）开办两所军校，一为高等军校，培养不低于营级的指挥人员，招收具有一定俄语知识的人，约 30 名。地点在莫斯科或彼得格勒。另一所在中国，为培养中等人才的军校，在靠近中国的伊尔库茨克或符拉迪沃斯托克，可招收多少经过军事训练的人 500 名。”后来，孙中山派代表与在北京的苏俄驻华全权代表加拉罕商定，将军校校址定为广州。中国国民党第一次全国代表大会期间，孙中山指定广州城郊的黄埔长洲岛为陆军军官学校校址，因军校位于黄埔故而通称“黄埔军校”。

第三章
黄埔军校：国共两党合作的杰作

第一节 蒋介石辞职离粤和廖仲恺艰苦创校

黄埔军校的选址问题

1924 年 1 月 24 日，孙中山正式下令筹建陆军军官学校。在讨论校址时，国民党中央执委最初决定选址于“测绘局及西路讨贼军后方医院”，即今北较场路烈士陵园一带，广州人通称为“东山”。为此，还形成了正式文件。不过，没过多久，军校地址就改了。要不然，后来声名远播的黄埔军校就叫“东山军校”了。

据说，有关选址一事，孙中山最后亲自选定了黄埔岛，主要是从安全角度考虑的。当时广州地方的大小军阀动不动就发牛脾气，一言不合就武力相向，弄不好就会突然袭击军校。范石生就曾经公开向蒋介石叫板，要踏平黄埔岛。曾出任过黄埔军校教育长和代理校长的方鼎英回忆：“黄埔军校初办时，蒋介石常受滇军范石生的欺侮。范威胁蒋曰：‘你这几个黄埔学生，我只派一营人，随时可以缴你的械。’蒋因此严加警惕，在军校本岛上，常做工事，演习戒备。”而黄埔岛四面环水，的确是一处军事要塞，进可攻，退可守。

黄埔岛是长洲要塞所在地，一直是防卫广州海上交通要道的要冲。清政府设广东海关黄埔分关。当年林则徐在此岛上筑有长洲炮台。民国成立后又组建了长洲要塞司令部。驻守炮台的军队很特别，是世袭制的。一家人祖祖辈辈都是炮台守军。年迈的祖父早已老花眼了，还仍旧认为炮台上少了他就不行，坚持当瞄准手，儿子和孙子只好去搬炮弹。幸亏开炮的机会多少年才能够碰到一回，平日里一家老小在岛上就以种菜、卖菜为生。而黄埔军有了这么个大本营，在战略上占了大便宜。这不得不说是孙中山的眼光不一般。

黄埔校长的人选之争

在黄埔军校的筹备期，军校校长的人选，并非仅有蒋介石一人。在国民党内，曾经出现过几个人选，即程潜、许崇智、孙中山以及蒋介石。

程潜在清末中过秀才，老同盟会会员，在二次革命中坚决反抗袁世凯的北洋军阀，与谭延闿一起宣布湖南独立。1914 年 7 月，程潜参与商议成立中华革命党，却因与黄兴一样反对宣誓效忠的方式而未加入，8 月参与组织“欧事研究会”，任干事。孙中山在广州另组中华民国政府之时，程潜被委任为广州军政府陆军部次长（总长陈炯明），并实际代理总长协助中山先生组织北伐和统一两广。可以说，程潜在国民党内是老资格，而且曾在北较场创办了一个讲武堂，招收过一批学生进行军事训练。由此可见，程潜最具有资格当黄埔军校校长。据曾任黄埔军校政治部主任的包惠僧回忆：“黄埔军校开办之前，孙中山派蒋介石到苏俄去考察军事，决定派程潜为校长，蒋介石、李济深为副校长。蒋介石认为这一次的联合战线黄埔建军是开创性的局面，以他同孙中山的关系与他曾到苏俄考察军事

李济深

李济深（1885—1959），字任潮。广西苍梧人。黄埔军校副校长，原国民党高级将领，中国国民党革命委员会主要创始人和领导人之一。

的条件，他说一切既是学习苏俄，程潜那一点日本派的旧的军事知识有什么用处呢？他既不愿屈居在程潜之下，就愤然离开了广州。”黄埔军校二期炮兵科学生覃异之也曾说：“关于校长的人选，最初决定为程潜，而以蒋介石、李济深为副校长。蒋介石当时无论在党在军，都是后辈，孙中山先生派他为军校副校长，已经是‘不次之迁’。但是蒋介石不愿在程潜之下，对这个任命很不满意，就离开了广州，跑到上海，表示消极。”

除程潜外，孙中山也考虑过任命许崇智为黄埔军校校长。许崇智对于孙中山非常忠诚，他所领导的粤军，当时成了孙中山政权唯一可凭借的军事力量。孙中山也十分倚重许崇智，一直把许崇智当做左右手，视粤军为主力军。1924 年 1 月国民党一大时，许崇智被推为中央候补监察委员兼国民党中央军事部长。据刘峙《我的回忆》所记：“起初孙中山先生想要粤军总司令许崇智兼军官学校校长，负责筹备。但许崇智力不从心，一切委之于上校参谋陈翰誉。”不过，许崇智虽为“军界前辈，但此人生活腐化，短于谋略，不堪全局性重任”，自此一点上与蒋介石相较便大为逊色。

由于孙中山考虑起用蒋介石，后来程潜、许崇智都未能最终成为黄埔军校校长，军界人士又反对蒋介石，所以要求孙中山自任校长。据国民党党史会收藏的“会议记录”，1923 年 12 月 8 日，在孙中山提名以蒋介石担任军官学校校长后，部分同志请愿要求孙自兼校长，并在本日举行的临时中执委会议第十五次会议中作成决议。但孙中山对此决议未予采纳，他坚持要由蒋介石来当校长。黄埔一期生宋希濂曾说：“自孙中山决定创办陆军军官学校之日起，广东各实力派人物，认为是一块肥肉，纷纷向孙中山推荐校长人选，争夺颇烈，而孙则属意于蒋介石，各头头不同意，争论不休，孙曾忿然曰：‘如果不叫介石当校长，宁可不办。’……”

关于为何孙中山坚决任用蒋介石长黄埔军校，学界大致认为是主要原因有三：第一、蒋介石曾在保定军校和日本士官学校学习军事，在军事上是科班出身，而且从辛亥革命开始便多次参加

陈其美肖像

陈其美（1878—1916），浙江湖州人。中国近代资产阶级革命家。1906 年夏，前往日本东京，入警监学校，同年加入同盟会。1908 年奉派回国，往来于浙沪京津各地联络党人。1916 年 5 月 18 日在上海寓所被袁世凯派人刺杀。

实战；第二、蒋介石是陈其美的盟兄弟，而陈其美是孙中山反袁时期甚为倚重的人。在陈炯明叛变之时，孙中山避难永丰舰，蒋介石在上海闻讯后立即应召赶赴永丰舰护卫孙中山，从此受到孙中山的信任和重用。后来，孙中山还为蒋介石所写《孙大总统广州蒙难记》作序，称赞说："陈逆之变，介石赴难来粤，入舰日侍予侧，而筹划多中，乐与予及海军将士共死生。"第三、蒋介石率团赴苏考察，虽是孙中山委派，但也与马林及中共、共产国际的认可有密切关系。当时如果马林、中共未认可蒋介石，蒋介石则无法访俄。由于孙中山要"以俄为师"，因此蒋介石此次赴苏考察给他在政治地位上加重了分量，成为各方关注的重要人物。从蒋介石自苏俄归国后各方纷纷电促他来粤之事，便可见一斑。

另外，从治军思想与实践上来看，蒋介石此时期的治军思想主要来源于中国传统治军思想，兼容苏俄红军的治军原则，表现为"分别编制，勤以训练，厚以教养，严以军纪，指导之以主义及政治观念"，这一治军思想"从客观效果上讲，对军校及军中良好作风的形成，对军队政治素质的提高有一定的积极作用"。无论是鲍罗廷还是孙中山都认为"改组现有的 5—10 万士兵并使它完全归国民党领导"是国民党改组的三大任务之一，而蒋介石是国民党左派，是老资格党员，又颇得孙中山信任，有能力完成这一任务。1924 年 5 月 3 日，蒋介石终于被任命为陆军军官学校校长。这样，这所军校的大权就牢牢掌握在孙中山信任的人——未来"黄埔枭雄"蒋介石——手中了。

军校筹备委员会

在孙中山的催促下，蒋介石于1924年1月16日来到广州，之后列席（蒋不是大会代表）参加了国民党一大开幕式。在国民党一大会议期间，孙中山决定成立军校筹备委员会。1924年1月24日，孙中山任命蒋介石为筹备委员会委员长。在蒋介石主持召开的学校筹备委员会第7次会议上，廖仲恺受孙中山委托也列席了会议，他说："创办本党军官学校事，近日在刚刚结束的全国代表大会上获一致通过。这次大会，确定了联俄、联共、扶助农工的各项政策，决议在苏俄帮助下，接受中国共产党分子以个人身份加入本党共同奋斗。……同志们，中国共产党之加入本党，与本党携手联合奋斗，这在中国革命的历程上，是一件开天辟地的大事情，我们所期望的中国革命的高潮已经来到了。在这个高潮中，本党军官学校的筹办，将是涌于潮头的最为引人注目的一朵浪花，它将更有力、更迅速地推动这个潮头澎湃向前。"

2月1日，孙中山又任命王柏龄、李济深、沈应时、林振雄、俞飞鹏、宋荣昌、张家瑞为筹备委员。2月3日，任命蒋介石为中国国民党本部军事委员会委员。2月6日，军校筹备处在广州南堤二号正式开始办公，分设教授、教练、管理、军需、军医五部，推定王柏龄、李济深（由邓演达代）、林振雄、俞飞鹏、宋荣昌为临时主任，分部办事。但是不久，在与苏联顾问发生争吵之后，蒋介石托词"环境恶劣，办事多遭掣肘"，于2月21日突然向孙中山提出辞职。根据叶剑英的回忆，蒋介石派秘书召集筹备处人员并宣布黄埔军校不办了，当场还宣布了相关人员的遣散费。2月23日，孙中山批示蒋介石的辞职申请："务须任劳任怨，百折不回，从穷苦中去奋斗，故不准辞职。"但蒋介石还是不辞而别，跑到上海去了。

关于蒋介石为何辞职，学术界种种猜测很多。有些提到广州一些军阀对创办军校的不满使蒋介石十分恐惧，滇军范石生曾向蒋介石说："你在黄埔办什么鸟学校，你那几根'吹火筒'，我只派一营人就可以完全缴你的械。"更严峻的是筹办军校的经费问

北伐时期的蒋介石

题，如奉孙中山之命去劝蒋回粤的邓演达所说："若能公开整理财政，革除市侩垄断财权，并促展、汝回，则彼可回其意。"还有一些材料证明，蒋介石对于孙中山亦稍有不满，近因可能是他并未被提名为一大代表，在党内没有发言权，如其妻陈洁如所说："在一大会上，我们只能旁听，没有发言权。我注意到，这使介石觉得自己渺小，没有分量。事实上，介石在会场坐椅中，不时局促扭动。"蒋介石认为孙中山对他不够信任，如在 3 月 2 日信函中直言："先生今日之于中正，其果深信乎？抑未之深信乎？中正实不敢臆。"

廖仲恺说：没有蒋介石，军校照样要办

孙中山一方面发电催劝蒋介石返粤，一方面立即任命廖仲恺代理军校筹备委员会委员长。蒋介石辞职赴沪时，廖仲恺正在香山县开农民协会，在他回到广州后便向大家明确表示："应该了解，办黄埔是党要办的，而且一定要办成。你们中间有不少人是蒋先生邀来的，你们应该以君子爱人以德的态度帮助蒋先生。如果党要办，蒋先生不要办，或因此办不成，蒋先生要开罪于全党，将来他如想回来再参加革命，怕也很困难了。所以筹备工作要照常进行。"廖仲恺身兼党政要职，既是国民党中央执行委员会委员、

中央常务委员，又是政治委员会委员，还兼任工人部部长，他所负责的党政事务已经足够繁杂，但他还是于百忙之中抽空经常来到筹备处办公，事无巨细都亲临处理。从 2 月初到 5 月初，筹备处共开筹备会议 32 次，由军校筹备委员会委员长（大部分时间由廖仲恺代理）主持讨论决议筹办了诸多军校创建事宜，如制订校章；修理校舍；任免教职员；招考学生；审查员生资格；决定第一期学生教练计划；决定全校员生须加入国民党；决定服装书籍之样式种类及购置办法。

周恩来说，1926 年前的蒋介石仍是国民党中派的“代表人物”。的确，蒋介石在 1926 年之前支持孙中山改组国民党，虽然对苏俄存有戒心，但公开场合却高姿态地赞成“联俄”，接受“联共”，所以，蒋介石在黄埔草创之际一再玩弄以退为进的花招，但是，他还是期望在黄埔军校捞到更大的实权，因为他深谙“有军则有权”的道理，视军权如性命，黄埔军校“这个基点他是抓得很紧的”（毛泽东语）。此时蒋介石羽翼未丰，懂得招揽人才为己所用的道理，积极拉拢左派势力，包括年轻的共产党人，以提高自己在国民党中的地位。而费正清在《剑桥中华民国史》认为：“统一战线成立以后，中国共产党谋求通过把其成员安插进国民党中央的群众运动部门和黄埔军校，从而影响国民党。”现在看来，费正清此言显然言过其实。在黄埔军校草创初期，中共有意“安插”进黄埔军校任教官的，只有张申府一人，而大部分进入黄埔军校的中共党员，都是孙中山、蒋介石、廖仲恺等国民党高层人物主动邀请进去的。正如军校教育长、后任代理校长的方鼎英所言：“本校政治部之共产分子，如熊雄等，皆为校长延揽而来。”张申府、熊雄都是蒋介石在莫斯科逗留时认识的中共党员。

由于当时各省均在军阀势力下，黄埔军校无法公开招生，国民党中央只好乘“一大”开会之便，委托返籍各省中央委员私下招生，其中干招生工作最积极的中央委员有毛泽东、于右任、戴季陶、居正等。经过各地初试合格后，约 1300 名考生拿着军校发给的路费来广州参加复试。至于复试工作，国文试题为戴季陶拟定，数学试题由王登云拟定，张申府除了和几位苏联顾问负责口试外，还负责笔试监考和阅卷工作。第一期招生近500名，包括陈赓、徐向前、蒋先云、李之龙、周士第、左权、宋希濂、郑洞国、侯镜如等日后著名人物都在其中。

谁当考官？谁当教官？谁当学员？

北伐时期的邓演达

关于军校教官的选拔，当时主持筹备处的廖仲恺遵循国共合作原则，依靠筹备处中两党热心军校工作的邓演达、叶剑英、张申府等人，大力延揽招纳有志人才，一大批政治、军事人才如严重、季方、何应钦、王柏龄、钱大钧、顾祝同、刘峙、陈继承等陆续来到军校任职。除聘请教官外，筹备处还从广东警卫军讲武堂和西江讲武堂的毕业生中考选出50人，充任军校学生队的正副队长。3月底，筹备处还对军校的下级干部进行了初试和复试，之后按成绩分别指派职务。

在招揽人才聘请教官的同时，军校筹备处也开始积极进行招生工作。在蒋介石访问苏联期间，已经就学员应当具备的条件同莫斯科领导人达成了共识：务必招收忠诚于革命事业的人。鉴于当时孙中山的革命政府尚仅局限于广东一隅，绝大部分地区还在北京政府控制之下，中国国民党第一次代表大会期间便决定由与会代表回到各自所在地区秘密招生，介绍青年来校学习。2月8日军校召开校务筹备会议，由筹备委员会委员长蒋介石主持。2月10日，国民党中央执行委员会通过《军官学校考选学生简章》，与旧式军校有重大不同的是黄埔军校非常重视学生的政治素质和思想品德，强调考核学生对国民党三民主义的认识程度。同日，还决议分配了各省区招考学生名额，暂拟招收学生324名：东三省、热河、察哈尔共50名；直隶、山东、山西、陕西、河南、四川、湖南、湖北、安徽、江苏、浙江、福建、广东、广西每省12名共168名；湘、粤、滇、豫、桂五军各15名共75名；本党先烈家属20名，尚余11名；此外另招备取生30—50名。

由于各地军阀的阻挠和破坏，很多想报考黄埔军校的革命青年都误了考期，出身书香门第的杜聿明从《新青年》上得知黄埔军校招生，便同好友阎揆要、关麟征、张耀明等从陕西匆匆赶往广州准备报考，可是当他们到达广州之时，考期已过。众人皆是垂头丧气，后来在同盟会元老于右任的说情下，才获准同其他误了考期的20多人一起补考。17岁的宋希濂和兄长宋仁楚，郑介民、郑庭芨兄弟俩也都在报考之列。

在黄埔系中素有“长者”之称的郑洞国，当年也没有赶上报名日期。当时他约了几个同学辗转千里，好不容易才到达广东，却听说军校的报名已经截止，当时他们别提有多沮丧了。这时已经报上名的王尔琢、黄鳌和贺生洋来看他，这三位都是他的同乡兼好友，黄鳌就给他出主意，自己当时怕一次考不上，就报了两个名，现在这个名额正好可以让给郑洞国。无奈之下，郑洞国只能冒着黄鳌的名字进了考场，并如愿考上了。不料，进入黄埔军校后，两个黄鳌竟然编在了一个队里，这让本已心虚不已的郑洞国更是忐忑不安，尤其是集合点名时更觉得尴尬，最后他鼓起勇气向学校说出了真相，并得到了谅解，把名字改了过来。这才让人们日后没有记错这位抗日名将的真实姓名。

黄埔军校招生之时，中国共产党人也积极参与协助进行招生工作，参加国民党“一大”的共产党代表带着为黄埔军校招生的任务回到各地。1924年1月13日，中共上海地方兼区执行委员会在上海召开党员大会，会上，陈独秀报告了国民党改组前后左右派斗争形势及筹办黄埔军校的情况。此次会议决定：多派同志进黄埔军校。中共中央“从各省地方党组织和革命群众团体中抽调一些青年党、团员和革命群众投入第一期学生受训”，“并选派一些富有教学才能的优秀党员担任军校政治部政治教官”。中共中央为做好招生工作，专门向全国各地的基层党、团组织发出了第62号通告，指出黄埔军校招生事关重大，各地方万勿忽视，派送人务必于月底到粤。各地党、团组织也认真选拔党团员和国民党左派分子报考军校，如共青团广州地委报告中所说：“现在国民党在广州创办军官学校，地方拟派三四同志赴考，来预备将来干军人运动。”再如，共产党员何叔衡受军校筹备委员会委托在湖南省秘密招生，考生在清水塘秘密报考后，转赴上海由毛泽东主持复试，复试取录方可到广州参加全国总复试。当时主持国民党上海执行部工作的毛泽东，就在军阀孙传芳的眼皮底下，设立了上海分考场，100多名热血青年在上海通过初试后赴广州总考，胡宗南、徐向前、侯镜如就在其中。

当时，徐向前一听说广州的国民政府要办军官学校，并要在上海招生，心情十分振奋，就像有一团熊熊燃烧的火焰，升起了一种崭新的希望。在一位军官的保举之下，他悄悄串连了几个青年同乡，带了8块钱的单程路费，破釜沉舟般地就从太原奔赴上海应试去了。

到上海之后，徐向前才知道黄埔军校招生的具体章程。应考条件和手续十分严格，如政治思想上要“了解国民革命迅速完成之必要”，“无抵触本党主义之思想”；学历上要“旧制中学毕业”或相当程度之中学毕业；身体条件要“营养状态良好”、“强健耐劳”及无肺病、花柳病、眼疾等。当时为了要考进黄埔军校，有些人甚至去做一个毕业证书应考，黄埔二期生张炎元就是其中之一。

由于营养不足，徐向前长得很瘦，又加之个子高，更是显得弱不禁风，还因此听到招考处的人说：“这个人这么瘦，会不会是抽大烟的？”徐向前自己心中着实忐忑不安。

徐向前他们在上海参加的考试既有笔试，又有口试。笔试考了作文、政治、数学；口试则考察学生对三民主义的了解及个人志趣、品格、判断力等。通过初试后，他们又到广州参加复试。正巧听说孙中山要在一个学校演说，徐向前便兴致勃勃地跑去聆听。此后，他如饥似渴地一连听了三次，大意都是讲三民主义、推翻帝国主义和封建主义在中国的统治，以俄为师，唤起民众，扶助农工等等。这使徐向前对孙中山这位伟大革命先行者更是钦佩，更加坚定了他考取黄埔军校的决心。经过复试，徐向前和那批来自山西的十几个青年同乡全部被录取了。

侯镜如投考黄埔军校的时候，为逃避反动军阀的搜查，将介绍信写在白布上，缝在衣服里头，五天五夜赶到上海租界区一所女子师范学校考试。考上后领了二十块银元的路费，又从上海坐船到香港，再转到广州的一个师范学校里，经过第二次复试，通过之后才可入校。当时身为中共上海省委执行委员的沈雁冰也推荐一个常向《小说月报》投稿、名叫顾仲起的青年投考黄埔军校，并赞助其到广州的路费。后来顾仲起考入黄埔军校第三期步兵科学习，在校期间参加了东征、讨伐陈炯明之役。在军校一期生中，共产党员、共青团员有五六十人，占总人数的十分之一。

3 月 21 日，孙中山决定成立考试委员会，开始筹备全国总复试工作。3 月 27 日，在广东高等师范学校举行新生入学考试，参加考生 1200 多人。经过三天考试完毕，由于投考学生佳才颇多，因此经商议决定酌量多录。此时，蒋介石尚在奉化老家，但也在信函往来中与廖仲恺等人商讨军校招生等事。同时，国民党要人不断地函电劝返，

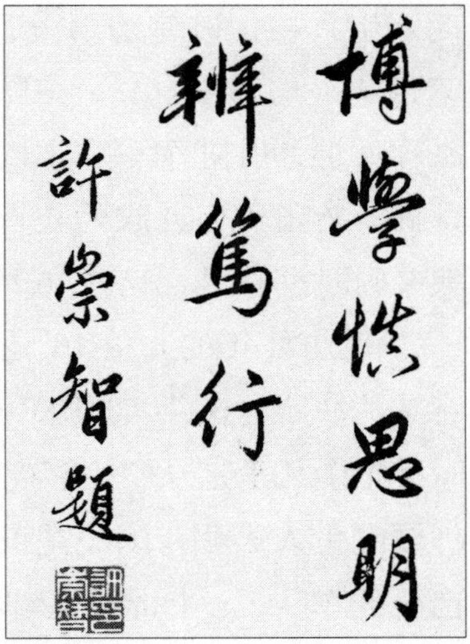

许崇智题词

许崇智（1886—1965），字汝为。广东番禺人。国民革命军陆军上将。1912 年 1 月，南京临时政府成立后，任陆军第十四师师长和福建北伐军总司令，挥师北伐。1917 年 8 月，任护法军政府大元帅府参军长，协助孙中山主持军事。1924 年 1 月，被推为中央监察委员，兼国民党中央军事部长。1924 年 3 月，任建国粤军总司令。1925 年 6 月，平息滇、桂、直系军阀叛乱。1925 年 7 月，被任命为广州国民政府军事部长兼广东省政府主席。1939 年，迁居香港。1965 年，病逝于香港。

令蒋介石感觉“有了面子”，而且孙中山也解决了他所说的“掣肘”问题，比如说，财政归并廖仲恺负责，同意戴季陶任政治部主任，解决了胡汉民、许崇智的任职问题，在军校的学生取额、分班、学习期限等问题上也都认可了蒋的意见。于是，在许崇智来沪迎迓陪同之下，蒋介石于4月21日返抵广州。4月26日，蒋介石到黄埔入校视事。

1924年4月28日，黄埔军校入学考试放榜，正取生350名，备取生120名，共计470人。5月3日，孙中山任命蒋介石为陆军军官学校校长兼粤军总司令部参谋长。5月5日，黄埔军校第一期新生入校，被编为第一、二、三队。5月7日，备取生被编为第四队，与第一、二、三队总称学生总队。5月9日，孙中山特派廖仲恺为驻陆军军官学校中国国民党党代表。同日，黄埔军校开课，筹备处自此改为驻省办事处。鉴于孙中山身体原因，开学典礼暂时押后，至6月16日方才正式举行。

将1924年的6月16日选为开学典礼之日，是一个具有挑战意味的决定，两年前的这一天正是陈炯明炮击观音山的日子，当时孙中山几乎是从广州落荒而逃到了上海的。而两年后的这一天，他要向世人表明，国民党正从根本上得以振兴，国民党开始有了自己的军队，一批批毕业学员将会不断充实国民革命的队伍。这是一个具有良好开端和深远意义的日子。

在开学典礼上孙中山发表了长篇演说，从建军思想、军校制度、革命军的素质、学习方法、吸取苏俄军队建设经验等各个方面阐述了军校的宗旨和规范，鼓励学员树立革命的志气，做革命人，救国救民，“实行三民主义五权宪法……才能达到革命的目的”。在他那伟大人格的感召下，无数热血青年从全国各地云集黄埔，团结在国共合作的旗帜下，投考军校，并以能考上黄埔为人生的最大光荣。

1924年9月，军校增加录取了从四川赶来投考的川籍学生20余名，又将军政部讲武堂的150名学生归并入黄埔军校，与以上所提到的学生共同编为黄埔第一期。这些黄埔学生，来自全国各地，还有海外华侨，各人的年龄（大的有 30 多岁，小的只有 16 岁）、出身（多数为工人和农民，但也有来自资产阶级家庭）、学历（有的小学还没毕业，有的却已是大学生）参差不齐，但政治思想上都是大致相同的，都怀抱着献身革命的决心。有一些著名的共产党员也进入了黄埔一期，如毛泽东培养发展的蒋先云，他曾于 1922 年担任安源俱乐部党支部书记，参与领导了安源大罢工，这时受党的委派考入黄埔军校。有的青年甚至于因为没有路费而不能成行。比如说，湖南人文强动身之前，毛泽东的弟弟毛泽覃就找到文强，说："我很想同你一道去考黄埔，只是我去不了。"文强就问："是不是你的哥哥不让你去啊？""我没有路费，去不了。"说着，毛泽覃就哭了起来。文强说："你哭什么呢，这样好了，我估计要不了多少钱，路费我出，衣服钱你自己出，我有饭你有饭。"毛泽覃一听，路费有了着落，就高兴了。几番周折，文强就带着毛泽覃一道南下投考黄埔。

对于投考军校的过程，文强在他的《投考军校》一文中有详细叙述。考试科目是国文和数理化，通过考试后便可进入黄埔军校。入伍三个月后，会举行甄别考试，凡经过甄别考试及格的，一律升为军官生。凡考取了军官生的，视其考试成绩，分配到步、炮、工、辎、政治、骑兵六个科去受训。又比如说黄埔五期赵守信，出身贫农家庭，他在很小的时候就盼望通过读书，学而优则仕，弄个一官半职，以发家致富。1920 年，依靠姐姐家的关系报名当了兵，还被送入南京军士学校当学兵，整整学习了一年，更加强了他的升官发财的勇气。此后，他又到了军阀孙传芳部队，不久就成了北伐军的俘虏，被送到广东黄埔军校政训班学习政治，头脑较前清醒觉悟了，接触到了三民主义，半年之后再进入第五期学习，尔后才死心塌地地跟着国民党走。

后来，黄埔生源在不断地扩大，甚至于带有国际军校的色彩。比如说，1924 年底，越南人胡志明从莫斯科来到广州，以孙中山的苏联顾问鲍罗廷的秘书和翻译身份参加革命工作。1925 年 6 月，胡志明将越南人在广州的进步团体"心心社"改组为越南青年革命同志会，成为越南共产党的前身。为了培养革命骨干，胡志明主持开办特别政治训练班。许多越南青年如陈富、阮良朋、黄文欢、范文同等人冲破了法国殖民者设置的重重障碍，来到广州，加入同志会，参加训练班。同时，胡志明还挑选了一批批越南青年，通过周恩来的关系，送进黄埔军校学习，为越南革命培养军事骨干。黎鸿峰、黎广达、武鸿英、张云岭就是黄埔二期生和三期生。

历史上有一门三进士，有建安七子曹操父子占其三，有苏洵、苏轼、苏辙一门父子三探花。在黄埔军校史上，也有一门出八位黄埔军官的佳话。成都蓝氏家族父子两辈八人同毕业于黄埔军校，在国共不同的抗日战场上参加抗战：叔父蓝光杰、蓝其畅为黄埔六期生，侄子六人，蓝琨祥为黄埔军官班生，蓝珙祥为黄埔汉中分校十六期生，蓝增祥为黄埔第十六期生，蓝显宗为黄埔第十九期生，蓝天华、蓝天翔为黄埔第十九期生。

“黄埔的慈母”廖仲恺

在黄埔军校筹备期间以及之后的开学初期，不得不着重指出，廖仲恺在这一时期日夜操劳、呕心沥血，为黄埔初期的艰难发展做出了巨大贡献。虽然孙中山指定财政上每月拨给黄埔军校经费3万元，但是实际上每月能够落实的不过6000元左右。按照规划，黄埔军校学生的学费、住宿费、伙食费、服装费、书本费都是由广州政府供给，而当时把持广东财政的滇系军阀杨希闵对黄埔军校的经费处处留难，廖仲恺常常要夜里守在杨希闵的烟床旁等他签字，然后才能领到钱款。当时滇、桂、粤各部军阀都对廖仲恺恨之入骨，说廖仲恺是孙中山的“钱袋子”，表面上总是以各种借口敷衍他。

廖仲恺肖像

据廖仲恺夫人何香凝回忆，廖仲恺为了给黄埔筹款常常要到凌晨两点多才回家，有一次竟凌晨四点才到家，对于夫人的不满情绪，廖仲恺无奈地解释说："我晚上在杨希闵家，等他吸完大烟才拿到这几千元给我，不然黄埔学生再过两天便无米食了。"有一次，黄埔军校买东西钱不够，廖仲恺便向何香凝借钱400元。何香凝当时"没有那么多钱，只好借了女工的30元钱才凑足，解决了燃眉之急。"

在创办初期，由于经费紧张，军校伙食费非常窘迫，每人每月只有6元毫洋，平均每日2角。这2角钱要供应每日三餐饭。黄埔一期生黄鹤回忆，为了省钱，军校吃海鲜很多，特别是鱿鱼炒花生，更是"十餐有九餐都吃"。学生们还曾因口味问题起过冲突。长江以南地区如湘、川、赣、鄂等地的学生喜欢吃辣椒，江西人不怕辣，四川人辣不怕，湖南人怕不辣，而广东籍学生的就吃不了辣味。后来学校决定辣味要单独做，"辣椒纠纷"才算得到圆满解决。由于学生来自天南地北，饮食习惯差异很大，由此引发了不少趣事。比如说，来自北方地区的学生吃大米饭常吃不饱，早餐时常偷偷将南方同学吃剩的窝窝头捡起来藏在口袋里。出操回来后再吃，窝窝头浸染了汗水，味道如何，自然可想而知。

由于军校早期经费不足，而又招生过多，以至于校舍不够，部分学生不得不住在临时搭建的芦席棚子里。今日走进黄埔军校纪念馆，校本部内的学生宿舍完全是按照黄埔一期时的情景复原的，可见当年黄埔生的宿舍是何其简朴。不但宿舍不够用，连冬日御寒的棉衣都长期紧缺。黄埔四期生何崇校回忆，直到四期时，全连才只有6件棉大衣，每班还分不到一件。学生们从年头到年尾都穿着草鞋。由于军训十分紧张，学生们身上的衣服常常是干了又湿，湿了又干，每到出操的时候，同学们"闻着相互的汗臭味，相视而笑"。

张治中也忆述，黄埔创办之时，不仅教育器材、武器弹药严重不足，连伙食都是有今天不知有明天，他说："曾记得我们校长常常讲到这种困难情形，与我们廖先生商量，廖先生总是安慰他说：'你尽管专心教育学生吧，关于经费方面，都由我负责。'大家没有饭吃的时候，就由他去筹划，所以我们想到当时这种情形，廖仲恺先生真是‘黄埔的慈母’。”蒋介石当时一再提高黄埔学生的伙食标准，由原来每月 6 元增加到每月 8 元，廖仲恺为此到处筹措经费，后来政治教官恽代英开玩笑说：“广东大学学生，是文而雅又弱；岭南大学学生，是香而艳又娇；黄埔学校的学生，是黑而臭又壮，但却是姑娘追求的目标。”

孙中山、蒋介石（中）、何应钦（左）、王柏龄（右）合影

另据王柏龄回忆，孙中山在黄埔军校开学前就已经批令发给 300 支粤造七九毛瑟枪，但当时在军阀控制下的兵工厂却对此事一拖再拖，廖仲恺为此与相关各方交涉多日，才在开学前领到 30 支，勉强只够卫兵守卫之用。后来孙中山责令广州石井兵工厂厂长马超俊拨黄埔步枪 500 支，这批步枪也是由廖仲恺负责催货。由于黄埔军校军械紧缺，蒋介石曾亲笔写信给廖仲恺：“本校步枪除已领到二百三十杆外，尚差三百五十杆，其中三百杆，本月十五日以前须发学生枪操，不然恐于预定课程有所妨碍。如万不得已，则于本月二十日以前，缴足三百杆，其余五十杆或在月底缴齐亦可。务请转催马厂长，设法办到。现值战时，子弹虽不能配足，但最少每枪亦要配五十颗才可，祈作为说明。如昨日领来之枪，未有粒颗，则不可也。以

后每枪还须请其补足百颗为祷。此请，近安。”

第二节　黄埔军校的苏联因素

苏联人的无私援助

在黄埔军校异常艰难的创办初期，苏联人力和物力上的援助可谓是雪中送炭，不仅在军械和经费上大力支援，而且派出了大批军事和政治顾问帮助黄埔建校，使黄埔军校不可避免地蒙上了一层深深的苏联色彩。

当时的苏联本国远没达到后来超级大国的国力水平，但仍然克服自身困难大力援助中国的民主革命，这是值得我们中国人感谢铭记的。1924 年 10 月 8 日，苏联援助的第一批军火运抵广州，这是第一次由外国政府供应孙中山武器，其中主要是山炮、野炮、长短枪支（约 8000 支）、轻重机枪、弹药（400 万发），随船到达的还有一批苏联顾问。此后，苏联援助分为两大块：一部分继续支援军校，一部分支援国民革命军。1925 年，苏联又运来价值合 56.4 万卢布的军械，还提供给广州革命政府 10 万卢布，同时又提供 45 万卢布用以编练新军。1926 年，苏联先后援助四批军械：第一批，日制来福枪 4000 支、子弹 400 万发、军刀 1000 把；第二批，苏制来福枪 9000 支、子弹 300 万发；第三批，机关枪 40 挺、子弹带 4000 条、大炮 12 门、炮弹 1000 发；第四批，来福枪 5000 支、子弹 500 万发、机关枪 50 挺、大炮 12 门。

在军校创办和发展时期，更加不能忽视的是苏联顾问在黄埔卓有成效的贡献。自 1923 年 10 月由鲍罗廷带领的第一批苏联顾问到达广州，在黄埔军校筹办和创办发展过程中效力工作过的苏联顾问先后有政治顾问鲍罗廷、军事总顾问加伦、步兵顾问白礼别列夫、政治顾问格拉觉夫、炮兵顾问嘉列里、工兵顾问瓦林等。这些顾问都是苏联政府认真挑选出来的，他们既参加过实际作战指挥，又在军事院校进修过军事理论，因此不仅善于组织课堂教学，还能举出战场实例来说明基本原理。虽然由于驻广州的滇桂军阀和国民党右派一直对苏联顾问采取敌视态度，但在孙中山的调节和国民党左派的鼎力合作下，他们还是克服了诸如教学条件差、经费物资短缺、语言不通等许多困难，非常出色地完成了自己的国际主义互助义务。1924 年 7 月，总顾问兼军事顾问团团长巴甫洛夫亲赴东江前线视察，不幸在石龙落水殉职。孙中山无限哀惋，并撰写悼词："巴甫洛夫将军是俄国为中国自由而捐躯的第一位先烈。" 1926 年 5 月，加伦在南昌发表谈话："我们有幸传授自己的革命经验和才智，援助伟大的中国人民摆脱军阀统治和帝国主义压迫，以履行我们国际主义义务，我们流尽自己的最后一滴血，也在所不惜。"

苏联军事教育体制的建立

苏联顾问不仅向黄埔介绍了红军的军事教学经验，而且还帮助军校建立了一套崭新的教育体制。在两次东征和平定杨刘叛乱等战斗中，苏联顾问亲临前线，积极帮助制订、修改作战计划。北伐开始后，苏联顾问一部分留校教学，其余则随军参加北伐，他们和部队长官一起在激烈的战斗中指挥作战，协助制订作战计划，有时还身先士卒，冲锋杀敌。

在苏联顾问的帮助下，黄埔军校制订了《政治教学大纲》和《政治工作细则》，开设内容广泛的政治课程，向学生详细介绍了俄国革命和苏联红军的情况。正是仿效苏联的政治委员制度，黄埔军校设置了党代表和政治部，这是党军"为主义而战"的重要保证。党代表在黄埔"有监察校内行政，指导党务进行，并主持训练事宜之责。"学校设有党部，乃是自黄埔军校始。军校开学后不到一个月，于 1924 年 7 月 6 日选举产生了军校特别党部第一届执监委，蒋介石、李之龙等五人当选为执行委员，监察委员由蒋介石一人兼任。12 月 24 日，召开了军校特别党部宣传委员会第一次执行委员会会议，会议决定聘请政治顾问六员，除熊雄、萧楚女、张秋人、孙炳文、廖划平外（此五人皆是共产党员），还有苏联专家加罗觉乔夫。至 1924 年底，在黄埔的苏联军事、政治顾问人数达

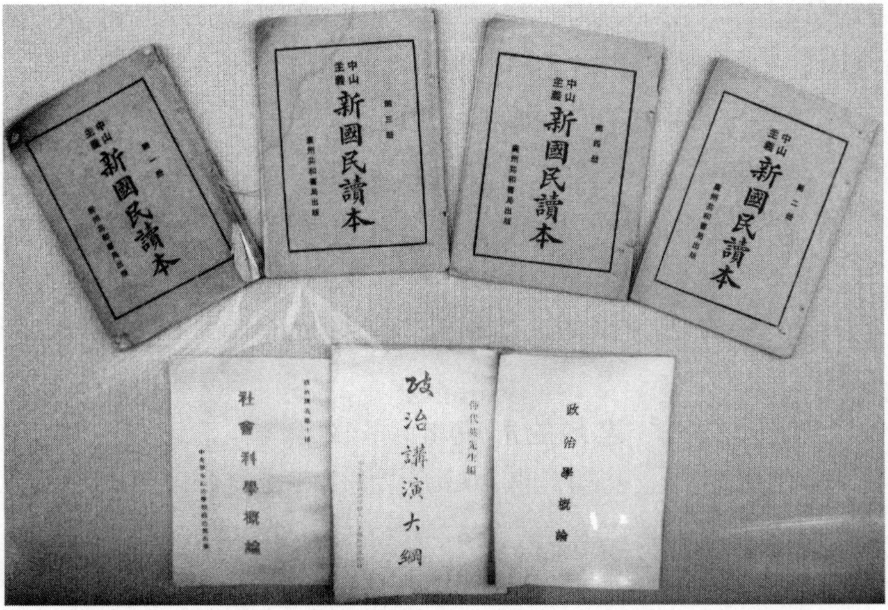

恽代英、萧楚女编著的部分黄埔军校政治教材

到 25 人，其顾问办公处位于广州东山。

鉴于当时严峻的革命情势，军校教学不可能墨守成规地按三年正规程序完成，苏联顾问帮助制订了只有六个月的训练计划。在进行紧张的军事训练的同时，军校还开设了大量的政治理论课程，在一些课程中教官宣讲的基本观点都是当时苏联的观点，如列宁关于“帝国主义”的观点、“科学社会主义”的理论、对第二国际“妥协派”的批判等等。受到共产国际二大形成的关于世界无产阶级革命要同殖民地半殖民地的资产阶级民族民主运动相结合的基本理论的影响，黄埔军校在教学中引入了世界革命的概念，其《政治教育大纲论》及“政治、经济、地理”课程注意事项时，明确提出要“随时随地把学生对于国民革命与世界革命的情绪和观念联系起来”。

在黄埔军校内，苏俄红军建设模式不仅被奉为楷模，而且，孙中山的“联俄”方针也变成了“黄埔精神”的重要内涵。对于中苏联合的重要性和军校的远大目标，《潮潮周刊》的发刊词就做出了很清楚的阐述：“在今日人类的面前，只有两条大路可以引导着人们走向自由平等的大同世界里去，一条是马克思为各帝国主义内被压迫阶级而开辟的路，再一条就是全世界人类大多数——十二万万五千万被压迫民族所必走的大路——孙文主义。人们应当研究孙文主义的基本精神。”而且，在当时中国人们的心目中，苏俄“不仅是世界无产阶级的大本营，而且是世界被压迫民族的好朋友。因此，苏俄不但是成为反帝国主义的急先锋，而且成为被压迫民族的总参谋部，各帝国主义者亦认定苏俄是他们的死对头”。

“扶助农工”思想的形成

黄埔军校建立初期，蒋介石也“坚决”地遵循孙中山的联俄政策，他在把鲍罗庭介绍给军校学生时说：“鲍罗庭同志之主张，即余之主张，凡政治问题均需容纳其意见。”同时还反复说明：“苏俄同志对于本党，以亲爱之精神，同志之资格，遇事互相讨论，求得真理。”当时，中苏友好的气氛弥漫黄埔岛。1924 年 10 月，运送军械的苏联舰只“沃罗夫斯基”抵达黄埔军校所在的长洲岛，苏联海军将士与黄埔师生举行了多次联欢，校内不时响起中俄两种语言高声齐唱的《国际歌》。

鲍罗廷

鲍罗廷（1884—1951），俄罗斯人。1923—1927 年共产国际驻中国代表和苏联驻中国国民党代表、国民政府高等顾问。1927 年 4 月蒋介石进行反共清党，对鲍罗廷等发出通缉，同年 10 月他回到莫斯科。

在苏联影响下，孙中山形成了“扶助农工”的思想，黄埔军校据此进行了广泛的宣传：“苏俄革命的成功固然由于农工的奋斗。但是作战的先锋，农工的屏障，革命成功后国家的卫士都是赤军。中国革命要靠全国民众的团结。……使革命运动扩展到田间与工厂去，唤起一般劳苦工农，使他们参加国民革命。然后才能使党有群众，党的基础才能逐渐巩固起来，才能保障革命的胜利。”黄埔军人不仅在革命宣传上呼吁“扶助农工”，同时还将“扶助农工”付诸实际行动，积极参与了广州政府为减轻农民负担而开展的活动，如“取消杂捐附加税及厘金”，“禁止军队霸占征收机关”，“禁烟禁赌”，“移军郊外”，“禁止军队干涉民政”等等，借此也获得了人民的支持。

在第一次国内革命战争时期，孙中山的“扶助农工”思想得到了黄埔师生的积极拥护和实施。黄埔军校曾派人随同铁甲车队赶赴南宁支援农民运动，镇压土豪劣绅反动武装；还为广州农民运动讲习所派任教官，并帮助进行军事训练；在校军东征时，对东江地区的农民自卫军进行了军事训练，并拨出部分枪械武装农民自卫军。至于对工人运动的支援则更加显著：著名的省港工人大罢工便是在黄埔军校毕业生的直接帮助下发动起来，一批军校毕业生担任了省港罢工委员会纠察队支队长、大队长、教练、指导员等职务；1925 年 6 月 23 日，黄埔军校派蒋先云、曹石泉等率三个营参加了广州工商学各界反帝大示威，帝国主义开枪镇压游行造成了“沙基惨案”，其中黄埔学生、士兵有 23 人死于游行队伍之中。

另外，苏联红军军校模式对于国民党的影响之大，从当时在中国的苏联驻华大使加拉罕的论述中便可见一斑，加拉罕在其给苏联外交人民委员契切林的信中说：“国民党正在变成一个有生命力的、积极的、真正有组织的国民革命政党，这是我们在任何一个别的国家都没有遇到过的。不管是印度、土耳其还是波斯，都没有这样一个政党，像现在（我强调的是现在）国民党这样举足轻重；像国民党这样，受我们的影响如此之深；像国民党这样，尊敬和崇拜我们的权威；像国民党这样如此顺从地接受我们的指示和共产国际的决议。”

第三节　两驾马车：政治与军事并重

开军队政治教育的先河

黄埔军校是在孙中山领导下建立的为革命服务的新式军校，与旧军校相比存在着本质上的不同。清政府一些封疆大吏如李鸿章、张之洞都曾吸纳引进西方的军事技术和思想办军校、练新军，其目的是为了继续维护腐朽的清王朝的统治，但客观上也促进了中国军事教育的进步，许多后来投身革命的军事人才便是出身于旧军校的居多，比较著名的如蒋介石、叶剑英、邓演达、张云逸、李济深等。然而，旧军校对于生员多采用高官厚禄的收买策略，大多数军人信奉“有奶就是娘”，民国初年的军阀割据所依赖的武力基础也正是植根于此。为了改变这种“武人无德乱天下”的局势，孙中山决心缔造一支以“革命救国”为宗旨的新军队，逐渐形成了军事、政治并重齐举的建军思想。

张云逸与周恩来合影

在一所军校，军事教育无疑是重要的，而对于一所为革命培养军事人才的学校，政治教育则是创造革命军的保证，与军事教育同等重要。孙中山一生革命，在名义上曾握有许多军阀部队的指挥权，但一到利益纠纷，军阀部队便往往各奔东西，有鉴于此，即不难理解孙中山在军校开学典礼上为何强调：“关于军事学和革命道理的各种书籍及一切杂志报章都要参考研究。”

根据孙中山的教育方针，仿效苏联红军学校，黄埔军校建立了政治工作制度，开设了政治教育课程，讲授“中国国民党史”、“三民主义”、“社会问题”等课程。

开政党办军校的先河

孙中山还决定借鉴苏俄红军的革命经验——为了保证革命党对军队的控制，他决定以国民党的名义创办黄埔军校，这在中国军事教育史上开了政党办军校的先河。黄埔军校最高领导机构为校本部，直接隶属国民党中央执行委员会。为保证军校从属于党，规定全校师生都要参加国民党，同时还仿效苏联红军学校设置了与校长并行的党代表。党代表直接参与领导军校，军校一切命令，均须党代表副署交校长执行。同样是仿效苏联，军校还设置了政治部，负责具体协助党代表进行工作，并在党代表领导下负责党务、组织、宣传教育等工作，可以称为是党代表的“参谋部”。政治部的职责非常之重，按杨其纲《本校之概况》中所述：“负担政治教育及在学生与人民群众中发展国民革命的意识之唯一机关。政治部对党及党代表负责，党代表命令并指导政治部，务使严重的军队纪律在正确的政治认识和指导之下，以巩固战斗力之基础，使部队成为严密的组织。”

在蒋介石主持召开的军校筹备委员会第七次会议上，孙中山突然在他人的陪同下出现在会议室，就军校的课程问题，孙中山指示：“我们军官学校的教育总的来说应以三民主义为指导，强调军事教育和政治教育并重。俄国革命成功，全赖有主义的军队——红军，俄国的红军军官学校，军事、政治是并行的，而且是摆得一样重要，既不可偏重军事而轻视政治，也不可偏政治而轻军事，这都不能培养出真正的革命军官。要精于武，又明了义，明了我们的主义，我们革命的宗旨。如果一个军队只知道打仗，而不知道主义，不知道主义是什么东西，这就叫做捣乱，不叫做革命。这样捣乱的军队，迟早是一定要变成反革命的军队。”廖仲恺插话说：“学校的政治工作一开始先由戴季陶兄负责。将来，我是想请共产党方面派人来具体负责这方面工作。前不久，张申府给我推荐了一位在法国留学的中共党员周恩来。据说担任旅欧支部书记，是一位很能干、很有经验的年轻共产党人。经联系，他已经回电，近期即起程回国。”孙中山一听，立即高兴地表示：“好，好，如果周恩来回来的旅费有困难，我们可以立即给他汇旅费去！”又说：“共产主义与本党之三民主义毫无矛盾，几出一衷，不过范围大小而已……既然我们已经明了三民主义与共产主义二者关系，从此就不必要在两党的概念上去绕圈子，国民党员也罢，共产党员也罢，现在就都成了本党的人了，都与我们一道来做革命的事业。你们现在就要注意，除廖仲恺刚才提到请周恩来到学校主持政治工作，在学校教职员、一般官员，乃至下一步的招生工作中，还要多吸收一些共产党员进来。”而第一个进入黄埔军校的中国共产党人就是张申府。

军校始创之时，政治部主任由国民党中央宣传部长戴季陶兼任。戴季陶是蒋介石的把兄弟，搞了一段“曾左治兵”教育，但是不久离职而去。戴季陶当时走得很“神秘”，引起军校师生种种猜疑，有谣言甚至说是共产党背后使坏排挤国民党。因此，下面有必要说明一下戴季陶神秘出走的真实缘由。有一天，戴季陶在邹鲁（国民党中央执行委员）家里做客，与当时也在邹家的张继（国民党中央监察委员）谈及共产党问题。当时，戴季陶和宣传部里的毛泽东、萧楚女等共产党人关系还算不错，对于孙中山的容共政策表面上也是支持的。戴季陶无意说了几句张继认为偏向共产党的话，而张继是对国共合作极为反对的，一时激动，起身就破口大骂戴季陶：“你是一条共产党的走狗！”戴季陶也不甘示弱，回敬曾做过北洋政府幕僚的张继：“你这个北洋军阀的走

风华正茂的戴季陶

卒！”张继大怒，接着骂戴季陶说：“你从保皇党干到共产党，是一个十足的反复无常的小人！”而后，张继动手打了戴季陶一记耳光，两人便在邹鲁家互相厮打起来。戴季陶打不过张继，当场大哭，越想越委屈，次日便留下一个辞呈跑回了上海。

戴季陶神秘离职后，由原副主任邵元冲代理政治部主任。邵元冲是清朝举人，对学生演讲时也爱谈孔孟，多数黄埔学生对此较为反感，在他演讲时学生们大都酣然入睡，因此邵元冲还得了个“催眠术主任”的绰号。邵元冲平时既不接近学员，也不接近教官，和苏联顾问也很少交往，广大师生对他都不满意，纷纷要求校方撤换。关于政治部主任的人选问题，廖仲恺与校长蒋介石、苏俄顾问商议后，决定请中共方面推荐一位适当的人选。中共中央对此十分重视，决定推荐刚从法国回国任中共广东区委委员长的周恩来。1924 年 11 月，周恩来继任黄埔军校政治部主任，直至 1925 年 1 月离任由苏联顾问鲍罗廷的翻译卜士奇挂名代理。当时，广东国民政府决定将组建起的黄埔学生军投入东江战役，周恩来被任命为东征军政治部主任，协助蒋介石和苏联军事顾问加伦将军在前线指挥作战。

军校政治部

1924 年 11 月，蒋介石、廖仲恺、何应钦等黄埔军校高级军官，在学校码头迎接从法国归来的年方 24 岁的周恩来。廖仲恺说：“你一来就好了，政治部以前只落下个空架子，学生的政治教育只有个空名字，有人因此说我们学校的教育也还是那种只注重军事而没有实际之主义的瘸子。现在，这种情况终于可以解决了。黄埔军校的政治工作，包括对学生的政治教育，孙大元帅都一直指望着你来呢！”周恩来谦虚地说：“我从国外刚回来，情况不熟悉，也没有主持这方面工作的经验，到黄埔军校来，惟望与校长、党代表、各位同仁互相学习……”

随后，全体教官、学生，都在大操场上集合，蒋介石与周恩来并肩站在最前面。在介绍完周恩来之后，蒋介石宣布黄埔军校作为党的军校，从今以后主义教育将真正被提到应有的位置，并全盘由周恩来主任组织实施。周恩来向全体师生、长官致词："今天，我们天南海北的同志走在一起，目的，就是要拿起革命这杆武器，完成解救我们民族和被压迫劳苦大众的使命。什么是革命的武器？革命的武器不只是一支能打得响的枪或炮，而首先是这枪和炮向着什么人打响，我们为什么要拿着革命这杆武器去向他们打响？……军队是一种工具，压迫者都拿这工具去压迫人民，但被压迫阶级也可以利用这种工具去压迫他们的压迫者，并推翻压迫者势力。西方是无产阶级革命，东方是国民革命，二者结合起来成为一个世界革命……而军队是实现我们理想的先锋……既然我们到这里来都是一个目的，都是为了中华民族的解放和新生，我就向各位学习，拜各位为师。我们就一起在孙中山先生的三民主义旗帜下，向着我们的目的去努力，去战斗吧！……"见面仪式一结束，李之龙、蒋先云、胡宗南、徐向前等立即把周恩来团团围住，提出这样那样的问题，如三民主义与共产主义是否抵触？它们的内在共融点是什么？国民革命的基本依靠力量有哪些？西方各帝国主义在中国的企图是什么等，周恩来一一做了简洁明了的回答。

在戴季陶和邵元冲任职期间，政治部并无具体组织机构，仅有记录员两名。直至周恩来继任政治部主任后才健全了政治部的组织机构和工作制度，他一到任，马上就对原来班子进行整顿，增设了组织机构，制订了对军校教官、学生、士兵所应实施政治训练的政治教育计划。为了加强政治工作队伍，与蒋介石、廖仲恺协商，并报孙中山同意之后，他从学生队中选调李汉藩、杨其纲、蒋先云、李之龙等共产党员来到政治部工作，以保证政治部工作正常运转。他还制定了服务细则，明确了政治工作宗旨，规定了各级领导的权力范围和工作职责。按照政治部服务细则，"本部对于全校官佐员生、士兵、伕工负有政治训练或指导之责，使其具正确的政治智识，增进革命精神，自觉遵守革命纪律，坚确本党主义之信仰，完成国民革命之历史使命。"政治部以下设立秘书、指导、编纂三个股，配备了股主任、秘书、干事等工作人员，制定工作条例，确定职责范围，使政治部成为充满活力的工作机构。在一次政治部会议上，周恩来说："过去黄埔军校政治部是聋子的耳朵——摆设。学校也没多少的政治工作可言。你们看，校本部办公室门口挂的牌子写着：'登高望远海；立马定中原。'学生每日所学的除了典、范、令等教程，还是各种军事学科、本科的内容，这样，怎么能把学生训练成真正的革命干部呢？又怎么能使孙中山先生的三民主义成为每个人的行为宗旨和奋斗目标呢？今后我们必须彻底改变这种状况，按照主义的精神，真正像列宁创造苏联红军那样，培养我们自己的军官，创造我们的革命军。"同时，他也对政治部的组织机构进行调整，设立组织、宣传、事务三科负责全校的政治训练、党务、校内外的宣传，分别由李汉藩、杨其纲、李默庵分别担任科长，并先后请来了恽代英、萧楚女、张秋人、熊雄等著名共产党人担任军校的政治教官，也请来了鲁易、聂荣臻等中共党员任政治部秘书兼教官。

周恩来还重订政治教育计划，提高政治教育分量，丰富政治教学内容。主要采取了三种措施："一是确定政治教学课目，制订政治教学计划"；"二是扩大名人来校作政治演讲的范围和内容，并举办师生政治讨论会"；"三是组织政治部创办刊物，教唱革命歌曲，营造浓厚的进步的政治氛围"。在周恩来进入黄埔之前，军校的政治课内容较少，政治思想教育十分薄弱。在校党代表廖仲恺的支持下，周恩来重新制订政治教育计划，加授《社会发展史》、《帝国主义侵略中国史》、《各国革命史》等课程。除亲自授课或作报告之外，周恩来还先后邀请了许多国共两党的著名人物来校演讲。周恩来非常重视发展中共党团组织，在他的正确指导下，中共在黄埔军校的党组织发展迅速，建立了"中共黄埔特别支部"，成立了"中国青年军人联合会"，加强和扩大了中共在黄埔军校的政治影响。周恩来主张把政治教育同实地作战相结合，开展战时政治工作。他要求"军队保持严明的纪律"，"向民众展开政治宣传"，"加强民众的组织工作"等，这一系列措施使黄埔学生官兵所进行的战时政治工作取得了显著的成效。可以说，周恩来在黄

时任中共中央军委副主席的周恩来

埔军校的政治工作，为中国革命创造了光辉的业绩。当时，富有学识、品德高尚且具有超凡组织能力的周恩来，是唯一能够驾驭军校左、右两派学生的人物，在其独特人格魅力的影响下，许多右派学生也对他充满感佩和敬畏。

从黄埔第一期到第四期，军校政治部的工作主要是由周恩来、包惠僧、鲁易、熊雄等共产党人主持，政治教官也都主要是由共产党人担任。当时的黄埔军校也是兼容并蓄，对于社会主义大开方便之门，如1925年10月还发布了《校党代表训令》，由政治部购买了社会主义、共产主义、马克思主义方面的书籍供学生阅读。在共产党人的积极工作下，黄埔军校的政治工作以一种崭新的面貌铺展开来，而且形式非常多种多样，除课堂理论教学外，还采取政治演讲会、政治讨论会等教学方式。黄埔军校还先后出版了大量刊物，如《黄埔潮》、《黄埔日刊》、《青年军人》等，校外出版的《向导》、《中国青年》等马列主义读物也同样在学生们中受到好评。《黄埔潮》、《黄埔报》等曾经发行到5万份，这些进步刊物对培养黄埔师生的爱国爱民思想，提高反帝反封建的革命奋斗意志，树立在战场上勇往直前、不怕牺牲的精神，起了重要作用。

黄埔四期生李逸民曾经当过《黄埔日刊》的编辑，他回忆："我是一九二六年秋第四期毕业后调到《黄埔日刊》做编辑工作的。当时有一个黄埔日刊编辑委员会。委员会的主任是政治部的宣传科科长安体诚，委员是宋文彬、尹伯休和我。《黄埔日刊》的编辑全部是共产党员。恽代英、萧楚女、罗懋琪同志是主要撰稿人。

出版《黄埔日刊》并无什么印刷厂，只在政治部后面的两间小房内印刷，有一台手摇印刷机，五六个工人。《黄埔日刊》的印刷工作，是由饶来杰负责处理的。”

为扩大军校师生的文化生活，在校政治部的领导下，由军校学生自发组织成立了“血花剧社”，从廖仲恺题词“先烈之血，主义之花”中取意而命名。血花剧社在不影响正常训练和学习的前提下，利用课余时间自己编写剧本，制作道具，进行排练。他们在很短的时间内，就编排出了独幕剧《革命军来了》，以揭露反动军阀恐惧革命、伪装革命，又时刻盘算如何阻拦和破坏革命事业的真面目。还创作出了歌颂黄花岗七十二烈士革命精神的独幕话剧《黄花岗》，揭露和嘲弄袁世凯反动嘴脸的三幕话剧《皇帝梦》。每逢节日或庆祝会，血花剧社都会有活动和演出，共产党员李之龙、蒋先云、陈赓和许多进步学生都是血花剧社的中坚力量。血花剧社的演出，深受广大师生的欢迎和好评。廖仲恺在看了演出后，曾为剧社同学挥笔题词“先烈之血，主义之花”。剧社的节目，还先后被邀请到广州国民党中央执行委员会礼堂和广东大学、广东省女子师范学院筹备处演出。“血花剧社”在编排演出活动中，成为黄埔军校一支有力的宣传队伍。另外，黄埔军校还编写了“校歌”、“三民主义革命歌”、“革命行军歌”等歌曲，广为传唱，十分激励士气。

军校政治部不是仅仅将政治教育工作局限于校内，还经常组织黄埔学生积极参与社会革命实践，如选派军官和学生走进工农群众帮助训练组织工农武装。比如说，1925 年 6 月 23 日，黄埔军校派出三个营的学生队，参加广州工农商学各界举行的反帝大示威。1925 年 9 月，黄埔二期毕业生中有 15 名被派往省港罢工委员会，分别担任纠察队教官、支队长、大队长、指导员。军校学生还不辞劳苦深入农村开展党务工作，协助农会培养干部、训练农民自卫军，如黄埔二期毕业生朱云卿便在北江县任北江农军学校主任，主办训练班。这些革命实践活动不仅支援了工农运动，还进一步使黄埔学生了解了社会，提高了觉悟，振奋了黄埔精神。

政治部还专门组建了宣传队负责宣传工作。宣传队工作，分为平时与战时。在平时，主要是进行革命宣传，宣传队经常在群众大会和军民联欢会上表演节目。在战时，其主要任务是配合部队进行宣传，发动群众支援革命军队。如第二次东征时的随军宣传队，其工作非常活跃，共进行了1096次讲演，散发了173万份传单，对于揭露陈炯明部的反革命罪行起到了积极作用。

在周恩来的提议下，黄埔军校政治部编纂股决定要办一份报纸。周恩来说："你们编纂股的首要任务，是以最快速度，办起我们学校自己的报纸。本校是党的军校、是革命的军校，主义的宣传、革命精神的陶冶为立校之本。而你们的报纸，必须成为党在本校的喉舌，成为这种宣传和精神陶冶的得力配合。……我们都是党的战士，革命的战士，这份报纸贴近全校官兵的心，伴着同学们一起训练、学习、生活，成为同学们的良师益友，我看就叫《士兵之友》吧！"廖仲恺在《士兵之友》创刊号上，亲笔题写发刊词，他说："望各同志从此以后，便把所有的恶习惯彻底改良，要以国家的利益为前提，不要学以前那样自私自利，以至害国殃民的反革命派，若是不如此，诸位就是进了陆军军官学校也无益，也是无益于国家。诸位要一心跟着本党的总理，一心准备革命才好。我们要做革命党的人，目前的私心是不可不放弃的，不能放弃便不配在革命军里生活。如果我们革命军要打胜仗，非有这些人来牺牲个人的幸福与安乐不可的！"《士兵之友》创刊号共油印600份，其中绝大部分版面以问答形式登出了"军官学校日课问答"。例如：问，以前我们看见了百姓的痛苦没有？答，看见了；问，我们现在的衣、食、住是哪里来的？答，全是老百姓供给的；问，我们为什么要革命？答，我们要救国救民……问，人民的痛苦在哪里？答，资本家的压迫，帝国主义的侵略，军阀的摧残……问，革命如何可以成功呢？答，革命成功的条件有十条。问，各条是什么？答，第一要不怕死；第二要不贪财；第三要耐劳苦；第四要爱名誉知耻辱；第五要坚守主义，尊重纪律；第六要牺牲私见；第七要爱护人民；第八要尽忠职务；第九要团结精神；第十要始终一致，完成我们最后的责任。《士兵之友》创刊号发到学校各部、处、各学生队，顿时成了各级官长、教官、学生们的抢手之物。有的阅读后把这份小报藏在自己的枕头下面，作稀有之物加以珍藏。

除了开展各门政治课程外，黄埔军校还经常举行讲演会，集合全体学生听讲。孙中山、廖仲恺、胡汉民、谭延闿、张静江、汪精卫、邵元冲等国民党人，和毛泽东、刘少奇、周恩来、邓中夏、苏兆征、张太雷、恽代英、萧楚女等共产党人都被邀请来校做过讲演会。黄埔军校共产党方面的专职或兼职政治教官，以及来校讲演者，都是周恩来当政治部主任后，从全国各地聘请来的。他们多是当时在全国较有名的革命青年的先锋，许多还是各地群众的领袖，既有崇尚追随十月革命的新思想，又有丰富的实际斗争经验，这使得他们的讲演深入浅出，新鲜生动，贴近现实，极受学生们的欢迎。

在黄埔军校师生的实战中（如两次东征和平定杨刘叛乱），逐渐建立起来了战士政治工作制度。这种政治工作制度为保证战斗胜利发挥了巨大威力，因此被推广至后来的所有国民革命军部队，各军都普遍建立了党代表和政治部。发源于黄埔军校的党代表和政治部制度，对于中国军队来说是前无古人的大变革，国共两党对此都曾给予了高度赞扬的评价。在国民党1936年出版的《中央陆军军官学校史稿》中就有这样的评价：“国民革命军之政治训练，是由黄埔军校发源，而后普及于各军，普及于全国。……党军之忠勇善战，固为战胜之最大原因，但政治部之功绩确乎不

孙传芳戎装照

可磨灭。……出师未及三月，即能将最强大军阀吴佩孚、孙传芳打倒，究其原因，又不得不归功于政治工作人员之努力。”毛泽东在1937年10月和英国记者贝特兰的谈话中指出：“(大革命时期)军队有一种新气象，官兵之间和军民之间大体上是团结的，奋勇向前的革命精神充满了军队。那时军队设立了党代表和政治部，这种制度是中国历史上没有的，靠了这种制度使军队面目一新。1927年以后的红军以至今日的八路军，是继承了这种制度而加以发展的。”

至于毛泽东为何说，中共真正“懂得直接准备战争的组织军队的重要性……是从1924年参加黄埔军事学校开始”的？中共在黄埔军校发展自己的武装力量是从周恩来开始的。其时，周恩来利用自己政治部主任的身份，在军校秘密组织、发展了一支绝对由共产党领导的黄埔学生军。周恩来在叶挺将军的协助下组建了一支100多人的铁甲车队，而叶剑英则另外组织了两支亲共产党的连队，这些武装力量日后就成为中共发动武装起义的“星星之火”。

“知行合一”的军事教学

以上我们了解了黄埔军校中政治工作的大略情况，下面开始简要介绍一些军校的军事教学。黄埔建校初期，革命形势险恶，因此只有缩短学制以适应革命需求，在苏联顾问的帮助下借鉴苏联经验，将所学课程删繁就简并协调安排各科进度，制订了六个月一期的训练计划。当时，军校自编教材，自制教具，条件非常艰苦。学生每天课业都很重，往往刚在野外训练之后便又要跑回教室学习军事理论，晚上还要进行夜间科目训练。第一期的军事教学课程分为学科和术科两大类：学科有步兵操典、射击教范、野外勤务令等基本军事学识以及战术、兵器、交通、筑城等；术科有制式教练、战斗教练、实弹射击以及行军、宿营、战斗联络等。从第二期开始实行分科教学，分设步科、炮科、工科、辎重科、宪兵科五科。至第四期，又先后增设了政治、骑兵、交通、无线电、航空等科。

在黄埔军事教育中，非常注重实战应用，讲授之后立刻进行演习，被称为“知行合一”教育。除训练和演习外，军校还采取多种辅助性学习形式以丰富学生的军事知识。如经常举行军事演讲会，由演讲者讲授军事形势、战役经过和先进军事知识。再如组织“革命军事研究会”，将时代背景和军事情况结合在一起，拟出情报、时事、编制、调查、教育、兵器、培材、建设八大问题让学生广泛而深入地探讨和研究。

鉴于当时广州革命政府四面军事压力都很大，孙中山接受了苏联顾问的建议，决定以黄埔军校学生为主组建两个团的联军。1924 年 11 月底，黄埔第一期学生毕业。此后，军校以部分毕业生为骨干，相继组建成两个教导团（教导第 1 团于 11 月成立，教导第 2 团于 12 月成立），由何应钦、王柏龄分任第 1 团和第 2 团团长。教导团的士兵大都是由浙江、江苏、安徽、河南、湖南等地找来的青年工人和农民，各级军官则是由黄埔军校的教官和第一期毕业生充任，刚毕业的黄埔生主要担任连党代表、排长、副排长、班长、文书、上士等职务。当时黄埔一期毕业生如蒋先云、陈赓、陈明仁、侯镜如、关麟征等均作为骨干被分配到教导团。教导团的成立，奠定了“党军”的基础。从教导团的筹备到创立过程中，蒋介石对其大小事情亲力亲为，极少假手他人。与教导团相关的各种规章、条文，大到《连坐法》、《革命军暂行恤赏简章》、《革命军编制草案》，小到《革命军格言》、《立志歌》、《放枪歌》，等等，大都是蒋介石亲手拟订的。

何应钦肖像

1925 年 4 月以前，教导

团乃是作为校军而存在，教导团在编制上也隶属黄埔军校，教导团的教育、管理、官佐薪饷等都由军校来安排和调度，教导团的指挥调遣权属于军校校长蒋介石。教导团每团人数大约在1500人至1800人之间，编制采取“三三制”原则：每团3个营，每营3个连，每连3个排。另外，团部直属部队有特务连、侦察队、机关枪连、炮兵连、通讯队、辎重队、卫生队。教导团仿效苏联红军，建立了党代表制度，团营连皆设相应级别党代表。各级党代表与其所属部队指挥官是平行关系，党代表所发命令与指挥官的权力相同，指挥官的行政命令必须有党代表的副署，党代表甚至有否决其所属部队党部决议的权力。黄埔军校的教导团是军队党代表制度的最早发源，此后随着党军扩充，这一制度普遍施行于国民革命军各部。

蒋介石在任命教导团军官时，连级以上的军职安置了许多自己的亲信，除两团团长何应钦和王柏龄外，营级有钱大钧、刘峙、顾祝同、沈应时、蒋鼎文、刘尧宸、王俊，副职和连级有陈诚、郜子举、宋元章。同时值得注意的是，不少共产党员和共青团员也加入了教导团，如共产党员茅延帧担任第1团第1营党代表，金佛庄担任第2团第3营营长。在教导团，共产党员主要集中在连以下军官，约占到一半左右。

“叶挺独立团”的前身

约与教导团成立同时，中共两广区委建议孙中山创建一支特种部队——铁甲车队。获得孙中山的同意后，在周恩来主持下，从黄埔军校调来徐成章、赵自选、周士第，从孙中山卫队调来莫奇标、高超，还有苏联顾问沙菲爱夫，共同进行铁甲车队的筹办工作。1924年11月，“建国陆海军大元帅府铁甲车队”正式成立，编制上隶属大元帅府，队员主要是由中

叶挺独立团的“铁军”牌

共两广区委从来自广州、海南岛、东江等地的工人和农民中挑选出来的革命青年组成。铁甲车队的工作、活动和人员调配都是直接由中共两广区委决定，实际上这是中国共产党领导下的第一支革命部队，后来的“叶挺独立团”正式在铁甲车队的基础上创建而成。

教导团建立之后不久，正值东江战事开始，战争的实际迫使军事训练只能是一面行军一面继续学习战斗和战术，在真枪实弹的锻炼中教导团不断成长，战绩辉煌。1925 年 4 月 13 日，国民党中央根据廖仲恺的提案，决议将教导第 1、第 2 两团扩编为党军第 1 旅，由何应钦任旅长。4 月 21 日，又成立了党军第 1 旅第 3 团，由钱大钧任团长。5 月，平定杨刘叛乱后，扩充为党军第 1 师，由何应钦任师长。8 月，广东国民政府整编国民革命军之时，又扩编为国民革命军第 1 军，蒋介石担任军长，下辖第 1、第 2 师，分别由何应钦、王懋功任师长。此时，“党军”已不再隶属黄埔军校，而是直接受中国国民党中央军事委员会管辖。

第四节　军校机构和两党组织

励精图治的“蒋校长”

黄埔军校的最高领导机关是校本部，直属于中国国民党中央执行委员会。军校初创时期，校本部由军校总理孙中山、校党代表廖仲恺和校长蒋介石组成。当时各部门机构设置相对比较简易，校本部之下只设政治、教授、教练、管理、军需、军医六部。政治部掌管军校的政治教育、党务和宣传工作，先后以戴季陶、邵元冲、周恩来、卜士奇、包惠僧、邵力子、熊雄等为主任。教授部和教练部分管军事学科和术科的教授和训练。教授部以王柏龄为主任，叶剑英为副主任。教练部以李济深为主任（何应钦兼代），邓演达为副主任。何应钦担任军事总教官（钱大钧继代），顾祝同、刘峙、钱大钧、陈诚、严重、陈继承等为军事教官。教练部下设

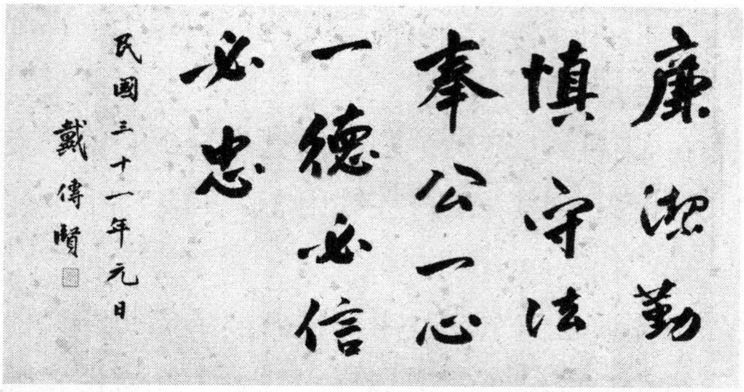

行书格言（戴季陶·1942）

学生总队，由邓演达任总队长，之下又分设四队，每队下设三个区队。管理部以林振雄为主任。军需部以周俊彦为主任，俞飞鹏为副主任。军医部以宋荣昌为主任，李其芳为副主任。

校本部领导着各部门，校长的作用和影响无须讳言，而且当时作为黄埔校长的蒋介石工作上确实非常严肃认真，让人很难将在上海混迹十里洋场时吃喝嫖赌的他联系在一起。据黄埔建校初期在军校任特别官佐的季方回忆：“（蒋介石）常在清晨起床号一落，即巡视员生宿舍，发现教员刘峙、顾祝同、陈继承等睡懒觉，即召集他们训话，严加斥责，令人难堪，但刘等均唯唯认错而退。以后，只要知道校长在黄埔时，再不敢睡懒觉了。午餐、晚餐，蒋也都亲临食堂就餐，员生要待他举箸后方能吃饭。”

蒋介石具有十分标准、训练有素的军人风姿，腰杆笔直，威严有度。他在校园巡视之时，总是身披德式黑大氅，全身披挂，身后紧随两名全副武装的卫兵。官佐、学生在路上遇见他，必须恭恭敬敬地向其敬礼，否则蒋介石一定会追究并给予处分。他还经常召集官佐、学生进行训话，而且聆听训示者必须保持立正姿势，他不喊“稍息”即使训话两三个小时也不能稍有懈怠。另外，蒋介石还经常召见学生个别谈话，据黄埔一期生徐向前回忆：“蒋介石这个人，有许多鬼名堂。黄埔军校开课以后，他每个星期都到学校来，要找十个学生见面，谈上几句话。几乎所有的学生，都和蒋介石单独见过面，谈过话，不过见面谈话的时间有长有短而已。他坐在办公室内，要学生站在他的门外，一个个叫进去问话。我们山西十个人，蒋介石都单独谈过话。他总是用尽手段笼络人心。他还常常训话，每一次都说到三民主义，但讲多了，人们也都腻了。不过蒋介石借助这种个别见面和谈话的方式，认识了不少学生，也拉拢了不少人。”

在节假日的时候，蒋介石还不时与师生同乐，邀请官佐、学生到其官邸做客。有一次，当众人玩得高兴时，蒋介石说：“我家里藏有三件宝，谁找到了大大有赏。”众人翻遍各个角落，将搜出的东西送至蒋介石面前，但他均摇头微笑不语。这时，蒋介石的第三房妻子陈洁如悄然对李之龙耳语了几句，随后李之龙即在校长床铺枕头底下搜出三本书——《三民主义》、《俾斯麦传》和《曾文正公家书》。蒋介石见此即开口道：“之龙到底是我的好学生，懂得我的心意。这三部书我每天必读。因为做人做事，成大业做大事，教育儿女都少不了。希望你们认真领会其中的奥妙！”

黄埔军校机构改组

随着黄埔军校的不断发展壮大，军校的机构也相应有所调整。1924 年 11 月，军校增设了教育长和军法处、参谋处。先后以胡谦、王柏龄、邓演达、何应钦、方鼎英等任教育长，由周恩来兼任军法处处长，钱大钧任参谋处处长。1926 年 3 月，驻广州各军附设的军事教育机构包括军政部讲武堂、警卫军讲武堂、桂军军官学校、粤军第 5 军军官学校等相继停办，各校学生转入黄埔军校（经改组后新名称为“中央军事政治学校”），同时开始设置副校长，由李济深担任。此次改组将军校机构调整为“五部五处”，政治、教授、教练（改称“训练”）三部保留，管理、军需、军医三部改组为管理处、军械处和军医处，增设了入伍生部、经理部、编辑处、兵器研究处以及高级班，学生开始分为入伍生总队、学生队、学生军、高级班、军事教导队等。此次改组，不仅增设了

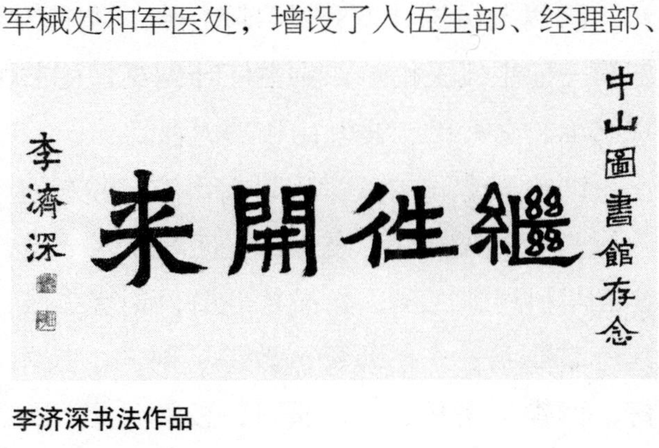

李济深书法作品

许多机构，原有机构也进行了扩充和调整，全校各种机构达到40多个，组织规模愈益完善。根据《黄埔军校组织条例》，各部门的职能和组成分列如下：

校本部为校长、副校长、教育长处理事务之机关，内设秘书长一员、顾问若干员，随从副官四员；并设总务、人事、军法三科及秘书处。其总务科附设调查股，秘书处附设电务室。军校各部处的报告呈校本部办理的，一般交由总务科和秘书处办理。各科设科长一员，科员若干员。调查股设股长一员，股员若干员。秘书处设主任秘书一员，秘书若干员，书记、司书若干员。其分掌职务：一、全校教育训练之考察、审核；二、部队编制组织及调遣；三、演习、校阅作战各种计划；四、命令、通报；五、调查及特别派遣；六、全校人员升降、任免、调补、铨衡、考绩与一切人事事宜；七、关于征募、补充与人马、器材之统计、调查；八、编纂、记录、翻译以及重要文电之撰拟；九、典守印信，保管机密文件、图书；十、军法。总理孙中山，第一任党代表廖仲恺，第一任校长蒋介石。校长办公厅的西文秘书王登云，中文秘书张家瑞。战术总教官何应钦。

教授部专司本校教授学生事宜，设学科及各课主任教官若干员，第一、第二两科科长一员，科员若干员，副官一员，书记、司书若干员。其第一科下附设图书室和模型室。其分掌职务：一、计划教育、审订教案；二、课程编审、教材征集；三、教授实施、编配考察；四、成绩考核、表册审订；五、图书器材、出纳保管；六、所属人员统计调查及升降任免、调补赏罚考绩等事项。教授部第一任主任王柏龄，副主任叶剑英，秘书顾元丙，教官有严重、陈继承、文素松、钱大钧和胡树森。

训练部专司本校学生训育事宜，统辖各学生队，其中学生队六队，学员队三队。设各课主任教官若干员，教官若干员，第一、第二两科科长二员，科员若干员，副官二员，书记、司书若干员。其分掌职务：一、训育、教练、射击、技术等计划实施；二、训育、调查、考核；三、演习、校阅计划；四、技术、射击各场所及器材筹设、整理与保管；五、所属人员统计、调查及升降任免、调补赏罚考绩等；六、所属部队之内务管理、卫生等事项。训练部第一任主任李济深，副主任邓演达。第一期学生队总队长沈应时，吕梦熊、茅延桢、金佛庄、李伟章分别为第一队、第二队、第三队、第四队队长。

政治部专司本校政治教育训练事宜，设总务、宣传、党务三科科长三员，设政治主任教官、政治教官若干，另还设有编译委员会。总务科分设事务、财务两股。宣传科分设编纂、发行、指导三股及俱乐部、图书馆、书报流通处。党务科分设组织及调查统计两股。股长七员，总管理员二员，科员若干员，管理员若干员，秘书一员，政治指导员若干员，书记、司书若干员。分掌职务：一、政治训练；二、宣传教育计划；三、宣传教材编纂及发行；四、政治图书保管；五、党务工作辅助进行事项；六、伤亡调查及抚恤；七、所属人员统计调查及升降任免、调补赏罚考绩等；八、俱乐部之计划设施及管理。政治部第一任主任戴季陶，副主任张申府，秘书甘乃光，教官有邵元冲、胡汉民和汪精卫。戴季陶离职后，邵元冲、周恩来、汪精卫、邵力子、吴思豫等人先后接任政治部主任。

入伍生部专司入伍生军事政治教育及训练一切事宜，统辖入伍生各团、营及附属部队，如步兵第一、第二两团（每团下设三营和一个机关枪连）、骑兵营（下设三连）、炮兵营（下设三连）、工兵营（下设三连）、辎重营（下设三连）、军士教导队（下设三个大队和一个特科大队）、学生军总队（下设四个大队）。设主任教官若干员，教官若干员，第一、第二两科科长二员。第一科分设三股，第二科分设四股。又政治部设主任一员，分设总务、宣传、党务三科，科长三员，科员若干员，秘书一员，政治指导员若干员，书记、司书若干员。其分掌职务：一、军事政治普通教育训练的计划实施及编辑考查；二、部队调遣及警卫；三、演习校阅作战计划；四、入伍生考试及编配；五、侦察及调查；六、所属人员统计、调查及升降调补、赏罚考绩；七、所属部队军需之考查及监督；八、所属部队之内务管理、卫生等；九、政治指导及党务宣传。

经理部专司本校一切经理事项，设财政、粮服、采办、营缮四科，科长四员。另外，还设有第一、第二、第三经理事务所。财政科分设会计、审核、金柜三股；粮服科分设给养、被服、器具三股；采办科分设购置、计核二股；营缮科分设计造股、电灯厂。股长九员，厂长一员，科员若干员，副官一员，书记、司书若干员。其分掌职务：一、编造全校经费之预算、决算；二、全校金钱出纳及保管；三、各部处团营队预算、决算书及单据表册之审核；四、被服器具消耗品材料之筹划、购置及分发保管；五、本校粮秣之筹划及给养；六、各种工程之规划及营造；七、本校电灯之安设及管理电灯厂一切事项；八、所属人员统计调查及升降调补、赏罚考绩。

管理处专司本校庶务、交通、交际及卫戍事宜，管理陆军监狱、军乐队、号兵教练所、消防队、电信队、马厩。设第一、第二两科科长二员。第一科分设庶务（下辖材料库、禁闭室、旧电灯房、运输队）、收发、会计（下辖物品库）三股；第二科分设交通股及驻省办事处。股长四员，主任一员，科员若干员，技师一员，副官三员，书记、司书若干员。另外，还统辖特务营，下辖十三个连和一个机关枪连。管理处其分掌职务：一、卫戍、消防、监狱、禁闭室、电话、军乐及教练号兵、管理马匹、校内军纪、风纪、清洁各事项；二、保管公物、给发材料、收发公文；三、交通、交际、丧葬运输并管理工匠及布置场所一切庶务；四、所属人员统计、调查及升降调补、赏训考绩。管理处第一任主任林振雄，副主任吴子泰，卫兵长胡公冕。

军需处专司本校军械事宜，管理军械库和护库队，设械务（附设修械工场）、事务两科。科长二员，科员若干员，库长二员，库员若干员，技士一员，副官一员，书记、司书若干员。其分掌职务：一、军械、弹药、贮藏、保管及领发；二、军械之整理调查及登记；三、军用器材之设计、购置及修理；四、军械附属物品之购置；五、所属人员统计调查及升降调补、赏罚考绩。军需处第一任主任周骏彦，副主任俞飞鹏。

军医处专司本校卫生事宜，管理陆军医院、疗养所、卫生队、医务所、脚气病院、诊察室。设医务、卫生两科，科长二员。医务科分设检诊、综核两股；卫生科分设材料、防疫两股。股长四员，科员若干员，军医若干员，副官二员，会计一员，书记、司书、司事若干员。其分掌职务：一、卫生教育及治疗；二、体检；三、伤病之综核及统计；四、卫生勤务之分配；五、卫生材料；六、防疫；七、卫生宣传及清洁检查；八、所属人员统计调查及升降任免、调补赏罚考绩等事项。军医处第一任主任宋荣昌。

编译处专司本校编译事宜，并管理印刷所。设高级编译官、编译官若干员，绘图员三员，副官一员，管理员二员，会计一员，书记、校对、司书若干员。其分掌职务：一、教育、图书、编译；二、图表调制及保管；三、印刷管理；四、所属人员统计、调查及升降调补、赏罚考绩。

兵器研究处专司研究兵器之使用及制造事宜。设技正二员，处员若干员，技手事务员、司书若干员。其分掌职务：一、新兵器之研究；二、火药及毒瓦斯之研究；三、所属人员统计调查及升降调补、赏罚考绩事项。

高级班专司高等及专科军事教育事宜，统辖各学员班。设高等兵学教官一员，教官若干员，副官三员，军需、军医各一员，书记、司书若干员。其分掌职务：一、高等军事之教育训练；二、专科军事之教育训练；三、政治智识之增进；四、所属人员统计调查及升降调补、赏罚考绩。

国民党黄埔军校特别区党部

黄埔建校伊始国民党就建立了学校党部，当时黄埔师生都是国民党党员，因此国民党在校内很早便建立了基层组织，连以上设党部，班组设党小组。1924 年 7 月 6 日，军校举行国民党特别区党部第一届执、监委选举，蒋介石、严凤仪、金佛庄、陈复、李之龙五人当选为执行委员，蒋介石兼任监察委员，国民党黄埔

陈复肖像

陈复（1893—?），江苏海门人。南京陆军第四中学、保定陆军军官学校三期步科毕业。1924年夏任黄埔军校上尉战术教官、少校战术教官。1925年任军校入伍生总队第二大队中校大队长，国民党黄埔军校特别党部第一届执行委员。北伐后，任江苏省公安局长，后任江苏省警官学校教育长。

军校特别区党部正式成立，直属于中央党部。

黄埔一期生入校后，每一位学生都收到了两张表，一张是国民党的，一张是共产党的，都发展黄埔生入党，入什么党就看你填什么表了。国民党黄埔特别区党部，嫌一个一个地去找学生入党太麻烦，就干脆在课堂上把入党登记表当作业发下去，规定人人都要填好。国民党的逻辑非常简单：你投考黄埔军校不就是想当革命军人吗？那么，你就得先成为革命党人。要成为革命党人就得履行入党手续，就得先填好入党申请表。于是，黄埔生个个都填了，包括共产党员在内。毛泽东、谭平山早就入了国民党，都在国民党中执委当部长。非党员学生对此作何选择呢？举例来说，杜聿明就同时收到两张入党申请表。可当时太年轻，对政党也很陌生，不知道两个党究竟是怎么回事。可他略微思索了一下，"共产"这两个字，可能是要把家中的财产让大家共有吧，他老家有点财产，舍不得，那就入国民党吧。国民党是革命领袖孙中山的革命党，不会有错。于是，杜聿明就填了国民党的入党表。不过，杜聿明可能没想到的是，与此同时，他的妻子曹秀清却正在陕西榆林中学高举着右手，朝着斧头镰刀和列宁像宣誓加入共产党呢。

1925年初，校军准备第一次东征，黄埔特别区党部第一届委员任期已满。于是，1925年1月14日，召开全体党员大会，选举出特别区党部第二届执行委员：蒋介石、吴明、陈作为、罗振声、周逸群，王柏苍、成恭寅、黄锦辉三人当选为候补执行委员，同时选举蒋介石、严重为监察委员。会上，对各委员工作也进行了分配：蒋介石为纠察委员，吴明为宣传委员，陈作为为财政委员，罗振声为组织委员，周逸群为常务委员，王柏苍为助理宣传委员，黄锦辉为助理组织委员，成恭寅为助理常务委员。

1925年9月11日，国民党中央执行委员会通告黄埔军校特别区党部，将其改为特别党部，当时军校党部已届改选之期，于是通令军校各部处党员准备改选下届党部委员。9月13日，召开了选举第三届特别党部执行委员及监察委员大会，党员到会者1372人，推举蒋介石为主席，选举邵力子、王柏龄、袁同畴、余翰邦、焦启铠等为执行委员，李秉中、吴淡人、张辅邦为候补执行委员；选举蒋介石、严重为监察委员，张元祜为候补监察委员。9月15日，各委员经互选分任工作：袁同畴为常务委员，王柏龄为组织委员，邵力子、余翰邦为宣传委员，焦启铠为财务委员。

1926年3月，黄埔军校改组为中央军事政治学校。4月23日，国民政府军事委员会政治训练部派朱代杰、蒋先云、袁同畴等组织筹备委员会办理改组中央军事政治学校特别党部事宜。5月22日，召开了初选代表大会，全校代表到会者共212人，推举蒋介石为主席，选举出军校第四届特别党部执行委员及监察委员：张治中、袁同畴、蒋先云、贾伯涛、范荩、杜心树、陈超、贾声、霍煜九人为执行委员，李尚廉、李园、张与仁、王庭汉、白鑫五人为候补执行委员，严重、方鼎英、熊雄三人为监察委员，孔庆浚为候补监察委员。选举结束之后，由蒋介石致闭会辞，勉励同学们应当重视党部，改正以前封建式军队的错误，要将军队变成党的军队，并说："本人已当选为中央执行委员，诸同学不要再加推举，本人以中央委员资格，亦可随时负指导本校党部之责。"11月27日，黄埔校属各部处初选代表二十余人在官长会客厅召开了执委选举大会，由特别党部特派员李尚庸主席，熊雄、吴思豫、陈良被选举为校本部党部执行委员，李铎、敖正邦被选为候补执行委员。各委员分配工作，推定吴思豫为常务委员，熊雄为宣传委员，陈良为组织委员。至1927年1月19日，召开第四届特别党部成立大会，大会由军校代教育长方鼎英主席，除军校各部处

张治中在讲话

官佐职员一律到会外，各机关团体代表及各官佐家属来宾等共计2千余人参加了此次大会。

在以上四届国民党黄埔军校特别党部的选举中，第一届共产党员占60％，第二届占75％，第三届占20%，第四届占18％。另外，主持各届党部日常工作的负责人员中，也有好多是共产党人。1927年3月，时值“四·一二”清党前夕，黄埔特别党部进行换届改选：孔韦虎、陈良、甘竹溪、李诚、邹今海、曾武烈、韦凤嘴、胡启图、陈葆华当选为执行委员，李永光、尹沛霖、周促英、廖朴、杨若涛、陈建文、邱陵当选为候补执行委员，方鼎英、熊雄、吴思豫、谭其镜、何焜当选为监察委员，游于艺、胡彬文、金孟坚当选为候补监察委员。改选后的第五届黄埔军校特别党部中，仍有多名共产党人。

以上大略了解了一下中国国民党在黄埔军校内的组织情况，那么，中国共产党在黄埔军校内的组织和活动情况又如何呢？

共产党黄埔特别支部

与国民党的党组织活动相较，在黄埔军校，共产党的党组织并非公开，而是秘密进行活动的。在黄埔军校的筹备时期，共产党人积极参与协助，尤其国民党一大召开后，大会代表不论国共都受托回到各地帮助推荐招生，因此秘密由全国各省招来的第一期学生中有许多是共产党员、共青团员和进步青年。当时在中共广东区区委书记兼军委书记、黄埔军校政治部主任周恩来的直接领导下，成立了中共第一个“黄埔支部”，开始时称为黄埔直属支部，后改称黄埔特别支部，负责人是周恩来同志，办公地点就在政治部。属于广东区区委的军委（代号明星）领导。广东区委军委成员还有徐成章、李富春、聂荣臻、张伯简、熊雄等。“黄埔支部”由蒋先云任支部书记，王逸常任宣传干事，杨其纲任组织干事，候补干事是许继慎和陈赓，都是黄埔第一期的学生。杨其纲是由中共北方区委派出的，由李立三、于树德、于方舟等推荐投考黄埔军校。

迄今为止，能够辨认出来的、在黄埔军校校本部黄埔一期至第六期工作过的共产党人共 145 人次，其中 21 人跨期任职，由黄埔生转为教职员的共 59 人；在黄埔前六期学习过的共产党人共 364 人。前六期教职员和黄埔生的中共党员共为 429 人。

在黄埔初建之时，中国共产党对军校工作给予了积极的支持与合作，当时的中国共产党派遣了 50 多名党员加入黄埔军校，约占当时全国党员总数的 5%，据周恩来说：“有共产党员，共青团员五六十人，占学生的十分之一。”经过考证，在黄埔第一期工作和学习的中共党员至少有 113 人，其中教职员共 14 人，有张申府（入党时间 1920.10）、周恩来（1921 年春）、胡公冕（1921.10 入党）、茅延桢（1922.7 入党）、金佛庄（1922.9）、毛简青（1922）、郭俊（1923）、严凤仪（1923）、徐坚（1923）、徐成章（1923）、曹石泉（1924）、章琰（约 1924）、李公侠（约 1924）和叶剑英（1927.7）。

在黄埔一期生中，进校前入党的学生共 28 人，其中后来比较著名的有：蒋先云（1921.10）、李之龙（1921.12）、陈赓（1922）、李汉藩（1922.4）、宣侠父

徐向前（左）和叶剑英（右）合影

（1923）、许继慎（1923.12）、彭干臣（1923.12）、杨其纲（1924 春）、刘仇西（1922 夏）等。1924 年 6 月进校后入党的有 71 人，其中后来比较著名的有徐向前、王尔琢、宋希濂、郑洞国、周士第、曹渊、梁干乔、吴乃宪、侯镜如、宋文彬、左权、李默庵、黄锦辉、伍中豪、陈毅、杨溥泉等黄埔名将。所以，到第一期学生毕业分配时期，共产党人数已经大为增长，比例占到约六分之一，据一期毕业生、共产党员李奇说："有 3 个队长，7 个区队长，学生 100 多人，政治工作员三分之二是共产党员。"

中共黄埔直属支部的组织，常以学生之期数为组织单位。黄埔二期生从 1924 年 8 月开始分批入校，学生总共 450 人，至 1925 年 9 月毕业。中共黄埔第二期直属支部约于 1924 年 11 月成立，以一期生杨其纲为书记，余洒度为组织干事，周逸群为宣传干事，麻植、王逸常为候补干事。在黄埔二期生时代工作与学习的共产党人有 61 人，其中教职员有 25 人，其中著名的共产党人有周恩来、邵力子、鲁易、黄鳌、王逸常、杨其纲、罗振声、周逸群、黄锦辉、包惠僧、徐梦秋等。二期学生党员共 36 人，其中后来比较著名的有蔡鸿猷、余洒度、卢德铭、蒋友谅、王一飞、周逸群、覃异之、钟亚裕等人。

黄埔三期入伍生从 1924 年冬末入学，1925 年 6 月编为正式生，1926 年 1 月毕业。当时周恩来已改任政治训练班主任兼第 1 军政治部主任，黄埔支部的实际负责人是军校政治部副主任鲁易和军校政治部秘书兼组织科长聂荣臻。1925 年下半年，黄埔军校已成立了一个由鲁易、聂荣臻二人负责的"党团领导小组"，下设几个支部和小组，聂荣臻负责政治部中共支部。第三期中共支部约成立于 1925 年夏秋之间，杨其纲仍然为支部书记，以曹素民为组织干事，段子中为宣传干事，焦启铠为候补干事。曹素民 1924 年在上海参加工人运动，1925 年 9 月入党。段子中 1923 年入党，曾在安源从事工人运动。焦启铠 1925 年入党，并当选为国民党黄埔军校特别区党部第三届执行委员、财务委员。在第三期生时代工作和学习的共产党人共有 78 人，其中教职员 29 人次，著名的共产党人有邵力子、宋文彬、鲁易、聂荣臻、卢德铭、杨溥泉等。学生党员 49 人，比较著名的有申朝宗、朱云卿、周恩湣、黄文杰等人。

黄埔第四期从 1925 年秋开始招生，陆续入学，1926 年 3 月 8 日入伍生开学，10 月毕业。此时军校特设政治科。1926 年 4 月，中共黄埔直属支部改为中共黄埔特别支部，仍以杨其纲为书记；另设中共黄埔党团，中共广东区委指定恽代英、熊雄、聂荣臻、陈赓、饶来杰组成，由恽代英主持（另有一说：黄埔党团书记为熊雄，干事为恽代英、安体诚、杨其纲），直属中共广东区委军委领导。在四期生时代，当时不仅学生中共产党员增多，而且教职员中的共产党人比例也大为增加，总计有 168 人，其中教职员有 38 人，尤其是政治教官大都是共产党人，其中著名的如恽代英（政治主任教官）、邵力子、熊雄、萧楚女、杨其纲、高语罕、陈赓、胡公冕、蒋先云、安体诚、沈雁冰（黄埔武汉分校教官）、张秋人、宋云彬、应修人、阳翰笙、韩麟符、陈启修等。工作和学习的共产党人；学生党员共 130 人，其中后来比较著名的有林彪、刘志丹、伍中豪、郭化若、王世英、周恩寿、文强、袁国平、曾希圣、段德昌、张光梅等人。

恽代英

恽代英（1895—1931），江苏武进人。革命家，中国共产党早期青年运动领导人之一。1921 年加入中国共产党。1923 年任上海大学教授。同年 8 月被选为中国社会主义青年团中央委员、宣传部部长，创办和主编《中国青年》。1931 年 4 月在南京被国民党反动派杀害。

黄埔五期入伍生从 1926 年 3 月起招生，陆续入学，11 月升为正式生。六期生从 1926 年 8 月起开始招生，陆续入学。因各种原因，许多教职员、学生的名字未能在第五、第六期“教职员名录”和“同学录”登记，因此这两期人员的身份较难辨认。至

1926年，蒋介石经秘密调查统计后曾说："在1万名黄埔师生中，约有CP2000人。"由此说明共产党员所占比例已经达到五分之一，是第一期生时代的二倍。从其他有关的文章或回忆文章中找出从1926年下半年至1927年春夏第五、第六期生时代在黄埔本校共产党人教职员共39人次，有熊雄、恽代英、萧楚女、孙炳文、张秋人、于树德、杨其纲、阳翰笙、应修人、宋云彬、尹伯休、李逸民、毛泽覃、胡公冕、蒋先云、范荩、覃异之、郭化若、饶荣春、刘仇西、余洒度等人。第五期学生党员共21人，其中后来比较著名的有陶铸（陶剑寒）、张宗逊、宋时轮、杨至成、许光达、陈平山、文绍珍、谭希林、廖运周、赵尚志、赵范生、吴楚桢等黄埔名将。第六期入伍生党员共26人。高级班学生党员共3人：黄公略、黄纯一和贺国中。北伐开始后，在黄埔党团工作的有熊雄、饶来杰等。阳翰笙任入伍生部支部书记。1926年底周恩来赴上海，熊雄接任中共广东区委军委书记。黄锦辉、麻植、关学参、穆世济、朱恺等人在军委工作。

在黄埔军校的档案、史料中，至今仍未发现在黄埔工作、学习的中共党员的原始名单。曾任黄埔军校教育长的方鼎英说：1927年4月广州"清党"时，黄埔有400多人被捕。1943年11月27日，周恩来在政治局会议发言时说：中山舰事件时，"黄埔有五百余党员"。有关黄埔军校及军队系统的中共党组织和中共党员的情况，由于党组织处于保密状态、教职员和学生流动性大、军校学制短等原因，就很难有一个准确的数据阐述。但是，在中共党史上，黄埔中共党组织无疑有着非常重要的作用和地位。中共党员从全国各地汇集到黄埔军校，后来又从黄埔奔赴全国各地，为中国革命运动做出了重大的贡献。中共建党初期，军界党员非常少，全党有军事工作经历的人物几乎都汇集到了黄埔。

考查在黄埔军校校本部任职的教职员、学生的中共党员，有如下几个特点：一、入党时间较早，其中有北京、巴黎、武汉共产党小组成员，比如说，张申府就是中共北京小组，周恩来是中共巴黎小组成员，金佛庄是中共三大列席代表。有的是地方党组织创建人，如许继慎是安徽早期社会主义青年团的创始人之一，一期生荣耀先是蒙古族的第一位中共党员；二、阅历丰富，多数人进校前是各地革命运动的先锋和骨干，其中有的人如蒋先云、李之龙、李汉藩等是唐山、开滦、正太路、京汉路、安源煤矿等地罢工运动的领导者、参加者，有的是各地学生运动的骨干分子；三、文化水平较高，不少是海归派，曾留学法、德、俄、日等国，如宣侠父、毛简青等就是留日生，有党内一流的理论家，有北京大学等校的高材生；四、从事过军事工作，有的人如来茅延桢、郭俊、严凤仪、徐成章、曹石泉、章琰、叶剑英等来自于保定军校、云南讲武堂等，有的人如胡公冕、陈赓在军队中工作过。在黄埔特别支部的领导下，黄埔军校中的共产党人积极贯彻执行孙中山“联俄、容共、扶助农工”的三大政策，为黄埔军校的发展做出了不可磨灭的重大贡献。

延安时期的陈赓

在黄埔军校早期，军校中的共产党人还成立一个“公开”的组织——“火星社”。1924年年底，由第二期学生中的共产党员李劳工、周逸群、王柏苍、吴明（即陈公培）、萧人鹄、吴振民、陈若、谢宣渠等倡议效法列宁1900年创办《火星报》之事，组织“火星社”作为共产党的外围组织，扩大共产党的影响，并为吸收新党员做些准备工作。参加“火星社”的除当时在校的一部分共产党员学生外，还吸收了一部分接受共产党影响较深的左派学生（“火星社”是一个以学生为主的团体，军校官佐中参加的人数甚少）。到1925年9月前后，参加“火星社”组织的人数，第二期学生有60余人，第三期学生约30人左右，大多数人都先后正式加入了中国共产党。

“火星社”成立后不久，在1925年初举行的国民党黄埔特别党部改选之时，“火星社”运用自己的组织力量展开了竞选运动，结果按照自己的预定计划获得完全胜利。当选为国民党黄埔军校特别党部第二届执行委员会委员的有周逸群、王柏苍、吴明、陈作为、罗振声（不久脱党）、黄锦辉（候补执行委员，旋即加入共产党）等人。“火星社”的这次选举胜利，为全校民主开创了一个先例，同时也震惊了蒋介石及校内的国民党右派。后来，蒋介石和西山会议派都将此事列为反共的借口之一，说是“共产党借国民党名义扩张势力”。1925年9月，黄埔二期生毕业离校，“火星社”亦随之解散。

周逸群

周逸群（1896—1931），贵州铜仁人。中国共产党的优秀党员，马克思主义宣传家、活动家、中共军队的早期缔造者之一、湘鄂西红军和苏区创建人。1931年5月，夏曦取消湘鄂西特委，改派周逸群做兵运工作，不久，被夏曦秘密杀害，时年35岁。

黄埔的第一位中共党人

谁是第一个进入黄埔军校任职的中共党人呢？他就是现代人很陌生的张申府。其实，研究中国现代史尤其是中共党史，张申府绝对是一个无法回避的重量级人物，因为他是中共创始人之一，他是中国罗素研究的第一人，他是20世纪中国最伟大的哲学家之一，他是黄埔军校教官中的中共第一人，他是中国第一个推介爱因斯坦的人，他是一·二九运动的幕后总指挥，他是《新青年》杂志的编委，他是《每周评论》的创办人，他是民盟的创始人和领导者，他是周恩来的入党介绍人，他是朱德的入党接受人，他是最长寿的中国共产党创党元老之一，他是中国妇女解放运动的先驱……

张申府是河北河间府献县人，1893年生，其祖父濂公是清末进士，曾任翰林院编修。1908年，15岁的张申府入顺天高等学堂中学班学习，当时此校有两个公认的怪人，一是梁漱溟，一是郭晓峰，比他高两个年级，后来皆与他成了至交。1913年，张申府考上北京大学预科学习数学，次年考入北大文学院攻读哲学，后又转入数学系。从此，中国诞生了一位伟大的哲学家和数学家。

张申府与家人合影

1917年，张申府以助教名义留北大工作，教预科数学和逻辑，并担任了《新青年》的编委。通过郭晓峰的介绍，张申府认识了李大钊。当时，陈独秀在北大任文科学长，常到李大钊处闲谈，由此张申府亦熟识了陈独秀。李大钊时任北大图书馆主任，由于事务忙，就让张申府协助他做登录室的一些工作。在李大钊离开时，张申府几次临时担任北大图书馆代主任，1918年，经由杨开慧的父亲、北大伦理系的杨昌济先生的介绍，毛泽东到登录室当工友，工作上直属张申府的领导。提起这段经历，张申府后来回忆："那是五四时期，毛泽东在我属下工作，解放之后，他到处说'张申府的老板面色很难看'。因为他忘不了我有一次要他重新再填写一叠图书卡片。"

1918年冬，陈独秀、李大钊、张申府三人联手创办了杂志《每周评论》，由张申府负责编辑，此时张还是中国现代最重要的两个社团——少年中国学会和新潮社——的团员。而在当时许多爱国者看来，政治比学术更重要，所以，《每周评论》这份杂志后来被认为是新文化运动从文化启蒙转向政治救亡的标志。

张申府是中国近现代史上把西方进步思想家如罗素、罗曼·罗兰等人介绍给中国人的第一人。他先后翻译罗素的《我们所能做的》、《哲学之价值》、《梦与事实》、《民主与战争》等多篇文章，并在《新青年》等杂志上发表，年仅25岁的张申府就成为了闻名遐迩的罗素专家。罗素本人曾在给一位法国友人的信中说："中国的张申府先生，比我还了解我的著作。""罗素"二字的翻译定名就是张申府的手笔。早期革命家郑超麟先生曾回忆说，他之所以能够成为马克思主义者，很大程度上就是因为读了张申府先生在中国现代最伟大的杂志之——《新青年》的文章。

中共建党之初，张申府的重要性是举足轻重的。1920年，共产国际东方局代表魏金斯基来华，到了北京，经北大俄籍教员柏烈伟之介，会见了李大钊和张申府，后来，魏金斯基又因为李大钊之介绍到上海联系上了陈独秀。1920年8月中旬，身在上海的陈独秀筹备建党，为了确定组织的名称，陈独秀致信李大钊和张申府，其中就明确提及：创党之事"只有你（指张申府）与守常（李大钊）可以谈"。

1920年10月，陈、李、张三人共同建立了中共的第一个基层组织——北京共产主义小组。

同为北京共产主义小组的创始人，陈、李、张后来的知名度大相径庭，在中共党史上，陈独秀、李大钊都是大名鼎鼎的，而张申府几乎是被历史遗忘的。张申府不但参加了中共的早期创建工作，当时还在"南陈北李"之间奔走串联，为中共的创建做出了卓越的贡献。

当时，作为北京共产主义小组创始人的李大钊和张申府准备发展党员，他们首先看中了天津学生运动和觉悟社的领袖刘清扬，可是刘不同意。刘清扬为何不同意呢？另外有一种说法认为，刘清扬不答应的原因是因为她看到发展名单排在她后面的是张国焘，张国焘当时正在热烈地追求她，与刘清扬有过一段并不愉快的恋情。后来，刘清扬成了张申府的妻子，张申府通过她的介绍而认识了周恩来。李大钊和张申府后来发展的第三名党员是张国焘。不仅如此，张申府还是周恩来的入党介绍人，并又与周恩来一起介绍朱德加入了中国共产党。

1920 年冬，张申府以蔡元培先生秘书的名义到法国深造。此前，周恩来已经到了巴黎，原准备在伦敦留学的，因为伦敦留学费用太贵——现在仍然如此——而折返巴黎就读，其间遇到了越南人胡志明。后来，周恩来获悉好友刘清扬和张申府都到了法国，就急着去联络他们，因此，张申府就成为了周恩来的革命引路人，并成为周恩来早期在民国政坛迅速崛起的关键人物。在巴黎，张申府、周恩来两人经常在一起聊天，在互相尊重中建立了良好的私人感情。1921 年春，经张申府的介绍，23 岁的周恩来加入中国共产党，成为中共 8 个发起组织之一的巴黎小组成员。

当时，李石曾、吴稚晖等人在巴黎筹办了一所里昂中法大学，张申府应聘前往教逻辑。张申府在法国安顿下来后，于 1921 年初终于发展刘清扬入了党，又一同介绍周恩来入了党，并与党员赵世炎、陈公培在巴黎成立了共产党小组。刘清扬是中共党史上的第一位女共产党员。1922 年，张申府由于支持留法学生抗议中国学院院长吴稚晖拒收勤工俭学的中国留学生入学而毅然辞职，眼

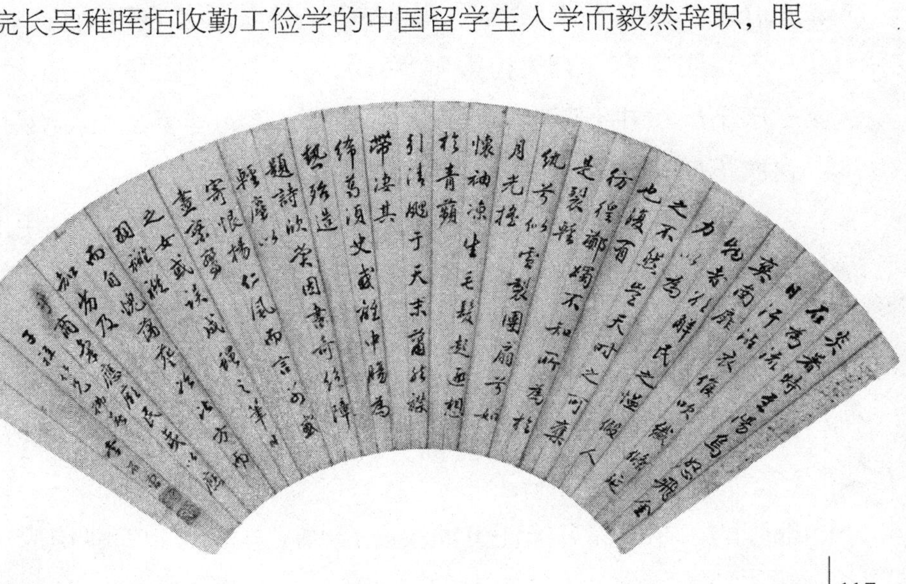

李石曾书法

看巴黎的生活日益艰难，张申府、刘清扬和周恩来就一同转往德国柏林。当时朱德和孙炳文都在德国，朱德由周恩来的介绍而认识了张申府，张申府又成为这两个人的入党介绍人。

张申府在德国期间，曾同大数学家希伯特探讨学术问题，并且第一个指出爱因斯坦的相对论在思想界的重要作用。1922 年，旅欧中国少年共产党成立，由于张申府当时以老大哥身份自居，未出席成立大会，但经常发号施令，终于于 1923 年被少年共产党宣布开除出组织。同年底，张申府离开德国，经莫斯科回到祖国。

1924 年 2 月，刚从欧洲归来的张申府来到广州，因有李大钊和陈独秀的推荐，加上当时广州留学生屈指可数，海归派人才难得，而改组后的国民党迫切需要人才，张申府受到了廖仲恺等人格外热情的欢迎。通晓英语、德语的张申府很快就成为了黄埔校长蒋介石的翻译，参加了黄埔军校的筹建工作，是最早踏上黄埔岛的中共“红色教官”，也是中共从事早期军事工作的党员之一。

其实，张申府、蒋介石相识并非始于黄埔，据张申府回忆：“那是 1923 年的 11 月，我从德国回国，取道俄国，住在莫斯科赵世炎处。时蒋介石正奉孙中山先生之命，与张太雷等四人在俄国考察，这是为国民党创办军校作准备的政治军事考察。经世炎同志介绍，认识了蒋介石。”两人的第一次见面是在莫斯科，其时蒋介石对张申府“客气得很”，可是，张申府书生意气，生性高傲，私底下虽然并不喜欢蒋介石，但很佩服蒋的军事才能。不管如何，这次不期而遇，却成了张申府进入黄埔的机缘之一。

蒋介石虽预料“联俄终无善果”，但并不妨碍他“利用俄国的援助，把它变成自身的利益”进行政治投机，并不妨碍他赞同和接受苏联军事经验。但是，国民党本身缺乏政治教育人才，于是孙中山与中共达成协议，由中共派年轻优秀的党员到黄埔出任政治部领导职务以及政治教官或学校秘书等职。正是在这种背景之下，张申府被蒋介石选中。但是，蒋介石对中共的戒备心理还是很强的，在他提名担任黄埔教官的 17 人中，也只有张申府一人是共产党员。

1924年5月12日，孙中山任命第一批陆军军官学校教官，其中任命张申府为黄埔军校政治部第一任副主任，是当时中共在黄埔军校中的第一人，也是当时中共党员在黄埔军校最高的任职。在黄埔军校，张申府还负责黄埔一期生的口试、笔试监考和阅卷工作。第一期录取揭榜时，后来的“黄埔三杰”蒋先云、陈赓和贺衷寒都名列第一。可以说，黄埔一期生都是张申府的弟子。当时，戴季陶是黄埔第一任政治部主任，在他离开时张申府多次任政治部代主任。

黄埔军校开办之初，紧缺从事政治教育工作的政工干部，党代表廖仲恺和政治部主任戴季陶多次叫张申府为军校推荐人才。张申府在一封信中说：“廖仲恺同志在黄埔军校负责实际筹备工作，后担任军校党代表。戴季陶是政治部主任。他们对我非常热情，常请我吃饭，谈军校工作。……谈话之间，他们希望我能够推荐一些在国外学习的优秀学生到黄埔军校来。”于是，张申府开出15人名单，全是共产党人，都是当时中国共产党的精英分子，位列第一的就是周恩来，第二是后来在政治上反反复复的周佛海，还有恽代英、赵世炎、高语罕、沈雁冰、欧阳继修等人。

周恩来接到张申府的推荐信后很快回信，表示愿意回来。张申府急忙将此事报告廖仲恺。廖仲恺二话不说，立即答应给周恩来寄去路费。由于张申府的鼎力推介，由此把周推上了黄埔军校政治部主任的位子，也将他推上了民国政治大舞台。

张申府虽是黄埔第一位红色教官，但他执教黄埔时间并不长。1924年6月19日，他辞去政治部副主任职务，仓促离校，其时周恩来尚未回国。事后张自称此举为：“开了小差。”张申府作过一段回忆：“等到开学后不久，一因黄埔不在广州城里，由黄埔到广州坐小汽艇也要一两个小时。我在广东大学教课，本已很忙，这样两边来回跑，实在来不及。再则蒋介石表现出来的刚愎自用的作风，我更看不惯。当时学校本规定，凡有布告都要党代表与校长联名才能发表，可是蒋介石却常常不待廖仲恺来校便发布了。还有那种习惯了的反动军人气焰也更使我难耐，另外这时国民党的右派又渐渐抬头了，戴季陶已经不辞而去，我当然更不能干了。”

由于孙中山的信任，蒋介石在黄埔军校拥有很大的自主权，凡校务几乎由他一人说了算，周恩来说，“黄埔军校内的队长都是他的私人，有一次我派了几个左派的人当队长，他就大为不满，撤销任命。”而且，身为政治部主任的周恩来一度遭到了蒋介石的软禁。可以说，蒋介石的专横做法是张申府辞职的一个重要原因。

1924 年 9 月初，周恩来抵达广州。黄埔一期生刘天回忆说，周恩来到广东之前，“在共产党内的地位，还只是一个地方干部而不是中央干部。但他是很聪明的，他看到了黄埔军校在革命过程中的重要”。周恩来热情地投入黄埔军校的政治工作。黄埔军校也成为了周恩来戎马生涯的起点。在中共党史上，周恩来是公认的第一个认识到中国需要一支革命军的人。

1925 年 1 月，中共四大在上海召开，张申府列席了会议。会上因为讨论党的纲领时，张申府坚决反对与国民党结盟而与蔡和森、张太雷等人发生争执，而后负气提出退党，由此民国政治界少了一位明星，而文化界却多了一名健将。当时，周恩来一度支持他的观点，但很快就屈服了，张后来如此评说：“我很快就离开，而周恩来留了下来，我是一个宁折不弯的人，而恩来则不同，他是弯而不折的……”并认为：“在党内因意见分歧，发生龃龉，反而多所妨碍”，“在党外仍当与党配合工作，永远同党保持友谊关系似更妥”，表现出一种“合则即，不合则离”的态度。

冯友兰肖像

退党之后，张申府以教学和翻译著述为生，先后在多所大学任教，教的都是罗素哲学或逻辑，成为罗素新实在论哲学在华的主要介绍者。放眼民国哲学界，留美的胡适推介杜威实验主义哲学，留美留德的贺麟推介黑格尔哲学，留德的张君劢推介柏格森生命哲学。1931 年，张申府被聘清华哲学教授，教授逻辑与西洋哲学史，与当时清华哲学系的冯友兰、金岳霖、邓以蛰三位大师级教授并称“四大金刚”。后来，冯友兰的堂妹还嫁给了张申府的弟弟张岱年。张申府在识人方面有先见之明，几度慧眼识英才。张申府是第一个发掘了钱钟书先生的人，在一篇文章中，他说：“钱钟书和我的兄弟张岱年并为国宝。”当年，钱钟书还是在校学生，不过二十出头，后来钱钟书和张岱年先生都成为了全国乃至全世界的著名学者。

1935 年冬，张申府与刘清扬、姚克广（姚依林）、孙荪荃（张申府当时的情人，后来成了另一位中共创党元老谭平山之妻）等共同发动和领导了北平的“一·二九”学潮，张申府是游行总指挥之一。1936 年 2 月，张申府、刘清扬同时被捕，关在安定门内的陆军监狱。两个月后，才由冯玉祥保释出狱。1936 年 1 月，北平文化界救国会（民盟前身）成立，张申府与沈钧儒、章乃器、邹韬奋等被推选为大会主席团成员和救国会执行委员，后又担任华北各界救国会的负责人。张申府一度还追随邓演达，与章伯钧、黄琪翔共同在上海创建了中国国民党临时行动委员会（中国农工民主党前身），人称第三党。

1938 年 7 月，国民党在汉口召开了国民参政会一届一次大会，张申府、沈钧儒等六人被聘为第一届参政员。张申府作为参政员，与蒋介石矛盾日深，蒋介石有次当面骂他，说他“反对政府”，“你不但写文章反对政府，还在防空洞里反对政府！”并说有人在防空洞里亲耳听到的。张申府气愤地说，自己根本不认识这个人，纯属造谣。张申府因为平白无辜挨了蒋介石的一通骂，怒气难平，就提出要离开重庆打游击去。

1948 年，张申府在《观察》上发表了一篇《呼吁和平》的文章，正是因为这篇“不合时宜”的文章，为张申府今后的人生造成了毁灭性的打击。11 月 15 日，民盟总部第四次扩大会议在香港召开，以“张申府之言行已走上反人民反民主的道路”为由，居然开除了民盟创始人张申府的盟籍。事情并未就此了结，12 月 16 日，《人民日报》发表文章，“痛斥叛徒张申府的卖身投靠”！孰料十天之后，已进入东北解放区的政治活动家刘清扬在《人民日报》刊出离婚启事，标题赫然为“张申府背叛民主为虎作伥，刘清扬严予指责”，并宣布与张申府从此一刀两断。

从建国以后到去世的半个世纪内，张申府在孤寂冷清中度过余生，一度连工作都成了问题，最后还是周恩来顾念昔日旧情，让他在北京图书馆当了研究员，1957 年，他毫无悬念地成为“右派”、在“文革”中饱受冲击，直到 1979 年才彻底平反。“要清白，请长寿”，张申府坚韧地活到了 20 世纪 80 年代，终于在有生之年渐渐地目睹了历史真相被一点一点地还原。

1986 年，享年 93 岁的张申府先生辞世，成为中共创党领导人中仅次于罗章龙和刘仁静的活得最久的人。

第四章 黄埔日规训练

第一节 日规训练

黄埔规训学生的法门

黄埔军校是中国第一所正规化的现代军事院校，在中国军事与政治史上均具有重要的历史地位。在近代化军事人才的培养、国共两党合作、苏联的国际主义支援、军事院校的构建和管理、孙中山的教父地位、廖仲恺的功绩、蒋介石的作用、黄埔系势力的增长、红色黄埔系等方面的探讨，海峡两岸的史学界都已经进行了深入而全面的研究，也取得了丰硕的研究成果。但是，对于一期期来自五湖四海的不同阶层、文化程度参差不齐的学生，黄埔军校是如何把他们培养成时代最优秀的现代军官的呢？

黄埔军校训练学生的成功法门是什么呢？ 1927 年 2 月 7 日，蒋介石在江西教育讲习所做的题为“三民主义要旨与三民主义教育之重要”的训话中做了非常通俗易懂的总结：“黄埔军校并不是什么特殊的学校，仍是一个普通的学校，但是为何黄埔出来的学生，比较其他学校出来的更能革命、牺牲呢？”因为“黄埔的教育方法，是使个个学生认识中国的环境；个个学生知道自己在这环境中的地位和所负的责任，以及中国需要革命的急迫；并极严重地告诉他们：三民主义是救中国的唯一武器；实行三民主义，就是要革命，如果不革命，必定要国破家亡……在学校一天一天培养革命的精神，坚定革命的信仰，增进革命的知识和技能，整齐严肃，发扬蹈励，便要自动的来从事革命，便生死以之的从事革命——这是黄埔军官学校训练学生的方法。”

黄埔军校课堂

概括蒋介石的说法，黄埔军校的成功法门之一就是非常重视日规训练，即重视从日常细微之处下手对学生进行制度化的常规训练。那么，什么是日规训练呢？法国当代著名哲学家米歇尔·福柯曾从哲学的角度对日规训练有一段非常深刻的表述：日规训练是“一种权力类型，一种行使权力的轨道。它包括一系列手段、技术、程序、应用层次、目标。它是一种权力‘物理学’或权力‘解剖学’，一种技术学。”可见，日规训练是一种强制性的养成教育，是一种化习惯成自然的强化训练。

那么，日规训练的目的是什么呢？就是为了使受训者放弃个人的自由而服从规训者。在规训者眼中，受训者只是一群有思维能力的被操纵的“人体机器”。规训者通过空间、时间的细致分配等隐性权力技术的运用，并伴随一种持久的运作机制，将受训者“解剖”，“打碎”，“洗脑”，之后再重新进行“组合”，从而造就一群服从规训者的思想理念的“驯服的肉体”。可见，规训不是为了追求人性的自由与解放，恰恰相反，规训是对人性的抹杀。

黄埔日常规训

黄埔军校建立后，作为“黄埔教父”，孙中山从思想上、组织上、物质上、方针政策上给予了巨大的关心和指导，他每隔一段时间都要到军校“海关楼”小住一段时间，听取军校党代表和军校校长的工作汇报并检查军校的工作情况。

就黄埔军校而言，什么是日常规训呢？日常规训就是为了实现黄埔教官对黄埔学生的操纵与控制，从而在日常生活细节管理教育各个方面使黄埔学生放弃个人的自由而统一服从黄埔军校的思想理念与行为规范。正是由于非常重视日常规训，黄埔军校才取得了巨大的成功，从而在最短的时间就造就出了一批批在中国现代军事史上最为优秀的高级指挥人才。

黄埔军校以极短的时间培养了大批军事人才，表明现代军队与学校的双重规训在黄埔军校中已经运作成功，使黄埔军校真正成为养成现代军官的军事学校。对于黄埔军校训练来说，日常规训是非常成功的，也是十分重要的。

如何通过具体而细微的日常规训教育，将一整套思想意识、纪律规范传输给每一位学生，从而将其培养成为一名现代军官，这是一项繁复的工作，也是一项重要的权力技术。黄埔军校对黄埔生的日常规训主要表现在哪些方面呢？主要表现在时空配置、纪律惩罚、个人权威的隐性权力技术等方面。

而且，制度与政策因素固然很重要，是必不可少的前提，而蒋介石个人对于日常规训的重视及其榜样作用，个人对于权力渗透方式的尝试也不容忽视。正是由于蒋介石个人对日常规训教育的重视，有意识地将规训作为权力技术运用，既达到了规训学生的目的，同时也成功地树立起他个人的权威，为他成功打造蒋记黄埔军事集团奠定了人才基础。

第二节　空间、时间与军纪权力

与外界隔绝的空间规训

毋庸置疑，三民主义教育及其后来的以“一个主义一个党”为核心的党化教育，在黄埔军校的建设与发展中起到了非常重要的政治动员作用。政治教育对于黄埔军校的确具有重要的作用，这一点得到了从事黄埔军校研究的学者们普遍的认同。但是，黄埔日规训练的作用同样重要，它也是构成现代军校及蒋介石权力技术的重要组成部分。正是在这种非常严厉的日规训练之下，黄埔师生才成为“驯服的奴隶”，并进而成为中国现代军事史上规模庞大的著名的将领群体。

黄埔军校一成立，即对新入学的黄埔生进行了全方位的日常规训训练，这种日规训练是一种在封闭系统内进行的、贯穿于黄埔生日常学习和生活每个细节的严格的规训。黄埔新生来自全国各地，很多黄埔生入学之初都不适应如此严格的日规训练，所以，偷懒、违纪、逃跑等现象时有出现，甚至于一些黄埔教官——从海外正规军事院校毕业归国担任训练者——的身上都有所表现。因此，如何使黄埔师生能够真正接受日规训练而成为一名训练有素的现代军官，这的确是黄埔军校成立后的首要任务。

孙中山书法

纪律可以规训受训者的精神与肉体。著名社会学家吉登斯说：“学校就是一个产生纪律权力的‘容器’。学校生活的封闭性使那些被‘囚禁’在其中的人们彼此之间的序列性接触有可能以严格协调的方式进行”，学生“在学校度过的这段时间，无论在空间上，还是在时间上，都被严格地封锁起来”。无疑，黄埔军校也是一个“产生纪律权力”的封闭的系统，而且，“纪律既取决于对空间，也取决于对时间的事无巨细的安排”。

首先，黄埔军校利用空间对黄埔生进行日规训练。“人们只能通过对时间和空间的操纵来推行纪律。这一般要求具有一个封闭的领域。这个运作纪律的领域既与外部相隔绝，又在内部对自身进行封锁。”黄埔军校也不例外。黄埔军校实行严格的门禁制度，第一步就是将黄埔军校与外界社会完全隔离开来，将学生规限在校内这一封闭空间内。黄埔军校以校长蒋介石的名义颁布了《实行门禁令》：

> 军队门禁之严，所以谨内外，示警戒，勤课业也。乃近查各队学生，自由出入，至晚不归，官长失于稽察，学生狃于习惯，长此以往，军纪荡然，难免宵小变装潜入。着自通令之后，各队学生责成各队官长；兵夫责成管理部，其有容留亲友，一经察觉，无论官生，定行严惩，决不姑贷。
>
> 此令。
>
> 校长蒋中正
>
> 中华民国十四年七月二十二日

《门禁令》在空间上把军校与外界严格划分开来，从而把学生控制于校内的小天地内。据陈希孔的《学员生活点滴》所载，许多黄埔生在黄埔军校受训七八个月，但从未去过广州市区。

军校内部的空间规训

空间规训的第二步是校内空间的布置。这是黄埔军校重要的内部空间规训措施，能够更进一步规范、制约、影响着学生们，以至于很多黄埔生在半个世纪后对当年进入军校的所见所闻仍然有着极其清晰的记忆。军校内部的空间规训从新生入校的第一天就开始了。据黄埔生宋瑞珂《往事历历》所载："走进大门，过大花厅，每个走廊上都满挂醒目标语，如亲爱精诚，和衷共济；精诚团结，卧薪尝胆；十年生聚，十年教训；枕戈待旦，闻鸡起舞；勇往直前，破釜沉舟；同舟共济，团结奋斗；百折不挠，再接再厉；杀身成仁，舍生取义；艰苦卓绝，完成革命；以血洒花，以校作家，等等。我们无论上讲堂，出操场，下饭厅，到厕所，抬头就看到，印象很深，对陶冶军人精神，大有益处。"在这些贴满校园角角落落的标语中，不少标语是内容重复的，为什么要重复呢？就是为了加深学生的记忆。

在军校的内部空间结构中，教室、宿舍、操场与食堂，这些就构成规训黄埔生的主要空间。作为军校，军训操场是军事日规教育的重要场所。在军训操场，学生们接受着更直接而严格的群体性规训。操场是每周举行总理纪念仪式的地方，"每周一上午，黄埔军校全校官生，循例在本校大操场举行纪念周"活动，蒋介石经常在仪式后对全校师生训话。而且，黄埔军校操场上安置了各种运动训练器械，但因为是军校军训操场，它又不同于一般学校的操场。军训操场还有许多提高军事技能的训练场地，可以进行跨越障碍物、射击、拳击等体能和技术训练。

在教室空间方面，其格局与今日的普通教室构成相同，讲台、黑板、课桌，教室空间使站在中心讲台上的老师与坐在台下听课的学生构成监控与被监控、俯视与仰视、规训与受训的权力关系，权力在此自动发生效用。而且，教室具有持续的监控功能，教师只需花极小的代价就能具体而微地实施对学生的规训权力，学生在听课过程中接受了监控与规训。学生与教官之间的空间定位差异不仅体现在教室内，而且也体现在教室外。

但是，黄埔军校教室则比一般教室空间所产生的纪律权力更显著。为什么这样说呢？军校教室作为运用纪律权力的主要"场所"，在较为严格的教室空间安排形式中，对师生身体的定位、运动和姿态的规定都给予了紧密的组织控制。看一看黄埔军校的老照片，学生们个个都端端正正地坐在课桌前，认认真真地听讲，认认真真地做笔记。根据《潮州分校学生修学规则》所载，军校对黄埔教室做出了非常明确的规定：学生必须称老师为教官，这就更具有权威性，而且，在教官进入和退出教室时，学生必须全体立正行礼，课堂须作笔记，并备教官审查，考试交卷时亦需向教官行礼。这样的教室规训不仅使黄埔生学习了理论知识，而且在听课过程中潜移默化地养成了服从日规训练的好习惯。

对军人的规训从来都是对人的细微管理，要做到这一点，还必须通过更多的内部区域划分来实现，因为只有借助于这种区分，才能达到在每天的任何一个特定时刻，每个学生都有各自的"专门位置"这一目标。事实上，纪律权力的基础是建立在对个体的活动进行细致化条理化系统化的管理才能实现的，而且，恰恰就是这种管理对学生的规训才是最为深刻的，一辈子不会忘却的。在军校教室外，学生与教官之间的空间区隔也极为严格。黄埔军校《重申纪律令》就明确规定："官生之间，非关课程公务，官长不得招致学生于寝室以说私；学生不得迳入官长寝室以坐卧。其余一切行动，均应恪守军纪。"

孙中山书法

内部空间规训无处不在

除了一般性空间教室与操场之外，黄埔军校对学生日常产生重要影响的空间场所还有宿舍、食堂与禁闭室。在宿舍与食堂中，学生们仍然要接受细致的日规训练。军校规定学生宿舍的空间布局：床铺摆放整齐划一，被褥折叠棱角分明，所有卧具都摆放在一条直线上。同样，食堂也是这样，虽然设施非常简陋，但也要求摆放整齐划一，甚至连一排餐桌上的碗碟、饭桶均摆在同一直线上。有些分校的要求更为严格，比如说，潮州分校还制定规则，学生必须赴指定地点集合，由队值日生按次带上饭厅，而且饭厅座位均有规定，学生必须按指定位置就座，不得随意调换。每一个学生都被定位在特定的座位上，不得自由选择，这无疑是最为严密的人身控制与规训。

禁闭室是黄埔军校内存在的一种特殊的规训空间。那么，何谓“禁闭”呢？禁闭就是将犯错误的学生与其他学生加以区隔，强制性地关在特定的空间内，规定被禁闭者“除随身穿着衣服之外，不准携带其他物品。但手纸若干及各种勤务书籍准其携带一本”，而且在室内必须保持安静，“不准自由歌诵、欢呼”，而且，“禁闭室各房门口，须将被禁闭者之队号、阶级、姓名及所犯案由、或嫌疑或未决并其他必要之件，详记油漆木牌上，揭示悬挂”。所有路过禁闭室的师生都能看到被禁闭者的详细信息，由此使被禁闭者内心最感羞愧，激起自我反省，甚至于终生难忘遭禁闭的耻辱。

显然，禁闭室空间的存在，是对学生的进一步的控制与规训，无论是对被关禁闭的学生，还是对未被关禁闭的学生，起到约束与警示的作用。黄埔军校制定有《禁闭室规则》，禁闭室设有轻、重两种。禁闭时间在“一日以上二日以下”的，为“轻禁闭”；禁闭时间在二日以上的，就是“重禁闭”。

严密的时间规训

学校纪律的产生的确可以追溯到对时间和空间的管理和控制上。而且，只有当向“钟点时间”过渡的普遍趋势出现后，对空间和时间的管理与控制才成为了一种可能。这个问题的关键就在于时间开始被纳入以量化的方式运用到管理权威的过程中。时间管理是纪律权力实施的重要途径，在军校中更是如此。那么，黄埔军校是如何通过对时间的配置来规训学生的呢？

黄埔军校的成功在现代军事人才培养史上是极其少见的。如果没有严密的黄埔纪律与黄埔日规训练，如果没有高强度的训练与时间管理，黄埔军校是很难取得如此巨大的成功的。黄埔军校对黄埔学生的时间管理极其严格，而且建校初期的几期学生在学时间实际上只有7个月，其中第一个月还是入伍教育，后来才延长到1年半的学习时间。要在如此短暂的时间里，就将一名普通学生培养成一名军官，必须在时间规训方面争分夺秒，进行行之有效的时间规训。

为了“使全校学生于短少时间内，造就革命军官必要之军事政治知识”，黄埔军校的课程安排非常紧凑，每位学生在军校中的时间完全被分割细化，进而被控制到人体能够承受得住的生理极限。据方鼎英在《黄埔中央军事政治学校概述》所述，由于课程繁多，时间必然安排得非常严密，“每星期以四十八小时分配教授之”。所以，学生每天的学习是很紧张的。

军校的课目分类主要有军事学、军事训练、演习课目、政治党务等几大类。军事学有战术学、军制学、兵器学、筑城学、交通学、地形学、马学、卫生学、经理学等9门课目；军事训练有制式教练、阵中勤务、典范令、服务提要、技术、马术等9门课目；演习课目有野外演习、战术实行、野营学习等课程；政治党务有中国国民党史、三民主义、帝国主义侵略史、世界革命、帝国主义、社会学、政治学、经济学、社会进化史、社会问题、社会主义、党的组织问题、军队政治工作等13门以上的科目。

萧楚女

萧楚女（1893—1927），湖北黄陂人。1922年加入中国共产党。1925年5月，到上海与恽代英一起主编《中国青年》，积极参加五卅反帝爱国运动。不久，回上海，撰写革命檄文，与戴季陶主义、国家主义派作斗争。1927年4月15日，被国民党反动派逮捕，4月22日在狱中被害。

即使是在“自由时间”，学生也是没有自由的。虽然看似非规训时间，但也被潜在地纳入制度规训时间之内，学生仍然处于被规训的时间体系内。据何崇校在《难忘的岁月》所述，只有“晚饭后是我们自由活动和自修的时间”，可是，即使是在自修时间，也还有从校外聘请过来的著名学者、活动家等主讲的演讲等活动等着学生去听，比如说，鲁迅、毛泽东、沈雁冰、萧楚女等人都到黄埔军校做过演讲。其时，蒋介石也常常邀请国民党中央委员、各部部长及来广州的各省省党部书记到黄埔来参观、讲演。

关于萧楚女的黄埔演讲还有一个有趣的故事，1926年，萧楚女应邀到黄埔军校演讲，由于来听课的人太多了，校方只好临时决定将会场从大礼堂搬到了大操场。当时没有扩音设备，萧楚女几乎是边喊边讲，可是后面的学生仍在大喊："再大点儿声！"于是萧楚女略停了片刻，深吸了一口气，运足了劲，把声音提到最大限度，可是话刚出口，就听"嘣"的一声，只觉腰间陡然一松，腰带竟然被崩断了，他连忙用手提住了裤子。台下的人都聚精会神地盯着，等着他继续演讲，丝毫没有察觉到他此时的窘迫。萧楚女就这样一手叉腰，一手挥臂，讲了整整一个半小时。事后，他对朋友说："此为平生第一窘事。"从此以后，他再也不用腰带，而改穿更保险的背带裤了。

毛泽东、鲁迅在黄埔演讲

1924年春夏之交，国民党中央代理宣传部长毛泽东受邀到黄埔讲演。毛泽东莅临黄埔军校的那一天，穿着整齐的蒋介石一早就戴着白手套，到教室、三期生宿舍检查，四处抹拭，一发现有不洁之处即命令学生们"立即改正"。上午九点，全体师生1000多人在礼堂集合。蒋介石亲自到大门外码头迎接，把身穿深灰色布衫、脚上一双青布剪口鞋的毛泽东接到校长办公室，小憩片刻，之后，又亲自陪同毛泽东进入大花厅礼堂，再登台简单地介绍几句，说："这是我们中央宣传部毛泽东部长，百忙中抽空远来讲演，十分难得，大家要专心听讲。"全体师生起立向毛泽东致敬，再坐下，蒋介石携同陈洁如也在台下第一排正中端坐，毕恭毕敬，洗耳恭听面容清瘦、声音洪亮的毛泽东站在台上讲了两个多小时。毛泽东指出，当前国内外革命形势于我有利，各省工农及学生热烈拥护我们革命政府，苏俄及各国工会又给予大力支持，正是北伐打倒帝国主义及军阀的良好时机，只要团结奋斗，必能获得胜利，实现独立、民主、富强的新中国。黄埔是革命军事策源地，黄埔同学是武装战斗的骨干，又是宣传、组织、训练配合作战，保证胜利的领导者，是一身二任的革命干部，肩上的责任很重。两次东征、两次平叛的胜利，证明你们是能工巧匠，是优秀的革命人才。往后，敌人会更凶恶，更狡黠，不仅会公开和我们作战，还将钻进我们队伍内部挑拨离间，分化瓦解我们。民间有句话，“明枪容易躲，暗箭最难防”，有形的敌人看得

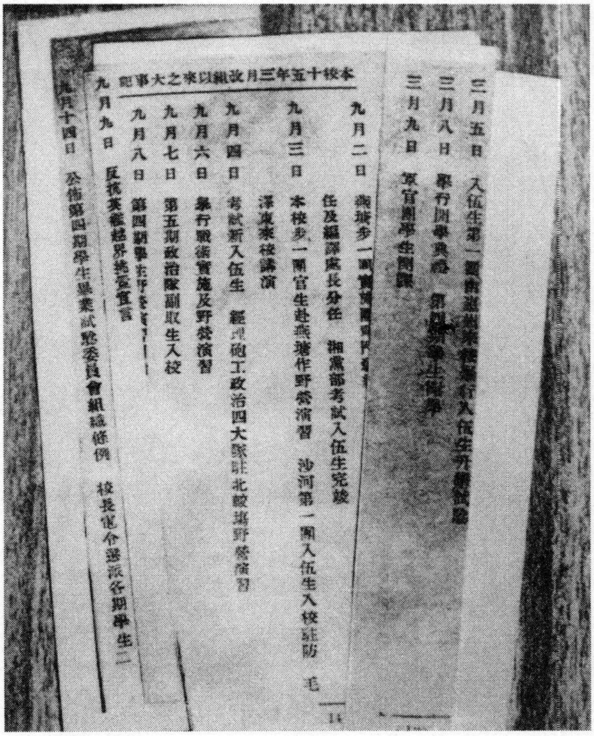

毛泽东的演讲记录

图为“黄埔军校大事记”中关于毛泽东来校演讲的记载。

见，无形的敌人不容易看清。历史上许多事实证明，团结牢固才能胜利，团结不好必然失败，这是极为珍贵的教训，值得我们革命队伍重视。毛泽东演讲完毕，蒋介石起立，带头鼓掌，全体师生亦起立鼓掌，掌声经久不息。毛泽东微微一笑，亦鼓掌致谢。随后，蒋介石设宴招待毛泽东，又亲自送至码头告别。

1927 年 1 月 18 日，鲁迅被迫离开厦门，乘船到广州，被聘任为中山大学文学系主任。当时，共产党人熊雄在黄埔军校当留守政治部主任。他看到报纸上刊载有关鲁迅到中山大学任教的消息，就萌生邀请鲁迅来军校做演讲的念头。几天之后，熊雄又把这个设想对政治部的孙炳文、刘弄潮一说，三人一拍即合。此间，刘弄潮还兴奋地揣测了一番，说：“鲁迅是支持革命的。他赞成办黄埔军校，曾介绍他的好学生李秉中报考黄埔三期。请他来演讲，他是不会推辞的。”于是，熊雄决定由刘弄潮出面邀请鲁迅。1 月

25 日，刘弄潮到中大登门拜访鲁迅。双方几句简单的寒暄，刘弄潮就直奔主题，道明来意。鲁迅初听后，颇有些顾虑，他说："现在去，怕起不了多大效果。"刘弄潮急忙解释："黄埔同学，尤其是第五期，有许多是过去的大学生，都听过你的课。"如此一来，鲁迅就打消了心中的顾虑，遂慨然应允，说："革命需要我，我就去，权在革命方面，不在个人方面。"

其实，鲁迅一到广州，就被各派势力给盯上了。各派势力想方设法地接近他，希望把他拉到自己的阵营来，让他支持自己。眼光锐利的鲁迅立刻就看到了这一点。因此，为了便于看清革命形势，他秘密会晤中共广东区委负责人陈延年，又对任何不相干的邀请、应酬和演讲一概回绝。据说，当时由于请帖太多，而且总是源源不断地来，鲁迅疲于应付，便索性把请帖统统拿到传达室展览，并写上"概不赴宴"的回文。

在黄埔师生翘首盼望了两个多月之后，当时中国最负盛名的革命文学家与当时中国最具革命气质的学校黄埔军校终于见面了。4 月 8 日，鲁迅在文坛好友、共产党员应修人等陪同下，前往黄埔军校本部礼堂，面对莘莘学子，演讲了大约两个小时，题目为"革命时代的文学"。鲁迅在演讲中通过生动的比喻，旁征博引，精辟地论述了"革命武装斗争的重要性"和"革命时代与文学的关系"两大主题。在纵论文学与革命的关系时，鲁迅结合个人经历，他一针见血地说："有实力的人，并不开口，就杀人。被压迫的人，讲几句话，写几个字，就要被杀；即使幸而不被杀，但天天呐喊，叫苦，鸣不平，而有实力的人仍然压迫、虐待、杀戮，没有方法对付他们，这文学于人们又有什么益处呢？……中国社会没有改变。"说到这里，愤懑之情溢于言表。鲁迅掷地有声地指出，中国目前"没有崭新的进行曲"，中国革命"还没有成功，正是青黄不接"的时刻，现在正需要广大民众万众一心，携起手来"革命"，为打破"旧世界"开展武装斗争。听了鲁迅的这番慷慨陈词，在座的黄埔师生无不热血沸腾，群情激奋，爱国、革命的热情油然而生。鲁迅的演说，博得了近千名黄埔师生热烈的掌声。

这是鲁迅生前唯一的一次造访黄埔军校。几天后，经过整理的演讲稿，在黄埔军校校刊《黄埔生活》第四期上刊印出来，又在军

鲁迅等与萧伯纳合影

1933年，中国民权保障同盟领导成员鲁迅（右一）、蔡元培（左四）、宋庆龄（左三）、林语堂（右二）和史沫特莱（左一）、伊罗生（最后者）欢迎来华访问的英国文学家萧伯纳（左二）。

校内外造成了更大范围、更深层次的震撼。但是，令话音刚落的鲁迅万万没有料到的是，他这一句“有实力的人并不开口，就杀人；被压迫的人讲几句话，写几个字，就要被杀”竟然“一语成谶”。在鲁迅演讲后的第四天，蒋介石悍然发动了“四·一二”反革命政变，轰轰烈烈的大革命走向失败。4月15日，广州城中“有实力的人”不声不响地举起了屠刀，扑向那些“被压迫的人”，黄埔军校亦大肆“清党”。对此，鲁迅很难过，在给同乡好友川岛的信中不无感伤地写道：“黄埔学校已停办。截至今日止，如此而已。……大概很与政局相关的。”

时间的细化管理

从系统控制学的角度来说，时间分得越细，就越容易通过监视和部署其内在因素来划分时间，由此对每个行动的时间控制也

毛泽东与家人合影

从左到右分别为：弟弟毛泽覃、毛泽民，母亲文七妹。

得到了强化。时间的细化管理是黄埔军校实施纪律权力的重要技术。黄埔军校明确规定，学生早起听到军号声起床，穿衣服，打绑腿，时间仅有三分钟，接着出晨操。黄埔军校一日三操。关于早操，根据黄埔四期生文强在《我在黄埔军校的见闻》记载：黄埔师生“每天早晨天还未亮，只要不是雨天，全校各科种的学生，围绕黄埔岛公路跑步，这是一种马拉松式的跑步，又是整齐严肃，数着一二三四的口令来跑，跑程约有十五华里。”这里附带多说两句，文强是何许人也？他是湖南长沙县人，他与毛泽东是嫡亲的姑表兄弟，文强与毛泽覃感情最深，两人中学毕业后，曾乘同一条船去广州报考黄埔军校。文强与林彪同是黄埔四期生，与周恩来的弟弟周恩寿同班。文强还是林彪的班长，因林彪枪支走火和林彪打过架。

事情的具体经过是这样的：1925 年 8 月，文强进入黄埔军校第四期学习，同林彪、周恩寿、李运昌编在一起，文强是班长。在一次打靶练习后，林彪由于大意，没有将枪上交，枪里还有一颗子弹。吃完晚饭大家都睡了，同睡下铺的文强看林彪翻来覆去不踏实，还到枕头后面去拿枪。忽然，“啪”地一声，响了一枪！所有人都吓醒了。值星官立刻跑进来，问文强：“你是班长，你看见什么了？是谁在打枪?”文强慌里慌张地说：“我没看见谁睡觉的时候打枪，我没看到。就是看到林彪有点神情不安，睡得不好，看见他的手老在枕头后面去摸。枪架在枕头后面。”值星官把林彪的枪拿来一闻，有火药味，的确是刚刚打过，再用手电一照地下，子弹壳还在那里。林彪承认自己不小心打了一枪，值星官便罚他坐禁闭。子弹从下铺打上去，把上铺的枕头打了一个大洞，再往上铺一摸，人不见了。住在上铺的同学叫林伟俦。天津解放时，林伟俦是国民党驻守天津的军长，也是个中将。他也真是命大，开枪的时候他正好出去喝水了，逃过一劫。值星官一走，林彪火就起来了，十几岁正是年少轻狂的时候，上来就给了文强一拳，文强也不示弱，一巴掌把林彪打到铺上去了。大家见状都过来劝架，好歹将两人分了开来。从此以后，林彪就不答理文强了。后来在八一起义的时候，两人终于又和好如初了。

黄埔军校在时间方面对于学生的人身控制是非常严格的。宋希濂在《参加黄埔军校前后》中回忆：“吃饭及上厕所等，都受时间的限制，每天的生活确是十分紧张的。”吃早饭只有十分钟，但广州天气炎热，早上吃稀饭，——根据黄埔生侯爵晚年回忆——“烫得大家嘴直歪”。文强说，在军校里，许多同期入伍生或同乡被分配于不同的学生队，虽同在黄埔受训，平日却很难得一见，除了“每逢总理纪念周，或到校本部大礼堂听大报告时，才有聚会的机会，平日照例三操两讲，忙得同学之间难得往来。”而恰恰是这种严格的时间管理，确保黄埔军校的纪律权力得以顺利实施，使黄埔学生受到了严格的日规训练。

第三节 纪律、惩罚与规训的强化

从军纪到惩罚措施

空间与时间是隐性的规训权力，仅靠这样的规训是不够的，特别是军校学生来源复杂，有军官、学生、工人、农民、仆役、店员等，文化程度参差不齐，从小学到大学均有，而且年龄悬殊，最小的仅16岁，最大的已近40岁。比如说，文强入校前就是徐特立当校长的湖南艺群美专学生，陈林达入校前则是湖南第一师范学生，而与文强、陈林达一起投考黄埔的另外6个长沙青年则是长沙黑铅炼厂的工人同志。

黄埔军校把纪律置于崇高地位，并白纸黑字地载入了《黄埔军校校歌》："纪律神圣，重于生命，服从遵守，革命军人本性。"因此，在时间、空间在产生纪律权力的同时，黄埔军校更注意通过制定与实行法规来直接对学生实施纪律权力。进入黄埔军校的许多学生并未养成严守纪律的习惯，甚至于投考黄埔的留日海归派学生也因无法忍受军校的苛刻纪律与艰苦条件而开溜。

自学校建立伊始，黄埔军校就不断颁布并实施大量的准法规式的纪律条文，从学习、训练、吃饭、穿衣、卫生等日常细节对学生进行全方位的规范，从而让学生养成良好的风纪与军纪。军校本部和各个分校颁布的纪律条文名目繁多，比如说《学生队学生遵守规则》、《入伍生之军事要则》、《校值星官勤务规则》、《给假规则》、《学生每月应用文具和物品的规定》、《饬守礼节令》、《重视清洁卫生令》、《重申敬礼令》等。黄埔军校还对各种纪律规范进行细化，饮茶室、理发室、洗面室、浴室、厕所、洗衣服都订立了具体的行为规则，将学生的一言一行一举一动都规范在纪律范围之内。即便是休息，也有休息规则，休息时只能进行安静的活动。

一个受到纪律控制的身体就是一个训练有素的身体。《入伍生之军事要则》明确了训练学生的目的，就是使"各入伍生熟习一般相当军事学诸原则而施应用。同时养成诸恪守党纪及军风纪，并陶冶性行，锻炼体格，且使之领悟士兵生活及必要诸勤务，以立足他日为国民革命军指挥者之基础"。而且，在具体化的"术科训练规则"中还明确规定有"不动姿势"，以为"养成军纪之起点，亦即部队教练之基础，纵细微过失，亦当严为矫正之"。

在制定纪律条文方面，有些分校更为苛严，比如说潮州分校，还增订了《潮州分校学生修学规则》、《潮州分校学生遵守规则》等。在《修学规则》中，明确规定“学生上课时务须凝神一虑，虚心受教，不可分心视而不见，听而不闻”，而且，学生必须“笔记教官讲演，及黑板所写之学术，以为研究深造之参考”，晚自习由值日生监督。在潮州分校，根据《学生遵守规则》，即使吃饭也需遵守规则，当“值星区队长临饭厅时，由队值日生发立正之口令，学生一同就席，立正敬礼。学生须待值星区队长用箸后，方可开始食饭。上饭厅将帽除下，放在指定挂帽之处，不准解脱服装。食时务须静肃，不得谈话或故意将碗箸作响。食饭姿势须端正，不得任意将二肘置于桌面，或将脚居于凳上”。甚至晒衣物都“由官长指定施行，不得随时随处乱晒”，日落前一定要取回。

严格的监督执行

光有条文还不够，如果没有监督执行，最多最好的纪律条文都很容易形同虚设，甚至于变成一纸空文，就会有令不行，有禁不止，自由散漫的个人主义作风就会肆意滋长，蔓延。所以，纪律的实行还需要有监督并不断强化，因此，黄埔军校设有值星官，下设风纪卫兵，随时对校内风纪进行检查。

校长蒋介石和政治部主任周恩来画像

有了方方面面的纪律条文，有了扎扎实实的监督执行，黄埔军校的每一个学生是不是都能够绝对严格遵守规则或纪律呢？答案是否定的。黄埔军校还是不断地出现纪律问题。1925 年 5 月 25 日，军校发布《重申砭正校风令》，蒋介石不满地指责：“近数月来，校风日颓，军纪日弛，或避劳贪逸，行动浪漫，或预借透支，要求无厌……前经三令五申，谆谆告诫，乃近来有加无已。”

俗话说，上梁不正下梁歪。于是，军校领导，尤其是校长蒋介石，反复强调军官要重视军纪，以身作则遵守军纪。为了造就一种“有纪律，有精神，有节制”的“革命军”，军校发布了《遵行教导团营长以上干部每周会议令》：“对于军纪、风纪，尤应随时讨论。庶使本校军队充分改革，不致散漫废弛，……”

在某种意义上来说，纪律只是一种说服与控制的手段。但是，当纪律控制不起作用时，惩罚就成为重要的补充权力。黄埔军校也制定了惩罚规则及措施，如《革命军惩罚条例》，对违规的惩罚既严格又细致。

服装、仪容是军人身份的标志。根据《重申敬礼令》：“服装不整，仪容颓唐，几不成其为军人……”，如果学生被发现“服装秽乱”，要处以“轻禁闭”，而对“疏忽失礼”、“嬉笑无礼”、“语言秽杂”、“仪容颓唐”都要处一次至五次“禁足”。

可见，黄埔军校制定的军纪是严厉的，对违纪学生的处罚是苛刻的。1926 年 2 月，黄埔军校又出现学生不敬礼之风，蒋介石再次重申，并罚学生“每日演习敬礼三十分钟”，并要求同级、同学之间一概互相敬礼，“对于不敬礼之官、生、兵、夫，务必严行干涉，否则即惟各部、处、团、队长官奉令不力，训练无方者是问”。

“‘严’之必要”

1924 年 6 月 12 日，蒋介石在黄埔军校做了题为“军事教育的方针——‘严’之必要”的讲演，其中就说：“军纪训练的行程，是由外而内的，就是要先从形式上训练起来，然后慢慢地引导到精神上面去。”同时，蒋介石着重指出，黄埔军校的教育“时间极短促，不比那普通教育，所以，训练上取含有刺激的处罚。”只有将纪律化为学生身体行为的有机组成部分，学生才能真正成为训练有素的现代军官。《惩罚条例》针对“本校学生，入伍生，士兵”规定了降等、重禁闭、轻禁闭、苦役、禁足、立正等六大项处罚措施。黄埔军校力图通过这些惩罚措施来达到对学生身体的控制，从而将纪律观念渗透到学生的心理层面。

《惩罚条例》第四章详细列出了“应惩罚之犯行”共计有35条，从重到轻分为四个等级：其中第1到第12项分别为：“诽谤法规，及不遵奉实行”、“刁顽狡抗，有失服从之道”、“擅离职守”、“损坏武器”、“藐视官长”、“报告失实者”、“无故开枪”、“聚群赌博”、“干预民事情轻”、“无故殴人”、“藉端敛财及在外招摇情轻”、“毁坏公物，或遗失污损及擅用”，凡犯以上各款，“其情节较重者，官长罚停升六个月以上，学生、入伍生、士兵罚降等。情节稍轻者，官长罚停升一个月以上，六个月以下。学生、入伍生、士兵罚重禁闭十五日以上。”

第13到第23项依次为“误解或误传命令”、“办事疏忽”、“文报申达迟误”、“出差、请假、休假逾限迟归”、“酗酒滋事”、“袒庇所属过失”、“行为卑污”、“训导乖方”、“侮慢同事，互相争斗”、“购置公物，及收藏、运搬、支给有误”、“执务怠惰”，凡犯以上各款，“其情节较重者，官长罚重检束十五日以上；学生、入伍生、士兵罚一日以上至十五日重禁闭；情节稍轻者，官长罚一日以上至十五日之重检束，学生、入伍生、士兵罚轻禁闭十五日以上。”

第24到第28项依次为“召集逾限后到，而无正当之理由”、“文牍、图表、会计舛误”、“公物经理调护失宜”、“见官长失敬礼”、“误用职权”，凡犯以上各款，“情节较重者，官长罚十五日以上之轻检束；学生、入伍生、士兵罚轻禁闭一日以上至十五日。情节稍轻者，官长罚一日以上至十五日之轻检束，学生、入伍生、士兵罚十五日以上之苦役。”

第29到第35项依次为“仪容颓唐，有失军人态度”、“服装不整”、“误泄枪火贬伤人”、“私事使用夫役”、“私债拖欠，轇辑不清”、“假托疾病，图免勤务”、“言语秽杂，随意漫骂”，凡犯以上各款，“官长则受申诫，士兵其情节重者，罚一日以上至十五日之苦役。情节较轻者，罚禁足一次至三次，或罚立正一小时至三小时。”

最为严重的处罚除开除学籍之外，就是被关入禁闭室。《禁闭室规则》的第一条就明确了禁闭室的适用对象：“本校设禁闭室，用以处分罪情较轻，不入刑法范围之学生、入伍生、士兵。”禁闭室“由管理处管理，并令卫兵司令派卫兵轮流看守，兼任收提之责。”而且，“禁闭室内务宜静肃，语言行动均应遵守一定规则，不得自由歌诵、欢呼。”“禁闭室内，夜间不准燃点灯火及油烛”。

轻禁闭者还有床铺可以自由睡觉，吃的喝的与平日里是一样的，但不能够随意洗浴，规定“必要时许其入浴洁身”。重禁闭者则不同了，不仅“不给卧具”，而且，吃喝“仅给食盐开水”，但“每经三日改罚轻禁闭一日，由卫兵司令监督执行”。禁闭时间较长，无论轻重，禁闭时间最长不超过一个月。“被禁闭者如有暴行或意图逃遁情事，守卫兵士应立即报告，设法制止；或先由卫兵司令加以戒具，再行呈报核办。”

如果被禁闭者在被禁闭期间生病了，那怎么办呢？可以中途解除禁闭，出外看病吃药，但是，在病愈之后，仍须回禁闭室补足时间，或许是考虑到病后初愈，一律回轻禁闭室。至于其他几项对身体的惩罚：戒尺惩罚；做各项杂役；禁止出营房；长时间立正，但不得超过三小时。这些与关禁闭相比，是要轻得多。

黄埔军校中的总理训词

戒尺教育是传统意义的“不打不成材”的私塾教育方式，在民国时期的新式小学都废除了这种从肉体上体罚学生的教育方式，可是，为什么戒尺在现代化的黄埔军校能够沿用下来呢？这与蒋介石的个人喜好有关。蒋介石在 1925 年 6 月 12 日的“军校教育的方针——‘严’之必要”的讲演中，非常赞同军校继续使用戒尺，将它比作教师教育小学及佛家戒律修行用的香板，认为这不是“刑具”，而是“苦修的一个有刺激的警戒”，所以，戒尺教育就令人难以置信地在黄埔军校得以存留下来。

第四节 “军纪是军队的命脉”

蒋介石在黄埔日规训练中的作用

尽管黄埔学生群体是当时社会最优秀的青年群体，无疑，严格的纪律制度与惩处措施是黄埔日规训练取得成功的基本保证。制度是规训的一部分，但是，如果仅靠严格规训制度进行单一化的训练，必然会因为对人性的太压制而适得其反，所以，初期常发生学生逃跑事件，尽管如此，黄埔军校最终成为了当时最成功的一所现代化军校。这就得益于黄埔军校的隐性规训发挥了重要作用，特别是蒋介石个人的作用值得重视。

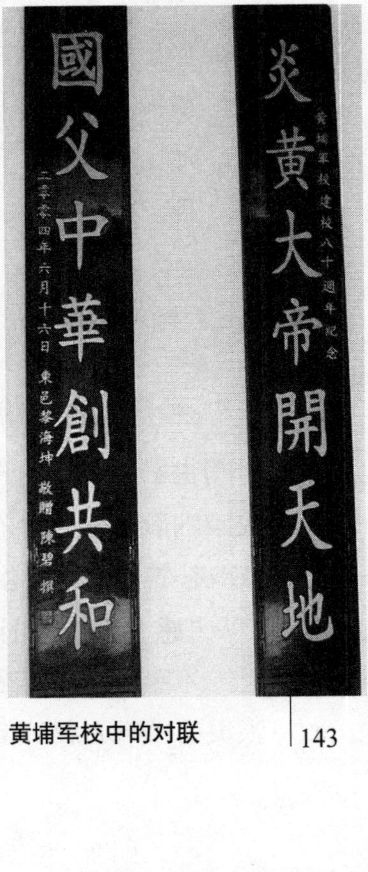

黄埔军校中的对联

蒋介石特别强调军校纪律的重要性，认为“军纪是军队的命脉”。1924 年 5 月 8 日，蒋介石第一次在黄埔军校对学生作训话时就特别强调：“我自己严守本党纪律，严守本校校规，决不敢轻忽一点，愿各位体此‘严’字本旨，我们大家要拿这个‘严’字治理这个学校。”他不但要求学生要做好，而且，自己决定身体力行，带头做出一个良好的榜样来。

蒋介石对军纪的重视超过军校领导层的其他成员，他亲自一条一条地厘定学生必须遵守的规则草案。1924 年 5 月 11 日，蒋介石做了题为“军校教育方针与军人生活”的讲演，他说：“我们做党员、学生的人，时时刻刻都要拿纪律来做我们做人的把柄，若是没有纪律，那么，精神散漫不能一贯，意志就不能一致，组织更无从统一了。所以，在学校里面，只有服从命令，不准有第二句话的……以后无论在操场上，寝室内，以及在自修室内，都要照规定的章程去做到。”

对于违反军纪的行为，蒋介石更是要从重处罚，哪怕是对遇见长官不敬礼等极细微的过失，都要给予严厉的惩罚。1925 年 2 月 13 日，军校颁布《重申敬礼令》，其中有条文规定：“敬礼事小，而纪律事大，礼节为军人精神之所寄，如无礼节，则纪律与精神无所表见。”黄埔二期生第四队曾经就有一位学生因为未给蒋介石行礼，失敬于校长，他所在队的队长李伟章被记过一次，他本人被勒令予以处罚。为此，蒋介石还特地颁发了《整饬本校军纪令》：

> 近日本校军纪，废弛极矣。而以出动之学生为甚。每见官长，轻藐不敬，习为固然。本校长经过要塞司令部排哨之前，有一学生，当面不知行礼。则于其他官长可知。该队官长对于其所部放任若此，除第四队李队长记过一次外，仰迅将此失敬之学生查明呈报，并严行处罚，以肃军纪。切切，此令。
>
> 校长蒋中正
>
> 中华民国十三年九月二十二日

蒋介石对军纪的严格要求不仅在教学训练时间内，而且余暇时间也必须如此。在傍晚自由活动时间，黄埔师生们遇见了正在校园内散步的蒋介石，都要立正行礼，每“当蒋介石看到军容不整或礼貌不周的学生时，总会加以训斥”。

“感化”式训话的作用

为什么后来那么多的黄埔精英比如说顾祝同、胡宗南、戴笠、张灵甫、毛人凤等都一生死忠于蒋介石，即使到了 1949 年明知大势已去，还是要死心塌地地追随他呢？这就与蒋介石在军校所做的感化工作是密不可分的。虽然蒋介石1925年6月在“军校教育的方针——‘严’之必要”的讲演中认为，“军事教育不是靠感化可以做成功的”，但是，实际上，在他亲自主持黄埔军校的那几年内，他一直在从事“感化”工作，而且，还十分重视“感化”工作，把“感化”工作做得有声有色，卓有成效。

张灵甫

张灵甫（1903—1947），陕西长安人。国民党陆军中将、抗日名将、爱国将领、民族英雄，曾任中国国民革命军整编第74师师长。1947年5月16日阵亡于孟良崮战役，终年45岁，蒋介石称其为“国民党第一烈士”。

这里的“感化”工作，是指蒋介石运用训话、谈心、仪容等多种方式进行的非强制性规训，以使学生发自内心地对自己的职责与纪律产生深刻的认识与认同感。实质上，这是一种对黄埔师生的精神规训。“感化”是纪律与制度规训的补充。除了个别谈心之外，蒋介石尤其注重公开训话。所谓训话，本身就是一种居高临下式的，是对受众的思想教育方式，说白了就是“洗脑”，从思想上把自己的一套思想理念灌输给对方，并力求让对方产生共鸣，产生一致性的行为规范。

蒋介石对黄埔师生的训话十分频繁，把精神规训作为对日常规训注重身体训练的补充。具体到特定的受众黄埔师生来说，蒋介石在训话中将三民主义意识形态传输给学生，遵从总理遗教及蒋记三民主义，尤其是以反对阶级斗争为核心，以阶级调和为理论基础的戴季陶主义，以强化精神上的纪律统一。根据侯爵在《难忘的黄埔军校生活》中回忆：“毕业前一段时间，更是每天训话，一训少则半小时，多则一个多小时，师生规规矩矩地站在那里，无人敢动一动。训话时言必称‘总理’、‘革命’，翻来覆去强调的是军纪、军规，对官长的服从。"

蒋介石通过日常生活来实现对学生的规训，从军校的使命到当兵的意义，从三民主义到军人的使命，从精诚团结到慷慨牺牲，从日常起居到纪律惩罚，方方面面，无所不包，由此极大地补充了制度化日常规训内容的不足，实现了对学生从肉体到精神的全方面规训。实际上，据台湾地区所编的蒋介石《思想言论总集》统计，在 1924 年 5 月黄埔军校建立到 12 月底这半年多的时间内，蒋介石就训话多达 22 次。

蒋介石肖像

在开学之初的 5 月份，蒋介石的训话就达 8 次之多。5 月 8 日，训话主题为"军校的使命与革命的人生"；11 日，"军校教育方针与军人生活"；15 日，"仁民爱物为军人之道"；20 日，"'团结一致'的要旨"；21 日，"刻苦耐劳与慷慨牺牲之必要"；24 日，"注重卫生与精神抵抗的要道"；25 日，"枪的性质与作用和军人拿枪的目的"；28 日，"饷的性质来源和军人吃饷之意义"。

6 月份蒋介石训话 4 次，8 日，"说军纪"；9 日，"服从命令与军人的人格"；12 日，"军校教育的方针——'严'之必要"；28 日，"基本学问之重要与师生关系之亲厚"。

7 月 24 日，蒋介石的训话主题为"自由平等之真义与团体生活的重要"。8 月 2 日，"革命党员必须见义勇为"；11 日，"革命党员办事的方法和手段"。9 月 18 日，训话主题为"精诚团结共负改造中国之责"。10 月份 2 次训话，10 日的"三民主义与五权宪法概要"和 19 日的"革命党员应负起国家兴亡之责"。在 11 月份训话3次，分别在3日、9日和29日，主题分别为“革命党员要做强毅的‘无名英雄’”、“革命军特殊的精神和战术”与“革命党员根本精神就是‘为主义而死’”。12月28日，训话为“以必死之心操必胜之权”。

从上述训话题目可以看出，蒋介石几乎每一篇训话都会谈到军纪，虽然有的主题看似与军纪风马牛不相及，实际上，最后强调的仍是“本校学生要遵守军纪，还要服从党纪”。在训话中，蒋介石不是大而化之地笼统地打板子，而是指名道姓，不留情面地直接批评具体人员的过失与处罚情形，这不仅对于被批评者构成了巨大的心理压力，而且同时也对其他师生起到了很好的震慑、警戒作用。

比如说，军校开办之初，黄埔一期生程汝继因为受不了军纪的严酷而半夜逃跑，被抓回之后，因被关禁闭而大哭大闹，是为一时沸沸扬扬的“程汝继逃学事件”。在1924年5月21日的《刻苦耐劳与慷慨牺牲之必要》的训话中，蒋介石就在大会上直接点名批评程汝继，并说，我们的这个同学犯错，就是校长蒋某人的错误，全体同学也“被他失去了体面”，整个国民党乃至孙中山都失去了体面。接着，蒋介石借着“程汝继逃学事件”，从做人谈到做军人，再谈到做革命党人的行为规范，进而将个人行为与意识形态相联系，苦口婆心地训了一大通话：“我们革命党做大丈夫的人，应该光明磊落，知过必改。比如犯了规则，就要自请受罚，只要以后革心更新，不再犯过，这才不愧为本校学生，这才是革命党的本色。如果坐禁闭室就哭起来，那么比之前后已死的同志，当到杀身成仁的时候，仍旧刚强坚决，毫无畏馁的气概，是什么样呢？所以，革命党的性质，是要慷慨悲歌，切不可效妇人小子哭泣的卑鄙行为，革命党如果自己错误了，就要认错，犯罪就要受罚，如果犯了大罪，照纪律论起来，若应该枪毙的时候，就要请愿枪毙，只要本党能立纲纪，正风气，就是枪毙我个人，亦所不辞，革命党员到这种样子，就不愧为真正革命党了。”

“细节决定成败”

当然，黄埔军校领导层特别强调政治教育的作用，在黄埔军校安排了大量的政治课程。根据酆悌在《本校从黄埔到南京的变化》所述，校长蒋介石说：“所谓教育方针……乃是军事教育与政治教育并重，而且不但是并重，政治教育，更有超过于军事教育之势。因为要造成革命的干部人才，所以对于学生军事智能上固然注意，于革命认识上尤其是要注意。我们所谓军事、政治二项教育并重，便是打破过去军事学校仅仅以训练军事人才为宗旨的习惯，我们要学生们明了军人为国家服务的职责，要为人民谋幸福，去打倒军阀，打倒帝国主义，以求中华民族之自由平等。”而且，军校每周一还举行纪念孙中山的仪式——总理纪念周，齐声背诵总理遗嘱，集体向总理遗像默哀，从而把孙中山先生为中国革命奋斗终身的伟大革命家的形象嵌入学生的脑海，而且每周一次的重复，必然会确保学生形成深刻的记忆，进而使三民主义意识形态逐步内化为学生的政治信仰。

孙中山像

在大方向正确的前提下，细节往往是决定事情成败的关键。蒋介石在《仁民爱物为军人之要道》的训话中，也表明了这一个“细节决定成败”的观点：“一切军事学问，要从日常饮食起居行动中做起。”为了确保黄埔师生能够特别注重日常细节，蒋介石就反复进行训话，而且将规训范围扩展到更深更宽的精神层面，将蒋记三民主义意识形态逐步内化为黄埔师生的精神信仰。这正是规训权力渗透最隐蔽且最有效的方法，可以让学生在不自觉的状态将更多的规范内化为自己的行为模式，从而使身体到精神都受到最严格最深刻的军纪控制。

同时，蒋介石特别注意从日常规训的角度来传输三民主义意识形态。这在训话主题上就可看出，他利用发枪、发饷、讲卫生、军纪等仪式来进行政治教育，让学生更明确革命军人的历史使命。训话这种感化式的精神规训是对政治教育与制度规训的重要补充。也正是训话这种特殊的“感化”模式，让黄埔师生逐步养成了遵守纪律、服膺规训的“好习惯”。

领袖的榜样作用

蒋介石十分重视个人的威严与仪容，以此来潜移默化地带动学生注重军人形象，养成良好的军风军貌。因此，学生们经常私下议论蒋介石的着装，并认为蒋介石是一个标准的军人。很显然，蒋介石的形象对学生产生了极大的影响，时隔半个世纪之后，有些黄埔学生还对蒋介石的着装记得清清楚楚：“蒋介石常披一件拿破仑式的黑色披风，军装笔挺，看不到一点皱折，天气再热，风纪扣也扣得好好的；经常戴一副白手套，仪表威严。”对军容不整者，蒋介石会在训话的时候给予无情的批评，在 1924 年 11 月 3 日《革命党员要做强毅的“无名英雄”》的训话中，蒋介石就直接点名批评“第二总队的学生毛病百出”，宿舍内务邋遢，着装不伦不类，“不但内务不整齐，并且服装也太不整齐。在学校都穿起外套，戴起风帽，并且在风帽之外加上一顶军帽，像这样腐败的情形不但军官学校不应该

发表讲话的蒋介石

有，就是强盗也没有这样腐败的情形！”

蒋介石一贯重视从日常小事谈军人素质与教育，而且成为他治军练兵的一大法宝。而且，这一传统一直延续下去。1933 年 9 月 12 日蒋介石在对庐山军官训练团第三期学员的《军人精神教育之精义——“仁者无敌”》的训话中也是如此规训，强调军人要有定力，临危而不乱，做到每临大事有静气：“今天我在这气候稍有变异的场合来观察我们军官团的精神，觉得第二营与第三营最不好，我在很远的地方，就听到你们很嘈杂的声音，试问下这一点雨，就嘈杂起来，那还成为一个军队吗？我不是一再和你们说：军队最紧要的一个要素，就是静肃。怎么才叫是静肃呢？平时站队的时候，或者天气好的时候，虽十分静肃也不稀奇的；一定在发大风下大雨或大雪的时候，或在枪林弹雨炮火张天很危险的时候，或饥冻交迫精神最疲倦的时候，而能够与平时一样的守秩序，一样的静肃，这种静肃，才算是真的静肃。”

日常规训是一项重要的权力技术，黄埔军校极好地运用了这一技术，从而造就了中国现代史上一批优秀的黄埔名将群体，而蒋介石也借此建立起了个人权威并培养、打造出了一个忠于他自己的蒋记黄埔集团。

第五章

性命与战功：黄埔学生的毕业典礼

第一节　平定商团叛乱

广州商团

孙中山的广州革命政府自创建起便一直处于四面严峻的军事压力之下，而在名义上归附孙中山的滇桂系军阀部队却在地方横征暴敛，恰巧当国民党改组之后，广州政府因财政危机而采取了一系列紧急的征税措施，于是引发了商人们的强烈不满，以致迁怒于政府，意图依靠商团武装推翻革命政府。

广州商团早在民国元年（1912）便已成立，是广州商民维持社会治安、保护商家生命财产安全的自卫武装。1919年，汇丰银行广州分行买办陈廉伯接任商团会长，此后广州商团实力不断扩充。1924年，国民党实行联俄容共，打出鲜明的反帝国主义旗帜，准备以广东为基地统一全国。这引起了英国的不安。英国的殖民地香港毗邻广东，而且在中国其他地区也有许多特殊权益，它不想看到一个反帝国主义的政府

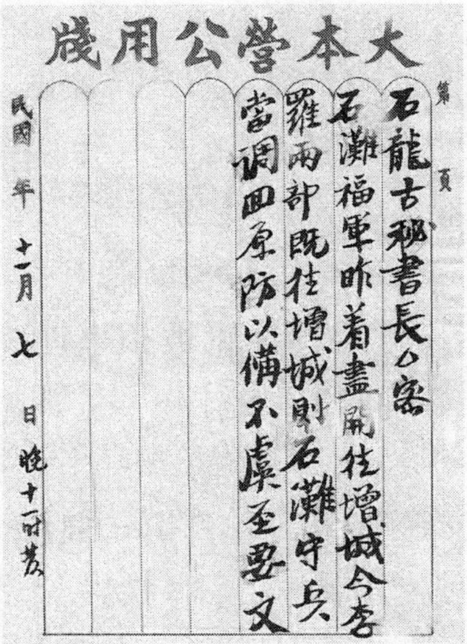
大本營公用箋
第　頁
石龍古秘書長公鑒：石灘福軍昨着盡開往增城，今李羅兩部既往增城，則石灘守兵當调回原防以備不虞，至要。文
民國　年十一月七日晚十一時發

孙中山手迹

1923年11月7日，孙中山给古应芬的手令，以防陈炯明之威胁。

统一中国。因此，英国殖民当局便想通过煽动扶植商团，来对抗孙中山的广州革命政府。另外，商团还暗中与陈炯明等相互勾结，对于广州革命政府造成了非常严重的威胁。

1924年5月初，广州市政厅宣布“统一马路业权案”，抽取铺底捐，陈廉伯（已入英籍）闻讯立即煽动广州商人组织“铺底维持会”，制造抗捐风潮，终于导致广州总罢市，逼迫政府取消了统一马路业权案。与此同时，他还秘密联络广东各商团，以“联治防盗”为旗号，利用广州及附近县镇98个商团代表会聚省会开会的机会，通过大会商定议决了《广州商团联合章程》，成立了“联防总部”，会上陈廉伯被推举为“联防总部”总长，邓介石、陈恭受为副总长。当时，英国人还怂恿陈廉伯：“汝果能运动商团，反对广州之政府，英国愿助君组织商人政府，君即为中国之华盛顿。”有了英国人撑腰，陈廉伯的野心继续膨胀，与英国人商定以“商民自卫”为借口，向香港德商顺全隆洋行定购枪械9千余支。8月4日，商团向军政部领取了买枪护照，枪械数日间即装运入口。孙中山闻此消息，立即与英国领事进行交涉。英国驻广州领事与孙中山私交甚笃，因此将陈廉伯购置军火的目的坦言相告，并说：“此等主张，为少数英国人之事，我可告明我国公使惩办之；其惩办商团与陈廉伯，对付之法在君也。”于是，孙中山一面饬令许崇智密查，一面函知长洲要塞司令蒋介石：“截缉挪威商船私运军械事，今晚着邓彦华率同江固舰来长洲之后，更约英国兵船来黄埔协助。如遇有事，可协商共同一致行动可也。”

“哈佛”轮被扣事件

1924年8月10日，蒋介石截获商团偷运军火的“哈佛”轮，将其监押，所运枪械则扣留于黄埔军校内。

“哈佛”轮被扣后，陈廉伯煽动一些商人于8月12日要挟政府发还军火，广州七十二行商店酝酿罢市。一时情势紧张，长洲要塞内宣布戒严。8月14日，陈廉伯嗾使商团千余人至大本营向孙中山请愿，要求发还枪支，否则次日便即罢市。孙中山接见请愿代表，继而接见了千余商民，说明了此案发生的问题及政府处置办法，指出：“陈廉伯在军政部领护照时，声明此批枪械四十日后才到广州，该护照自当过四十日后始生效，今竟仅有四日即到。并私与李福林交涉，许以驳壳二百杆为酬，希望彼替君等起枪，迨李拒绝，又私向江防司令部交涉，拜托滇军，以宝璧兵轮为君等起枪。君等既有政府护照，而暗中到处托人，私自起卸，是何用心耶？……商团军仅有千人，而此次所买之枪有九千支，如许多之枪，究有何用？教与何人？……其中显有人假借商团名义，作此偷运非法之举，政府固须彻底查究。……如非君等利用此枪枝打击政府，自当交还君等。……君等之领袖，颇具野心，阻挠君等与政府合作，此种黑幕余已备悉。政府查究此疑案，少则三四日，多则一两礼拜，必要于查明之后，始能发还枪支。”同日，广东省政府通缉陈廉伯。8 月 19 日，孙中山致书商团，声明除陈廉伯外，其他有关人员可以从轻处理，所扣枪械也可以发还一部分。20 日，商团总机关移至佛山，22 日在佛山开始罢市，此后陆续蔓延至各地。23 日，商团组织向孙中山提出三项要求：（一）扣留之枪械，无条件全部发还。（二）准商团成立联防总部。（三）取消通缉陈廉伯。25 日，广东各地在商团煽动下罢市的已达到 138 埠，商团所提三项要求被拒后即于本日胁迫广州商店总罢市。

陈廉伯公馆花园

威胁革命政府的不仅是商团所煽动的总罢市，还有滇桂各军也都纷纷要求分配军械，事态日益严重。8 月 29 日，形势更加危急的是，大本营接到英国广州总领事公文，称："予现接上级英海军官通告，谓彼已奉香港海军总司令训令，倘中国当局对城市开炮，所有一切可用之英海军队，应立即行动。"同日，范石生等提出五项初步协议办法："（一）陈廉伯通电谢罪。（二）省署撤销陈廉伯、陈恭受等通缉。（三）商团报效政府五十万。（四）政府发还所扣枪械。（五）政府撤退新驻市区军队。"然而，商团对于第三项坚不同意，和谈无果而终。8 月 31 日，孙中山莅临黄埔军校，与蒋介石密议如何解决商团事件。同日孙中山回到广州后，晚间，再度接见了商团代表，准将报效 50 万元一项删去，但须商团协助政府并遵令于一到二个星期内改组完成后，方能将枪械发还。

9 月 1 日，孙中山发表反对帝国主义干涉我国内政之宣言："帝国主义所欲摧残之国民党政府，盖此实今日中国唯一之革命团体，反抗反革命运动之中心劳力。惟其然也，故英国乃以炮指之。吾人前此革命之口号曰排满，至今日吾人之口号当改为推翻帝国主义之干涉。以排除革命成功之最大障碍。"9 月 10 日，孙中山致电英国政府麦克唐纳首相，提出严重抗议。孙中山于 9 月 13 日赴韶关督师北伐之后，对广州商团开始采取容忍态度。9 月 20 日，之前所订四项条件于今日开始履行其中两项：首由陈廉伯通电谢罪，继由省署撤销对二陈的通缉令。

当时的广州，内有滇军异动和商团叛乱的隐患，外有陈炯明和英帝国主义的威胁，孙中山曾决定放弃广州，"为破釜沉舟之北伐"，为此曾手谕蒋介石："两函具悉，以我推测，或不至如此危急。然我来韶之始，便有宁弃广州，为破釜沉舟之北伐；今兄已觉得广州有如此危险，望即舍去黄埔一孤岛，将所有枪弹并学生，一齐速来韶关，为北伐之孤注。此事电到即行，切勿留恋，盖我必不回救广州也。当机立断，切勿迟疑。"蒋介石复函孙中山表示不同意："叛军与商团联成一气，其势甚凶。埔校危在旦夕，中决死守孤岛，以待先生早回师来援。必不愿放弃根据重地，致吾党永无立足之地也。如果坚忍到底，日内叛军或不敢来犯。再过数日，则我军准备完妥，乃可转守为攻，果能渡过难关，则以后当入坦途。以现有枪械练成一旅之众，三月以后，必有一支劲旅，可作基干之用，以之扫荡一切残孽，先图巩固革命根据地之广州，则吾党自不患其不能发展也。故此时，中决不能离此一步，务望先生早日回省，是为今日成败最大之关键也。至于商团枪械之处置，前议以百万罚款赎还，今议决以全交汝，为兄，专为整顿粤军之用。中意新枪既到，所练部队暂足应用，而商械并不精锐，以中之意，不如仍交汝为，切不可再提条件，以免奸商挑拨，且不致因此丧失感情，然实不主张零星分给各部耳。总之，保管此枪，徒成怨府，而毫无补益，万恳从速处置，俾卸无谓之责守，或亦可减少各方觊觎黄埔之野心，未始非保全基本之一道也。”

孙中山书法作品

孙中山同意发还商团枪械，条件是向商团筹借 20 万元。10 月 10 日，商团领回了部分被扣枪械，有步枪 2149 支、毛瑟枪 1851 支、子弹 25000 发。当日下午，黄埔军校学生随农工各界进行国庆游行，途经西濠口，商团正于此处起运发还枪支，因怀疑游行者欲行劫掠，寻衅开枪射击游行群众。吴铁城的警卫军当即反击，伤亡数人，此后警卫军撤退。群众遭枪击死亡者约 20 人，伤者数十人，军校学生身亡者也达 20 余人。商团闹事更凶，一面煽动广州市西关各商店罢市，一面于惠爱路、静海路、永汉路、西关、长堤一带布防，荷枪实弹，与城内成敌对形势。事件发生之时，孙中山还在韶关，获闻消息后立即电令胡汉民、许崇智等：“商人罢市与敌（指陈炯明）反攻同时并举，是叛迹显露，万难再事姑息，生死关头，惟有当机立断。……临门劝告，如有不从，即日将货铺充公。”本日，革命委员会成立，以孙中山为会长，以许崇智、廖仲恺、汪精卫、蒋介石、陈友仁、谭平山为革命全权委员，孙中山发布大元帅令，授革命全权委员可“用本会长名义，便宜行事，弭平商团事变。”

平定商团叛乱

1924 年 10 月 11 日，广州形势愈益险恶，商团联合会散发传单，扬言“非俟扣械全数发还，不可开市”，而且他们还逼迫开张商店也进行罢市。10 月 12 日起，商团组织在广州到处张贴打倒“孙政府”的标语，要求陈炯明回广州主政。10 月 13 日，孙中山命吴铁城率警卫军自韶关回援广州，并电令胡汉民：“商人既如此，非大加惩创，不能挽回大局，着即宣布戒严，停止一切法政行政，付托全权于革命委员会，使便宜行事，以应非常之变。各军既觉悟纵容商团之非，着令一致服从革命委员会命令，不得再事犹豫，切切！此令。”10 月 14 日，孙中山下令解散商团，各军出动围剿，令曰：“兹为应付广州临时事变，未平定期内，所有黄埔陆军军官学校、飞机队、甲车队、工团队、农民自卫队、陆军讲武学校、滇军干部学校、兵工厂卫队、警卫军统归蒋中正指挥，以廖仲恺为监察，谭平山副之。”代大元帅胡汉民命滇、桂、粤、湘各军分路防守，黄埔军校第二、第三队亦出发参战。同日下午，孙中山发限时电致胡汉民：“无限火急。提前交转广州胡留守鉴：总密。并译转杨（希闵）、许（崇智）、刘（震寰）、范（石生）、李（福林）、廖（行超）诸兄。今日情况如何？收缴商团枪支，刻不容缓，务于二十四点钟内办理完竣，以免后患。否则东江逆敌反攻，必至前后受敌，望诸兄负责速行，不可一误再误。”

10 月 14 日夜间，商团由大市街出动，蒋介石督率黄埔学生队，并协

范石生

范石生（1887—1939），云南河西人。1926 年，任国民革命军第 16 军军长。1927 年 8 月，暗中协助朱德率领的南昌起义部队顺利逃跑。1932 年辞职。“七七事变”后回到云南，不问政事，以行医为业。1939 年 3 月在出诊途中被行刺于昆明街头。

同海军，及张民达、吴铁城、李福林各部分向西关、西瓜园、太平门、普济桥迎击，长堤、沙基、黄沙等处则由滇军负责守卫。10 月 15 日凌晨四点，太平门、普济桥一带商团进犯警卫军，警卫军即刻还击并开始进攻西关。滇、桂、湘各军部队及许崇智、李福林、吴铁城所部粤军分五路进攻广州市区商团，永丰舰也开炮助阵。另外，还有工、农军潜伏各街骚扰商团军的后方，工、农军焚毁了商团军在街市上布置的防御障碍，关闭了街闸，凭栏拒守，使商团叛乱分子很难首尾相顾。警卫军首先攻破了西关栅门，与商团军展开巷战，各军继之实行包围。商团军陆续撤退，退却时大肆焚掠，杀戮无辜。至天明之时，西关等处已都为革命政府各军所占。不到半天，商团军队缴械求和请降，陈廉伯逃走沙面，至此商团事变终告平定。所缴商团军械，即由黄埔军校接收，并用于成立一个教导团。本日，陈炯明得香港政府资助，曾意图偷袭虎门，但并未付诸实行。10 月 16 日晚，商团副团长陈恭受到黄埔军校乞和，表示愿意缴械赎罪，得到了蒋介石的首肯。当晚，西关外商店恢复开市。广东省长胡汉民下令再通缉陈廉伯等九人。英国驻广州总领事对于此事曾致公文于大本营，大意是偏袒商团，声称提出抗议。孙中山发表了"广州商团事件对外宣言"，对英国总领事所说妄言严厉斥责。此后，地方秩序逐渐恢复，陈廉伯逃往香港，托庇于英人。在此次事变中，陈炯明未敢蠢动，始终作壁上观。

黄埔学生军的实战演习

在平定商团叛乱中，黄埔学生军虽是第一次实战，却也在事变中奋勇作战，对于迅速取胜发挥了重要作用。早在 1924 年 8 月，孙中山命蒋介石派舰截捕商团运械船只之际，蒋介石便作好了战斗准备，令黄埔学生第一、第二两队布防黄埔本岛四周，第三队进驻长洲要塞，第四队为预备队集中于校内。8 月 12 日，商团因军械被扣酝酿罢市之际，廖仲恺电请蒋介石派军校学生赴广州维持治安。8 月 13 日，蒋介石派军校教官文素松率领第三、第四队学生前往广州维持治安。其后两月，商团与政府谈判期间，黄埔军校学生返校上课。至10月14日，蒋介石奉孙中山之命对商团用兵，在校内成立炮队、机枪队配合第二、第四两队学生留守军校及长洲要塞，派第一、第三两队学生入城会同联军进攻商团武装。黄埔学生军全副武装，从军校码头上船，溯珠江而上，直驶广州。在天字码头靠岸时，正逢狂风暴雨，黄埔生顶风冒雨沿永汉路、越华路向省长公署进发。当晚，会同警卫军、粤军、工团军、农团军等进攻商团总部，并迅速将其占领。10月15日凌晨，各路联军分五路向商团军发动总攻之时，黄埔学生军的一部分参加了总攻西关的战斗，一部分负责警戒省长公署、巡逻街市维持治安，截击商团败兵。当日下午，商团军停止抵抗投降缴械，遵令由黄埔学生军接收了所缴商团军械。

关于此次平定商团叛乱之功，各人所说不一。据张继看法，他认为："此役之功皆黄埔陆军军官学校所致，开学仅数月，军校学生首次出马立功，声誉远播，革命精神丕张，遂使校务愈加发展。"而胡汉民当时认为："商团事变得以敉平，主要原因乃商团

李福林（左二）捐赠的岭南医院

之罪恶已自行暴露，民众不为利用，滇、桂军将领亦告觉悟。”马超俊则说：“广东省机器总工会、广州市茶具工会，参加工农军的会员为多，出力为大。”李福林对此事追述时说：“许总司令指示我，且对我说，用不着调动全军，现调吴铁城一部，可归我节制云。……我军派队往剿，越一、二日即行肃清。”关于此事，蒋介石曾评叙：“黄埔师生以无隔宿之粮、无尺寸之地、训练初成的孤军，终于起而敉平了商团之变，……制压了帝国主义的觊觎野心，成为北伐之师‘胜兵先胜’的关键之战。”

第二节　第一次东征

军阀混战

1922 年的第一次直奉战争后，直系控制了北京政府，还把势力扩展到了长江流域。曹锟的“贿选总统”和吴佩孚的“武力统一”遭到各方反对，孙中山同奉系张作霖、皖系浙督卢永祥结成反直三角同盟。吴佩孚计划以孙传芳从福建进攻广东，并利用陈炯明做内应，推翻孙中山的革命政府；同时以齐燮元攻打卢永祥夺取浙江；自己则坐镇京津对抗张作霖。齐燮元与卢永祥之间的矛盾十分尖锐，很快导致江浙战争于 1924 年 9 月爆发，北京政府下令讨卢，孙中山下令讨伐曹、吴，张作霖、段祺瑞通电援吴，奉系派兵入关。9 月 1 日，卢永祥电请孙中山出师牵制直军。本日晚间，孙中山在大本营与有关人员集议，决定抽调各军共 5 万人入赣。9 月 2 日，召见樊钟秀商议北伐之

张作霖戎装照

事。同日，张作霖来电相约北伐。

1924年9月3日，孙中山主持国民党中央政治委员会第七次会议，鲍罗廷、伍朝枢、瞿秋白也参与出席，此次会议决定北伐。为了北伐，孙中山将大本营移至韶关，于9月12日安排了后方留守事宜：胡汉民任广东省长，代理大元帅职权；廖仲恺任财政部长兼领广东财政厅长，兼军需总监；粤军总司令许崇智，兼军政部长。13日，孙中山赴韶关督师，孙科奉命赴东北面见张作霖，其广州市长之职由李福林接任。18日，中国国民党发表北伐宣言，再提反对帝国主义政纲。商团叛乱事变发生之时，孙中山一直在北伐前线督师，虽蒋介石屡次劝请回师固守广东根据地，但孙中山一直坚持北伐。商团事件平定之后，他于10月16日致电蒋介石，表示："北伐志在必行，且必有大影响。……望兄鼓励各人速出。一由东江，击破陈逆而出福建；一出江西，则川湘各军必争先而出武汉，而中原可为我有。否则，无论奉、直谁胜，西南必亡。际此时，能进则存，不进则亡，必然之理也。"

东征陈炯明

陈炯明正是趁孙中山离粤北上之机，气焰又开始嚣张起来。他自从1922年6月叛变而被滇桂等军逐出广州之后，便退据广州以东的东江流域，到1925年初发展至7个军零3个独立师，号称"十万之众"（实际6万余人），自称"救粤军总司令"，以林虎为潮梅粤军总指挥，洪兆麟副之。

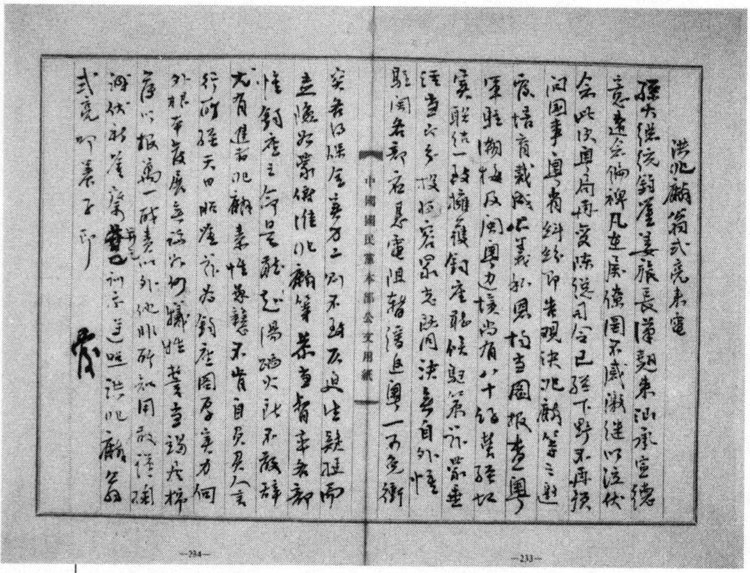
洪兆麟翁式亮来电

中国国民党本部公文用纸

—234—

—233—

洪兆麟、翁式亮致孙中山的电文手札

陈炯明决定利用孙中山北上的机会摧毁广州革命政府，于是在汕头召集了军事会议，下令动员，会同林虎、洪兆麟及江西方本仁各部，分三路再图进犯广州。

1925 年 1 月 15 日，广州大元帅留守府发表《东征宣言》，动员滇、桂、湘、粤各军讨伐陈炯明。1 月 26 日，陈炯明军向虎门进犯，东江战事又起。同日，蒋介石致函谭延闿，希望“湘军速下共同作战”。1 月 30 日，广州革命政府召开军事会议，通过滇、粤、桂联军肃清东江作战方案，任命滇军杨希闵为联军总司令，并以其所属为左翼，由河源、老隆向兴宁、五华进攻林虎防地；以许崇智的粤军为右翼，由平湖攻龙冈、淡水，由海丰、陆丰直趋潮安、汕头，攻击洪兆麟的防地；以刘震寰所属的桂军为中路，由鸭子铺攻飞鹅岭，攻略惠州洪兆麟的防地。同日军事会议中，未予通过黄埔校军参与东征，蒋介石及全体学生官兵引为莫大耻辱，即专电孙中山请战。孙中山复电同意编组黄埔校军，编入右翼参加作战。1 月 31 日，蒋介石集合学生队、教导团、入伍生队，在军校大操场上举行了誓师大会，公布了东征校军指挥系统，以第 1、第 2 两教导团，第二期学生步兵总队、炮兵营、工兵营、辎重营，及第三期入伍生第一营为主力，配属粤军第 2 师及第 7 旅张我东团，东征作战。参加东征的黄埔学生军共计约 4 千余人，为右翼前锋，校长蒋介石（任粤军参谋长兼前进总指挥）、党代表廖仲恺、政治部主任周恩来及苏联顾问团均随军出征。

2 月 1 日，黄埔校军从军校码头登船，直驶太平，沿铁路经平湖、龙冈，一路连胜于 2 月 14 日陆续抵达淡水城。此前，粤军已于 2 月 4 日攻占东莞，并继续东进，但却在淡水城屡攻不下，伤亡惨重。淡水城的防御工事异常坚固：四周筑有高六米、厚三米的石头城墙，可以抵挡枪弹的射击，并设有上、中、下三层枪眼，形成立体射击火力网，城墙下是一道又宽又深的城壕，再外面是三百多米宽的洼地，洼地之外是土山，地势险要，防守周密。据守城内的敌军为熊略、林烈、翁辉腾的部队，约有三四千人。另外，淡水城距离敌军洪兆麟所部驻防的惠州，只有 35 公里，洪

淡水攻坚战

兆麟已急遣所部 2 千余人赴援淡水。东征军必须赶在援敌到达之前，速战速决，攻下淡水城，否则胜负难料。因此，黄埔校军刚到，便受命协同粤军迅速攻城。当日，从拂晓一直打到下午六点，教导第 1 团和第 2 团从淡水城南三个方向对城内发起一次次猛烈进攻，但都因淡水城墙防御工事太牢而没有显著效果。当晚，蒋介石与周恩来、钱大钧、苏联顾问加伦将军进行研究后，决定挑选一百名奋勇队员（奋勇队由十名官长和一百名士兵组成，十名官长中有八人是共产党人）负责爬城，不惜一切代价，在 15 日上午攻下淡水城。

蒋介石枪决孙良

1925 年 2 月 15 日早上六点，黄埔校军和粤军互相配合，发动总攻。黄埔校军用重炮摧毁了敌人的火力网，在城墙上炸开了一个豁口，奋勇队随即扛着云梯冲向城墙。在机枪火力的掩护下，一部分奋勇队员登上了城墙，与敌人展开了肉搏战，杀入城内。城门打开后，黄埔教导团两团都蜂拥杀入城内，与敌展开巷战。粤军此时也从东北门攻入城内，与黄埔校军共同围剿残敌。最终，淡水城于午前攻克，守敌只有 3 百余名侥幸逃命，被俘敌军 1 千多名，缴获步枪 1 千余支，机枪 10 多挺。

洪兆麟部闻听淡水危急，便急调惠州、博罗方面的部队星夜驰援淡水，万余人的后续部队到达淡水城外立即展开猛攻。在兵

黄埔平叛广州教导团

临城下之际，蒋介石本想派教导第 2 团出东门抗击敌人，但是第 2 团行动迟缓，导致淡水城很快被敌攻破，司令部被迫撤至城南门外玉虚宫。此时，周恩来领着学生队赶来增援，身先士卒率部反击，教导第 2 团将士受到鼓舞，同学生队一起奋勇作战，又将敌军援兵击退，教导第 1 团也从城内冲杀出来。洪兆麟部见大势已去，便带领 7 千余败兵撤退逃遁。

淡水一役，黄埔校军虽然人数不多，而且多数并未参加过实战，但仍然依靠激昂的斗志和不怕牺牲的精神，取得了东征中的第一次重大胜利。淡水之战中涌现出了许多视死如归的英雄（官兵伤亡、被俘、失踪者达 6 百余人），也暴露出了一些临阵退却、贪生怕死之徒。

教导第 2 团第 7 连连长孙良在前线激战时，带头逃跑，被抓后还以为自己是蒋介石的表弟，可以求得免死。他抱着最后一线希望，泪流满面地苦苦哀求，见蒋介石怒而不语，又跪在在场的周恩来面前，希望宽厚待人的周主任能为他说说情。周恩来厉声道："怯敌逃命，该当何罪？你身为黄埔军连长，罪更难饶。"最后，蒋介石坚决执行他制定的《革命军连坐法》，大义灭亲，以临阵脱逃罪将孙良枪决。《革命军连坐法》第一个开刀对象竟然是蒋介石的表弟，一时全军震慑。

教导第 2 团团长王柏龄在作战时因敌情不明，让第 2 团的炮兵对己方部队轰击达一刻钟之久，而在敌军反扑时又指挥不当，几乎令一营被敌军围歼。王柏龄在战斗中置部下于不顾，竟带着自己的卫兵去老百姓家吃饭，恰好蒋介石来前线督战，发现了王柏龄的擅离职守。虽然王柏龄资格老，又是蒋介石的结拜兄弟，但蒋介石不久仍下令免除王柏龄教导第 2 团团长职务，调校本部另行安排，同时晋升在淡水战役中攻城受伤的教导第 1 团第 1 营营长沈应时为教导 2 团团长。沈应时养伤期间，暂由钱大钧代理团长。

黄埔校军与粤军攻克淡水后，继续挥师东进，接连攻下平山、海丰，直逼潮汕，洪兆麟部闻风则逃。此时，左路和中路的滇、桂军却暗中勾结敌人，有意贻误战机。陈炯明命部队继续作战，自己则于 2 月 26 日从汕尾奔赴香港。3 月上旬，蒋介石以粤军为右翼、校军为左翼，攻击前进。校军进抵普宁、揭阳，粤军克复潮安、汕头。在此期间，桂军久攻惠州不下，滇军与林虎部相持于河源。右翼军的孤军深入，给了敌方可乘之机。林虎乘机与滇、桂军达成谅解，率部 2 万余人自河源老隆出河婆，于 3 月 12 日自棉湖、鲤湖方向攻击普宁、揭阳一带的黄埔校军，以截断右翼军后路。

何应钦书法作品

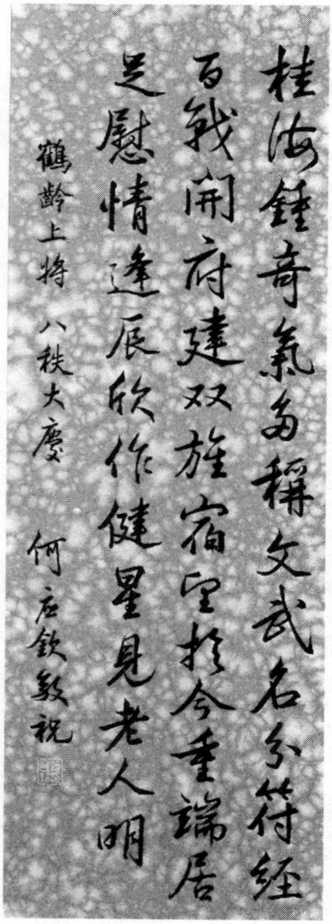

棉湖大捷

战局危急之下，蒋介石留第二期步兵学生总队、辎重队、第三期入伍生第一营留守揭阳，即于 3 月 12 日分左、右两路向普宁方向进攻，右路为粤军第 7 旅，左路为教导第 1、第 2 团。左路至普宁后，又分为两路，教导第 1 团在右，向棉湖方向进攻；教导第 2 团在左，向鲤湖方向进攻。当时，教导第 1 团在棉湖一带恰逢敌军主力，由于敌军过多，第 1 团的三个营都陷入重围之中。敌军前锋甚至攻至距教导第1团指挥部仅3百余米，校军凭借陈诚指挥的炮兵连援护才勉强支撑。蒋介石明白“万一惨败，不惟总理手创之党军尽歼，广东策源地亦不保”，因此对何应钦下了死命令，何应钦必须坚决顶住，不准后退。

危急关头，原在揭阳留守的学生队也投入战斗，向敌侧翼攻击，使主力部队形势稍有好转。此时，钱大钧率领教导第2团抵达鲤湖，直扑驻和顺的敌军司令部，导致敌军因后方被袭而全线混乱。随后，粤军第7旅也赶来增援，教导第1团得以乘机向前推进，占领了前方高地，迫使敌人退却。敌人为了重夺高地，以一个旅的兵力发动反攻，使教导第1团再次陷入绝境。何应钦一面用计在团部周围遍插旗帜唬吓敌人，一面组织警卫员、卫生员、通讯员在正面阻击敌人，而令第1营、第2营向敌人腰部进攻，最终以少胜多，取得了棉湖之役的胜利。得知教导第1团反败为胜的消息后，蒋介石、周恩来、廖仲恺和苏联顾问加伦将军赶到第1团指挥所进行慰问，蒋介石当即以国民党中央执行委员会的名义奖励第1团1000元，加伦还当场解下自己的佩剑赠送给何应钦。

在棉湖战役中，黄埔校军教导第1团与十倍于己的精锐敌军相遇，全体官兵英勇顽强，以一当十，抗击敌军的猛烈进攻。全团损失惨重，伤亡半数以上，9个连长有6个阵亡，3个负伤，副连长、排长伤亡最多。如第3营，营党代表、副营长牺牲，3个连长2死1伤，9个排长7死1伤，全营士兵共有385人，战后仅剩110人。蒋介石、廖仲恺和苏联顾问加伦将军都高度评价了棉湖战役。廖仲恺说：“本军将士此次

加伦将军

加伦（1889—1938），苏联人。1924年10月被派往中国，任广东国民政府军事总顾问。“四·一二”反革命政变发生后回国。1935年被授予元帅军衔。1938年，在肃反运动中被捕，被害，50年代后期得以平反。

为革命而奋勇的同志，得到这样的胜利，这是各同志平日受本党主义感化为人民奋斗的结果。我们革命军不过受了四个月的训练，而能得此成绩，可与黄花岗烈士媲美。”加伦将军说：“俄国同志亲眼看见教导第一团勇敢战斗，在俄国红军中极好的部队才能见着如此成绩。……昨天棉湖一战的成绩，不独在中国所少见，在世界上也是少有的。由此我可以告诉我们国内的同志，中国革命可以成功，一定可以胜利，因为教导第一团能如此奋斗。”

然而，就在东征军取得棉湖大捷的这一天——1925年3月12日，远在北京的孙中山先生阖然长逝。3月13日，孙中山逝世的消息传到黄埔军校，代大元帅胡汉民下令降半旗致哀，全校师生停止操练和讲课，一律臂缠黑纱表示悼念。棉湖大捷后，黄埔校军于3月15日会师河婆，继续前进，教导第1团于3月18日攻占五华，教导第2团于3月21日会同粤军第1旅占领兴宁。此前，已传来孙中山逝世的噩耗，为了不影响士气，胡汉民决定暂时封锁消息，直至东征军占领兴宁，向梅县进军，敌人已节节败退之时才电告他们孙中山逝世的消息。蒋介石在兴宁县北门广场，举行了追悼大会。追悼会由蒋介石主祭，他向黄埔教导团官兵发表了“如何上慰总理在天之灵”的训词：“我们自黄埔出发，到了兴宁，走了千余里的路，打了很多的大仗，激战非常勇敢，非常耐苦，这是何等精神！还要知道我们保护人民，就是实行主义。即使总理在此看见这样的情景，一定非常欣喜。但是现在总理虽死，他的灵魂在上，也是可以非常欣慰的，他的灵魂一定会来保护我们的。只要我们能努力奋斗，总可以不负我们总理的一番苦心。”然后，还带领全体官兵宣誓：“我陆军军官学校全体党员，敬遵总理遗嘱，继承总理之志，实行国民革命，至死不渝。谨誓！”

追悼会后，黄埔校军继续向梅县进发，并于3月24日攻下梅县。惠州守敌见大势已去，遂向东征军联系投降事宜。残余敌军向闽赣边境退走，东征战事至此结束。3月31日，大元帅府派蒋介石兼潮汕善后督办。第一次东征总计获得的战利品：步枪1.3万支左右，机枪110挺，大炮36门，子弹800万发，炮弹1500发。

其中约有 2/3 为粤军第 2 师和粤军第 7 旅所得，1/3 为黄埔校军所得。正是依靠此批武器，黄埔教导团扩编为党军，并于 4 月 21 日成立教导第 3 团，于 6 月 16 日成立教导第 4 团，于 7 月 25 日成立教导第 5 团。

新军队新风貌

值得一提的是，与旧军阀部队大不相同，参加东征的黄埔军校官兵师生纪律严明，其《敬告士兵同志们》文中写道："我们做军人的，吃的饭，穿的衣，都不是我们自己做来的，都是人民给我们的。我们这次出发的时候，就应该千万爱护人民，不可扰乱人民。如果我们扰乱人民，人民也就用我们打倒陈炯明的手段，同样来打倒我们。"黄埔校军还派有政治宣传队，宣传队在各街讲演、贴标语、散传单，召集村民联欢会，与其一同协助军队运输，得到了工农群众的热烈欢迎。在行军途中，黄埔师生都严于律己，从不扰民，入夜无公家空房，则扎营露宿，因此受到东江群众的热烈欢迎和拥护。他们喝碗水都要留下几块铜板，接受鸡蛋、红薯也一律付钱，真正做到了《安民告示》所做出的承诺与所发出的请求：

黄埔教导团平叛场面

我们既为救父老兄弟姊妹的痛苦才杀陈炯明，所以敢诚诚恳恳、明明白白向我们父老兄弟姊妹们宣告几件重要的事：不强拉伕役，付价购物，不用军用票，保障人民利益。三件请求：一、检举犯纪者，以便严惩；二、公买公卖；三、帮助本军。父老兄弟们呀！我们因急着要追杀陈炯明，没得余时和你们周旋，实在有些抱歉，异日凯旋而归，定与你们携手言欢，慰问你们，并切实设法救济你们。天日在上，不敢自欺以欺我父老兄弟姊妹。

中国国民党陆军军官学校全体官佐士兵谨告

当时，广东连年战祸，军阀部队更是鱼肉百姓，因此百姓恨军队甚于恨土匪。黄埔军校这支学生军可以说是人人奋战，个个争先，在战火中大显军威。同学们有一个响亮的口号："不要钱，不要命，爱国家，爱百姓。"他们每天高唱着校歌："以血洒花，以校为家，卧薪尝胆，努力建设中华。"黄埔校军的秋毫无犯，令东江人民耳目一新，都争先恐后迎接，在运输、给养、通讯、情报等方面也都积极援手。

当时，毛泽东主编的《政治周报》第三期刊登的《东征纪略》一文对于东征军的政治宣传工作给予了高度评价："革命军与别的军队的最大不同点，就是他军队内面的政治宣传，这是革命军打胜仗的根本原因。这种政治宣传工作，在平时要紧，在战时更发要紧。在战时要使人民与军队合作以协力对付敌人，全靠这种工作做得好。此次东征，组织了伟大的政治宣传队，设立东征总政治部为之统率……"周恩来在东征前即命政治部印发了孙总理肖像、革命军东征宣传标语、传单，为了强调不得扰民还印发了《革命军之禁令》。蒋介石在出征后也不停地叮嘱黄埔官兵严守军纪："这次我们出去打仗，一定可以杀灭陈炯明，肃清东江，因为我们处处爱护百姓，百姓也处处帮助我们，军队只要百姓帮忙，必打胜仗，这是天经地义，不能更改的。……如有骚扰人民，违反军纪的，上自校长，下至士兵，都要枪毙，因为法律无情，能守法就是革命军，否则就是反革命军，人人都可以杀他。”东征军政治部在宿营之前都事先安排好必不可少的粮食、蔬菜、油盐和稻草，在部队撤离时还要求各连党代表必须派人将驻地打扫干净、归还借用百姓的物品，替百姓挑水，并公开发布《告百粤父老兄弟姊妹书》：“有违反我们所宣传行动者，请不必客气，具实向我们的官长报告，定必依法严惩。”

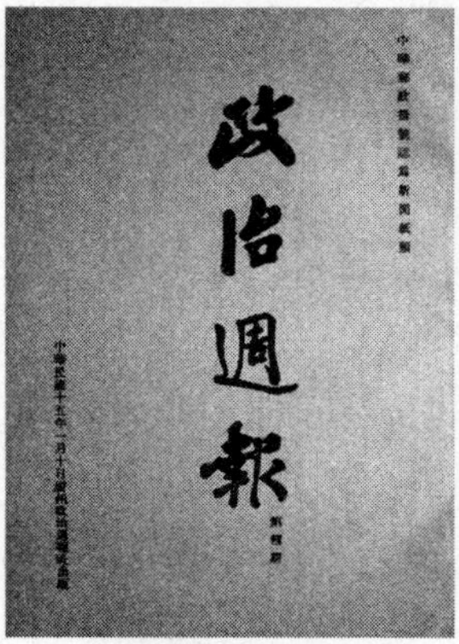

《政治周报》封面

总之，在国民党军发展历程中，第一次东征的胜利是一个极为重要的关键转折。黄埔校军初露锋芒，打出了军威，极大地提高了黄埔军校与校军的威望。从此，以黄埔校军为代表的国民党党军从小到大，自成系统，成为一支对广东局面起着决定作用的武装力量，促进了广东各派军事力量团结于国民党旗帜之下。第一次东征，是中国历史上第一次将政治工作制度实施于军事工作与战斗的战役。这次胜利，充分证明了政治工作的巨大威力。这在中国军事史上是十分重要的事情，它对于以后的北伐战争、国民革命以及整个中国革命中的作用都是不容忽视的。这对中国共产党创建新型人民军队也提供了有益的借鉴，毛泽东对此给予充分肯定，他说：“那时军队设立了党代表和政治部，这种制度是中国历史上没有的，靠了这种制度使军队一新其面目，1927 年的红军以至今日的八路军，是继承了这种制度而加以发展的。”

第三节　剿灭杨刘叛军

杨、刘、唐之间的秘密协议

在第一次东征期间，孙中山在北京病逝，广东革命政府开始纠结于“谁继承孙中山”的问题，“革命阵营”内部重重矛盾，各派力量都在积极运动，也包括当时名义上归附的滇桂军阀。其实，早在黄埔创办初期，滇桂军阀就多方阻挠。之后，在商团枪械分配问题上，也因政府未能满足其要求而不满。另外，苏联援助的枪械只分给黄埔，而不分给滇桂军，这让他们更加不满。这种不满情绪同样带入了东征战场，滇军本应负责左翼，但直至战事结束，他们也没有任何行动，他们坐山观虎斗，以便从中渔翁得利。他们本以为黄埔校军会被陈炯明吃掉，但黄埔军虽然人数不多却战斗力极强，以少胜多，威震四方。由此他们加快了行动步伐，想趁孙中山逝世后国民党群龙无首之时，发动军事叛乱颠覆广州革命政府，吞并东征果实，完全控制广东。1925 年 4 月初，在香港英帝国主义分子和广州买办的怂恿下，杨希闵、刘震寰、唐继尧之间签订了一个秘密协议，主要内容是：在广州成立一个中国南方各省联合政府；胡汉民留任广东省文职省长；政府实行国民党右派的政纲；黄埔军校部队是“布尔什维克”的，要立即解除武装等。5 月中旬，杨希闵、刘震寰来到香港，在皇后大酒店主持召集会议，邀请陈廉伯、陈炯明、邓本殷、唐继尧和段祺瑞的代表参加，香港殖民当局也派代表参加了会议，与会者一同商订了叛乱计划。此时，杨希闵自称滇桂联军总司令，调兵遣将，首先在广州宣布戒严，阻挠东征军右路军回师广州，挑起了一场针对革命军的不义之战。

唐继尧肖像

广州形势瞬间异常紧张起来，胡汉民在派人赴港请杨、刘回省商量未果之后，下令兴师讨伐。6 月 4 日，广东革命政府主要领导人和部分机构在黄埔军校学员的护卫下迁往黄埔岛，双方公开的军事行动由此开始。从兵力对比看，平叛的革命军占有绝对优势。广州参加叛乱的滇、桂联军部队大约有 2.5 万人。而在革命军方面，参加平叛的有谭延闿、程潜、朱培德、李济深、李福林等所部军队和黄埔校军，总计有 4.7 万余人。此时，周围的政治军事环境也有利于革命军。潮汕方面，地方军阀陈炯明的洪兆麟部 4 千人已退向福建，林虎部 6 千人败兵退缩到梅江以西，短期内都暂时无力反扑；南宁方面，范石生部与李宗仁部会合后约 1 万余人，挡住了唐继尧进攻广州的去路；粤西方面，邓本殷部 7 千余人暂时保持中立。

早在大元帅府下达讨伐令之前，东征军在攻克普宁之时，便于林虎司令部搜获了滇军杨希闵、桂军刘震寰与陈炯明的往来密电。由此 4 月 24 日，廖仲恺、蒋介石和苏联顾问加伦将军前往汕头会见了许崇智、朱培德等东征将领，大家推蒋介石为总指挥，经磋商后做出决议：东征军迅速回师广州，协同驻守在西江和北京的部队，分东南西北四路围攻广东，共同行动平定叛乱。5 月 21 日，蒋介石率领东路军（由党军第 1 旅和粤军组成）两个纵队 1.2 万人从潮梅回师广州。其余各路军也相继行动，西路军 6 千余人在肇庆集结，由梁鸿楷率领东进；北路军 1 万多人，由谭延闿和朱培德率领沿粤汉铁路南下进逼广州。6 月 1 日，党军第 1 旅、警卫军及粤军第 1 旅和第 7 旅抵达三多祝。6 月 2 日，代大元帅胡汉民发布“统一军民财政宣言”，滇桂军阀遂于 6 月 3、4 日占领广东省省长公署、财政部

刘震寰

刘震寰（1890—1972），广西柳江人。1921 年粤、桂两军在梧州交战时反戈，粤军得以直入广西驱逐陆荣廷。事后任广西陆军第一师师长兼广西绥靖督办。1923 年受孙中山密约，任西部讨贼军桂军总司令，与滇军总司令杨希闵挥军东下，驱逐陈炯明出广州，又击败沈鸿英，孙中山因此得以返回广州，重建大元帅府。

等机关。

讨伐杨、刘

黄埔校军接到讨伐杨、刘的命令之后，依照采取速战速决、各个击破的方针，准备先解决广州地区的滇军，再解决惠州地区的滇军和西江地区的桂军。1925 年 6 月 9 日，党军抵达石龙，向驻守石滩的滇军胡思舜部发起进攻，数小时后占领石滩。6 月 11 日拂晓，东征军向滇、桂叛军发起了总攻击，战斗以龙眼洞之役最为激烈。滇军的主力就驻扎在白云山、龙眼洞一带，党军第 1 旅及吴铁城的警卫军负责此处战斗，双方正面激战一日，未分胜负。6 月 12 日，黄埔军校学生组成一个突击队，由学生队总队长张治中率领，苏联顾问切列潘诺夫也参加了指挥作战，这一支奇兵在黄埔上游猎德炮台附近登陆，袭击滇军后路。战斗进行中，苏联顾问利用年久失修的飞鹰舰的大炮（已丧失准度）不断轰击敌人阵地，碰巧一颗炮弹正中广九线石牌车站赵成梁司令部，滇军前敌总指挥赵成梁被当场炸死，杨希闵虽然幸免于难，但已六神无主，逃回广州。这样，滇军战线无人指挥，陷入混乱，学生队乘势猛攻，突破了滇军阵地。此时，党军教导团也经过激烈战斗，占领了龙眼洞，吴铁城的警卫军攻占了瘦狗岭，开始与学生队协同追击溃退的滇军。与此同时，粤军第 1 旅及第 7 旅，由广九路前进，在左翼进行攻击。在各军合围之下，市区滇军溃不成军，纷纷缴械投降。杨希闵溜进沙面租界，托庇于英国人，逃往香港。至此，革命首府广州，回归革命势力手中。桂军刘震寰部只有 4 千余人，不堪一击，在滇军溃败后很快就被全部缴械，而刘震寰则遁走上海。杨、刘所部被消灭后，蒋介石于 6 月 13 日受任为广州卫戍司令。至 7 月间，滇桂叛军彻底肃清，平定杨、刘战役即告胜利结束。

在这次平定杨刘叛变战役中，由中国共产党组织领导的工农兵群众的各种活动，对于扩大战线、缩短战役时间也都起到了很大作用。铁路工人实行罢工、怠工，破坏了滇军的运兵计划；农民自卫军为革命军开路，搭桥，送水，搜集情报；黄埔军校青年军人联合会的政治影响在一定程度上瓦解了叛军，滇军干部学校、

广州各界示威游行支持革命军

桂军讲武堂的学生差不多都归附到了青年军人联合会的领导之下。工会、农会、学生会、妇女协会和市民的各种打击敌人的活动，都从不同的层面配合了革命军作战。

战事结束之后，立下了赫赫战功的黄埔军校，又担负起了维持社会秩序、收容俘虏、安抚流亡的繁重任务。军校政治部从第一、二、三期学生中挑选出四五十人，组成了一支武装宣传队，由共产党人李之龙任队长。宣传队负责维持广州市内秩序，制止散兵游勇抢掠，并会同滇军干部学校、桂军讲武堂的学生一起协助收容俘虏。当时黄埔校内只留有一个入伍生连，而留有陆续运至黄埔军校的俘虏达 5 千人，留守军校的黄埔师生在代教育长胡谦、主持政治部工作的包惠僧的领导下，积极安排各种事务，一直等到黄埔学生总队陆续凯旋。

第四节　第二次东征

廖仲恺遇刺

第一次东征和平定杨刘的胜利，巩固了广东革命政府的地位。1925 年 7 月 1 日，广州大元帅府改组为国民政府。国民政府实行委员制，汪精卫任主席，许崇智为军事部长，胡汉民为外交部长，廖仲恺为财政部长。7 月 6 日，国民政府军事委员会在广州成立，8 月，将所辖军队一体改编为国民革命军：黄埔新练的军队加入一部分粤军为第 1 军，蒋介石任军长；谭延闿所部湘军为第 2 军；朱培德所部滇军为第 3 军；在江西的粤军为第 4 军，李济深任军长；李福林所部编为第 5 军；程潜所部援鄂军、吴铁城部一个师和一些零星部队合编为第 6 军，程潜任军长。黄埔军校的党代表和政治工作制度也被推广至国民革命军，各军中都设置各级党代表和政治部，许多共产党人担任了军队中的政治领导工作，如周恩来、李富春、朱克靖、廖乾吾、林伯渠分别担任过第 1军、第2军、第3军、第4军、第 6 军党代表。

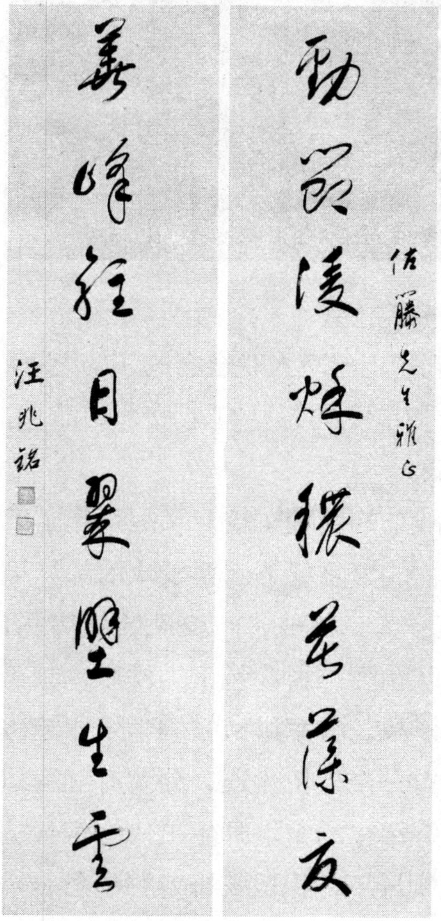

汪精卫书法对联

就在国民政府刚刚成立以及国民革命军即将改编之时，发生了廖仲恺被刺事件。1925 年 8 月 20 日上午，廖仲恺由黄埔军校赴国民党中央党部开会，当汽车行至中央党部门前停止，廖仲恺、何香凝、陈秋霖先后下车，刚踏上台阶，便遭遇迎面冲出的四五个刺客一阵枪击，陈秋霖当场身亡，廖仲恺则身中四弹，被送到东山医院抢救无效而死。廖案发生当天，国民党中央、国民政府和军事委员会举行联席会议，决定由汪精卫、许崇智、蒋介石组织特别委员会，授以政治、军事及警察全权，应付时局。当时，社会舆论怀疑胡汉民、许崇智皆有涉案嫌疑，激愤的群众包围了胡汉民、许崇智的公寓。据事后调查，此次行刺事件是粤军旅长兼民团司令朱卓文一手布置，而朱卓文又可能是受胡毅生、魏邦平、梁鸿楷、林直勉等指使。舆情愤怒之下，党内地位很高的胡、许二人都被迫离开广州，胡汉民（外交部长，曾代理大元帅兼广东省长）开始流亡国外，许崇智（军事部长兼粤军总司令）则逃往上海。廖案之后，蒋介石和汪精卫在国民党中的地位大为提高：汪精卫接替廖仲恺做了党军和黄埔军校的党代表，取代胡汉民做了中央政治委员会主席；蒋介石则收编粤军部分师旅，成为国民党内握有军事实力的首要人物。

1925 年秋，汪精卫也从黄埔师生卓越的表现里看到了辉煌的前景。为了在革命军中建立起自己的军事人才体系，他才不惜以国民政府常委会主席之尊来兼一个小小的黄埔军校党代表。结果发现，却是为人作嫁，帮蒋介石打了下手。汪精卫在黄埔时，很多黄埔师生都是他的“粉丝”，但到后来他投靠日本人，当了汉奸，黄埔生中就无人愿意提到是他的学生，他的伪政府和伪军里基本没有黄埔生。

陈炯明再起事端

话分两头，且说陈炯明部自从东江战事中惨败后，其残兵败将已退匿闽边。此后不久，香港殖民当局支援陈炯明大量军火和 300 万现款，北洋军阀政府也向其提供了 50 万元军饷，福建的一些小军阀也归附于陈炯明。于是，陈炯明乘东征军回师广州平定杨、刘叛乱之机，率部在 1925 年夏秋之交卷土重来，再次占领了东江地区，并占领了广东省东部的咽喉——惠州城。凭借惠州险要作为基地，陈炯明部进逼广州，同时还与粤南军阀邓本殷联合行动，准备一起夹击广州。

为了彻底消灭反革命势力，统一广东，国民政府决定举行第二次东征。1925 年 9 月 28 日，国民政府下令征讨陈炯明，并任命蒋介石为东征军总指挥，由汪精卫任党代表，由国民革命军第 1 军党代表周恩来兼任总政治部主任。东征军全军分为左、中、右三个纵队：以黄埔生为主力的国民革命军第 1 军为第一纵队，何应钦为纵队长，总兵力约 1.5 万人，为中路，担任主攻，采中央突破，直攻陈炯明的基地惠州；国民革命军第 4 军为第二纵队，李济深为纵队长，总兵力约 1.2 万人，为右翼，进攻淡水；国民革命军第 6 军为第三纵队，程潜为纵队长，所率为豫军、赣军、湘军一部分，约 6 千人，为左翼，向博罗前进，协同第一纵队作战。

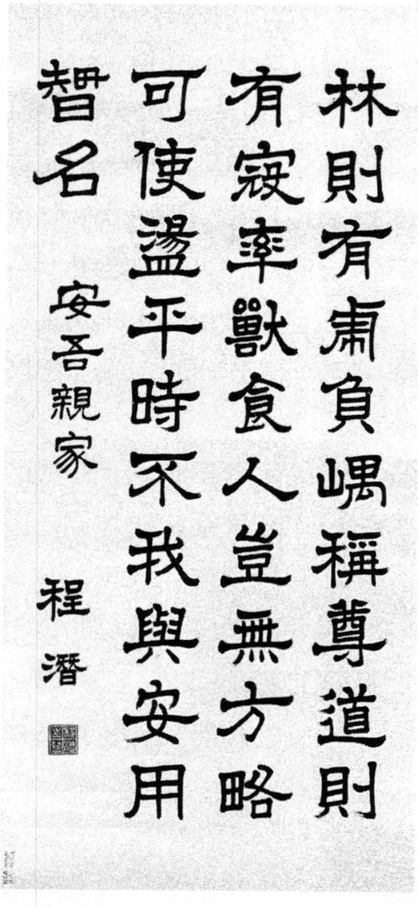

隶书书法（程潜）

黄埔二期生已于 1925 年 9 月毕业，大都分配至国民革命军担任骨干，此时都参加了东征部队。10 月间，刚到校的黄埔四期入伍生，奉命驻防惠州，也参加了第二次东征。根据黄埔校军第一次东征时的经验，这次东征军组织了一个强大的政治宣传队，由东征军总政治部统率，负责对敌、对我、对人民三个方面的宣传鼓动工作。出征前，周恩来亲自组织东征军政治部宣传队总队，宣传国民政府的政策以及此次东征的意义，发动民众支援东征。东征军全体军官人手一册《重征东江训诫》，以蒋介石和汪精卫联署下达，主要内容为：

一、军人最后目的，是在于死。古语所谓“好汉死在阵头上”，孔子所谓“杀身成仁”是也。

二、打胜仗的秘诀：1. 严守军纪；2. 服从命令；3. 保护人民；4. 万人一心（团结精神）。

三、革命军口号：1. 不要钱；2. 不要命；3. 爱国家；4. 爱百姓。

四、革命军十不怕：1. 不怕死；2. 不怕穷；3. 不怕冻；4. 不怕痛；5. 不怕热；6. 不怕饥；7. 不怕疲；8. 不怕远；9. 不怕重；10. 不怕险。

五、保护百姓（不拉伕，不抢物，不捐饷，不占屋）就是实行三民主义。反之，扰害百姓，就是违反主义反革命的强盗军队。

六、毋忘革命军的《连坐法》。

七、要紧记着革命军的《刑事条例》。

八、革命军只有前进，不许后退。退却是军人一生无上之耻辱。

九、革命军人，要忍耐到最后的五分钟，非得到最后的胜利，决不放手。

十、我们的名誉，是已死同志们的头和血换得来的。我们切不可忘了杀害我们同志的仇敌，大家要为已死的同志来报仇。

从10月1日，东征军陆续出发，出广州开赴前线。10月9日，第一纵队、第三纵队开抵惠州附近，第二纵队也进抵官桥、永湖一带。按作战计划，第1军所部任作战主力，负责攻下惠州。惠州位于东江与西江交会处，三面环水，一面枕山，城墙坚固，号称东江天险，是一座易守难攻的战略要塞。人们传说，历史上自有要塞以来惠州就从未被攻破过。第一次东征时，东征军绕过惠州城，直奔潮汕。当时驻守惠州的杨坤如部曾表示归顺革命政府，但当陈炯明重占东江后，又再次反叛，并修筑防御工事，加紧备战。12日，东征军第一纵队兵分三路扫荡了城外敌军，包围了惠州城，并组成先锋队作为攻城主力。

颁奖仪式

1924年元旦，孙中山主持发奖仪式，为在陈炯明叛乱中守卫观音山的卫士发奖。图为宋庆龄在为受奖者佩戴奖章。

惠州大捷

1925年10月13日，何应钦率东征军第一纵队到达惠州城郊飞鹅岭山脚下集结待命，蒋介石亲至飞鹅岭炮兵阵地指挥炮兵射击。上午九点，东征军下达攻城令，炮兵首先开炮，在炮火掩护下，先锋队发起冲锋。敌人集中火力射击攻城先锋队，先锋队伤亡惨重。时近黄昏，第4团团长刘尧宸率领警卫队继续强攻，先锋队也继续冲锋，但是敌人的炮火和防御太强，一次又一次打退了攻城部队的猛攻。刘尧宸在攻城战斗中身中数弹，壮烈牺牲，这更激发了先锋队和第4团士兵的斗志，在14日半夜，黄埔一期生陈赓、蒋先云、陈明仁等组成100多人的敢死队，由于城垛子上架着很多机关枪，墙边只能靠一个梯子，陈明仁第一个爬上城楼，把黄埔军校的校旗插了上去，敢死队其他队员相继登城，其他部队蜂拥而入，敌军纷纷溃败而逃。15日，即将惠州全城攻下，俘虏陈炯明部4千余人，缴获步枪2千多支，机关枪数挺，大炮3门。

两次东征黄埔师生也付出了巨大的牺牲。战后，周恩来奉命组织“抚恤东征阵亡将士委员会”，将惠州、河源、淡水、五华、棉湖等战场上收集的烈士遗骸运回广州。

10月16日，东征军在惠州举行追悼阵亡将士大会，深切悼念为攻取惠州而牺牲的革命军人，周恩来在会上发表了重要演说：

> 今天是我们很悲痛的日子，我们的悲痛拿什么来安慰？我们只有努力继续已死同志未做的工作，不是我们最后的成功。诸位同志，我们知道今年春间，用了两个团的兵力把淡水、棉湖、兴宁攻下，成了很好的名誉。我们回想八个月的事，只有达到总理遗志千百分之一。孙总理之志愿，第一统一广东，第二统一中国，第三打倒帝国主义。我们现在可说刚起首，才达到总理遗志的一点，我们要想现在有第1军的力量，已有这样的成绩，假使能够把各军都化成和第1军一样，那么广东统一，就在目前了。进一步就可统一中国，我们不是三师军队就够的，要把全中国的军队都要化为革命军。所以在今天追悼会里，大家要决定志向为孙总理信徒，努力奋斗，把其他军队化为三民主义而奋斗。打倒军阀，打倒帝国主义。我们今天又有一个特别纪念，就是廖党代表，他是惠州人，他自陈炯明叛变后，即以为惠州是很重要，应以惠州为革命中心，这是廖先生的遗志，我们现在已把惠州攻下了，庶可以慰廖先生在天之灵，我们也可以改惠州为仲恺城。

1926年6月16日，在黄埔军校建校两周年之日，东征阵亡烈士墓园建成，516名黄埔出身的国共两党烈士遗骨共葬一穴。在淡水攻坚战中牺牲的黄埔一期生蔡光举被称为“黄埔军校牺牲第一人”，他留下的遗言是：“为革命者，只有死和血，才能促进革命之成功。以我之血，浇灌主义之花。”

惠州之战是国民革命军第二次东征中的一次关键战役，在整个东征战役中起着决定性的作用。东征军夺取惠州后，乘胜前进。10月17日以后，东征军分三路继续追击陈军：第三纵队先后于10月22日、28日、31日、11月2日克复河源、五华、兴宁、梅县，第一纵队先后于10月22日、26日、11月4日克复海丰、陆丰、以及潮安和汕头，第二纵队先后于10月20日、10月26日、11月7日克复三多祝、河婆、饶平。陈炯明部除极少部分退入闽境外，其他大都被歼。此次东征大获全胜，共消灭敌军1.2万余人，俘虏6千余人，缴获各种枪械8千多支，收复了东江和潮汕全部地区。陈炯明从此一蹶不振，蛰居香港，于1933年病逝。

与此同时，国民革命军另一部与粤南军阀邓本殷开战，第二次东征之役后，东征军回师助剿也参与讨伐邓本殷。至1926年2月，革命军已消灭了邓本殷在高州、雷州和海南岛的所有部队。此后，广东革命根据地基本趋于统一，为国民革命军举行反对北洋军阀的北伐奠定了较为可靠的后方基地。广东为革命军统一之后不久，1926年3月，广西李宗仁等接受国民政府的领导，所部桂军编为国民革命军第7军，两广实现了统一。而黄埔学生军也在东征战火中以性命为代价完成了自己的毕业典礼。

邓本殷画像

第六章
出师北伐

第一节　未竟的北伐事业

军阀割据与北伐先锋

1925 年到 1926 年春，广东国民政府先后消灭了广东省内各派反革命军阀势力，统一了军政财权，所辖国民革命军已有 7 个军，并且实现了两广统一。此一时期，吴佩孚与张作霖已在“讨赤”的旗帜下“冰释前嫌”，他以武汉为基地，一面派兵北进，与奉系协同夹击冯玉祥的国民军，一面制订计划图谋湖南，窥视两广。因此，刚刚稳定不久的革命政府，在军事上又面临着更强大的敌人——北洋军阀的威胁。

对于北洋军阀，孙中山在世时曾躬亲北伐，然而不幸早逝，只得将统一全国的未竟事业留与后来的“革命同志”。1925 年 9 月，苏联军事顾问加伦将军曾提出重新北伐的主张。1926 年 1 月国民党二大期间，蒋介石也提出了北伐问题，在当时他是国民党领导集团中积极倡导北伐者之一。1926 年 2 月 24 日，国民政府成立两广统一委员会，他又提出“早定北伐大计，应援西北国民军案”。苏联军事顾问加伦回国之后，由季山嘉负责顾问团事务，他认为国民革命军北伐的条件尚不具备，故不支持蒋介石的北伐主张，蒋介石因此与季山嘉矛盾尖锐。

1926 年 1 月，冯玉祥的国民军在吴佩孚和张作霖的南北夹击下被迫退出北京。3 月，湘军第 4 师师长唐生智，在“驱赵（赵

冯玉祥戎装照

恒惕）讨吴（吴佩孚）”的群众呼声下，与两广取得联系，以武力胁迫湖南省长赵恒惕下台，宣布自己代理湖南省长。随之，吴佩孚派遣直军入湘，攻打唐生智。5 月初，唐生智部从长沙退往衡阳，并向两广求援。广州国民政府宣布唐生智任国民革命军第 8 军军长兼北伐前敌总指挥，并决定派遣国民革命军第 4 军的两个师和叶挺独立团及第 7 军一部先行援湘作战，由此拉开了北伐战争的序幕。遵照国民政府的决定，黄埔军校副校长李济深派出他的国民革命军第 4 军独立团担任北伐援湘的先遣队。

第 4 军独立团，1925 年 11 月成立于肇庆，叶挺担任团长，周士第任参谋长，吴季严任政治指导员。独立团是以共产党所领导的铁甲车队、黄埔军校部分学生、滇军干部学校部分学生作为骨干建立起来的一支武装力量，全团官兵约有 2100 人，有步枪 1300 余支，机关枪 3 挺，手枪 40 余支。独立团设立了一个共产党支部，营、连干部多是共产党员。独立团离粤赴湘之际，周恩来在广州司后街（今越华路）叶家祠堂叶挺的住处召开了连以上党员干部会，会上周恩来作了重要讲话，要求独立团加强党的领导，注意发动群众，注意团结友军，要有牺牲精神起到先锋模范作用，最后他勉励大家“饮马长江，武汉相见”。

1926 年 5 月 20 日，独立团乘火车抵达韶关。26 日，全团官兵从韶关开始了艰苦的长途跋涉，27 日到达湖南郴州，31 日进抵永兴。此前,5 月 12 日，国民革命军第 7 军第 8 旅第 15 团抵达衡阳，随即配合唐军投入战斗。6 月 3 日，叶挺独立团赶到安仁，并于次日与友军第 39 团在渌田和黄茅铺同时发起反攻，取得大胜。在此次巩固衡山防线的战役中，独立团不怕牺牲，勇打头阵，以多胜少，极大鼓舞了久战疲敝的唐军士气。唐生智特电叶挺："这次战役，不仅巩固了湘东，而且稳定了战局，此皆兄之功也。"

誓师北伐

湘南作战捷报连传，国民政府于是决定提前大举北伐。1926 年 6 月 4 日，国民党中央执行委员临时全体会议通过了《迅行出师北伐任蒋介石为国民革命军总司令案》。6 月 5 日，国民政府正式任命蒋介石为国民革命军总司令，负责训练、指挥国民革命军及出师北伐。同时，成立"北伐总司令部"，蒋介石为总司令，李济深为参谋长，白崇禧为副参谋长，邓演达为政治部主任。此后，军事委员会指定李济深、邵力子、钮永建、白崇禧、冯宝森、邓演达、张治中、余飞鹏、张文车、张定璠、施顾 11 人起草"总司令部组织大纲"，蒋介石还就组织总司令部问题同苏联军事顾问加伦将军交换了意见。

白崇禧

7 月 1 日，蒋介石以军事委员会主席的名义下达"北伐总动员令"："本军继承先大元帅孙中山的遗志，欲求贯彻革命主义，保障民众利益，必先打倒一切军阀，肃清反动势力，方得实行三民主义，完成国民革命。"7 月 4 日，国民党中央临时全体会议通过《国民革命军北伐宣言》：

本党从来主张用和平方法，建设统一政府，盖一则中华民国之政府，应由中华人民自起而建设；一则以凋敝之民生，不堪再经内乱之祸。故总理北上之时，即谆谆以开国民会议，解决时局，号召全国。孰知段贼于国民会议，阳诺而阴拒；而帝国主义者复煽动军阀，益肆凶焰。迄于今日，不特本党召集国民会议以谋和平统一之主张未能实现，而且卖国军阀吴佩孚得英帝国主义者之助，死灰复燃，竟欲效袁贼世凯之故智，大举外债，用以摧残国民独立自由之运动。帝国主义者复饵以关税增收之利益，与以金钱军械之接济，直接帮助吴贼压迫中国国民革命；间接即所以谋永久掌握中国关税之权，而使中国经济生命，陷于万劫不复之地。吴贼又见国民革命之势力日益扩张，卖国借款之狡计，势难得逞，乃一面更倾其全力，攻击国民革命根据地，既使匪徒扰乱广东，又纠集党羽侵入湘省本党至此，忍无可忍，乃不能不出于出师之一途矣。

7月7日，国民政府正式公布了《国民革命军总司令部组织大纲》，总司令部成为一个无权不揽的最高权力机关。7月9日，广州5万军民在东校场举行了隆重的北伐誓师大会，蒋介石宣誓就任国民革命军总司令，并宣读“北伐誓师词”，正式向全国人民庄严宣告，国民革命军出师北伐，誓要打倒军阀，完成国民革命，统一全国。7月14日，国民党中央发表了《国民革命军出师北伐宣言》：

目前中国唯一需要在建设统一政府。统一政府成立，则外足以抵抗帝国主义之恫吓压迫，内足以断绝军阀之祸国殃民。……本党为实现中国人民之唯一需要，统一政府之建设，为巩固国民革命根据地，不能不出师剿除卖国军阀势力。

广东国民政府的北伐军，是以黄埔军校师生为主要支柱的。当时，黄埔军校的第一、第二和第三期学生共有2325人，全部都分派至国民革命军的8个军中参加北伐，其中以第1军最多，第4军次之。黄埔军校第四、第五和第六期学生在北伐开始时尚在校学习，5月底，在这些在校生中挑选了300人，到广州办事处进行特别训练。四期生文强和周恩来的弟弟周恩寿都被挑选了进去，由邓演达、周恩来和彭湃负责他们的训练事宜。一开始，这些被挑选出来的学员并不知道是怎么回事，直到参加了北伐的誓师典礼，才知道受训后要提前毕业，因为北伐前线需要人。到1926年10月，2274名第四期毕业生也全部分配到国民革命军支援北伐。在各军事部门内，由黄埔军校教官任处长的很多，在司令部的14个处中，除军务、航空、军需和征募4个处外，都是由黄埔军校教官任处长者，占78%。黄埔军校师生担任军、师、团长、参谋长、各级党代表、政治部主任的人数也很多，其中较多集中在总司令部的直属团、队和第1军所属各师，有的分散在北伐军中担任各基层连队的军事和政治骨干。北伐的主力——国民革命军第1军便是在黄埔教导团的基础上发展起来的，军长何应钦，师长王柏龄、刘峙、钱大钧，副师长顾祝同、王俊，团长孙元良、胡宗南等都是军校著名的教官或学生。黄埔军校行之有效的政治部和党代表制也贯彻到了北伐各军中，因此北伐军虽然数量上比北洋军阀少得多，但是兵精将强，团结奋斗，不怕牺牲，能以一当十。

孙元良与部下合影

淞沪会战期间，88师师长孙元良（中）与副师长冯圣法（右）、参谋长陈素农合影。

北伐中的共产党人

在北伐战争中，黄埔军校中的共产党人在前线和后方都非常活跃。恽代英、聂荣臻等先后赶赴前线，而留校的熊雄、安体诚、张秋人、萧楚女、杨其纲、王懋廷等则大力进行鼓舞士气、支持北伐的政治宣传活动。黄埔军校出版的《黄埔日刊》、《黄埔潮》、《革命军》和黄埔军校武汉分校出版的《革命生活》以及军校学生的政治读物、讲义、课本等，都不遗余力地进行北伐宣传。《黄埔日刊》被称为“东方人民的号角”，发行海内外，日销5万份，影响极大。《黄埔潮》周刊在北伐军中非常普及，发挥着传递信息、鼓舞士气的作用，几乎是北伐各军每营1本，尤其是第1军所属各师以黄埔师生很多，每连有1本。军校书报刊中的宣言、通电、社论、短评、传单等，大多出自共产党人之手，恽代英、熊雄、萧楚女等人尤以文才著名。

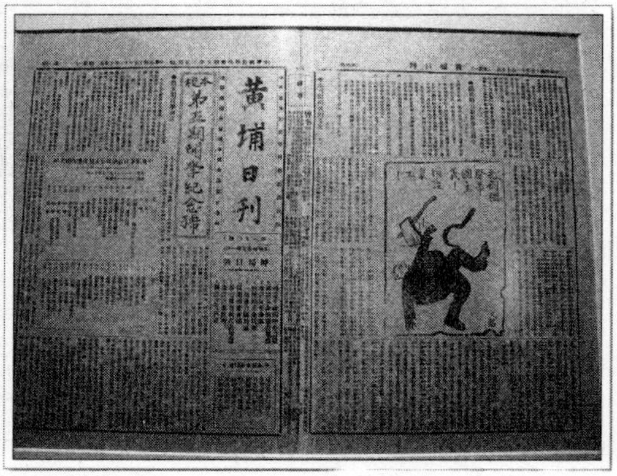
黄埔日刊

《黄埔日刊》

北伐势如破竹，全国革命形势迅速发展，大革命出现了新的高潮，武汉逐渐取代广州而成为国民革命的中心，黄埔军校武汉分校也应运而生。仍由蒋介石担任校长一职，主要事务由教育长邓演达负责，共产党人恽代英任校务委员兼政治总教官。1926年底，沈雁冰被中共中央派到黄埔军校武汉分校工作。

另外需要指出的是，还有一批黄埔军校师生活跃在敌人的后方。他们隐姓埋名，不畏艰难，深入敌人营垒刺探军情。在河南、湖北、湖南、江苏、福建、浙江、安徽等省，都有北伐军的密探的足迹。例如军校教官茅延桢早在1925年底东征结束后便到河南进行地下工作，徐向前与几位黄埔一期同学则自愿请缨到北方从事政治工作。原黄埔军校政治部主任周恩来在1926年底秘密抵达上海，后于1927年3月领导上海工人第三次武装起义取得了胜利，使何应钦的北伐东路军不费一枪一炮就进驻上海。这些在后方城市和农村中进行“隐形战斗”的黄埔师生，英勇无畏地配合正规部队，为北伐战争的胜利做出了卓越贡献。

北伐军在进军途中，受到了各地工农群众的热烈欢迎，各地工农组织如上海工会、河南红枪队、湖南农会、福建民兵、武汉纠察队等都积极支援北伐战争，对于壮大革命威势发挥了重要作用，比如说，省港罢工委员会组织了 3 千多人的运输队、宣传队、卫生队随军远征；韶关地区农民多达万人随军北上；湖南各地农会纷纷成立宣传队、慰劳队、破坏队、长矛大刀队、敢死队等为北伐军担任侦察、带路、送信、救护和拿起武器直接参加战斗；北伐军第一次攻入南昌城，就是当地工农群众与北伐军里应外合的结果。

北伐战果

北伐战争仅用了一年时间，就基本消灭了吴佩孚、孙传芳的军队，重创了张作霖的军队，沉重地打击了北洋军阀的统治。如果从兵力对比上来看，北伐的敌人占有明显的优势：国民革命军共有军兵 10 万，而三大军阀拥兵 75 万。国民革命军之所以能以少胜多，在军事上主要是由于采取了“集中兵力，各个击破”的战略方针——首先向实力较为薄弱的湖南、湖北进军消灭吴佩孚军，然后再引兵东向消灭孙传芳军，最后北上解决实力最强的张作霖军。

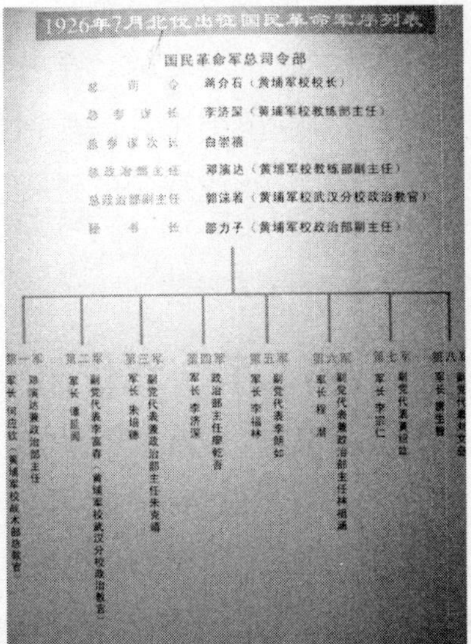

出征北伐的国民革命军名单（1926 年 7 月）

国民革命军从北伐开始时的 8 个军扩展到 41 个军，另还新编了 7 个军，总兵力也从开始时的约 10 万人增加到 80 余万。在北伐战争进行中，蒋介石于 1927 年在上海发动了“四・一二”清党政变，汪精卫在武汉发表了“七・一五”反共声明。虽然蒋、汪的相继反共，破坏了国共合作的大好形势，给中国革命带来了极其严重的损失，但是就北伐战争整体而言，它结束了长达 16 年之久的北洋军阀集团的统治，在“三民主义”的旗帜下重新“统一”了中华民国，无疑也是具有历史进步意义的。北伐战争是在国共合作的基础上进行的，在北伐战争初期，国共两党紧密合作，两党官兵共同奋战沙场，留下了许多可歌可泣的感人事迹。

以下几节，我们将了解一下北伐战争的具体过程。自北伐誓师大会之后，国民革命军第 1、第 2、第 3、第 4、第 6、第 7 军先后从两广地区出发北伐。9 月 17 日，冯玉祥率部在绥远五原誓师，组织国民军联军约 5 万人（后发展至约 20 万人）响应北伐。北伐的任务异常艰巨，所面临的敌人为数众多，主要有直系军阀吴佩孚、孙传芳和奉系军阀张作霖、张宗昌。吴佩孚部盘踞两湖、河南京汉路沿线，兵力号称二十万。孙传芳部由闽、浙、苏、皖、赣军阀组成，号称“五省联军”，兵力亦约 20 万之众。奉系军阀张作霖窃据北京政府，盘踞京、津、直隶、热河及东北三省，兵力约 40 万。盘踞山东的张宗昌也有 10 余万兵力。根据敌军人多势众以及内部矛盾重重等情况，北伐军采纳苏联军事顾问加伦将军的建议，制定了集中优势兵力各个击破的作战方针：首先以主力进攻湖南、湖北，消灭吴佩孚，同时派出两支部队分别警惕江西、福建之敌；解决吴佩孚之后，再进军东南，消灭孙传芳；待南方战事结束，最后讨伐张作霖。

北伐战争的进程，大致可分为两个阶段。

第二节　北伐第一阶段

“铁军”之号

北伐第一阶段从 1926 年 5 月开始。国民革命军第 4、第 7 军首先开赴湖南援助唐生智部。在叶挺独立团首战告捷之后，国民革命军第 4、第 7 和第 8 军陆续开始展开攻势。7 月 10 日，先后攻下湘潭和长沙，敌军叶开鑫部弃城逃跑。7 月 12 日，又攻克湘阴、益阳、浏阳，俘敌数千人，还生擒了敌军旅长刘雪轩。随后，国民革命军第 4 军一部（含叶挺独立团）渡过汨罗江，迂回包围了平江城，进而攻取岳阳，至此湖南境内的战争基本结束。

8 月 12 日，蒋介石在长沙召开军事会议，决议利用湖北兵力一时相对薄弱（吴佩孚军主力在直隶与国民军开战），对江西暂取守势，迅速调遣主力直取武汉。在北伐军进军武汉的途中，有两场战役非常艰苦，那便是令叶挺独立团威名远扬的汀泗桥战役和贺胜桥战役。汀泗桥地势险要，易守难攻，是湖北的南部门户，也是北伐必经之路。在汀泗桥，吴佩孚聚集了 2 万大军，准备进行死守。8 月 26 日，北伐军连续冲锋十次，都在敌人的顽抗下未获成功。8 月 27 日，叶挺独立团奉调增援。机关枪没有子弹了，就把鞭炮装到空油箱里，噼里啪啦一阵乱响，烟雾冲天，守桥的敌军听到轰天的响声，有些就逃跑了。在友军和农民武装的配合下，经一昼夜血战，独立团许继慎营首先攻占汀泗桥。北伐军获得了最后胜利，在此役中阵亡 134 人，共俘敌军官 157 人、士兵 2296 人，并缴获大量枪支弹药。吴佩孚闻讯大怒，将败将余荫森等就地正法，并下令有敢后退者格杀勿论。

叶挺将军

汀泗桥失守之后，吴佩孚亲率湖北暂编第 4 师和陆军第 8 师及在汀泗桥战役中败退的残部共 2 万余人，在贺胜桥及其以南的杨林塘、桃林铺、王本立地区梯次设防，决心对北伐军进行誓死顽抗。此次战役由叶挺独立团担任主攻，8 月 30 日拂晓，第 4、第 7 军相继发动进攻，贺胜桥战役正式开始。战斗中，许继慎率所部独立团第 2 营沿铁道右侧插入敌阵，一直行至黄家窑始发现与左右友军失去依托。吴佩孚军见机趁势将许部团团围住，许部全营拼死力撑守住阵地，许继慎在身负重伤后仍继续坚持指挥战斗。后来，独立团和增援友军发起冲锋，救出了许继慎，彻底击退吴佩孚手下刘玉春部。敌军兵败如山倒，虽然吴佩孚亲自手刃数十名退却军官并悬于电线杆上，但是却也挡不住潮水般之溃军。北伐军取得了贺胜桥战役的胜利，也就打开了通向武昌城的大门。黄埔师生不怕牺牲，浴血奋战，为北伐胜利建立了不朽的功勋。战败后的吴佩孚说："我的军队并不差，官兵可谓不怕死，不料黄埔军不知死。胜败之分，就在于此。"

9 月 1 日，国民革命军包围武昌城。9 月 2 日，北伐前敌指挥部决定以第 4 军并配属第 1 军第 2 师和第 7 军第 7、第 8 旅主攻武昌城；第 8 军继续准备进攻汉阳、汉口；第 7 军第 1、第 2 旅在鄂城、樊口遮断吴军长江交通，掩护攻城部队侧背安全；第 1 军第 1 师为总预备队，在崇阳待命。9 月 3 日、5 日，北伐军两次进攻武昌城，虽伤亡甚重，但均未获得实效，于是转而对武昌改为封锁围困。叶挺、周士第在经过地形侦察之后，决定在通湘门车站附近挖开一条坑道穿透城墙，由叶挺亲自率领官兵日夜轮流挖掘。9 月 5 日，第 8 军开始向汉阳发起攻击，吴部湖北暂编第 2 师阵前倒戈，改编为国民革命军第 15 军（刘佐龙任军长）。9 月 6 日，攻占龟山，第 8 军第 2 师攻占汉阳兵工厂，第 4 师占领汉阳城。9 月 7 日，第 8 军第 2 师渡过汉水，攻占汉口。国民革命军攻占汉阳、汉口后，武昌已成孤城，但凭靠城防牢固，依然拼命死守。10 月 10 日，北伐军再度对武昌发起进攻。叶

周士第与贺龙等在雁门关视察敌情

从右到左分别是：贺龙、周士第、关向英和甘泗淇。

挺独立团把炸药放入坑道将通湘门炸塌，首先率部冲进武昌城。在辛亥革命武昌起义的同一天，北伐军攻下了武昌，歼敌 2 万余人，生擒守城司令、第 8 师师长刘玉春和湖北督理兼中央第 25 师师长陈嘉谟。

国民革命军第 4 军在北伐过程中因为战功卓越获得了“铁军”称号（过去曾一度将“铁军”认为是第 4 军叶挺独立团的称号），此称号最早见于 1926 年 9 月 30 日《广州民国日报》。1927 年 1 月 15 日，武汉粤侨联欢社在汉阳兵工厂特别制造一面铁盾赠送给第 4 军，铁盾正面铸有“铁军”二字及上款“国民革命军第 4 军全体同志伟鉴”，背面铸有一首四言题辞：“烈士之血，主义之花，四军伟绩，威振迩遐。能守纪律，能毋总夸，能爱百姓，能救国家。摧锋陷阵，如铁之坚，革命担负，如铁之肩。功用若铁，人民倚焉，愿寿如铁，垂亿万年。”

叶挺独立团不愧为北伐军的先锋，全团 2100 多名将士中，参谋长周士弟、营长曹渊、许继慎，连长吴兆生、卢德铭、练国梁、胡焕文等大批骨干都是黄埔生。在叶挺的带领下，他们从广东一路打到湖南、湖北。在著名的汀泗桥、贺胜桥的战斗中，独立团曹渊等 191 位黄埔勇士为国捐躯。1926 年 10 月，北伐军开进武昌城，叶挺下令修建铁军烈士墓，将独立团牺牲官兵的遗体、遗骨，集中安葬在洪山北麓，墓碑上镌刻着曹渊等 191 位烈士的姓名和四句墓志铭：“诸烈士的血铸成了铁军的荣誉”，“无产阶级的牺牲者”、“先烈之血”、“主义之花”。

三打南昌

在北伐军左路军席卷湘、鄂之际，中路军（包括国民革命第 2、第 3、第 6 军和第 1 军两个师）在江西战场上先后攻克赣州、萍乡、宜春、铜鼓、修水、高安等地。1926 年 9 月 19 日，程潜率第 6 军所部第 19 师首次攻下南昌，受到南昌市民热烈欢迎。孙传芳调兵反击，由九江南下驰援南昌。孤军深入的第 6 军第 19 师苦战三日之后，被迫于 21 日退出南昌。次日，第 19 师得本军第 17 师增援，再次攻入南昌，但随即遭孙军优势兵力围攻。23 日，程潜在万寿宫附近收容残部，撤向奉新地区。

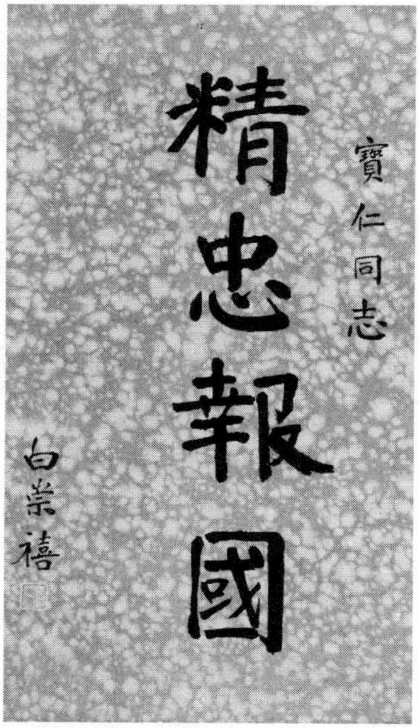

白崇禧书法作品

南昌得而复失之后，国民革命军总司令部组织再攻南昌，第2、第3军和第1军第2师都参加了战斗。10月12日，蒋介石亲临南昌南门外指挥攻城，并主张爬城硬攻，而就在北伐军做进攻准备之时，敌军敢死队突然从南昌城下水闸中冲出混战，黑夜中一时导致北伐军指挥困难，落得惨败。据白崇禧说，他当时不同意采取强攻方式以免重蹈武昌攻城四十日不下之覆辙，但蒋介石并未采纳其意见。此次惨败后，蒋介石总结失败原因，决定加强各军协同作战，为此急速从香港购得无线电报话机18部以装备各军、各师和总司令部。

11月初，北伐军第三次攻打南昌。蒋介石吸收了苏联顾问加伦将军的建议，将李济深的第4军从湖北调来江西，与已在江西的第7军、第6军和第2军、第3军及第1军一起协同作战。11月1日，国民革命军入赣部队分三路开始总攻，蒋介石亲任“肃清江西”总指挥。11月2日，左翼第7军攻占德安。第4军在独立第2师（由湘军第1师改编）和第7军一部配合下于11月3日攻占马回岭后，第4、第7军所部在九仙岭击败孙传芳军两个师，截断了南浔铁路，并向永修推进。11月7日，北伐军占领九江、瑞昌、湖口和武穴。中路第6军于11月3日开始向乐化进攻，虽遭孙军不断反击伤亡甚重，但在第1军第1、第2师赶到后，与之协力于11月4日攻占乐化、永修。此时，右翼第2军主力已由进贤、三江口进逼南昌，右翼第3军在第1、第2、第6、第7军各部配合下于11月7日占领牛行，随后向余干方向继续追击，在滁槎俘敌 1.5 万人。孙传芳见败局已定，于是乘船逃往南京。由于待援无望，南昌守军弃城溃逃。11 月 8 日，第 3 军率先进占南昌。11 月 9 日，蒋介石进驻南昌，并建立了大本营。国民革命军三打南昌，共歼敌 6 万余人，北伐军牺牲约 2 万余人，是继攻占武昌后又一次辉煌的胜利。

会攻南京

在北伐军的左路军和中路军征战两湖和江西的时候，国民革命军第 1 军军长何应钦率第 1 军第 3 师、第 14 师等部驻守广东潮汕、梅县，主要任务是在右路防备陈炯明残部和福建周荫人部进攻粤东后方，蒋介石这种安排在当时被许多人认为是出于保存嫡系实力的私心，但加伦将军却也非常重视何应钦的任务并特派其助手切列潘诺夫协助何应钦守好后方相应出击。

何应钦乘湘、鄂、赣战场频频获胜之机，逐步开始转守为攻。10 月中旬，第 1 军第 3、第 14 师开始进攻周荫人部后方，进而攻占永定，之后回师松口，俘虏周部第 3 军 4 千余人。此时，周部第 2 军曹万顺、杜起云两个旅在蕉岭通电起义，改编为国民革命军第 17 军（曹万顺任军长），随即开进中都、松源地区，全部歼灭了退至该地区的周部第 3 军残部。由第 1 军补充团扩编组成的

北伐誓师大会

1926 年 7 月，蒋介石以国民革命军总司令的身份在广州东校场举行北伐誓师典礼，场面浩大。

独立第4师在第20师第58团等部配合下，先后在饶平、诏安、漳浦击退周部第1军，并于11月相继占领漳州、同安、泉州、莆田、永泰，逼近福州。12月初，第2军第6师由赣入闽进占建瓯，切断了闽浙孙军之间的联系。12月9日，国民革命军进占福州，福建全省基本归属革命军所有。

1927年1月，国民革命军总司令部决定攻占长江中下游的江苏和浙江地区，进军杭州、上海，会攻南京。蒋介石自兼中央军总指挥，率江右军（由第6、第2军和独立第2师组成，程潜任总指挥）和江左军（由第7、第10、第15军组成，李宗仁任总指挥）分由赣、鄂沿长江两岸向皖、苏推进，主攻南京。何应钦为东路军总指挥，率第1、第14、第17、第19军（由孙军第1师起义改编，陈仪任军长）和第26军（由孙军第3师起义改编，周凤岐任军长）自赣、闽分路入浙，夺取杭州、上海，助攻南京。唐生智为西路军总指挥，率第8、第4、第9、第11军由鄂入豫，牵制北面之敌。

1月中旬，白崇禧（东路军前敌总指挥）率刘峙、严重、陈继承各师和第26军周凤岐部集中于浙江衢州。1月下旬，东路军第1、第26军在第2军配合下，由衢州向杭州方向发起进攻，在龙游附近击溃孙军一部，并于2月上旬进占兰溪、金华，随后乘胜向淳安、建德、浦江推进。2月18日，北伐军占领杭州。在此期间，东路军第14、第17军和第1军一部已经由闽入浙，相继攻占临海、宁海、宁波、绍兴等地，肃清了浙江境内的孙军。3月上旬，北伐军开始进攻淞沪。3月20日，第14、第17、第2军和第1军一部攻克常州、丹阳等地，截断了沪宁铁路交通线，第1军主力和第26军克松隐、松江、吴江、苏州，迫近上海。

3月21日，周恩来等领导上海工人进行第三次武装起义，在30多个小时的激战后占领上海。次日，第1军“兵不血刃”进占上海。与此同时，江左军由鄂东向安庆、庐州挺进。由于孙传芳部刘宝题师、陈调元师、王普旅和叶开鑫残部相继起义，故而已于3月4日不战而攻下安庆，至3月18日已经攻至庐州、六安。

另外，江右军由江西沿长江南岸东进，已经相继攻克芜湖、当涂。3 月 20 日，北伐军开始总攻南京。又经过一番激战，攻取了江宁镇、秣陵关、龙都等外围据点。3 月 23 日，第 2 军进逼中山门、光华门；独立第 2 师进攻通济门、武定门；第 6 军进抵雨花台，该军第 19 师由中华门冲入城内。该日当晚，江右军各部分路进占南京城。至此，革命势力从珠江流域推进至长江流域，席卷半个中国。

第三节 北伐第二阶段

宁、汉双方各自北伐

第二阶段从 1927 年 4、5 月开始。孙传芳被北伐军击败之后，被迫向张作霖低头乞求援助，他早在 1926 年 11 月便秘密到天津与张会面，与其他奉系将领一起拥戴张作霖为安国军总司令。北伐军攻克上海、南京后，孙传芳与张宗昌组成直鲁联军，反攻南京。张作霖也派兵进入河南，威胁武汉。然而，此时的北伐军却出现了“分裂”——“四·一二”事变发生后处于分裂状态中的宁汉双方，各自为战地继续进行北伐。

张宗昌

张宗昌（1881—1932），山东掖县人。绰号“狗肉将军”、“混世魔王”、“长腿将军”、“三不知将军”、“五毒大将军”、“张三多”等，奉系军阀头目之一。1932 年 9 月 3 日，被山东省政府参议郑继成枪杀于津浦铁路济南车站。

武汉政府经过几次“国共两党联席谈话会”（共产国际赞成北伐攻奉，反对东征蒋介石），于 1927 年 4 月 18 日决定北伐，确定在东、南、西三方面采取守势，与冯玉祥国民军联合对北面的张作霖发动进攻。4 月 19 日，武汉政府在武昌南湖召开第二次北伐誓师大会，党政军民数十万人与会。4 月 21 日，武汉北伐军开始沿京汉路向河南进军。武汉政府以唐生智和张发奎的部队为主力，由唐生智任第1集团军第四方面军总指挥，统帅三个纵队：第一纵队由第4军、第11军以及第15师，共2.2万余人组成，张发奎任司令官，为右翼。第二纵队由第36军、第35军和第8军的一部分，共2.2万余人组成，刘兴任司令官，为中路。第三纵队是收编的新编第3军梁寿恺的杂牌部队，为左翼。4月28日和29日，张发奎、唐生智分别离汉北上督师，各军由驻马店附近分左、中、右三路北进。张发奎指挥的右路军担负京汉路以东地区的作战任务，进攻路线为汝南、上蔡、开封；刘兴指挥的中路军负责京汉路正面战斗，进攻目标是占领郑州；左路军则沿京汉路西侧地区前进。5月13日，武汉方面北伐总指挥发布总攻击令，武汉北伐军与奉军在中原展开了激战，经西平、上蔡、临颍三次战役的胜利，击败了入豫奉军主力，沿京汉铁路追击退却奉军，于5月29日占领许昌，30日攻克新郑。

在武汉北伐军进入河南之际，冯玉祥于5月1日在西安召开军民大会，宣布将所部国民联军改编为国民革命军第2集团军，分六路出师，东进中原，协同北伐军进攻奉军。至5月30日，冯玉祥第2集团军先头部队占领郑州。6月1日，武汉北伐军刘兴第36军和第2集团军孙良诚部进驻郑州。6月2日，贺龙独立第15师进抵开封。武汉北伐军和冯玉祥第2集团军实现了会师中原的计划。本月，山西阎锡山也宣布就任国民革命军北方军总司令职，派部进入直隶，占领张家口、石家庄，后因奉军反攻，阎军除傅作义部坚守涿州外，余部均退回山西境内。

李宗仁

在武汉北伐军和冯玉祥军在河南与奉军厮杀之时，蒋介石的南京政府也于5月15日下达了总攻击令。南京北伐军分为三路：第一路由第1、第6、第14、第17军组成，何应钦任总指挥，由镇江攻扬州，直趋淮海；第二路由第37、第40军组成，蒋介石自任总指挥，陈调元为前敌总指挥，担任津浦路正面作战；第三路由第7、第15、第10、第33、第44、第27军和独立第5师组成，李宗仁任总指挥，由芜湖渡江袭津浦路北面，向皖北进发。南京方面三路大军进展迅速，击败了直鲁联军和孙传芳军，于6月2日占领徐州。从此，宁汉双方军事力量都集结于陇海线。

“分共”与宁汉合流

正当北伐形势一片大好之时，武汉政府的内部危机日益加剧，其下属的一些军事将领开始武装叛乱。首先发难的是驻防宜昌的独立第14师，其师长夏斗寅被蒋介石收买，于5月13日通电反共，公开叛变，发兵进逼武昌。之后，5月25日又发生了“马日事变”，驻湖南长沙的何键第35军第33团团长许克祥，派军袭击了国民党湖南省长沙市党部、湖南省总工会、湖南省农民协会等革命组织机关。继夏斗寅和许克祥之后，江西省省长兼国民革命军第3军军长朱培德也在江西叛变，宣布反共，镇压工农运动。

武汉北伐军与冯玉祥军在郑州会师后，6月10日，武汉方面领导人汪精卫等与冯玉祥举行郑州会议，会上冯玉祥主张停止宁汉之争共同北伐，汪精卫等既谴责蒋介石独断专行，又对共产党和工农运动表示不满。郑州会议酝酿了武汉的“分共”和宁汉的合流。6月19日，冯玉祥至徐州与蒋介石、李宗仁等举行了徐州会议，会议中心是清党反共。7月15日，汪精卫召开了国民党中央执行委员会全体会议，讨论决定了分共问题。7月19日，武汉国民政府军事委员会发布《制裁共产党之训令》，至此，武汉方面也开始对共产党员进行清洗，第一次国共合作至此正式结束。

在宁汉对峙期间和蒋介石下野后，国民党内派系争斗不断，因此所谓“继续北伐”不过只是纸上谈兵。北京政府的张作霖和直鲁军阀张宗昌、孙传芳乘此机会，在北方发动了对阎锡山和冯玉祥两军的征讨反攻。北方局势告急，冯玉祥、阎锡山呼吁蒋介石复职，以指挥国民党各军合力伐奉。1928年1月4日，蒋介石由沪返宁，正式复职。2月2日，国民党二届四中全会在南京召开。通过此会，蒋介石重新集党政军大权于一身。2月中旬，国民党军重新编组为第 1、第 2、第 3 集团军，分别以蒋介石、冯玉祥、阎锡山为总司令。4 月上旬，原桂军和两湖部队被编为第 4 集团军，李宗仁为总司令。蒋、冯、阎、桂四派军阀取得了暂时的妥协，再度进行北伐，展开同奉系军阀的战争。

讨伐张作霖

图为国民革命军第三政治部印发的揭露奉系军阀张作霖罪行的宣传画。

4 月 5 日，蒋介石在徐州誓师，7 日下达总攻击令，第 1、第 2、第 3、第 4 集团军分沿津浦路、京汉路、正太路开始最后的北伐。在各军协同作战的强大攻势下，孙传芳军主力首先被消灭，蒋、冯两军于 4 月 22 日在泰安会师。24 日，第 1 集团军又占领新泰，25 日占领莱芜。5 月 1 日，国民党军攻克济南，因日军制造“济南惨案”，被迫改道北伐，此后直逼京津。同时，第 2、第 3 集团军方面也进展顺利，三路大军连克邯郸、保定、石家庄、大同、张家口、德州等地。张作霖见大势已去，便放弃北京，于 6 月 3 日退回关外，次日在沈阳附近的皇姑屯被日本帝国主义者炸死。6 月 8 日，阎锡山军商震部进入北京，12 日阎军傅作义部进入天津。6 月 15 日，南京国民政府宣布“统一告成”，北伐遂亦结束。

第七章
武汉分校与黄埔女生队

第一节 黄埔军校武汉分校

武汉分校的诞生

1926 年 7 月 9 日，广东国民政府出师北伐，在广州东校场举行誓师典礼，誓词为“我不杀贼，贼岂甘休，势不两立，义毋夷犹”，准备破釜沉舟，与敌军拼一死战。7 月，黄埔军校教育长方鼎英电请蒋介石在武汉设立分校。为了壮大北伐军的声势，把黄埔五期生编成学生军，随军开赴前线，必要时是要上阵杀敌，如 1925 年东征军在惠州作战时的黄埔教导团一样，从事革命宣传工作。在北伐过程中，黄埔五期各大队的学生，均等于战斗兵。炮兵大队的学生，实际参加炮战。工兵大队的学生，逢山开道，遇水架桥。政治大队的学生，参加阵地战，搞战地宣传。后来在克复南昌后，黄埔五期学生军被调到武汉分校训练，继续完成学业，同时也是为了巩固武汉国民政府这一革命大本营。

10 月，北伐军打垮了盘踞在两湖的北洋军阀，会师武汉，随即，国民政府迁都武昌。随着革命形势迅猛发展的需要，为了给革命储备、训练更多的军事人才，武汉国民党左派和中共决定成立中央军事政治学校武汉分校，是为黄埔军校武汉分校，校长蒋介石，同时决定招收女生。这是武汉国民政府创办的唯一的一所军事学府。蒋介石委派邓演达负责筹备，同时电请国民党中央党部将本校政治科移至武汉，确定将黄埔第五期政治科学员移往武汉就读，同时面向全国招收新生。分校校本部定在位于武昌文昌门、平湖门之间的两湖书院旧址。

两湖书院（今武汉音乐学院、武昌实验小学一带）是前清湖广总督张之洞1890年创办的，辛亥起义革命元勋黄兴早年就在此读过书。走进武汉分校，军校大门上粉刷有两行标语：第一步使武力与国民结合；第二步使武力为国民的武力。两旁墙上制有“对内政纲”和“对外政纲”，对门墙上贴有“国民政府建国大纲”二十五条。走进分校内部，环境清幽，几幢两三层高的办公楼，白色的墙壁，红色的木柱，白色的檐瓦，一派古色古香的韵味。

两湖书院

两湖书院内有一个内湖，黄埔军校校本部办公楼就设在这内湖湖滨。

10月间，就开始在武汉和各省、市各大城市登报招生，投考的资格规定为中学毕业或同等学历。并在朝鲜、琉球、越南等地秘密招考入伍生。比如说，1926年底，中共中央派沈雁冰到武汉分校工作。到武汉之前，沈雁冰受武汉分校筹备人之一、共产党员包惠僧的委托，在上海为武汉分校招生。沈雁冰物色了陶希圣、吴文祺、樊仲云等共产党人到武汉任政治教官，并在陶、吴、樊三人的协助下，经过两星期的招生工作，初试一千左右投考者，从中录取了200多名。

招生复试的那几天，武汉寒风呼啸，寒气刺骨，最后录取了入伍生1181人，其中男生986人，后来成为了当代著名诗人的臧克家就是其中之一。复试录取比率只占初试的十分之一。未被录取的初试考生，多数进入设在武昌南湖的总司令部学兵团，少数女生被推荐进入设在汉口的妇女运动训练班。

沈雁冰肖像

经过3个月的筹备，黄埔武汉分校终于成立了。1927年1月19日改名为中央军事政治学校（黄埔军校）武汉分校。2月，蒋介石委派邓演达为代理校长，顾孟余为党代表，包惠僧任政治部主任，恽代英任政治总教官，张治中为教育长兼训练部部长、学生总队长，季方任办公厅主任兼军事总教官，蓝腾蛟继任军事总教官，周佛海任秘书长，政治教官有高语罕、谭平山、沈雁冰、徐谦、施存统、吴文祺、陶希圣、梅思平、甘乃光、李鸿林等人。后来，恽代英一度曾兼任政治部主任、秘书长，周佛海亦兼任办公厅主任和政治教官，施存统兼任国民党特别党部秘书长。而沈雁冰是1927年1月到武汉的。2月上旬，武汉分校发布了第71项委任令："委任沈雁冰为本校政治教官，支中校二级薪，此令。"

1926年11月底，黄埔（六期生）武汉分校入伍生入学，1927年2月12日，举行开学典礼，宋庆龄、吴玉章、孙科、董必武等人出席了武汉分校开学典礼。中共湖北省委妇委书记袁溥之"大声转述"了宋庆龄的祝词，言简而意赅，师生为之动容。袁溥之后来与吴晗喜结连理。黄埔第六期原定学制三年，计划通过鲍罗廷、加伦将军的关系，聘苏联红军军事专家为顾问，邓演达、季方、包惠僧、黄琪翔等人早年留学德国，又拟请德国著名的军事专家来当教育顾问，后因政治变化而作罢。

黄埔女生队

古有花木兰女扮男装，代父出征，而在1927年的武昌街头，一群身着军装，头剪短发，腰扎皮带，脚缠绑腿的黄埔女兵，经常英姿飒爽地行进着，引得市民每每侧目而视。她们就是近现代中国第一批军事院校的女兵，被恽代英赞扬为“中国妇女解放的先锋和榜样”。直至20世纪初叶，由于长期封建积习的影响，中国女子一般不抛头露面，离家上学已少见，而黄埔女兵入伍当兵和男兵一样跌爬滚打，刺刀见红，更是开启新时代的新社会风气。

黄埔军校招不招女学员呢？这是从黄埔一期生入学前后就争吵不休的一个话题，为此，李之龙、金慧淑、潘慧勤等人还在羊城大出了一回风头。

武汉光复，国民革命的浪潮从珠江流域席卷到了长江流域。这时候，武汉成了军事、政治、文化、革命的中心。大街小巷，革命歌声不绝于耳，有的唱着“打倒列强，除军阀，国民革命成功……”，有的唱着“工农兵联合起来，向前进，万众一心……”。高涨的革命热情，许多青年男女为之激动不已，纷纷奔向了大革命的道路，纷纷报考黄埔军校。到复试的时候，来自全国近万名青年男女，把武昌城闹得热气腾腾，到处都有才俊们指点江山、豪气冲天的身影。

当时，青年男女们大多对国内外形势和革命的要求有了一定的认识，认识到中国在国际地位上必须要力争自由平等；在国内，大小军阀各霸一方，争权夺利，要革新政治，就必须建立和平统一的革命政权。许多女生也有了革命觉悟，看到黄埔军校的招生新闻以后，纷纷“怀着兴奋和好奇的心情”到军校去报了名。如黄埔六期女生队入伍生吕儒贞回忆说：“那时我也觉悟到，妇女要在革命的政府领导下，有了参政权，有了职业，经济独立，才能在政治、文化、经济上达到真正的男女平等。国民革命胜利，国民政府迁都武汉，我无限欢欣鼓舞，盼望能参加实践工作，进革命学校，充实和锻炼自己。”

谢冰莹回忆她年少时那种天不怕地不怕的性格：“我完全像个男孩，一点也没有女孩的习气，我喜欢混在男孩子里面玩，排着队伍手拿着棍子操练时，我总要叫口令，指挥别人，于是他们都叫我总司令。我常常梦想着将来长大了带兵，骑在高大的马上，佩着发亮的指挥刀，带着手枪，很英勇地驰骋于沙场。”

黄埔六期女生队原计划只招收四五十人，可是，到11月底，报名人数太多，国共两党大员递来的条子太多，最后录取了195人。吕儒贞回忆：“经过初试和复试，检查体格，看到最后一次榜上我被录取了，心里很激动，就到同学家里把头发剪了。那时候，革命的新潮流进了武汉，可是一般人的封建思想还非常浓厚，我不敢在自己家里剪头发，惟恐家中阻拦我进军校；过后家中知道我剪掉了发，无法阻止，我终于进了女生队。”当时，参加复试的四川籍女子有30名，其中2人名落孙山，一个名叫柯银珠的女生，因为落了榜，竟被活活地气死了。

也有一些追求自由、进步的女子敢于冲破家庭的阻力而投考军校。比如说谢冰莹，1926年，她的母亲一直在她耳边唠叨，要20岁的她和一个早在3岁时就为她订下的、而她发誓“将来决不会和他结婚”的男子完婚，为了拒婚，她一度想离家出走。正在她苦闷徬徨的时候，正好此时黄埔军校武汉分校政治科来长沙招生，而且破天荒地要招女兵。谢冰莹在二哥的支持下，“为了想受点军事及政治的训练，将来好实际参加革命”，决心“投笔从戎”。初试结果，军校在长沙录取女生44名，谢冰莹名列其中。1926年12月16日，她乘车北上武汉。经过复试，被正式录取，成为中国近代史上第一批女兵中的一员。

在1927年过春节的那两天，是女生队新生报到入学的时间。女生队的同学，来自全国各地，年龄在18到30岁之间。以两湖和川籍女子较多。其中有中学生，有大学生，有当过老师的，还有做过工作的。未婚女子居多，也有少数是结了婚当了妈妈的女人。大家由不同阶级的家庭中出来，各党各派、无党无派的都有。入学不久，学校让女生队全体入伍生集体填过一次国民党入党表。

第二节　革命军人的洪炉

两湖书院

黄埔武汉分校是蒋介石批准建立起来的，并且还是寄予厚望的，可是不久，以蒋介石为首的国民党右派为何却诬蔑其为“赤子赤孙”的摇篮，必欲弃之而后快呢？原来，在中共和国民党左派的领导下，黄埔武汉分校的领导权，掌握在邓演达、恽代英手中，成为了造就红色人才的一所学校。黄埔武汉分校先后特约到校讲演的著名人士有毛泽东、谭延闿、郭沫若、彭泽民、徐谦、谭平山、甘乃光、高语罕、陈独秀、瞿秋白、彭述之、陈公博、何香凝、吴玉章、宋庆龄、顾孟余、李鹤林、高一涵、董必武、孙科、唐生智、向忠发等。1927 年 1 月，毛泽东到两湖书院作讲演，内容是“两湖农民运动——中国社会各阶级的分析和有关湖南农民运动的情况”。

何香凝

何香凝（1878—1972），原名瑞谏，号双清楼主。广东南海人。国民党领袖廖仲恺的革命伴侣，中国民主革命的先驱，著名的国民党左派，民革主要创始人之一，妇女运动的领袖，20 世纪中国画坛杰出的美术家。

武汉分校创办初期，没有固定的教室，学生没有桌椅。上课时，教官大多站在桌子上讲，学员们就围在四周听。“所谓讲课，实际上是演说”，沈雁冰回忆，“政治教官的任务很重，准备好一课，就轮流到军事科、政治科的各队去讲授。”

此前 1926 年 12 月初，蒋介石在南昌电令黄埔军校本部五期生政治大队及炮兵、工兵两队学生及教官与器材即刻北迁武汉。到开学典礼之后，此时武汉分校已经设立政治讲演班，有男女学生 1100 余名，黄埔本校政治大队到达武汉后，双方合并训练。同时，武汉分校就有了政治、炮兵、工兵三科。

武汉分校全校学生约为 2900 人，计有从广州随北伐部队北上的黄埔第五期 3 个大队共计 12 个中队，即政治科、炮兵科和工兵科各 4 个中队，第六期入伍生总队政治科第一大队 4 个中队，第二大队 4 个中队，女生大队 3 个中队，每个中队辖 3 个区队，每个区队分 3 班，每个班 12 人。女生队 300 多人，女生队大队长是郑奠邦，大队副队长为张麟书，区队长有杨、王、侯三位，指导员有彭漪兰、钟复光。此外，还附属有一个学兵团。

黄埔五期的政治科和黄埔六期的男生都住在两湖书院。五期政治大队驻武昌两湖书院西斋，张鸿儒任大队长，徐向前任第一队队长。蓝腾蛟任工兵大队长，史文桂任炮兵大队长。五期工兵科、炮兵科分驻大东门外华中师大旧址和平湖门外旧骑兵营。两湖书院与平湖门炮标相距咫尺之遥，后门是相通的，但门是常关着的。而“平湖门炮标，前临大江，后枕蛇山，右抱黄鹤楼，左前方与赤壁古战场遥遥相对，风景开阔，形胜天然。”女生队驻在与两湖书院一墙之隔的旧两湖中学，另有大门出入，课堂、操场、食堂、宿舍等，都是为女生单独使用而设计的。

巾帼不让须眉

黄埔六期女生队 195 名正式入伍生，编为一个大队三个区队，分为九个分队。大队长和区队长是学校任命的，分队长是从入伍生中选出来的。正式入校的头一天，女生队学员衣着各异，三五成群地聚在一起，叽叽喳喳，说长道短。在整队集合的时候，女兵连长对她们说：“你们首先要认清楚，到这里来不是像在文学堂似的过着浪漫的、舒适的小姐生活，你们都是兵，今天开始入伍，军人的天职是服从纪律，服从长官，要整齐严肃，吃苦耐劳。”正如谢冰莹后来回忆，她和其他女兵一样“精神顿时振作起来”，想到“过去的一切浪漫习惯都应该去得干干净净才行。”

女生队编队学习以后，每天过着集体有规律的军事生活。主要课程分政治和军事两种，即术科和学科。每天上午是学政治，下午是军事。军事课程主要包括兵器、筑城、地形以及步兵操典、射击教范、军中勤务令等，上课训练时，女生队学员个个腰扎皮带，打着绑腿，在操场摸爬滚打。沈雁冰还给黄埔女生队专门开设了“妇女解放运动”一课，还经常带女生上街宣传，正如他后来在小说《动摇》中所写的那样：“秀才初次去出征，不带男兵带女兵。”据黄埔六期女生胡兰畦回忆，这些宣传多是在街头演说，唱歌，以引起社会各界的关注，后来再深入群众，和群众打成一片。

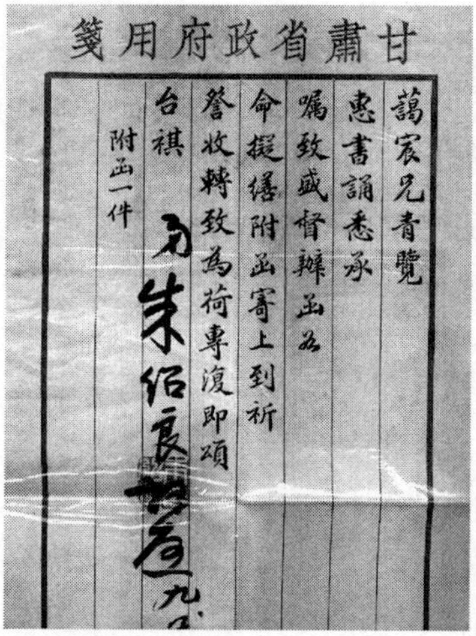
甘肅省政府用箋
譪宸兄青覽
惠書誦悉承
囑致盛督辦函茲
命擬繕附函寄上到祈
詧收轉致爲荷專復即頌
台祺
弟朱紹良
附函一件

朱绍良致盛世才的信

听大报告的次数没有一定，接到通知就随时整队前往。有时还要担任外勤，做宣传工作。每逢星期日上午七时许，照例举行总理纪念周。全校男女同学，包括武汉学兵团，迅速整队到书院大操坪，听取邓演达、恽代英或其他军政首长的政治报告，国民政府代理主席谭延闿、中政会主席汪精卫、总司令部参谋长朱绍良均到此作过报告。每次照例由总队长、总队值星官、大队值星官报告到会人数，全场肃穆，鸦雀无声。纪念周散会后，实行内务检查和武器检查。当邓演达、张治中、侯连瀛、恽代英、季方、蓝腾蛟、张鸿儒、史文桂、曾松卿等，轮流到各队检查内务时，依然由大队、中队值星官报告应到和实到人数。然后再一一检查每个学生的床位。女生队床上的被毯，叠得方方正正，手巾、漱口杯、面盆、牙刷，对正标齐。

女生队经常走上街头，来到工厂、农村，宣传反帝、反封建军阀的革命道理，动员妇女放足，剪辫，组织妇女协会。谢冰莹回忆当时的情景说：“我们嗓子叫哑了，我们脚底走起泡了，晚上只睡五个钟头，工厂里，茅棚里，学校，十字街头，汉阳门，江汉关码头……何处没有我们的足迹呢？”女生队还积极参加了收回汉口英租界的斗争。在收复主权的斗争中，女生队学员看到了“伟大的，不可抵御的民众之力”，谢冰莹写道：“仅仅在一点多钟内，居然把英租界收回了……就这样轻易地由万万千千的劳动者、学生、军人、革命的老百姓，用团结的力把紧紧地被握在帝国主义手中的一块地盘夺过来了，真威风啊！”

而沈雁冰对黄埔政治教官一职情有独钟，据郑超麟回忆，沈雁冰1927年4月奉命离开武汉分校赴汉口任《汉口民国日报》总主笔后仍着一身军装。1927年5月16日黄埔军校武汉分校特别党部成立，沈雁冰写了一篇祝贺文章，刊载在《汉口民国日报》上，影响深远。

女生队晚上的活动每天不同，有时上自习，有时开政治讨论会，讨论的题目有“领袖与革命”、“革命与恋爱”等。有几个女生如胡毓秀、彭缘华、宋伯均等，能说会道，下笔成章，是女生队里的活跃分子。有时候指导员彭漪兰、钟复光教女生队唱歌。星期五、六的晚上，多半是文娱活动；参加了政党组织的同学，就去开会了。读过《一个女兵的自传》的都会对书中的黄埔女兵谢冰莹有一个清晰的印象：“一个小巧玲珑的姑娘，头上一顶揉皱了的军帽，帽檐耷拉着；一张清秀的小脸上，一对大大的眼睛，洋溢出无限的青春活力。”

“反蒋”运动

北伐军克复南昌之初，蒋介石就想把广州国民政府迁到南昌。当时在武汉的国民党左派领袖邓演达、宋庆龄、何香凝、董必武、陈友仁、吴玉章、徐谦、谭平山、甘乃光、高语罕等人都坚决反对，认为武汉是全国的政治中心，中央政府应留在武汉，继续北伐。经国民党中央执、监委联席会议一致通过决议，旋即发起反蒋示威运动。

谭平山肖像

1927年3月12日，武汉各界召开孙中山先生逝世二周年纪念大会。这实际是就是国民党左派和中共联合组织的一次反蒋动员大会。那天，黄埔武汉分校每队派出20名学生，统由总队值星官——第六期入伍生总队政治第二大队长曾松卿率领，武汉学兵团每连派出20名学兵，由第3营营长宋湘涛率领，整队到汉口血花世界参加纪念大会。武汉工人代表走上主席台上，揭发蒋介石背叛革命，主张罢免蒋介石本兼各职，一致申罪致讨。正讲得慷慨激昂的时候，武汉分校出席大会的一部分黄埔五期生（孙文主义学会分子）别有用心地站起来唱反调，提出质疑，并当场退席，以示抗议，不听大会总指挥的劝告和指挥，当场遭到了武汉分校大多数革命同学和工人代表的愤怒谴责，最后双方动武，工人代表被打伤。一些黄埔生回到校本部报告，旋即，武汉分校特别党部召开各队党员紧急大会，一致坚决响应“反蒋”的号召，并把一部分闹事的黄埔五期生关了禁闭。武汉分校内部，从此起了两极分化，展开了尖锐的斗争。

3月15日，黄埔武汉分校全体同学和武汉学兵团，共计3千余人，在两湖书院大操坪集合，开了一次声势浩大的反蒋大会。同学们面对孙中山先生遗像行三鞠躬礼，高声朗诵总理遗嘱，静默三分钟，庄严肃穆；并向受伤的工人同志们行鞠躬礼，赔礼道歉。

3月22日，鉴于国民党中央和国民政府已迁至武汉，经武汉中央政治会议通过，决定将武汉分校正名为中央军事政治学校，取消分校名称。3月下旬，国民党中央执行委员会扩大会议决定军校取消校长制。蒋介石随即离职。月底，教育长张治中也辞职，离开武汉，到九江时发来了一个“告别武汉分校同学书”的电报，就去了南京。

武汉黄埔军校就以邓演达、恽代英、徐谦、谭平山、侯连瀛、程潜、唐生智、孙科、顾孟余、谭延闿、汪精卫为校务委员会委员，推举谭延闿、邓演达、恽代英、侯连瀛、徐谦、谭平山为校务委员会常委，管理校务。由侯连瀛继任教育长，史文桂兼任武汉学兵团团长，恽代英任政治部主任，施存统继任办公厅主任兼秘书长。而蒋介石盘踞南京，另外成立了南京中央陆军军官学校，委派张治中为教育长。

广东人邓演达，身材魁伟，仪表庄严。系革命先烈邓仲元之侄，是国民党最坚定的左派领袖。早年由孙中山先生选送德国留学。在黄埔军校和武汉军校，他的威信很高。邓演达除了讲课外，还常在总理纪念会上作报告。女兵们回忆："他勇往直前，朝气蓬勃，使得一般青年在工作上处处以他的精神为典范。"

军校改组后，恽代英对黄埔生说："蒋介石在南京背叛了革命，破坏了团结，个人英雄，专制独裁，所以把他的职务撤了。"邓演达说："中国革命运动，照现在的形势看来，将分成两条道路，一条是无产阶级的革命道路，再一条是资产阶级的革命道路。"黄埔武汉分校改组之后，分校内也形成了几个党派组织。不少黄埔女生没有参与党派活动，比如吕儒贞就说："我因政治理论的书籍看得很少，对各方面认识也不够，所以没有参加何种党派。"

宁汉正式分裂以后，武汉各界在武昌阅马厂开了讨蒋大会。汪精卫在台上讲了话，说"蒋介石是独裁，拥兵自重，把黄埔学生当他私人的工具"。当天晚上，分校男女生还在蛇山首义公园演话剧。男生张才英扮演蒋介石，身穿袁世凯时代的军装，军帽上面插一束白毛。女生队参加演话剧的女生很多，其中有邓铭芳、郑梅仙、陈德云、陈洁、张先怡、曾宪植等。

孙伏园与鲁迅等合影

1927年10月4日，鲁迅与许广平初抵上海，与孙伏园等人合影。前排左起：周建人、许广平、鲁迅。后排左起：孙熙福、林语堂、孙伏园。

武汉军校校刊《革命生活》，每星期出版两次。内容丰富多彩，有马克思列宁主义的理论，战斗生活，以及革命与恋爱的辩论等文章。主编人为陆侃予，特约编辑有孙伏园等。黄埔生谢冰莹、胡兰畦、杨家祺、谷万川、高标、符浩、陈龙池、唐维、叶镐、陆更夫、袁裕、李鸣珂、高天一、周思齐、刘醒民、刁福君等，都是校刊的积极撰稿人。

转瞬间，四个月的入伍生活在紧张中过去了。几个月工夫，女生队学员个个都掌握了卧射、跪射、立射等技能和变换队形、指挥班排进攻的组织要领。

4 月初，国际工人代表团汤姆斯等一行来到武汉，在两湖书院大操坪出席武汉各界的欢迎大会，并作了重要报告。武汉军校第六期入伍生总队政治大队第五队同学邓超任翻译。女生队也派出了 20 名学生担任保卫工作。在这次欢迎大会上，中共和国民党左派领袖宋庆龄、何香凝、董必武、陈友仁、孙科、徐谦、唐生智、彭泽民、吴玉章、谭平山、高语罕、邓演达、谭延闿、向忠发等，都出席了大会。海外部长彭泽民，妇女部长何香凝，中央监察委员吴玉章等发言，颂扬孙中山先生联俄、联共、扶助农工三大政策的伟大。湖北省农民协会主席向忠发，在大会上痛斥蒋介石背叛革命。第 4 集团军总司令唐生智在会上说："我们在武汉召开这个大会，帝国主义者和新老军阀听了，一定在发抖！"《中央日报》社社长高语罕和司法部长徐谦，亦高声痛骂蒋介石。

第三节　保卫武汉

中央独立师西征

奉系张作霖统率所部大军盘踞中原，堵塞冯玉祥部不能出潼关，继而觊觎武胜关，妄图挥戈南下，威胁武汉政府！武汉国民党中央军事委员会决定讨伐张作霖，北伐河南。4 月 12 日，蒋介石在南京发动"四·一二"反革命政变，把屠刀对准了共产党人和革命群众，而就在同一天，武汉国民政府在南湖举行北伐誓师典礼，继续北伐，一统中原。军校也在女生队中挑选了 20 人组织宣传队随军开往北伐前线，许多女兵争先恐后地报名，当谢冰莹听到出发河南的女兵名单的第二名便是自己时，她竟“喜得发狂”。女生队学员谢冰莹被编入的排，其排长是罗瑞卿，罗瑞卿后来成为了共和国大将。

蒋介石背叛革命，割踞南京。这时汪精卫由海外归来，发表“上海公报”（“反蒋的两党联合宣言”），但是，他到南京下关时，又与蒋介石联名发表宣言，主张武汉政府与南京政府合作。对于汪精卫这种背信弃义、朝秦暮楚的行径，武汉军校的黄埔生极为不满，撰文讽刺汪精卫“挂羊头卖狗肉”。

汪精卫回到武汉后，武汉国民政府发表了四个集团军总司令的命令：蒋介石、冯玉祥、阎锡山、唐生智分别为第 1、第 2、第 3、第 4 集团军总司令。

当武汉政府北伐军和冯玉祥会师郑州时，分校也派了一部分同学去参加北伐的救护和政治工作。女生是自愿参加。出发前，女生队同学开送别会，鼓励和赞扬上前线的女生，“说他们去干这种实际的革命工作，是很光荣的，是做了青年的向导。”

当武汉北伐大军北上集结河南的时候，而留驻武昌的，只有第 11 军第 24 师叶挺的部队第 70、71 两个团，加上一个学兵队，以及黄埔第五、第六期生，包括学兵团、国民政府警卫团等，共计 5 千多人，担任武昌卫戍勤务，由叶挺任武昌卫戍司令。

在卫戍武昌的过程中，一部分黄埔生打着纠察队的旗帜，天天日

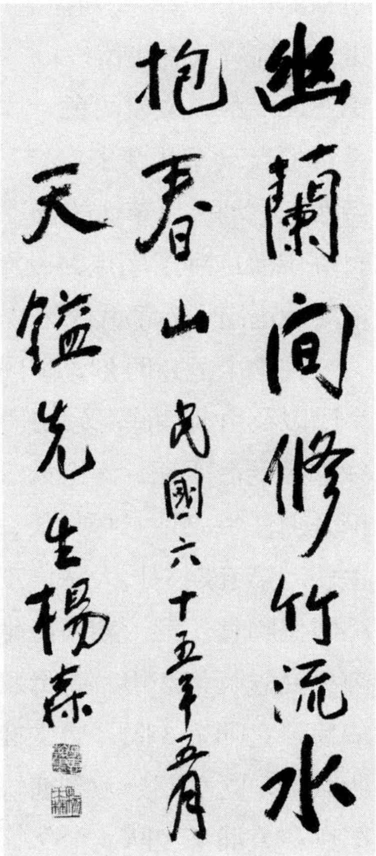

杨森书法

夜巡逻，严防奸细，维护治安秩序，同时不忘军事训练，沿 1926 年 10 月武昌攻城的故道，演习攻防战术：攻击、防御、射击、冲锋等。军事总教官蓝腾蛟讲授、示范射击，演习实弹射击，教育长侯连瀛讲授筑垒教范。

1927 年 5 月 4 日，趁着武汉国民政府兵力空虚，被蒋介石收编为第 20 军军长的四川军阀杨森，发布“动员令”，进犯武汉，从万县东下，镇守宜昌的独立第 14 师师长夏斗寅在蒋介石的收买下，突然背叛武汉国民政府，出其不意，发兵北进，与杨森默契配合，杨、夏的突袭，使坐镇武汉的国民政府要员如汪清卫、孙科等人大惊失色。

到 5 月中旬，夏斗寅部进逼到距武昌城外 15 公里的纸坊车站。而杨森部也从鄂西进逼距汉阳 90 公里的仙桃镇。原直系军阀投诚过来的第 15 军军长刘佐龙，亦受蒋介石的怂恿，由鄂东向汉口推进。许克祥又在湖南发动“马日事变”。顿时，兵力空虚的武汉三镇三面受敌，岌岌可危。恽代英给黄埔生做报告，说：“杨森、夏斗寅的反动军队要来攻打革命的大武汉，我们分校的学生，要准备西征，消灭反革命的杨、夏反动军队，保卫革命的大武汉。”这时周佛海逃到了南京，投靠了蒋介石，为讨好南京政府，写了一篇《我逃出了赤都武汉》，发表在南京《中央日报》上。

在这个危急时刻，国民党左派和中共决定派遣叶挺率所部两个团以及由黄埔武汉分校师生改编而成的中央独立师赴纸坊迎敌。独立师受命西征，保卫武汉。叶挺任西征指挥官，侯连瀛、杨树松分别任中央独立师师长、副师长，恽代英任师党代表兼政治部主任。第五期炮兵大队、工兵大队被编为中央独立师第 1 团，张鸿儒任团长。第六期入伍生总队政治第一大队、第二大队被编为中央独立师第 2 团，蓝腾蛟任团长，胡斌任副团长。武汉学兵团编为独立师第 3 团，史文桂任团长。黄埔第五期政治大队举行毕业典礼，同学们分派到前线北伐部队和湖北省保安团队担任下级军官。黄埔女生队 4 个队临时编配到师政治部、军医院以及各连队，编为宣传队和救护队，从事宣传、救护工作。

5月16日，奉命出征的军校师生举行了西征誓师大会，恽代英深情地勉励大家："现在就是要用我们的光明去冲破周围的黑暗。"当晚，侯连瀛、恽代英率中央独立师开赴纸坊。第1团渡长江向仙桃镇前进，迎击杨森。第3团向长江下游，沿葛店、青山之线布防。第2团沿粤汉铁路正面，配合叶挺部与夏斗寅部展开激战。第2团团长蓝腾蛟下达作战命令："有优势之敌，盘踞在纸坊车站附近山地。我团有歼灭该敌的任务，第一营为前卫，第二营为本队，第三营为后卫，第一营派出尖兵连，目标纸坊车站搜索前进！"

黄埔女兵西征

1927年5月16日，武汉军校校本部发给女生队学员行军时用的装备，干粮袋、草鞋、三色带、军毯等。由此，黄埔六期女生队一变而成为革命女兵。三色带表示宣誓为革命献出自己宝贵的生命，来保卫革命的武汉，在和敌人战斗时，要有不怕死的牺牲精神。武汉各团体还给女生队送来很多面锦旗，上面写着："革命的先锋"、"巾帼英雄"、"少年先锋"等。

5月17日晨五点，黄埔女生队高举"中央独立师"军旗和多面锦旗，号兵吹着进行曲，分两路出发，参加西征，向望山门车站前进，一路到纸坊，一路到金口。吕儒贞所在的女生队，到达望山门车站候车的时候，她们看到从前方开回来的火车上，满载着黄埔男生兵，他们是在前一天出发的，在前线与敌人开过火的，有的负了伤，有的开回来休息。女生队看到这种情况，大多数心里并不畏惧，吕儒贞就想："这次就是牺牲了也是光荣的。"

女生宣传队5月19日下午一点多钟到达武昌县土地堂。那里刚进行了一场激战，尸横遍野，伤员甚多。前一个晚上有许多本来可以获救的伤员因无人救护而死去。师长命令宣传队派20人去当看护，特别指定要选派从前预备随军北伐河南的女生队成员。谢冰莹、刘光慧、王继夫、曹泽芝、刘淑召、段振亚6人被分到刚组建的第11军教导营。

女生队担任的是政治宣传工作。政治部主任施存统，还有二位指导员。在吕儒贞队里指导工作的是杨剑英。黄埔女生队一路行军，经纸坊、咸宁、嘉鱼、蒲圻、新堤、沔阳等地，都是徒步行军，每天约走 30 公里。沿途未发现敌踪，到了纸坊，女生队就听说杨森部、夏斗寅部都已被打退了。

原来叶挺部在纸坊、土地堂大败夏斗寅叛军，5 月 21 日攻占咸宁，追敌至汀泗桥、蒲圻。夏斗寅残部经鄂东南逃向安徽，武汉转危为安。5 月 22 日，沈雁冰在《汉口民国日报》上发表了《夏斗寅失败的结果》，鞭挞夏斗寅。针对蒋介石宣称武汉处于四面楚歌之中，借此挫伤武汉北伐军锐气的企图，沈雁冰发表了《我们的出路》，辛辣讨伐蒋介石的叛变革命行为，指出“我们有出路的！我们已经到了出路之口，再进一步，就是胜利！”

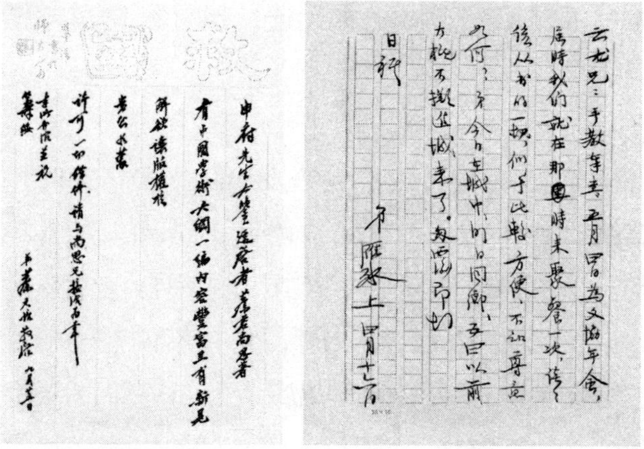

沈雁冰信札手迹

中央独立师随即奉命西征，配合由林伯渠、李富春分任党代表的国民革命军第 2、第 6 军讨伐杨森部。谢冰莹也随所部从蒲圻到嘉鱼，渡江至新堤，再至峰口。直至革命军收复长沙、宜昌，杨森叛军分路向巴东、万县方向撤退。6 月 11 日，沈雁冰又发表《杨森溃败之观察》，指出：“一切与杨森同盟的反革命的蠢动，一定要与杨森同其命运。”

湖北位于长江中下游地区，六月的天气已经是骄阳似火了，在炙热的太阳下步行，黄埔女兵个个晒得头晕眼花，有的就把毛巾放到水沟里浸湿，搭在头上，感觉很凉快，湿毛巾不久就晒干了，又浸湿，如此反复。为了鼓舞士气，宣传革命，黄埔女兵们一路走一路高唱《少年先锋歌》和《国际歌》。在田里忙活儿的农民，有的看到军队开来了，吓得赶紧往村子跑。待看出是女兵，又争相出来看热闹，个个脸上都现出惊奇的模样。

西征军纪律严明，女兵除了不直接上战场外，其他同男兵一视同仁。傍晚时分，黄埔女兵就停在预定的地方宿营，住宿在祠堂、庙宇里面，不借住民房。既使女兵要上厕所或向居民要点水吃，还得付钱给对方；而且，女兵对他们也很讲礼貌，因此，他们对女兵也很客气，渐渐地就愿意和女兵们接近，欢迎和帮助女兵。

据谢冰莹回忆，黄埔女兵宣传队到咸宁后，她们除了救护伤员外，经常抽空协助做妇女的宣传和组织工作。女生队深切地感受到“我们是有主义的军队，我们是百姓的军队，我们到一处受一处民众的欢迎。”可惜，没有亲自上前线冲锋陷阵，“尝尝枪林弹雨中生活的滋味”，许多黄埔女兵为此深感遗憾。谢冰莹随身携带的毯子、水瓶、包袱等日用物品一开始就在路上丢失了，“饷及一切东西都没有发”，就只有一身军衣，喝茶、发信、洗澡、买零用东西的钱，“一概是借着别人或者随便用同志们的”，最后女兵个个都成了身上“除了扣子没有铜”的穷光蛋。

正在演讲的谢冰莹

据吕儒贞回忆，西征时，施存统和杨剑英直接领导她所在的这一路黄埔女兵的工作。每到达一个据点时，杨剑英就和女兵们一起宣传，改组当地的工会、农会和妇女协会，同时还接受当地人民的控诉案件。沿途的宣传工作，主要是对农民宣传西征的意义，说明革命军队是保护人民群众的生命财产安全的，杨森、夏斗寅是反革命的军队，他们为的是自己升官发财。女兵还告诉群众，汉口江面停泊了很多外国军舰，是帝国主义对革命军的威胁，不要害怕。出发一个多月，沿途还俘获了两名敌探。

当女兵在新堤驻扎时，接受的人民控案最多。有几个流氓和不法分子，混进了新堤的工会和农会，敲诈勒索，贪赃枉法，青红皂白不分，甚至于鼓吹“有土皆豪，无绅不劣”，引起了当地群众的公愤。分校政治部和女兵查明了情况之后，迅速召开群众大会，根据案情轻重，分别对待，做出处理，枪毙了几个罪大恶极的首恶分子。恶霸已除，当地群众拍手称快。

黄埔学生军组成中央独立师西征，士气很旺，战斗力强，与杨森部、夏斗寅部那些老弱残兵相比，他们战斗力肯定要强得多。杨森部、夏斗寅部一想，不如以保全枪支为妙，所以就边打边退。杨森部的确没有多少战斗力，有些士兵带着两支枪，一支是烂步枪，一支是鸦片烟枪。到 6 月下旬，西征就告结束了，女兵的革命宣传任务也告一段落了。6 月 30 日，中央独立师撤消建制，黄埔学生军恢复正常学习。

黄埔女生队在 1927 年夏参加了西征夏斗寅战役，这是短暂的黄埔女生队历史上最露脸的一次活动，女生队参加了实际的革命工作，增长了革命阅历，壮大了革命胆量。正如谢冰莹无限感慨地写道，为期四十天的“又艰苦又悲壮，同时又很有趣味的行军生活”，“有意义，有价值，雄壮，痛快”，她从身体到精神都发生了巨大的变化，“在这个伟大的时代里，我忘记了自己是个女人，从未想到个人的事，我只希望把生命献给革命，只要把军阀打倒了，全国民众的痛苦都可以解除，我只希望跑到战场上去流血，再也不愿为着自身的什么婚姻而流泪叹息了。”

女生队解散过程

西征历时月余，黄埔女生队基本上没遭遇什么惊险的军事场面。但在分两批回撤武汉途中，却出了大事，第一批回撤女兵所乘的轮船在金口失事，船上女兵和一位李指导员统统遇难。甚为悼惜！究竟第一批溺死了多少，尚未找到准确的数据，据估计，应该在一半左右。而第二批女生队成员顺利地回到了武汉。她们在从峰口回新堤的船上，自己撑篙，自己划浆，兴奋地听战士们唱着“青的山，绿的水，灿烂的山河；美的衣，鲜的食，玲珑的楼阁；谁的功，谁的力，劳动的结果。全世界无产者，团结起来啊！”的歌曲。

1927 年 7 月，幸存下来的黄埔武汉分校女生队每人领到了一张毕业证书，汪精卫策动“七・一五”事变后，由于武汉政治局势日益恶化，中共准备撤往南昌发动起义，恽代英就召集女生队开会，说：“武汉的形势，一天比一天恶劣，分校要结束了，你们有家的，可以回家乡去，没有家可回的，就随着部队一起走。”这次报告后，黄埔六期女生队成员就各奔东西了。胡筠、黄杰等返乡的军校学员，都成了各自家乡起义活动的领导者；李淑宁（赵一曼）、王亦侠等经过组织安排去苏联学习，回国后参加了抗日运动。谢冰莹去上海艺大读书。吕儒贞回忆说：“我们女生队的同学，相处大半年之久，团结友爱，一旦被惊涛骇浪冲散，都有依依难舍之感。”吕儒贞、郑梅仙、危拱之、胡寰同、胡毓秀等多数女生都回了家乡。吕儒贞是武昌人，她离校后就直接回到了家里。不久，桂系陶钧、胡宗铎部来武汉接防。陶钧喜欢杀人，绰号叫“屠户”。他对青年人查得很严，每户人家要五家连环保。吕儒贞的毕业证书和一切书籍就被她的母亲给烧毁了。

7 月 18 日，黄埔五期生被迫毕业离校。接着军校整体改编为张发奎的军官教导团，全部移驻南湖营房。从此，武汉军校便不复存在。

有些女生队成员随中共部队行动。最后，到达南昌和广州的女生队成员不足 100 人。一部入叶挺、贺龙部，一部入张发奎部。恽代英和数百名被分配或转移到叶挺、贺龙部队的黄埔五、六期师生，包括 70 多名女兵，参加了南昌起义。当时负责军校党务工作的陈毅率领的一批师生未能够赶上南昌起义，却在江西临川赶上了起义队伍。起义军在潮汕失败后，陈毅与朱德率余部转战湘南，接着，在井冈山与毛泽东成功会师。红 2 方面军教导团后转移到广东，广州起义就是以这个团的 1300 多名武汉黄埔军校师生为主而发动的。起义失败后，红 2 方面军教导团又整编为叶镛、徐向前领导的红 4 师第 10 团，转移到海陆丰。在参加过南昌起义与广州起义的武汉黄埔师生中，后来成为共和国元帅的有陈毅、徐向前，大将有罗瑞卿、许光达，上将有陈伯钧，任过国家有关部门的负责人的有程子华等。女兵危拱之、周月华、张瑞华也在随后的革命中作出了贡献。沈雁冰后来成了中国现代文学巨匠，六期生宋绮云后成为杨虎城的秘书。

西征也成就了中国第一个女兵作家谢冰莹。她在行军途中，秉持"百分之百地忠实，一句假话也不写，完全根据事实，不渲染，不夸张"的纪实文学态度，以膝盖当书桌，奋笔疾书，把前线的战况，战地的趣闻，民众的热情，都一一地记录下来，真实地记录了那个时代里青年的爱国牺牲精神和当时人民苦难以及拥护革命的热情。为防不测，谢冰莹陆续把日记寄给武汉《中央日报》副刊编者孙伏园，请他代为保存，不料孙伏园竟把每篇日记

谢冰莹与张大千等合影

都发表出来……，从1927年5月24日刊出第一篇日记，至6月22日刊出最后一篇散记。于是，她那享誉世界的《从军日记》就这样在血与火的西征征途中诞生的。她的《女兵自传》，不但在当时很畅销，译成了英、日、法、西、葡、意等多种文字，而且至今长销，拍了电影，产生了广泛的影响，正像林语堂的评价："我们读到这些文章时，只看见一位年轻女子，身穿军装，足着草鞋，在晨光熹微的沙场上，拿一支自来水笔，靠着膝上振臂直书，不暇改窜，戎马倥偬，束装待发的情景；或是听见在洞庭湖上，笑声与河流相和应，在远地军歌及近旁鼾睡声中，一位蓬头垢面的女兵，手不停笔，锋发韵流地写叙她的感触。"

谢冰莹是中国现代报告文学和纪实文学的先驱者和开拓者，一生出版过的小说、散文、游记、书信等著作达80余种，计近400部，总计2000多万字，被誉为"新中国文学史上'女兵'文学的祖母"，法国大文豪罗曼·罗兰曾写信她，称赞她是"努力奋斗的新女性"。

第四节 巾帼不让须眉

黄埔女将

在黄埔六期女生队中，除了出了谢冰莹、胡兰畦等风云人物之外，也涌现出了不少杰出的黄埔女将，如游曦、赵一曼、胡筠等。谢冰莹、胡兰畦还被授予少将军衔。19岁的重庆巴县人游曦在广州任女兵班班长，参加了广州起义，在一次阻击战中不幸壮烈牺牲。

抗日战争爆发后，谢冰莹在民族危难之际，又焕发起为国家战斗、牺牲的精神！她到长沙发动妇女到前线救治伤员，组织湖南妇女战地服务团，她们高唱着《义勇军进行曲》，高呼着"打倒日本帝国主义！中华民族解放万岁！"的口号奔赴上海抗日前线。在战场上，她抱着"救一伤兵，就是杀一敌人"的信念，妇女战地服务团不分昼夜地工作着，战斗着，在枪林弹雨中穿行，为"受伤的战士洗伤口、敷药、扎绷带、倒开水、喂饭、用温柔的语言安慰他们，用激昂慷慨的话鼓励他们，为他们写家书，寻找旧衣服给他们御寒，送书报给他们看，讲述时事给他们听……”虽然战场上生活艰苦，她们不说苦，谁也不怕苦。

谢冰莹踏着战士的足迹跑遍了长江南北，在光荣和侮辱、欢乐与痛苦、血泪与烽火交织的生活里，凭着至死不屈的革命勇气，“冲破了黑暗”，“斩断了枷锁”，一次次让“叛逆女性”的旗帜高扬。她回忆说：“我没有一天停止过我的工作，虽然我个人是胜利了，但回顾整个的国家仍然在被敌人侵略着，全中国的妇女还在过着被压迫、被轻视、被歧视的生活，我不能放弃我的责任，仍然要向着人类的公敌进攻；总之一句话，我的生命存在一天，就要和恶势力奋斗一天。”

胡兰畦生于1901年，四川成都人。她的人生道路要曲折许多。1925年参加北伐，曾在国民党中央妇女部工作。女子队遣散后，她先是在上海、江西一带参加平民教育运动，之后参加邓演达的反蒋运动。1930年加入中共，1931年又被开除。1930年她留学德国，因从事国际共产主义运动和反法西斯斗争被捕入狱，经鲁迅、宋庆龄在上海向德国领事馆抗议后获释，后来写出了有世界影响力的《在德国女牢中》；1934年应邀参加苏联第一次作家代表大会，同高尔基、法捷耶夫等人有过交往，在苏联为高尔基守过灵，被斯大林钦定为高尔基的棺木执绋人。抗战开始后，组织上海劳动妇女战地服务团在前线服务4年。抗战中期被授予少将军衔，是近代中国第一位女将军；解放战争时四处发动国民党将领起义……

胡兰畦肖像

胡兰畦是宋庆龄、何香凝、李济深和陈毅、吴玉章、廖承志、成仿吾等杰出人士的生前挚友，当过李济深的代表，做过宋庆龄的助手。民国时期，这位四川美女上过《良友》画报封面，并与陈毅有一段“互等三年”的恋情……1994 年 12 月 13 日，在成都逝世。她的一生历经坎坷，正如她在回忆录里所述：“这辈子只知道赶着时代大潮走，在浪尖上奔呀，跑呀。有时被礁石碰得头破血流，也只能独自舔着流血的伤口。”

赵一曼

赵一曼（1905—1936），四川宜宾人。1927 年入黄埔军校武汉分校学习。“九一八”事变后，被派到东北地区领导革命斗争。1934 年担任中共珠河中心县委委员兼铁道部区委书记，组织抗日自卫队，与日军展开游击战争。1935 年 11 月不幸被捕，1936 年 8 月 2 日被日军枪杀。

抗日民族英雄赵一曼 1905 年生，四川宜宾人，1927 年离开武汉后，被派往莫斯科中山大学学习，1928 年冬因疾病和身孕回国，长期从事中共地下工作，“九 · 一八”事变发生后奉命前往东北，任满洲总工会组织部长等职，1935 年秋，又出任抗联第 3 军第 1 师第 2 团政委，群众亲切称她为“瘦李”、“李姐”，当地战士们亲切地称她为“我们的女政委”，而日伪报纸也惊叹她为“红枪白马”奇女子。11 月，与日伪军作战时不幸因腿部受伤被捕。面对凶恶的日军的严酷审讯，身心饱受蹂躏和摧残，但她仍然不肯屈服，表现出了一个共产党员坚强的意志和誓死抗日的决心，痛的几次昏了过去，仍坚定地说：“我的目的，我的主义，我的信念，就是反满抗日。”

1935 年 12 月 13 日，赵一曼腿伤严重，生命垂危，被日军送到哈尔滨市立医院进行监视治疗。住院期间，赵一曼利用各种机会向看守她的警察董宪勋与女护士韩勇义展开反日爱国主义教育，两人深受感动，决定帮助她逃出魔掌。1936 年 6 月 28 日，董宪勋与韩勇义将赵一曼成功背出了医院。6 月 30 日，赵一曼在奔往抗日游击区的途中不幸再次落入日军的魔掌。赵一曼被带回哈尔滨后，凶残的日本军警对她进行了老虎凳、泼辣椒水等更加惨无人道的刑讯。据敌伪档案记载，刑讯前后采用的酷刑多达几十种，但她始终坚贞不屈。日军无法从她的口中得到情报，就决定把她送回珠河县处死“示众”。8月2日，赵一曼牺牲之前，给儿子写了一封催人泪下的遗书：“母亲对于你没有能尽到教育的责任，实在是遗憾的事情。母亲因为坚决地做了反满抗日的斗争，今天已经到了牺牲的前夕了。希望你，宁儿啊！赶快成人，来安慰你地下的母亲！在你长大成人之后，希望不要忘记你的母亲是为国而牺牲的！”

红军女将军

黄埔女生队还出了一位著名的红军女将军胡筠。胡筠，湖南平江人，1898年生，黄埔六期生。1925年加入中共，北伐时任叶挺独立团政治处宣传员。第一次大革命失败后，他回到老家平江，发动农民暴动。她自任暴动委员会主任，四个月组织20万农民暴动，失败。1928年7月，彭德怀发动“平江起义”，胡筠率领游击队协助作战。据当时报载：“彭德怀与胡筠的部队互相呼应，声势浩大，赤焰所播，如火燎原。”起义胜利后，平江成立苏维埃时，一致选她当首任平江县苏维埃政府主席，彭德怀、滕代远、黄公略等都是她手下的委员。胡筠是远近闻名的神枪手。不久，平江游击司令部成立，她当总司令。此后，又相继任红16军独立团团长、中共湘鄂赣省委书记、红军学校5分校女生团政委等职。

胡 筠

胡筠（1898—1934），湖南平江人。1925年加入中国共产党。1928年7月，彭德怀发动“平江起义”，胡筠率领游击队协助作战，胜利后任平江县苏维埃政府主席。以“神枪手”之名勇冠“黄埔四女杰”之首。1934年1月，这位“革命坚决，打仗勇敢”的“难得的女将”竟然被王明“左”倾路线执行者以“反革命”的罪名秘密杀害。1945年，中共七大追认其为革命烈士。

胡筠是智勇双全的女将军，每次作战都身先士卒，两次负伤，仍然坚持指挥。胡筠曾指挥的著名战役有声东击西的木瓜乡“石壁之战”，用辣椒烟熏岑川乡“碉堡之战”，利用地形杀回马枪的“泉水之战”，扰敌致疲然后主力远程奔袭的修水县“朱溪之战”，用棉絮绑在桌子上令战士顶着桌子冲锋的“武宁之战”等。1930 年 12 月 23 日，胡筠率红 8 师及赤卫军一千余人采用里应外合战术，一举攻克通城，缴枪 1370 余支，长机枪 5 挺，手枪 30 余支，子弹十余担。在担任红军学校女生团政委时，胡筠指导女生们的军事学习和训练。一次敌人进犯省委会，胡筠率娘子军——红军女生团和省委机关的女同志——反击，打得最出色。胡筠从实战中总结出“拦腰截尾，打敌消残，敌进山，我下段，敌分散，我集中，敌去河东，我往河西，我忽东忽西，时隐时现，积小胜为大胜”等游击战术。

鲁涤平

鲁涤平（1887—1935），湖南宁乡人。平行伍出生，辛亥革命时为湘军排长，营管带。1915 年加入中华革命党。1923 年拥护孙中山，率部到广东。1926 年北伐中，升任国民革命军第 2 军军长，后任第 4 集团军第 1 军团总指挥。1928 年为湖南省主席，1929 年 2 月被桂系胡宗铎假国民党武汉政治分会之名免职，是为鲁案，引发蒋桂战争。1935 年病逝。据传，鲁中年暴亡，内中蹊跷，与史量才被刺案有关，是民国一大疑案。

胡筠文武全才，爱好文艺，治军之余不忘创作宣传作品，《李更探监》、《鲁胖子哭夫》等最为著名，《李更探监》反映罗纳川夫人李更探监，感人至深；《鲁胖子哭夫》形容鲁涤平哭张辉瓒，淋漓尽致。胡筠写诗抒发自己的战斗豪情：“男女穿上军装服，革命阵容意志坚。”既使在遭受非难期间，胡筠依然积极工作，在党校培养干部，看望女兵，亲自慰问伤病员，鼓励大家努力生产，支援前线。她还编写过一些红色歌曲，如《妇女当红军》：“艰苦的战友们战争开始，抛开你们的家庭，勇敢向前进，不怕流血牺牲，消灭敌人。”

1933 年，胡筠竟然被王明左倾

路线执行者诬为“反革命”而横遭逮捕迫害，1934年1月，被秘密杀害。她在“狱中自述”中写有“牺牲换人间幸福，奋斗乃吾辈生涯”之句。1945年，中共七大追认其为革命烈士。共和国成立后，当年曾和胡筠肩并肩战斗过的同志，非常怀念她，彭德怀元帅称她“多好的一位同志啊！她革命坚定，打仗勇敢，是个难得的女将”；王首道将军称她是“湘鄂赣女共产党员首领”；何长工说她是“在斗争中成长起来的群众领袖，很有水平，很有基层工作经验，群众威信很高，她是平江县和湘、鄂、赣杰出的领导者和创始人之一”。

第八章
两种思想的分歧

第一节 隐藏的裂痕

“不和谐的裂痕”

在孙中山领导下实行的国共合作从一开始就为国民党内一些“右派分子”所不满，但是由于孙中山在党内有着绝对的权威，反对“容共”的声音都暂时被压制下去隐藏起来了。不过，“反共”之议却从未因此而销声匿迹，“不和谐的裂痕”时不时便会由隐藏转为公开。

早在1924年1月28日国民党一大期间讨论党章的时候，即有国民党代表方瑞麟、江伟藩、黄季陆等提议，在国民党党章中应加一条“本党党员不得加入他党”的强制性规定，这就是针对已加入国民党的共产党人而提出来的。这一提案引起了激烈讨论，当时任国民一大大会主席团主席的李大钊代表共产党人发言：

李大钊肖像

> 我等加入本党（国民党）是为有所贡献于本党，以贡献于国民革命的事业而来的，断乎不是为取巧讨便宜，借

国民党的名义，作共产党的运动而来的。有一部分同志疑惑因为我们加入本党，本党便成了共产党，这亦是一种误会。我们加入本党是来接受本党的政纲，不是强本党接受共产党的政纲。试看本党新定的政纲，丝毫没有共产主义在内，便知本党并没有因为我们一部分人加入，便变成共产党了。……总之，我们加入本党，是经研究再四审慎而始加入的，不是糊里糊涂混进来的。是想为国民革命运动而有所贡献于本党的，不是为个人的私利，与夫团体的取巧而有所攘窃于本党的。我们留在本党一日，即当执行本党的政纲，遵守本党的章程及纪律，倘有不遵本党政纲不守本党纪律者，理宜受本党的惩戒。

关于此事发言者，还有江伟藩、叶楚伧、李永新、汪精卫、王恒、黄季陆、李国瑞、廖仲恺等。最后，会议主席胡汉民发言说："现听大家的议论，实际上没有什么争执，不过讨论之焦点，在怕违反本党党义和违反党德党章；但此种顾虑，只要在纪律上规定即可。现在纪律上已订有专章，似不必再在章程上用明文规定何种取缔条文，惟申明纪律可也。"胡汉民的意见得到与会多数代表赞成，获得大会通过。

1924年5月，中共中央召开中央执行委员会扩大会议，中共决定从思想上、组织上加强国民党左派，反对国民党右派，以使国民党革命化。这个"革命化"似乎进行得很顺，当时"差不多一切党部和民众团体的下层组织都充满共产党，尤其军队的党部和政治部更充满共产党"。"一个优秀的共产党员就是国民党核心组织的优秀成员。"这就是当时颇为流行的一个口号。国民党人陈公博认为，共产党发动的轰轰烈烈的工运农运，是"在那里煽动罢工，那无异乎挑动民众向国民党反攻，而且一个政府最大的作用是安定秩序，现在没有一天不罢工，没有一个工会没罢过工"。这就加剧了国民党右派对中共的不满，反共气氛日益浓厚起来。

公开的“反共”

国民党一大会后，刘成禺、冯自由等在林森寓所召集华侨及各省反共同志50余人密会，由邓泽如任主席，议决警告李大钊等不得用跨党机会以攘窃中国国民党党统。苏联顾问鲍罗廷和李大钊获知后，立即向孙中山揭发其事，孙中山几乎立案革除领头的冯自由、谢英伯、刘禺生、徐清和四人党籍。孙中山调解双方，将此事“和平”处理。此后，事态暂时平息，但很快便愈演愈烈。这主要是因为，大量共产党人进入国民党的组织系统，一定程度上触动了国民党人的利益，当然引起了国民党人的强烈反感。另外，部分共产党人在3、4月间（即在苏联与北京政府签订《中俄解决悬案大纲》之时）的言论，与国民党人大相径庭，他们不仅公开主张北京政府与苏联政府相互承认，而且公开发表文章主张予外蒙古以自决权。国民党人对此相当气愤，他们是一直否认北京政府合法地位的，而且对于外蒙古也坚持要求收回。

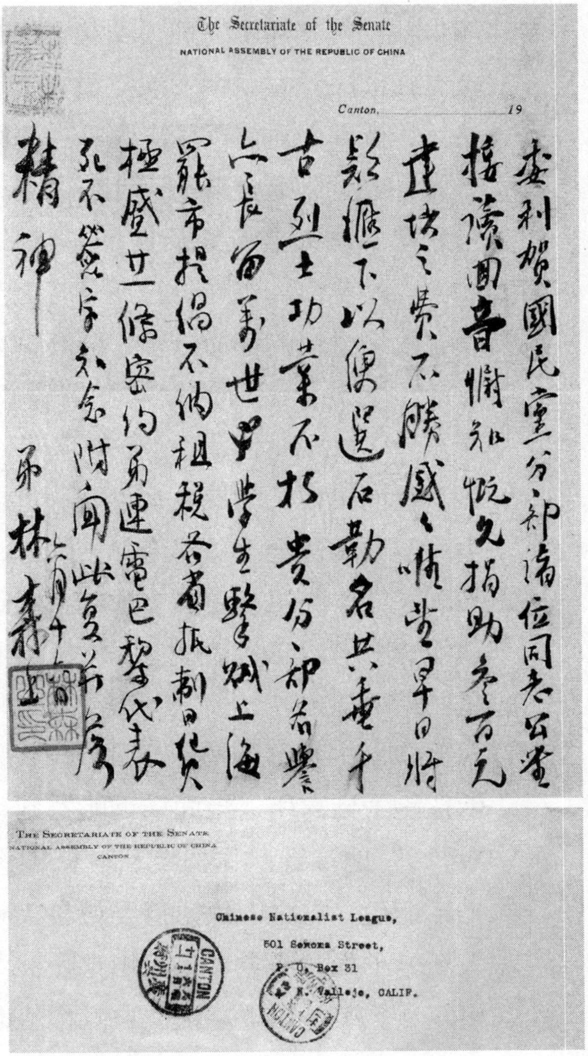
The Secretariate of the Senate
NATIONAL ASSEMBLY OF THE REPUBLIC OF CHINA
Canton, 19

THE SECRETARIATE OF THE SENATE
NATIONAL ASSEMBLY OF THE REPUBLIC OF CHINA
CANTON

Chinese Nationalist League,
501 Sonoma Street,
P. O. Box 31
N. Vallejo, CALIF.

林森信札手迹

而到1924年6月上旬，在上海的国民党在中共三大《关于国民运动及国民党问题的决议》、中共中央三届一中全会关于《同志们在国民党工作及态度决议案》及扩大中央执行委员会会议决议等中共党内文件中发现，中共不仅在国民党内进行党团活动，而且有在国民党左派中发展党员、扩展中共组织的明确目的，他们认为，此举严重违反了李大钊在国民党一大会议上所作出的“共产党并非党内之党”的声明。而且，他们还在《中国社会主义青年团第二次大会议案及宣言》和“团刊第7号”中的相应文字，如“国民革命为资产阶级不彻底之革命”、“从国民党左派中吸收真有阶级觉悟的革命分子，渐渐扩大我们的组织”、“组织国民党在政治运动上妥协的倾向”等语。张继、谢持马上从上海直奔广州。

黄埔军校开学典礼后两日，即在1924年6月18日，国民党中央监察委员会委员邓泽如、张继、谢持三人具名向孙中山总理和国民党中央执行委员会弹劾共产党，他们以中共中央文件、决议中的文字为证据，指控共产党“实以共产党党团在本党中活动”，是“党中有党”，是“违反党义，破坏党德”。

6月25日，鲍罗廷回到广州，张继、谢持为弹劾共产党问题前往鲍罗廷寓所，当面质询鲍罗廷，由孙科担任翻译，鲍罗廷竟“坦诚”地答复：“国民党已死，国民党已不成党。……党中分派是不能免，党之中央执行委员会实际上不能做党之中心。……加入新分子如共产党者，组织党团，可引起旧党员的竞争心，则党可复活。……希望左派、右派相争，发生一中央派作党之中心”，双方各不让步，最后不欢而散。而孙中山也不顾鲍罗廷发出了“俄国的援助取决于共产党继续参加国民党”的警告，同意在8月召开的国民党二中全会讨论“弹劾中国共产党人案”。中共总书记陈独秀对此反应强烈，甚至提议退出国民党。

7月7日，国民党中央发表《党务宣言》，指出“对于规范党员，不问其平日属何派别，惟以其言论行动能否一依本党之主义政纲及党章为断。”同日，孙中山调刘成禺、卢师谛、郭泰棋办理湘、鄂、豫三省军政事宜，并面告刘成禺其“联俄、容共”的基本立场：“吾知汝与共产党人水火，故派汝全权办理湘、鄂、豫军政大事，此后党务，可不必问。……今苏俄派人联络，且帮助一切重要物资，彼非厚于我，欲借国民党以实行其在华政策耳。吾则以外交政策联俄，以威胁英美日，英美日能与我改善外交，何必专在俄国？联俄必先收容共产党……吾所谓三民主义，其中能包括共产主义，共产主义不能代表三民主义，代表大会言之綦详。汝当竭其全力完成派汝之任务，党事不必过问。”

弹劾共产党人案

1924 年 7 月 11 日，在鲍罗廷的建议下，国民党设立中央政治委员会，以辅助孙中山筹划大政方针和任免重要人事。孙中山自任委员会主席，并聘鲍罗廷为高等顾问，另指派胡汉民、汪精卫、廖仲恺、谭平山（后由瞿秋白代）、伍朝枢和邵元冲为委员。在体制上，虽仍规定中央政治委员会在党务方面应对中央执行委员会负责，有关决定事后应请求追认，但事实上，既然孙中山自任主席，政治委员会在党务方面的决定自然也就具有了最后决定的意义，所谓事后追认只是形式而已。在中央执行委员会和监察委员会之外另设这样一个委员会，排除了这时中央执、监委中主要委员林森、邹鲁、邓泽如、于右任、柏文蔚、李烈钧、邓家彦，以及张继、谢持等人，实际上架空了作为最高权力机构的中央执行委员会。7 月 13 日，张继、谢持以提出弹劾共产党案后中央未作积极制裁，遂相偕离粤赴沪。

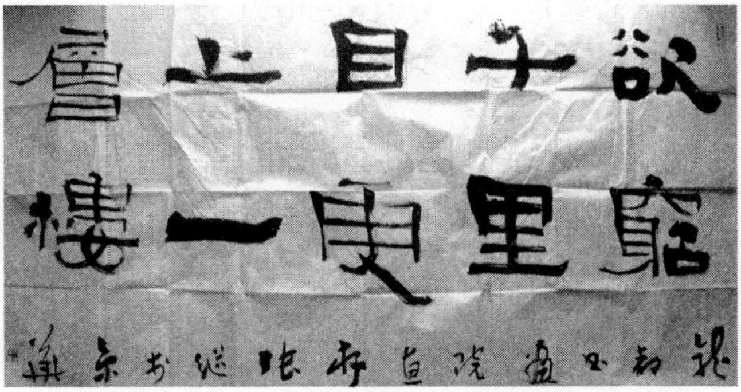

张继书法作品

张继（1882—1947），河北沧县人。1905 年加入同盟会，任司法部判事。1916 年任孙中山护法军政府驻日代表。1924 年 1 月，当选为国民党一大中央监察委员。6 月 19 日，与谢持、邓泽如等联名提出“弹劾共产党”，受到孙中山斥责。1925 年 11 月，积极参与西山会议派活动。1927 年任国民党中央特别委员会委员。

离粤的谢持等人把弹劾共产党的消息传播了出去，这使整个事态更加复杂化，不满共产党人跨党的国民党人因此纷纷集会，一时间联名提交检控信和弹劾案的国民党人就有2千人之多。上海国民党人内部甚至就此发生对立和冲突：8月1日，上海的国民党党员集会检举党内共产党员，会上反共和拥共党员激起冲突，发生了所谓“黎磊等被殴事件”，即赞成“容共”政策的党员黎磊和原有共产党籍的上海《民国日报》副刊《觉悟》版主编邵力子等遭群殴。因为此事，反对“容共”政策的国民党人和共产党人，也开始剑拔弩张地对立起来。上海执行部组织秘书毛泽东、宣传部秘书恽代英等共产党人联名上书孙中山，要求惩处打人凶手，并且要求追究叶楚伧的“主持不力，迹近纵容”的责任。而上海执行部青年部秘书何世桢等也上书孙中山，要求“命令该共产党员全数退出本党，并予倾向共产党者以严重制裁。”

情势如是，为此国民党中央执行委员会于8月19日举行全体会议讨论“国民党内之共产派问题”。在19日和20日两天的会议讨论过程中，张继、谢持、傅汝霖、丁惟汾、覃振、王法勤等均有发言，共产党人瞿秋白做了答辩，但会议没有得出任何结论。8月20日，孙中山亲自主持召开中央政治委员会第六次会议，议决《国民党内之共产派问题》和《国民党与世界革命运动之联络问题》两草案。

8月21日，中央执行委员会全体会议对政治会议所提两草案进行讨论，除傅汝霖和张继实际持不同意见外，其他与会者均表赞成。因此，尽管张继言语之间颇不赞成力主分共，仍旧通过了政治会议的提案，不仅重申了“容共”政策，而且强调：“中国国民党对于加入本党之共产主义者，只问其行动是否合于国民党主义政纲，而不问其他。至于本党之外存在之中国共产党，作为非共产主义政党之国民党，对其存在及其党员之行动，殊无监督之必要。”对于党纪问题也进行重申，特别写明：所谓违反党纲章程者，系指“不愿积极从事于三民主义之革命运动，既不反对军阀及帝国主义，又不赞助劳动平民者”，而“不问其思想上属何派别”。同时，为了解除国民党人对共产党的疑虑，规定在中央政治

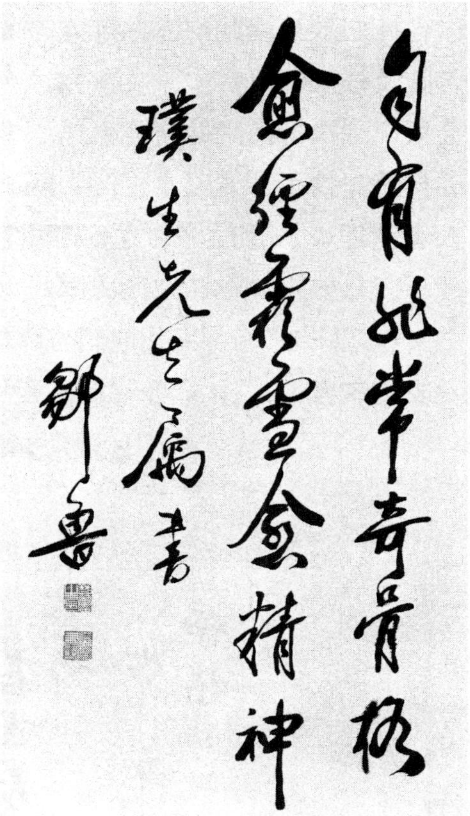

邹鲁书法作品

委员会内设立国际联络委员会，负责与第三国际“协商中国共产党之活动与中国国民党有关系者之联络方法”。汪精卫、覃振、丁惟汾、邹鲁四人受会议委托，最后起草了《有关容纳共产分子问题之训令》：“本会讨论结果，以为党内共产派所以有党团作用之嫌疑者，由于此等印刷品（即《中国社会主义青年团第二次大会议决案及宣言》）其性质非属于公开，而属于秘密。既属于秘密，则无论其对于本党怀有善意，抑怀有恶意，而常易被认为恶意。……中国共产党之活动，其有关国民革命者，本党实有周知之必要……倘使中国共产党关于此等决议不付之秘密，本会敢信党团作用之嫌疑必无从发生。……中国共产党员对于中国共产党之关系有守秘密之必要，而中国共产党对于第三国际之关系亦有守秘密之必要。本会有见于此，故决议在中央执行委员会政治委员会内设国际联络委员会……直接协商中国共产党之活动与本党有关系者，……一方面对于中国共产党负保守其秘密之义务；一方面对于本党党员负有了解本党与中国共产党之关系之义务。”至此，轰动一时的弹劾共产党案事件遂告结束。

国共矛盾逐步升级

1924 年 10 月 10 日，在上海后宫召开的“双十”节庆祝大会上，由于对当时江浙战争的态度不合，反对“容共”的国民党人与跨党的共产党人再次发生冲突，社会主义青年团团员黄仁竟被推下讲台摔伤致死。此事在共产党方面引起极大震动，他们当即发动各区及分区党部要求惩戒凶手。上海执行部于 13 日召开执行委员会议，因执行部中共产党人居于多数地位，在瞿秋白、毛泽东等委员的坚持下，通过了惩凶、抚恤等各项办法。会议决定开除打人者童理璋、喻育之的党籍；明令在场之何世桢、周颂西、陈德征于三日内声明承认“此次国民大会凶殴同志者，为军阀及帝国主义者之奸细”，并说明他们当场却不加阻止及救护之原因。会议发表的宣言称：“上海双十节国民大会中，竟发现阻止反对军阀及帝国主义之演说，至凶殴此等演说者及赞成者之事。中国国民党中央执行委员会上海执行部认此等行为为帝国主义及军阀奸细卖国卖民之反革命行动。……当时负有会场秩序责任，及未能拥护宣讲主义者之国民党员，本党固认为不忠于党，对于阻止宣讲主义及参加或指使凶殴之人，则不论为党员与否，本执行部敢以国民党名义正式宣告其为国民之公敌，

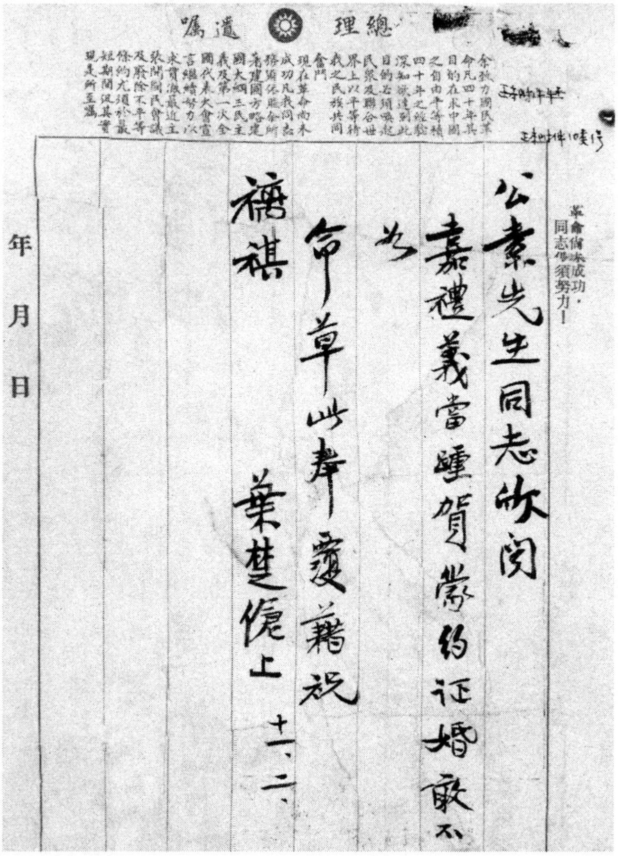
總理遺囑

革命尚未成功，同志仍須努力！

公素先生同志欣閱

嘉禮義當踵賀蒙約证婚敢不

為

命草此奉覆藉祝

禧祺

葉楚傖上 十、二、

叶楚伧信札手迹

叶楚伧（1887—1946），江苏吴县人。著名的南社诗人、国民党官僚、政治活动家。1925 年被选为西山会议派的国民党中央执行委员会常务委员。1927 年参加“四一二”反革命政变。南京国民政府成立后，任国民政府委员、国民党二届中央特别委员会候补委员。1935 年任国民政府立法院副院长。

凡我国民其速起而讨之。”

上海执行部13日会议的决定及宣言，对于反对“容共”一派国民党人来说，是一个强烈的刺激。10月17日，张继等人激烈指责叶楚伧，导致已无法应付两方面巨大压力的叶楚伧提出辞呈，拒绝继续负责上海执行部的工作。同日，张继还发电再次上书孙中山。在此前8月的中央执行委员会全体会议上讨论《国民党内之共产派问题》草案时，张继尤其力主分共，但会议最终还是通过了草案，坚持容共政策，会后他赌气离开了广州。此日又直接上书谓：“自八月大会以来，共产派背行无忌，继耻与为伍，请解除党职兼除党籍。”孙中山并未准如所请，稍后派其为北方军事委员之一，参与负责与冯玉祥部联络“共商国是”及北上事宜。

12月下旬，部分国民党人在京组成“各省区国民党护党同志驻京办事处”，号称有成员四百余人。该处成立伊始，即把矛头首先指向“袒护共产党人”的汪精卫，尚不敢公开打出驱逐共产党的旗号。孙中山入京之后，1925年1月7日，冯自由等发起成立了“国民党海内外同志卫党同盟会”，该会决议：“（一）将加入共产党之国民党员，开除其国民党党籍；（二）国民党党务，不信任汪精卫等包办，请孙中山另外指定公正党员三人以上，办理党务；（三）共产党激烈分子谭平山到京，卫党同盟会应注意其行动；（四）推举冯自由、费公侠、张德惠等五人为代表，向孙中山要求一切。”该会次日复与“各省区国民党护党同志驻京办事处”共同集会，相互妥协后议定了联合行动方针以及应向孙中山要求的事项。双方决定，暂不直接提出根本否定“容共”政策，驱逐共产党的要求，分由两会各自依据护党目的，发布公开文电，争取全党同情，以确保党权不落入共产党人之手。

1月13日，“国民党海内外同志卫党同盟会”上书孙中山称：

查共产党自加入本党以来，日以宣传共产主义及破坏本党为工作。一年来所施构陷、倾轧、离间、收买、胁逼、混骗等种种阴谋，均无所不用其极，以致党内同志对于三十年始终不渝之主义，起绝大之怀疑，而内外人士对于本党之信仰，亦因而减若干之程度。……北京、上海、汉口、广州、香港、澳门各地同志有鉴于此，曾于去年秋间派遣代表多人同赴广州，列举共产党各种罪状，提出弹劾案，乃未蒙钧座采纳。全党莫不引为憾事。自是共产党更如虎添翼，无恶不作。……今海内外同志，以共产党横行无忌，一至于此，若不速图挽救，必将沦本党于万劫不复。用是召集各地代表，在北京成立海内外同志卫党同盟会，并同时议决挽救方法七事，谨陈所拟方法如下：（一）中央执行委员会及各部会的共产党员一律免职；（二）与共产党有关的党内印刷所、学校、杂志的津贴一概停止；（三）有关一切现阶段的政治问题，请在共产党员以外指定三人处理并经办之；（四）派往各省的宣传员，属于共产党籍者，一律撤换；（五）二全大会应在北京召开，时间越早越好，剔除共产党员之代表；（六）各地党员提出的弹劾共产党案件，应由纯粹国民党党员组织特别裁判委员会予以裁决；（七）本党一切事情，今后不许外国人干涉。以上七事，党员等认为目前惟一之挽救方法，除公推冯自由、张德惠、张绍琦、简焕燮诸君为代表面陈一切外，尚祈即日毅然执行，用救党难。此正大光明之母党葬送于此少数佥壬之手也。

这个时候的孙中山重病在身，自然无暇回应国民党内反对派的要求。而彭养光、冯自由等人竟公然违背孙中山的意旨，出任段祺瑞组织的善后会议委员。3 月 8 日，冯自由等在北京大学第三院举行集会，宣告成立“中国国民党同志俱乐部”，意图准备取代国民党中央执行委员会，其《中国国民党同志俱乐部章程》云：“由全国代表大会选举六十人为总理事，组织总部理事会，辅助总理执行总部一切事务。”而后公布的六十名所谓理事会理事，都是由马君武、褚辅成、张知兢、丁象谦、刘揆一、冯自由、贺之才等人推举产生。此时，“各省区国民党护党同志驻京办事处”改组为“中国国民党各省驻京护党委员联合会”，并发通电声称：“据本党总章第二十五条规定，全国代表大会每年举行一次。查本年一月二十日即为满足一年。……总章第六十七条，中央执行委员任期定为一年，该会竟于任满后仍假借名义，淆乱观听。……兹特郑重宣言，该中央执行委员会自本年一月二十日起，所有一切行为，经已完全失效。”与此同时，北京特别市执行委员会及中央执行委员会北京执行部则登报声明：“该俱乐部并非本党同志所组织，与本党毫无关系。”国民党中央执行委员会更宣布开除冯自由、江伟藩、马素等人党籍，并且要求被列名理事者登报否认。

冯自由

冯自由（1882—1958），广东南海人。1895年加入兴中会。1900年入东京早稻田大学深造。1911年任临时政府稽勋局局长，汇集革命史料。1917年参与护法战争。历任立法委员、国民政府委员，总统府国策顾问。

对于冯自由等的分裂活动，大多数国民党人都是强烈反对的，被列名理事者相继登报声明否认。此前“力主分共”的张继，在这时的表现尤为“出人意料”。当国民党同志俱乐部成立大会召开之日，他曾亲至会场，“拍案大骂，直斥冯等叛党无耻，丧失人格”。3月12日孙中山去世后，反对派更为活跃，张继却开始对自己当初反对“容共”的作法进行反省：“先生在世时我虽曾主张与共产派分家，但是如今先生刚去世，我可不忍这样主张了。回想先生生前的主意有时与我们的主意不相同，固亦偶然有他错我们对了的时候，但大半是他对我们错。他主张新弟兄们来合伙，而我们不愿意，或许是他对我们错了，亦未可定，现在决定和新弟兄们分家，我可很是怀疑。”

第二节 “两会”之明争暗斗

宣侠父事件

宣侠父事件是一个容易被遗忘却非常有意义的事件。黄埔军校是由国共合作创办起来的，在军校的发展壮大过程中，共产党的影响渐强、组织益广，这令不少国民党人觉得其领导地位受到严重威胁而开始集合对抗，于是国共两党之间便产生了意识形态和党派利益相互杂合的明争暗斗。在孙中山逝世前，这种斗争大都是以“隐秘”的形式进行，但随着唯一能调和两党的绝对权威不复存在，国共关系也逐渐陷入一种微妙危险的境地，直至最后以“清党”、“分共”而致使合作告终。

宣侠父与徐向前等合影

1937年夏，宣侠父、徐向前、左权和陈赓到西安进行统战工作时合影留念。前排左起：宣侠父、徐向前；后排左起：陈赓、左权。

1924年7月6日，军校正式开学才二十天，国民党特别党部就成立了。这是孙中山实行“以党治国，以党治军”的具体体现。特别党部作为军校的最高领导机构，须经选举产生。选举结果，蒋介石、严凤仪、金佛庄、陈复、李之龙五人当选为执委。蒋介石对此是又喜又忧，喜的是自己顺利当选；忧的是五名执委中，除了自己之外的另四人全是有共产党员身份的国民党员。尽管身为校长，但在党部只是一名普通执委，从理论上讲无任何特权，自己将来想在黄埔大展宏图肯定会受到共产党人占优势的特别党部的制约。

如果按规则出牌，蒋介石就不是黄埔枭雄了。为了扭转特别党部的不利局势，加强自己对军校党务的有效控制，蒋介石很快以校长、特别党部的名义下文，直接指定了各党小组长的人选，还规定党小组长每周直接向校长书面汇报党内活动及工作开展情况。文件下发后，共产党员宣侠父提出了严正的抗议。

宣侠父早年留学日本，因参加留日学生爱国运动于1922年被迫回国，回国后于1923年加入社会主义青年团，不久转为共产党员，1924年考入黄埔军校第一期。此时，这位曾就读于日本帝国大学的蒋介石的老乡，也是被指定的党小组长人选之一。

宣侠父被任命为三中队区分部党小组长，但犟脾气的他很正规地给特别党部写了一份报告，毫不客气地把矛头直指蒋介石。他认为蒋介石此举违背了孙中山“以党治军”的原则，企图以军权代替党权，把党的基层组织偷梁换柱地化做他手中的工具，成为强权下监督同志的特务机构。为此，他要求特别党部应组织基层分部的选举，并监督进行。

蒋介石看了这个报告后，气得咬牙切齿，恨不得立即开除宣侠父。但是，盛怒之下，转念一想，考虑到此事不大不小，采取过激措施，处理不好，就会影响政治立场和个人形象，于是，他以老乡和校长的双重身份，召见了宣侠父。两人的单独谈话很快就陷入了没有回旋余地的僵局。蒋介石进行了一番威逼利诱，命令宣侠父必须写出悔过书，否则，将会被开除出黄埔军校。宣侠父自认为无过可悔，所以不仅不写悔过书，三天后还愤然离开了军校，北上北京去找李大钊。临走时，他给同学留言：“大璞未完总是玉，精钢宁折不为钩。”这就是黄埔军校开学之初发生的一件震惊全校的“宣侠父事件”。

宣侠父事件被后人视为是国共两党后来长达二十多年的党政之争的初步征兆。当时，许多黄埔师生都没有意识到，宣侠父不惜冒被开除出校来维护的，正是被孙中山视为命脉的革命理念和革命原则。宣侠父事件是黄埔岛上共产党与国民党的第一次交手，共产党在这一个回合却彻底地输了。不仅如此，孙中山领导的革命军，由于为蒋介石所把持，从一开始就偏离了正确的方向，也注定了日后发生在大革命时代的血流成河的“清共”悲剧。蒋介石对黄埔一期生倾注了不少心血，总是加倍爱护，轻易舍不得过分处罚，而宣侠父则是唯一被开除的黄埔一期生。

青年军人联合会

黄埔二期生覃异之回忆：“黄埔军校成立时，原是戴季陶担任政治部主任的，因戴反对与共产党合作，离开广州到上海去，并打电报给蒋介石表示：黄埔军校对他‘人地不宜’。此后，便发表了邵元冲任政治部主任，但邵没有到职，乃由周恩来以副主任代理主任。当时共产党与国民党左派在学校的领导上占优势，在共产党领导下成立了‘青年军人联合会’。蒋介石表面支持左派，暗中却支持右派。戴季陶在上海发表《孙文主义哲学及基础》的小册子传到黄埔军校后，国民党右派分子便成立了“孙文主义学会”的小团体，大搞反共活动。从此，两派斗争日趋激烈。斗争主要表现在拥护孙中山先生的三大政策与反对三大政策。在文艺活动

青年军人联合会代表合影

黄埔军校成立了以共产党员和青年团员为骨干的中国青年军人联合会，图为该会部分代表合影，前排左四、左五分别为周逸群、蒋先云。

上，左派领导的‘血花剧社’与右派领导的‘青白剧社’唱对台戏。蒋介石在行动上，明显地支持了右派，使两派的斗争日趋尖锐。这是黄埔军校两派斗争的由来。”

1924 年 11 月，周恩来受任为军校政治部主任，军校的政治工作自此进入了生机勃勃的迅猛发展阶段。周恩来同时也是中共广东区委委员长兼军委主席，领导着黄埔军校的中共党支部。在周恩来领导下，共产党的力量和影响在军校得到了巨大发展。随着共产党影响的扩大，国共对立的明争暗斗开始日趋激烈，这主要体现在共产党人和国民党左派控制的中国青年军人联合会（以下简称“青年军人联合会”）和国民党右派控制的孙文主义学会的矛盾和冲突上。此“两会”以信仰分歧为名号，翻起了一波又一波国共党派斗争的冲突浪潮。此种党争是伴随着青年军人联合会的创立和“左倾化”浮现而出的，故不得不追溯一下青年军人联合会的由来缘起。

当 1924 年 8 月广州商团叛乱事件发生的时候，黄埔一期“状元”、共产党员蒋先云与在粤的粤、桂、湘、滇各军军校的学生联系，酝酿中国青年军人代表会的组织(“青年军人联合会”的前身)，并向黄埔军校建议成立这个组织，意在以革命的黄埔学生来影响各军官学校的学生，以免成为各军在广东争夺地盘、各霸一方的罪恶工具。此一建议，不仅为全体黄埔同学所赞同，并得到校长蒋介石的特许。蒋介石还曾亲笔写了一篇发起这个组织的序言，说明成立青年军人联合会的革命意义。该年 10 月，商团扣械案解决后，代表们感觉当时组织缺点太多，如:(一)系一个代表的集团，而不是有实际组织的团体;(二)值星制于团体的进行，多不方便，上星期的工作与下星期的工作，没有连续;(三)因上二种关系，只有会开，没有工作;(四)组织的分子以军事学校或军事机关为单位，不以军人个人为单位，使个人无从加入。有如上的缺点，于是全体代表会议议决将中国青年军人代表会改组为中国青年军人联合会，还草定了临时简章，并按照新的简章进行组织工作。1925 年 1 月 25 日，召开了中国青年军人联合会代表大会，因各学校代表尚未选举完竣，不能产生临时执行委员会，遂由到会各代表推举蒋先云、曾扩情、贺衷寒、何畏能四人组织筹备会。本月30日，各处代表都已选出，即由筹备会召集联合会第一次代表大会并组织临时执行委员会。当时已加入的分子有：陆军军官学校、粤军讲武学校、桂军军官学校、滇军干部学校、铁甲车队、福安兵舰、舞风兵舰、飞鹰兵舰和军用飞机学校。

1925年2月1日上午，中国青年军人联合会在广东大学开成立大会，正式对外宣布成立，到会者可谓盛况空前：“1. 会员方面——黄埔军校六百余人，滇干校七百余人，粤武校二百七十余人，桂军校二百九十余人，甲车队百余人，海军三十余人，共约二千人。2. 团体参加者——农民运动讲习所百余人。3. 代表参加者——中国国民党、省政府、广州工人代表会、广东辗谷总工会、中央党部工人部、广州青年工社、水面工人合群社、海员工会、农民讲习所、中央党部妇女部、车衣总工会、油业工会、市郊农民协会、三四学会妇女运动委员会、雷州青年同志社、杂务工社、建国宣传学校、花县农民协会、电话女司机联合会、女界联合会、女佣传习所、建国桂军第二军一路、联义海外交通部、壬戌社、改造惠州同志会、建国军广东别动队、东江民治促进会惠阳分会、紫金分会、龙门分会、东莞民治促进会、滇军东江保商队、东江讨贼军、龙门留省学会、罗定商民协会、龙川工商联合会。”出席大会并讲话的国民党要员有廖仲恺、胡汉民、邹鲁等人。会后参加游行人数达五千人，旗帜蔽空，整齐严肃，从来未有，“市民

胡汉民肖像

胡汉民（1879—1936），广东番禺客家人。中国国民党元老和早期主要领导人之一，也是国民党前期右派代表人物之一。1905年加入中国同盟会后，成为孙中山主要助手之一。

观看者，途为之塞”。同日下午，召开第二次代表大会，决议由临时执行委员会起草总章。2 月 8 日，召开第三次代表大会，通过总章，并成立正式执行委员会。

青年军人联合会是经由军校党代表廖仲恺批准和校长蒋介石同意而建立起来的。创立之初，它并不是党派色彩明朗的组织，只是一个在军校公开活动的群众性组织，凡是黄埔军校的同学都是“青年军人联合会”的当然会员，贺衷寒、曾扩情都参与“青年军人联合会”的筹备。青年军人联合会成立初期所提出的口号，只表明了反帝反买办的立场，作为青年军人联合会机关刊物而正式刊行的《中国军人》杂志的内容，至少到 1925 年 3 月 2 日刊行的第二期为止，还没有任何“左倾”色彩。随着“青年军人联合会”的发展壮大，有越来越多的中共党员加入“青年军人联合会”，并成为“青年军人联合会”的骨干成员和基本力量，中共党员在其间的比重越来越大。从 3 月 12 日发行的第三期以后，左倾色彩日益明显地体现出来。第三期的扉页上登载了马克思的照片，并在文中指出，在阶级联合革命，也就是国民革命中，占绝大多数的工人阶级应成为革命的中坚力量。在 4 月 2 日发行的第四期中，刊载了强调唯物论立场的文章。在 10 月 10 日出版的第七期中，论述了帝国主义者待机分化国民党、捏造反共口号的事实，并发表了积极拥护共产党领导的文章。

青年军人联合会由小组、干部、地方、中央等不同级别的组织组成，在各个干部组织及特别组所选出的代表中，共产党员都占了相当大的比例。黄埔军校有 8 名学生当选为青年军人联合会的干部，其中李之龙、蒋先云、周逸群、王一飞等 6 人是共产党员，而联合会最主要的负责人、常务委员（只设一人）便是蒋先云。青年军人联合会在以共产党人为主的核心骨干领导下，得到了广大青年军人的热烈支持和拥护，参加者甚众，迅速发展壮大，成立不过一年多的时间，其会员便已经发展达 2 万余人。

孙文主义学会

随着青年军人联合会的发展壮大和趋向左倾，一些右派国民党人益发如芒在背，开始意识到有必要筹备一个与之分庭抗礼的由国民党操控的组织。“弹劾共产党案”的参与者之一、国民党中央监察委员谢持此一时期正在广州，他在与黄埔军校的右翼分子如教授部主任王柏龄等以及学生贺衷寒、潘佑强、冷欣等谈话时，极尽煽动之能事：“共产党名虽与国民党合作，其实是想乘机篡夺国民党的党权；一朝得逞，所有国民党员、尤其是黄埔同学中的国民党员，将受到无情的迫害，而无立足的余地。”当时，青年军人联合会的核心骨干蒋先云、周逸群等曾在军校内散发《向导》周报和其他宣传共产主义的刊物，国民党右派分子由此推断青年军人联合会这个组织绝非一般青年军人的联合而是共产党发展共产党组织的据点，他们于是决定采取以组织对付组织的行动。所谓“孙文主义学会”，就是在这样的情势之下组建起来的。孙文主义学会从开始筹组，便是专为对付青年军人联合会以及共产党而建立的，并不是为了要学什么孙中山主义。关于孙文主义学会创组之目的，国民党右派分子并未遮掩，当时黄埔军校教授部主任王柏龄曾明白地说：

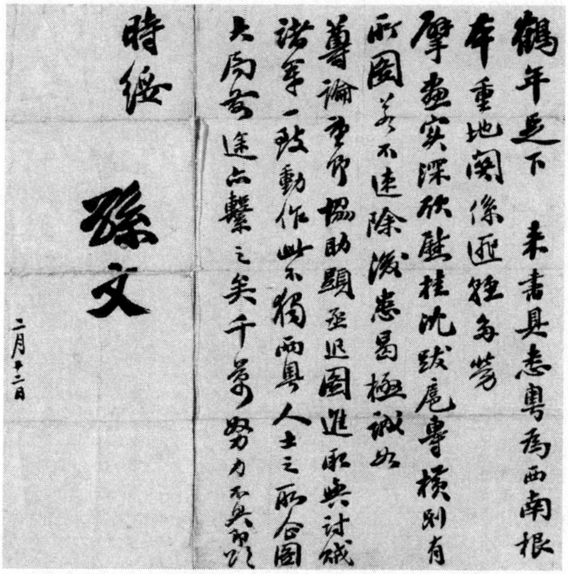
鶴年足下 來書具悉粵為西南根
本重地閩係邇鄰多勞
擘畫實深欣慰桂沈跋扈專橫則有
所圖若不速除滅患曷極誠如
尊論更須協助顯亟遲圖進取與討賊
諸軍一致動作此不獨兩粵人士之所合圖
大局安危亦繫之矣千萬努力不具即頌
時綏
孫文
二月十二日

孙中山致任鹤年信札手迹

开校三四个月，其一泻千里的进步，固足使人惊叹……共产运动，也深入各个阶层。他们把持了中央党部一部，紧握新闻舆论机关。说他们的理论到实力，无不如火如荼，但是十足的买空卖空。年轻认识不清，意志不定的人，多加入了他们的秘密组织，在我们各组织中，发生其党团作用，弄得鱼目混珠，简直似乎为他作嫁。有心人，悬然忧之。如任此以往，不必一二年，共产党就可以偷天换日地替代国民党了。……在这种大难危怯之下，如何是好呢？如何使党免于危险呢？绞脑筋，悲心志，忠实有远见的总理信徒倒还不少。大家在想办法，居然被我们想到了。就是以研究孙文主义为目的，来组织一个学会。既不是反对共产党，而又是研究我们孙文主义。难道研究马克思主义的，会来加入吗？如此我就可以与他划上一道鸿沟，尔为尔，我为我。……于是由贺衷寒、潘佑强等去向廖党代表说我们这个企图，要正式准许我们成立。……按手续成立，就征求会员。武的呢，以黄埔军校为目标，文的呢，以中山大学为目标。尤其对广州香港的工人，远而至于上海、北直的青年，均征求他们入会。我呢，躲在学校里，做他们的后台。

早在第一次东征期间，1925 年 2 月，黄埔军校一期生冷欣便开始发起召集青年军人联合会和部队中对共产党的宣传及其势力扩大心怀不满的党代表及黄埔军校的部分学生，并与之共同商讨成立自己的组织。4 月，贺衷寒、缪斌、杨引之、冷欣、杜从戎、潘佑强、伍翔、曾扩情等 30 多人在梅县召开了筹备会议，初定团体名称为“中山主义学会”（是为孙文主义学会的前身），并于 6 月发布了《中山主义学会宣言》。1925 年 12 月 29 日，也是在广东大学，孙文主义学会正式召开成立大会，就其规模而言，远逊于青年军人联合会，到会者：“学界赴会有广大、培正、执信女师、市师、市商、国民大学、女子体育等五十余校男女学生；军界则有国民革命第一军第四团、第六团、黄埔军官学校教导团、第二师及其他各军代表；工界原预定大队加入巡行，是日因事中止，只派代表参加；商界亦派代表参加；其余留日、留法归国代表亦参加。”孙文主义学会之初虽不如青年军人联合会盛况空前，但其发展势头也很是迅猛，在广州孙文主义学会的影响下，至1926年初，在上海、南京、北京、武汉各地孙文主义学会相继成立。1926年2月，孙文三义学会正式选举出领导机构，由冷欣、杨引之、陈诚等9人担任执行委员，贺衷寒等5人为候补执行委员，号称拥有会员5千余人。

左派与右派之争

孙文主义学会成立之后，为能与青年军人联合会“分庭抗礼”，经常寻衅挑事，有时甚至偷窃共产党人的文件。“两会”的明争暗斗非常激烈，孙文三义学会专门出版了《国民革命》周刊和《革命导报》等报刊，对青年军人联合会和《中国军人》进行攻击驳斥。由于“两会”会员皆以青年学生为主，因此不仅互相敌视诽谤，不时还有双方群殴事件发生，军校领导为处理双方因斗争而发生的纠纷颇费周章。下面举几个例子，可见当时“两会”斗争的基本情况。

军事会议上的蒋介石

图为1938年7月，在汉口国民政府军委办公室召开的最高军事会议上，蒋介石谈话时的神情。

当黄埔军校取得第一次东征胜利后驻扎梅县之时，青年军人联合会为了扩大东征军的影响，在梅县中学广场上举行了一次军民联欢会，当时到会的地方各界群众有数千人之多。大会由蒋先云主持，李之龙主讲。李之龙的演说博得全场军民的热烈鼓掌，孙文主义学会分子见此嫉恨不已，贺衷寒率领一帮人跳上台来，硬是把李之龙从演讲台前架走，然后由贺衷寒开始演说。青年军人联合会的骨干们也不肯示弱，他们在短时间内聚集了一批人发动群众在台下喝倒彩。而李之龙则率人突破封锁，冲上演讲台，台上的贺衷寒万分恼怒，挥拳便朝李之龙脸部猛击，把李打倒在地。刹那间，会场大乱，“两会”成员挥舞拳头，展开群殴混战。此次斗殴事件一直闹到蒋介石那里，蒋介石十分恼火，大骂李之龙和贺衷寒两人：“你们这两个混蛋，竟当着几千老百姓打架，给黄埔军脸上抹黑，我要拿你们法办！”蒋介石当即作出处理：贺衷寒当众寻衅闹事，破坏国共合作，予以撤职查办；李之龙聚众斗殴，影响黄埔声誉，即令写出检查，调回军校工作。

“两会”对立局势下的黄埔军校，经常可以看到两派学生吵架斗嘴的场面，有时甚至动刀动枪，如轰动一时的黄埔军校枪击事件。1925年7月的一天，军校政治部秘书、共产党员、中国青年军人联合会成员李汉藩、陈作为持一张清单，奉命到军校管理处领取办公用品。一名办公室人员看过后，把清单送到军校管理处长、孙文主义学会执委会成员林振雄面前，请他过目。林振雄拿起领物清单，颇带情绪地说：“你们政治部，又要领这么多彩色纸回去做什么，难道能当票子花?”李汉藩不想与他纠缠，便说：“我们要印刷传单，过几天开会用。”林振雄又追问：“印什么传单?”李汉藩不客气地说：“印什么传单，这是政治部的工作机密，没有必要告诉你!”“什么工作机密，还不是统统用做‘赤化’宣传了!”林振雄“哗”的一声将领

林振雄

林振雄（1888—1964），祖籍广东兴宁。1909年留学日本，与蒋介石同学。1912年1月，任孙中山南京临时政府下属团长。1924年，被孙中山任命为黄埔军校筹备委员、管理部主任。1932—1937年，任国民政府参谋本部高级参谋，中央军法总监等职。1936年授中将。1949年10月14日，率军起义，迎接粤赣湘边纵队进城。

物清单撕得粉碎，扔在地上。李汉藩一拳砸在桌子上，厉声道："林振雄，有意见到校长跟前去提，别在这里撒野！""老子今天还要揍你们这些专搞'赤化'的共产党崽子！"林振雄说着，一拳打在李汉藩的胸脯上。李汉藩回手给林振雄脸上就是一拳。气恼之下，林振雄趁李汉藩不备，突然拔出随身佩带的手枪，对着李汉藩就是一枪。李汉藩身子一侧，躲过了子弹。待林振雄举枪再要射击时，陈作为和办公室里其他人员从后面一把抱住林振雄持枪的右手，第二颗子弹这才没有打出去……

枪声惊动了整个黄埔军校。周逸群、杨其纲、许继慎等十余名共产党员以最快速度冲进管理处办公室，合力把林振雄按倒在地，果断下了他的枪，愤怒地找来一条长麻绳，将林振雄双手捆住，径往军校禁闭室里推去。到了军校禁闭室，李汉藩令人把禁闭室的门打开，说："先把他关进去，听候校领导来处理。一切责任由我个人承担。"黄埔军校内，中国青年军人联合会会员和孙文主义学会的成员都紧急出动了，双方都拿出了武器。青军会方面派出一部分人去把守军校禁闭室，孙文主义学会的成员们则集合在一处，双方的火并一触即发。事件发生时，蒋介石、廖仲恺等校领导恰好都不在校内，总值日官张治中火速集中军校各部主任、学生队长开会，以制止事态的进一步发展。正在广州的廖仲恺，闻讯匆匆赶回，以黄埔军校党代表的名义，作出了对林振雄、李汉藩二人的处理决定：林振雄身为官长，公然开枪行凶，虽未造成事实，但性质特别严重，给予撤销管理处长职务并交军法处查办的处分；李汉藩与林振雄发生斗殴，并在遭受枪击后，恃众擅将林振雄缚入禁闭室关押，亦属藐视法律，给予行政记大过的处分。廖仲恺对林、李二人的处理是非清楚，轻重有别，令全校师生心服口服，事态很快平息下来。此后，军校中国共两党之间的斗争，虽略有收敛，却也并未停止。

"不但能打仗，而且能打架"

1925 年 10 月，讨伐陈炯明的第二次东征战役开始之前，广州各界在广东大学举行誓师大会，青年军人联合会和孙文主义学会都应邀参加。会上，当李之龙代表青年军人联合会发表演说，讲到一半的时候，贺衷寒等人又上来抢台。这一次，青年军人联合会早有准备，演讲台四周的青年军人联合会成员一拥而上，把贺衷寒等人给拦阻在演讲台外面。双方手里虽然都没有兵器，但会场上的桌椅凳子、树枝旗杆都成为他们顺手抄来使用的武器。到会的几万人看着几百黄埔学生群殴，无不惊得瞠目结舌。此事立即轰动了整个广州，紧接着又被报媒宣扬推及全国："黄埔军不但能打仗，而且也能打架。"对于青年军人联合会与孙文主义学会的摩擦，军校党代表廖仲恺曾批评说："青年军人联合会与孙文主义学会的同志大多数没有把目前革命的任务搞清楚，没有认识到谁是朋友，谁是敌人。都是黄埔军校的同学，都是革命的同志，各立门户，互相摩擦，把革命的精神实力在内部闹小宗派抵消了。"中共广东区委书记陈延年也曾指示："对孙文主义学会的反动分子固然要斗争，但不能采取打架的方式。……最要紧的是在群众中建立我们的威信。"为了把学生的浮动情绪安定下来，军校政治部有意将政治课程加多，使学生终日忙于听讲与阅读书籍、整理笔记的方面，开会讨论问题的时间减少，免得他们的思想感情有所激动。

"党争之调解"

1925年8月军校党代表廖仲恺被暗杀，汪精卫11月接任党代表，在信仰问题上汪精卫的观点是"兼容并蓄"："努力研究本党主义"，"所以关于社会主义、共产主义、马克思主义等书籍，以及表同情于本党或赞成本党政策而极力援助本党之一切出版物，除责成政治部随时购买外，本校学生皆可购阅。"蒋介石的立场与当时左派代表人物廖仲恺、汪精卫的基本观点极为一致，尤其是在孙中山刚刚逝世后，蒋介石的表现曾是一个"鲜明"的"左派"。他在二次东征后完成的《黄埔军校第三期同学录·序》中，甚至公开发誓："吾敢率国民党内共产与非共产诸同志，集合于国民党青天白日旗下，以实行吾总理革命主义而死也。吾愿死于青天白日旗下，吾为国民革命而死，吾为三民主义而死，亦即为共产主义而死也。”1925 年 12 月底孙文主义学会分子企图在广州举行反共示威游行，蒋介石在汕头得知消息后，立即“严电阻止。”同时，我们也应注意，蒋介石以仲裁者调节左派和右派之时，也在暗暗准备排挤共产党。如第二次东征、潮梅复定之后，蒋介石鉴于“共产党员与本党党员已成水火之势”，在潮州行营召开第 1 军政治部职员、各级党代表会议时（1925 年 12 月 8 日）提出了《调和党争办法》：“（一）校内准共产党活动，凡有一切动作均得公开；（二）总理准共产党跨国民党而未准国民党跨共产党，然亦未明言不准。现在本校亦不禁止国民党加入共产党，惟加入共产党者须向特别党部声明，请得照准。”此次会后，蒋介石曾要周恩来把黄埔军校和第 1 军中的共产党员名字都告诉他，遭到周恩来的拒绝。

“宁汉合流”时的蒋介石与汪精卫合影

1926 年 2 月 2 日，蒋介石为解决黄埔军校的党务纠纷，在军校召集青年军人联合会、孙文主义学会开联席会议。会议由校长蒋介石任主席，校党代表汪精卫同青年军人联合会和孙文主义学会两会的职员代表李之龙、周逸群、王备、张其雄、杨耀唐、缪斌、张静愚、潘佑强、葛武檠、周惠元等出席，会议议决事项有四：

（一）青年军人联合会、孙文主义学会两方面干部互相加入；

（二）两会在本党军校及党军，须受本校校长及党代表之指导；

（三）团长以上高级长官（除党代表外）不得加入两会；

（四）两会会员对此有不谅解，得请本校校长及党代表解决之。

1926 年 3 月中山舰事件之后，蒋介石逼走了汪精卫，于 4 月 3 日提出“整军肃党，准期北伐”的建议案，在“军制意见”中，要求第 1 军跨党党员退出军官和党代表的职位，其理由是国民党的理论是三民主义，所以“共产主义及无政府主义分子”不适于担任国民党干部。由于第 1 军左派和右派的对立斗争不时引起暴力事件，因此共产党最终也接受了这个消除对立的提案，退职工作在和平中进行。4 月 20 日，蒋介石设宴招待退出第 1 军的共产党员，他还发表演说，强调一个党里只有一个主义才好，国民党的领袖只有总理（孙中山）一个人，以此来解释共产主义者排除出国民党的正当性。

在国民党“二大”召开之前，上海市中共党员大会选出沈雁冰等五人出席在广州召开的国民党“二大”。1926 年 1 月 10 日，蒋介石在黄埔军校招待国民党“二大”全体代表。此时黄埔军校已经创办到了第四期，蒋介石将黄埔军校的创始经过和前四期的学生情况作了简单报告，并且以左派军人的高昂姿态说：“总理毅然联俄，即在联合世界革命党，因为苏俄是世界革命党的策源地，亦是世界革命的中心点。……”蒋介石在此演说中厉声怒色地说：“我不但有子弹打我的敌人，也有子弹打我的不敢冲锋的学生。”

黄埔师生系统也选举了出席国民党“二大”代表，经过选举而当选的差不多全部是青年军人联合会的共产党员，而孙文主义学会的人几乎全部落选。对此结果，蒋介石大为吃惊，终于意识到问题的严重性，决定痛下杀手，便借口为了维护黄埔的统一，决定下令强行取消“两会”。

激情演讲的蒋介石

1926 年 4 月 7 日，蒋介石以有违“亲爱精诚”校训发布了《取消党内小组织校令》：“本校为造就革命军人之机关，所有全体官生应如何努力研究学术，接受党训，始能期思想行动之一致。近查校内各官生于本校特别党部所属组织外，尚有其他组织，实于集体化、纪律化之旨相妨碍。自本会公布日起，除本校特别党部各级组织应由党部加意工作外，其余各种组织着即一律自行取消，此后并不得再有各种组织发生。如稍有违犯，一经查出，实行严重究办，以维纪律。着各级官长严行诰诫，饬所属一体知照遵行。”4月10日，青年军人联合会发表通电宣布自行解散。4月20日，孙文主义学会也发表了自动解散宣言。

“两会”解散之后，青年军人联合会为友好起见致书孙文主义学会，坦然承认己方应负之责任：

蒋校长正告军校各期同学同志书，谅已读悉。同人等细读校长书，惭愧惶悚，不觉备至。查敝会与贵会同为校长及廖前党代表所扶植，两会会员同为本党同志，并同隶国民革命军，又多属校长学生。在校则为相亲相爱之同学，在军则同为共生死共患难之同志，尚何畛域之分与廉隅之隔？历查二会刊物，原无互相诋毁之词，会员彼此之间亦颇融洽无间，只因二三职员言动幼稚，致多贻误。如梅县学会事李之龙及联欢会事周逸群，遂贻校长忧而为革命之累，至今思之能不痛心？今敝会同人敬敢与贵会诸同志约：以前种种譬如昨日死，以后种种譬如今日生。一致仰体校长之至意，不敢自忘其本，兼秉总理之遗训，努力于三民主义与国民革命之奋斗，相亲相爱，不计其他。敝会甚望贵会同人与前在敝会之会员从此毫无芥蒂，共为国民革命而努力。界限既去，亲爱自生，谅为贵会所赞许者也。况北方之形势日非，革命之根基未固，乘我图我者四围皆是，若不速图内部之团结，必至同归于尽。夫如是，不独有负于校长，且有负于先总理与总理四十年树立之革命也。今当敝会解散之际，又感于校长之至言，故敢恳切陈词，希鉴察是幸。

对于青年军人联合会致书，孙文主义学会的回复表现得非常不大度：

径复者，顷诵来函，具征本总理亲爱精诚之旨趣，体校长流涕而道之苦衷，至深钦佩。同人等向以真正革命分子同隶于三民主义旗帜之下，应无党见之分歧及思想之冲突。故敝会自成立以来，纯以发扬光大孙文主义为职志。乃少数人不察，多方破坏，以致谣诼纷乘，言之滋痛。究竟天下是非终于难离事实，敝会成立转瞬年余，区区之诚乃不过使孙文主义普遍于全世界人类之耳目而已。至如来函云，贵前联会之少数同志，不免有畛域之见，但敝会同志毫无芥蒂，今承致函修好，同人等誓始终与诸同志为相亲相爱之同学，共生共死之同志。噫！北方之军阀复兴，革命之战线宜固，愿与诸同志共勉之。

此复。

从以后的历史事实来看，青年军人联合会和孙文主义学会的自行解散不过是一个表面形式。“两会”正式宣布解散后，青年军人联合会和孙文主义学会的活动仍暗自继续进行，双方间的对立事态也不时发生。就在宣布解散不到一个月，1926 年 5 月 7 日，在广州大学召集的国耻日纪念仪式上，孙文主义学会与青年军人联合会再次发生冲突。对于“两会”仍继续活动、彼此诽谤，蒋介石大为恼火，为彻底解决纠纷，才有了此后筹组黄埔同学会之事。

第三节 黄埔同学会

只为操控黄埔人

黄埔同学会的成立，当时主要是为了解决青年军人联合会和孙文主义学会相互纠纷的遗留问题，在1926年7月出版的《黄埔潮》创刊号上所登载的黄埔同学会《会务报告》中曾清楚说明成立动机："黄埔学生以两年来的奋斗，打下东江，扑灭杨、刘，巩固了革命的基础。在表面上看来，革命进展，蒸蒸日上，可是在实际上看来，革命危机，渐渐隐伏。什么危机？各位同志自然是很清楚的，就是同学中，精神渐渐涣散，意志大起纷歧，各固己见，各走极端。如果长此下去，不独不能打倒敌人，且将自相残杀。结果，仍使帝国主义与军阀的毒政延长，我民众多受点压迫，多受点痛苦。我们革命的领袖蒋校长看了这种情形，心甚着急，知道黄埔学生已往的事实，一题是革命前途绝大的危机。蒋校长为巩固革命基础，完成国民革命起见，乃命贾伯涛、李正韬、曾扩情、伍翔、余程万、杨麟、梁广烈、钟焕群、蒋先云等九人为组织黄埔同学会筹备委员，此即成立黄埔同学会之动机。"另据曾扩情在解放后所述："蒋介石于撤销两个组织后，他估计到共产党的学生决不会因青

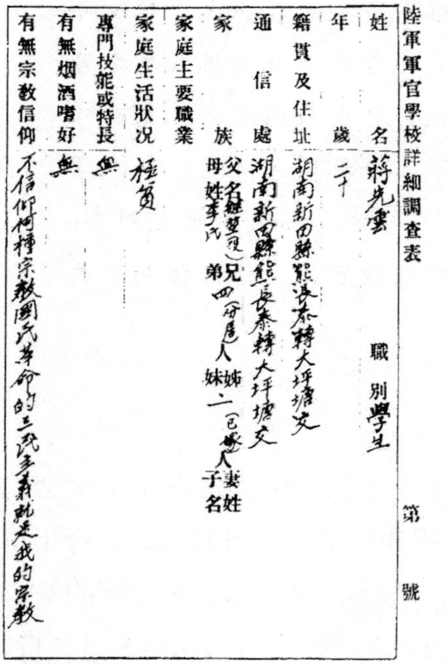
陸軍軍官學校詳細調查表 第 號

姓名 蒋先雲 職別 學生

年歲 二十

籍貫及住址 湖南新田縣[illegible]大坪塘交

通信處 湖南新田縣[illegible]大坪塘交

家族 父名[illegible]兄[illegible] 姊二(已嫁)人 妻姓 母姓李氏 弟四(分居)人 妹 子名

家庭主要職業

家庭生活狀況 極貧

專門技能或特長 無

有無烟酒嗜好 無

有無宗教信仰 不信仰何種宗教，國民革命的三民主義就是我的宗教

蒋先云黄埔军校入学登记表

蒋先云（1902—1927），湖南新田人。中国共产党早期的优秀党员和革命烈士。1921年冬加入中国共产党。1924年入黄埔第一期学习，入学考试与毕业考试均名列第一，"学术两科，冠于全校"。1927年5月28日，在攻克临颍城的战斗中英勇牺牲。

年军人联合会的撤销而中止其暗中的组织活动。他感到非有一个在其直接控制之下的统一的组织，不足以防止共产党的活动。因此，乃决定成立黄埔同学会……”

1926 年 5 月 24 日，蒋介石派贾伯涛、李正韬、曾扩情、蒋先云等 9 人为筹备委员，后又增加了葛武棨、李超、胡静龛、关巩为筹备委员，拟定黄埔同学会简章。6 月 19 日开第三次会议，在省各部队同学代表均出列席，决议决定于 6 月 27 日开同学恳亲大会，先期互相联络而产生同学会，并议定了该日开会的一切筹备事宜以及推定了各同学分配担任负责办理各事项。

6 月 27 日，在广东大学礼堂召开恳亲大会，黄埔同学到者有七百余人，鲍罗庭、邓演达、何香凝等军政学界要人也热烈赴会庆祝，约计千余人。本日下午一点开会，由校长蒋介石主持，并发表演说：

> 今日之恳亲会，乃因本校同学尚未能尽恳亲之事实所发生。今日开此极大之恳亲会，甚愿同学自今日起，凛然于本校精神已渐形涣散，长此不改，革命势力将有瓦解之虞，而总理、廖党代表及已死同学之历史，皆将为吾辈所消灭。从前种种，譬如昨日死可也；以后种种，不可不由今日生。过去之未能恳亲者，自此而恳亲之；过去之秘密团体自此归于公共唯一之组织。从今以后消除一切成见，改正过去错误。惟以今日恳亲会所产生之同学会为本校同学惟一之团体，期成为本党革命之中坚，誓不另立团体秘密进行，解除永远之纠纷，免蹈以往之覆辙。凡吾同学，如在本校本军范围之内，不得本会许可，而有私立团体，希图分裂者，当引为吾同学全体之公敌也。

黄埔同学会的成立

恳亲会开过之后，黄埔同学会同时正式成立。1926 年 6 月 29

日，在驻省办事处三楼，蒋介石召集各筹备委员及各代表开联席会议。该日会上，蒋介石说明了黄埔同学会的重要性，并要求："在同学会内办事，不得兼职，并不得参加他种团体，并须与其他

黄埔军校开学典礼

党派的团体脱离关系。现在我们同学已有八千余人，以后我们对于同学，有组织、有统计、有调查、有训练，那就不会是非不公，赏罚不明。我们将来所有升降、调免、婚丧、抚恤事宜，皆有统系。"当席由同学会会长蒋介石任命了本会各职员：

（一）暂不设主任，以曾扩情为秘书。（二）总务科长李正韬，科员游步瀛、李超、金亦吾。（三）组织科长杨引之，科员刘仇西、陈超、黄仲翔、张炎、杨新民、张兆尼。（四）宣传科长余洒度，科员葛武柴、关巩。（五）监察委员刘汉珍、伍翔、蒋友谅、杨其纲、蒋先云、贾伯涛、余程万、胡靖安、曹勖、魏亮生、李联珍、黄格君十二人。（六）潮汕分会组织员吴斌、刘汉珍、牟庭芳、高明、陈泰运、彭熙、李劲夫、王吉树、胡秉铎九人，以胡秉铎任秘书。（七）决定学校军官一、二团各营须选出代表一人。（八）派贾伯涛组织入伍生部分会。（九）后又派林桓为组织科员，郑峻生、周复二人为宣传科员。

以上各职，秘书是由蒋先云提出以曾扩情充任后经多数通过的，监察干事胡靖安、组织科长杨引之、宣传科长余洒度和总务科长李默庵是由蒋介石指派的。其中，曾扩情之所以得多数同学认可，因为他与两方面的关系都不错。胡靖安由于经常向蒋介石报告共产党的生活情形，因而获得了蒋介石的青睐。杨引之在孙文主义学会时就坚决反共，因此颇得蒋介石信任。余洒度身为共产党员而被蒋介石指派为宣传科长，因为他是“血花剧社”的社员并在演剧时受到过蒋介石当众表扬，余洒度对蒋介石尤为尊重。至于李默庵获得重用，是因为他在中山舰事变之后向蒋介石声明脱离了共产党。而在会中任职的共产党员蒋先云、杨其纲、胡秉铎、刘仇西等实际上是挂名而已，并未曾掌握黄埔同学会的实权。

黄埔同学会的权力极大，据曾扩情回忆：“凡属黄埔军校学生，均为当然会员，由同学会负登记考核之责。凡毕业同学的任免、升迁、调补等等，均须根据同学会的登记考核来决定。无论毕业与未毕业的同学，均须在同学会的监督指挥之下。黄埔同学会规定，凡是会员必须效忠于国民党，奉行三民主义，绝对服从校长领导，不得有任何其他的组织活动，尤其不准从事共产主义的宣传；如有违反，应受严厉的处分，或以叛逆论处。这表明同学会不仅对所用同学有任用罢免之权，而且操有生杀予夺之权。”

林祖涵

林祖涵(1886—1960)，即林伯渠，字邃园。湖南临澧人。1903年加入中国同盟会。1921年加入中国共产党。中华人民共和国成立后，任政协全国委员会委员、中央人民政府秘书长等职。在第一、第二届全国人民代表大会上，均当选为人大常委会副委员长。

不仅蒋介石的嫡系军队中有黄埔同学会的组织，在非嫡系的杂牌军队中只要有黄埔同学渗入，也都存在黄埔同学会的组织活动（同学会在军队中由此掌握党权）。自成立黄埔同学会后，即在中央党部成立了一个“军人部”。蒋介石自任军人部部长，并以同学会秘书兼军人部秘书，其主要职员如组织、宣传、总务各科科长，都是由黄埔同学充任。凡军队中的党部组织和党代表的委派皆需经过军人部提请方才能作出决定。如国民革命军第6军的党代表林祖涵、第8军党代表刘文岛、第9军党代表吕超，第14军的党代表熊式辉等，便都是经由军人部提请而被委派的。

唯蒋介石之命是从

在黄埔同学会和军人部成立之后，蒋介石就任国民革命军总司令职赶赴江西指挥北伐战事。留在广州的黄埔同学会经常遭到共产党员同学的种种责难，尤其是未毕业的第四期共产党员同学时常揭发队上官长虐待学生和贪污不法情事，他们责备黄埔同学会对以上不法情事坐视不理，并且四处散发传单，张贴标语。实际负责同学会事务的曾扩情对此感到难以应付，而且认为这是军校政治部主任熊雄有计划的策动，便派第三期同学陈超携密信往江西面交蒋介石报告此事。蒋介石接到报告后颇为震怒，对他的侍从秘书蒋先云说：“反对曾扩情就等于反对我。北伐尚未成功，共产党的黄埔学生即如此蛮不讲理，我还能干总司令吗？离了我的领导，看你们共产党的同学还会有什么出息？”蒋先云婉言劝解说：“同学们如小孩一样，吵吵闹闹，情所难免；请平心静气，不要因小而失大。”蒋先云并且表示愿亲自回到广州进行调处，蒋介石这才一时平息了心中的怒气。

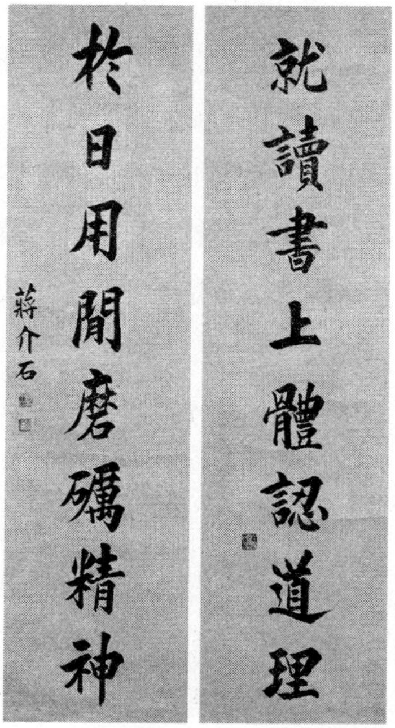

蒋介石书法对联

1926年10月，国民革命军相继占领武昌、南昌两个战略地点，蒋介石违反中央“以武汉为临时的国都”的决定，发电请中央党部和国民政府由广州北迁至南昌，同时也命令黄埔同学会迁往南昌。武汉方面据理力争，发电促蒋到武汉行使总司令职权。1927 年 1 月，蒋介石迫不得已赶赴武汉，在到武汉当晚的宴会上，他受到了苏联顾问鲍罗廷的责备，以为此是“国家民族的奇耻大辱”，此后不到三天即不告而去，赶回南昌。

1927 年“四·一二政变”后，曾扩情因“反共不力”遭到了黄埔一期生洪显丞等人的强烈反对，被撤去秘书之职，黄埔一期生酆悌接任黄埔同学会秘书一职。为了清除黄埔毕业生中的共产党员以及与共产党有瓜葛的人，黄埔同学会内特设一“纪律股”，以嗜杀成性的黄埔三期生刘伯龙任股长，王慧生、柏良等任股员。对共产党和与共产党有关联的黄埔毕业生，该“纪律股”有执行逮捕、审讯、监禁和处以死刑之权。如对黄埔一期生顾浚，他被怀疑在南昌任宪兵营长时出卖宪兵团与共产党并使其副团长关麟征险遭不测，顾浚后被公开押赴鸡鸣寺下的坟场执行枪决。其他被严刑考讯、秘密处死的共产党人，不知还有多少。

1927 年 8 月，蒋介石被迫下野，他把所有军队和军事机构的指挥权都交给了何应钦，唯独把同学会交给了住在上海的朱绍良，派曾扩情任秘书并令其迁往杭州办公，以便就近控制。蒋介石要同学会团结在职同学，保持和发展力量，以便他复职时能立刻听命办事。同时，黄埔同学会还收容了失业的军校学生 1 千余人，将其编成一个总队，派贺衷寒为总队长，主持训练事宜。

蒋介石与胡宗南合影

蒋介石下野、宁汉合流后，李宗仁、白崇禧大权在握，二人以军委会的名义，命令何应钦解散由蒋介石在浙江组建的、作为嫡系第 1 军的补充的、团长都是由黄埔生担任的 7 个补充团。何应钦迁就桂系李宗仁和白崇禧的主张，同意把蒋介石所成立的 7 个补充团一律撤销。蒋介石知道后，指责何应钦太糊涂，又责备黄埔同学会没有号召补充团的在职黄埔同学加以抵抗，甚至恨恨地说："实在万不得已，只要能保住力量，上山当土匪也行，怎么能解散呢?"

事后不久，何应钦下令："驻在京沪一带由黄埔同学带领的军队一律开往江北，防堵孙传芳军再次渡江；余下的地带，统交李、白的军队接防。"李、白二人的意图非常明显，胡宗南等知道此事后，立马密电蒋介石。蒋介石大惊，密电曾扩情，马上通知团长以上的黄埔系将领与军官，到上海朱绍良家开会，商议对策，并瞒住何应钦。于是，胡宗南与 20 多名黄埔生连夜赶到上海。

在此次会议上，朱绍良是主持，大多与会将领都是团长、营长，而胡宗南是第 1 师少将代师长，遂成为焦点。胡宗南慷慨激昂地说："校长的英明，在国内，无人能出其右。虽然现在暂时下野，但不久的将来，必定会再度出山，收拾残局。所以，我们军校同学率领的队伍，绝对不能脱离校长的领导。"他还讲到李、白二人的阴险与何应钦的忠厚，愤慨地戳穿了桂系的阴谋："桂系是想置我们于死地！我们去跟北洋军阀打仗，他们好截住我们的退路。我们没了大后方，那不是只好任人宰割了吗？他们这是借刀杀人，我们不能上当！"

大会因而以胡宗南的讲话为基础，作出决定：一致坚决抵制李宗仁、白崇禧与何应钦移军江北的命令；如果一再相迫，不惜以武力抗命。何应钦的命令也就成为废纸一张。最终，桂系假手何应钦排挤黄埔系和蒋介石的诡计没有得逞。可见，蒋记黄埔系军事集团只承认蒋介石一个人，只服从蒋介石一个人的绝对领导，其他任何人，即使是何应钦，也不能完全指挥得动。

1928 年初，蒋介石重新上台掌权，黄埔同学会由杭州迁回南京。1930 年 11 月，黄埔同学会撤销，改为黄埔军校毕业生调查科。

第四节 蒋记黄埔系

“服从校长，尽忠党国”

蒋记黄埔系乃是因黄埔军校而得名，是蒋介石利用在黄埔军校任校长之便逐步培植起来的一派武装力量。黄埔系的成员可分为黄埔教官和黄埔学生，但并非所有黄埔师生都归属黄埔系，最主要区别在于是否拥有相当的军政力量并且忠于蒋氏之“黄埔精神”:“服从校长，尽忠党国，精诚团结，成功成仁。”当然，黄埔系虽整体上都惟蒋介石的马首是瞻，但其内部也分为互相争斗的若干派系，比较著名的如何应钦系、陈诚系、顾祝同系、汤恩伯系、胡宗南系等。

讨论作战计划

1938 年 7 月，蒋介石在汉口国民政府军委办公室，主持召开最高军事会议，讨论对日作战计划。左边最靠近蒋介石者为何应钦。

蒋介石依靠黄埔系的军事力量起家一步一步踏上了权力的最高阶，而黄埔系的成员也步步高升占据了大量军政要职，并且在职务、装备、后勤、作战等方面拥有蒋校长赐予的种种特权。在国民党军队中，黄埔系是蒋介石的嫡系部队“中央军”的核心，可以称为“嫡系中的嫡系”。黄埔系是蒋介石控制军队的骨干力量，是国民党军队诸多派系中影响最大的一支，也是国民党统治大陆 22 年以及 1949 年以后统治台湾地区的军事支柱。虽然听命于蒋介石的黄埔系在反共内战时期曾对中国革命的发展造成了不小障碍，但是许多黄埔系成员在东征、北伐和抗日战争中也出生入死，战功赫赫，立下了汗马功劳，这是应当给予肯定的评价的。

黄埔系从出现到形成是一个长期的过程。大体可分为四个阶段——大革命时期、十年内战时期、抗日战争时期和解放战争时期。

大革命时期（1924 年 6 月—1927 年 4 月），是黄埔校军的创建时期，也是黄埔系的萌芽时期。1924 年 10 月，黄埔学生军参与平定商团叛乱，当年 11 月和 12 月，先后成立军校教导第 1、第 2 团，次年两个教导团都参加了东征。1925 年 2 月，以两个教导团为基础成立党军第 1 旅（下辖第 1、第 2、第 3 团），黄埔校军变为党军，稍后又成立了第 3、第 4 和第 5 团。1925 年 8 月，党军第 1 旅扩为国民革命军第 1 师，原党军第 4、第 5 团扩编为国民革命军第 2 师。两个师合为国民革命军第 1 军，该军皆是黄埔子弟，由黄埔校长蒋介石任军长。在大革命时期，黄埔系中的核心力量是军校的教职员，刚刚走出校门的黄埔毕业生绝大多数担任营、连、排长等初级军官。

十年内战时期（1927 年 4 月—1937 年 7 月），是黄埔系的初步形成时期。黄埔系积极参加北伐，在占领东南一带后，第 1 军扩编为第 1 集团军。在 1929 至 1931 年的新军阀混战中，蒋介石依靠黄埔系军事集团先后打败了唐生智、张发奎、李宗仁、石友三、阎锡山、冯玉祥等部。对于投靠蒋介石的部队，蒋介石通过改编、改组，在其要害岗位安插了大量黄埔系军人。此后，在围剿红军时，蒋介石也以黄埔系担当主力。在十年内战时期，黄埔系学生依然尚未能掌握最高军政大权，军队指挥大权多属“士官系”（何应钦、汤恩伯、钱大钧等）和“保定系”（陈诚、顾祝同、刘峙等）的黄埔教官。黄埔系学生中，除胡宗南等少数人跻身高层之外，一般只升到中层军官。当然，黄埔毕业生应是与其他军校毕业生相较，如此比较则其晋升速度明显快得太多。在 30 年代初，毕业不过六七年的黄埔一期生胡宗南、黄杰、李玉堂、李延年、李默庵、萧乾、霍揆彰、关麟征、宋希濂、伍成仁、陈沛、陈明仁、刘戡、王敬久、孙元良、梁华盛、唐云山、李树森、罗奇、夏楚中皆已升任师长，军衔多为少将，甚至于中将，当时蒋介石嫡系部队共有 27 个师，而黄埔毕业生占到了 20 个师长。十年内战后期，胡宗南升任了军长，这标志着黄埔毕业生已迈入高级将领行列。

胡宗南手迹

抗日战争时期，是黄埔系发展壮大时期，黄埔毕业生此时纷纷当上了师长、军长、集团军司令乃至战区司令长官，从而逐步完成了国民党军界的新老接班部署。“黄埔系”中的新生代逐渐开始与老牌的“士官系”和“保定系”分庭抗礼。1938 年初，蒋介石嫡系部队 40 余个师（国民党正规军总共 200 个师），其中师长基本上都是黄埔生。在蒋介石嫡系部队 13 个军中，黄埔生占到了 9 个军长（都是黄埔一期生）：胡宗南、李延年、黄杰、桂永清、关麟征、霍揆彰、宋希濂、俞济时、夏楚中。抗日战争后期，蒋介石嫡系部队已发展至 53 个军，其中绝大多数军长都是黄埔生。当时，在国民党军队 39 个集团军中，“黄埔系”新生代已升任为集团军总司令的占到 16 人。抗日战争时期，几乎所有正面战场的重要战役中都洒满了黄埔军人的鲜血，谢晋元、戴安澜、吴继光、刘眉生、官惠民、杨杰、蔡炳炎、路景云、黄梅兴、张本禹、赵一曼、姚中英、朱赤、高致嵩、罗芳珪、杨家骝、雷忠、郑作民、燕鼎九、王俊、梁希贤、陈文杞、陈中柱、杨生、赖传湘、刘世焱、黄红、赵尚志、李挺、周复、彭士量、孙明瑾、王剑岳、吕旃蒙、胡旭盰等 40 多名黄埔将领壮烈殉国，他们都是前六期黄埔生，殉国前大多数已是少将军衔，一部分人已衔中将。

这里值得说一说严重，他离开黄埔后，跟随蒋介石北伐，孰料在1928年冬天，严重抛掉一切军政职务，独自一人上庐山隐居，在太乙峰下建了一处草庐，名叫“劬园”。“劬”，劳累也。严重正是春风得意的时候，到1928年他已是国民政府军委会军政厅长、中将，何故要去职息隐山林呢？原来他反思北伐以来的一场场激战，众多的生死兄弟命丧黄泉，却扶起了一个更大的军阀。严重隐居庐山，日日与樵民、农夫打交道，躬耕山地，真是一日不作，一日不食。陈诚与严重有师生之谊，所以，陈诚常上庐山去看望恩师，蒋介石总是捎信问候，一再热情邀请严重住到南京附近。1930年，严重回武汉看望病妻。蒋介石认为这是拉拢严重的好机会，遂派人秘密到武昌，授他上将军衔，全权指挥冯阎大战。为了表示诚意，蒋介石让人给严重带去了上将军服。可严重却一口拒绝了，径自回到庐山，在草庐的墙壁上贴满标语：“不耕而食、不织而衣者皆自然界之扒手，社会之蟊贼也！”直至1939年，抗日烽火再度点燃了严重的革命热情，他毅然出山，任湖北省主席。1943年病逝于任上。

解放战争时期，是蒋记黄埔系的巅峰时期（此后蒋记黄埔系在大陆再无权势），蒋记黄埔系在军界的势力已然超过“士官系”和“保定系”。全面内战三年之内，国民党军队的第一线指挥官，如地区剿总、绥靖区、警备区、兵团、军、师管区的司令官以及军、师长等大部分都已换成黄埔系成员，黄埔系甚至还部分掌握了中央军事部门的指挥大权。后来居上的黄埔系中有一些以“少壮派”自居的人年轻气盛，咄咄逼人，开始不将“士官系”、“保定系”等前辈将领放在眼里。比如说，“陕西王”胡宗南1943年就把熊斌撵出了陕西。随着解放战争的迅速发展，在大陆解放之前，黄埔系一些军官先后脱离国民党政府，如潘朔端、陈明仁、唐生明、李觉、罗广文、李默庵、侯镜如、潘裕昆、刘希程、刘子潜、王凤岐、王劲修、石仲伟、方暾、吴大鹤、刘济瀛、刘平、向敏思、姚国俊、赵子立、郭汝瑰、陈克非、王应尊、张涛等投诚起义。当然也有不少蒋记黄埔系成员誓死效忠党国负隅顽抗，如在宜川战役被击毙的整编29军中将军长刘戡、在孟良崮战役被击毙的整编第74师中将师长张灵甫、在淮海战役被击毙的第2兵团中将司令官邱清泉（此三人后来都被蒋介石追赠为陆军上将，且被誉为“杀身成仁”的典范）。还有一些蒋记黄埔系将领如杜聿明、范汉杰、黄维、王耀武、李仙洲、宋希濂、廖耀湘、康泽、邱维达等战败被俘，他们在经过关押改造之后陆续被特赦释放并获得新生。另有很多蒋记黄埔系高级将领如胡宗南、关麟征、俞济时、黄杰、胡琏、桂永清、郑介民、陈大庆、高奎元等随蒋介石逃至台湾地区，除某些如胡宗南一样因“辜负了校长的期望”被靠边站之外，其他黄埔系骨干大都继续得到重用，如陈诚、桂永清、黄杰、王叔铭、陈大庆、高魁元、袁守谦、刘玉章、彭孟缉、刘安祺等曾被蒋介石委任参谋总长、国防部长、陆军总司令、台湾警备总司令等军界要职。

蒋介石的幕僚精英

民国年间，许多风云人物都被冠以外号，与黄埔军校相关的如“黄埔四巨头”、“黄埔三杰”、“黄埔四凶”、“黄埔八大金刚”、“十三太保”、“五虎上将”、“军统三神”等。至于与本节蒋记黄埔系密切关联的便是“八大金刚”，黄埔系八大金刚一般是指以下八位将官：何应钦、陈诚、顾祝同、刘峙、张治中、钱大钧、蒋鼎文和陈继承。这八个人都是黄埔系的第一批嫡系成员，都曾在黄埔军校任教官，他们是国民党第一批师长、军长和司令长官，他们是黄埔系的元老级人物。

“八大金刚”当之无愧的第一位，乃是国民党一级上将何应钦（1889—1987），他是蒋记黄埔系中威权和号召力仅次于蒋介石的第二号人物。“八大金刚”第二位当属陈诚（1898—1965），保定八期炮科生，在保定军校时曾与邓演达有过一段师生之谊，由此进入黄埔军校，在东征时“三炮起家”，渐渐组建以黄埔生为骨干的“土木系”，逐渐成为横跨军政两界的一派强势力量，其第18军也成为中央军五大王牌军之一，隐然能与何应钦相抗衡。1935年，被授予陆军中将。在“八大金刚”中仅次于何应钦和陈诚，排在第三位的便是顾祝同（1893—1987），他在黄埔嫡系将领中，起初为“八大金刚”之一，后又列名“五虎上将”（陈诚、蒋鼎文、顾祝同、刘峙和卫立煌），还被称为“军中圣人”。排在第四位的是与顾祝同一起被称为何应钦的“哼哈二将”的刘峙，他是北伐中的“福将”，中原大战时的“常胜将军”，抗日战争中的“长腿将军”，解放战争时的“败将”。第五位是张治中，国民党陆军中将加上将衔，民革主要领导人之一，他是解放战争时期唯一一位没有同共产党兵戎相见的国民党将领，并且积极为和平奔走，被称为“和平将军”。钱大钧位列第六，国民党陆军中将加上将衔。第七位是有着“飞将军”之称的蒋鼎文。位列第八的是国民党陆军中将陈继承。陈继承受到蒋介石的重用，参与了诸多事件，但却没有什么出彩的地方。没有大功，也没有大过，一生唯一露脸的一次机会便是制造了镇压青年学生的“七·五”惨案。

“十三太保”

这里的“十三太保”并非指的是五代时期的十三太保（后唐太祖李克用有十三个义子，皆加封太保衔，因此被称为十三太保），也不是指《说唐全传》里的十三太保（隋朝靠山王杨林有十三个养子，武艺高超，号称十三太保）。这里的“十三太保”特指民国时黄埔“十三太保”，乃是指最初酝酿组织“复兴社”的一批骨干成员（基本上全是黄埔生，这批人并不止十三个人，也不能确定指出究竟是哪十三个人），有人认为是指贺衷寒、潘佑强、桂永清、邓文仪、郑介民、刘健群、梁干乔、萧赞育、葛武棨、滕杰、康泽、杜心如、胡宗南，也有人认为曾扩情、酆悌、周复也应包括在内。

由于所谓“黄埔十三太保”是从“复兴社”这个组织而来，所以有必要对其大略介绍一下。复兴社的全称是“中华民族复兴社”，是三民主义革命同志力行社的外围组织。由于复兴社干部均穿蓝衣黄裤，故又称“蓝衣社”。1932年春成立的三民主义力行社，是蒋介石召集黄埔系少壮派滕杰、贺衷寒等20余人建立起来的秘密政治核心组织，对外用它的外围组织“中华民族复兴社”相称。“复兴社”是以黄埔系精英军人为核心所组成的一个带有情报性质的军事性质团体，在该社中有一个特务处，其负责人便是后来军统“戴老板”戴笠。戴笠的第一个特务训练班就是在“复兴社”时期举办的，由此“复兴社”也可以算作国民党特务组织的源头。

军统老板戴笠

蒋介石有一个特点，在碰到某些难于解决的问题时往往并不是直接命令部属如何去办，而是用骂人的方式迫使下面的人去揣度他的心思去办，复兴社的由来便是如此。在1931年11月，蒋介石约了贺衷寒、康泽、桂永清、周复、滕杰、郑介民、曾扩情、戴笠等十多名黄埔生来到他的官邸，当时邓文仪是蒋的侍从秘书，负责蒋的会议记录，便也成为参加者之一。蒋介石的训话非常沉痛：“现在日本帝国主义者压迫我们，共产党又捣乱，我们党的精神完全没有了，弄得各地的省市党部被包围的被包围，被打的被打，甚至南京的中央党部和国民政府都被包围。我们的党一点力量没有，我们的革命一定要失败！……我的好学生都死了！你们这些又不中用，我们的革命就要失败了。”蒋介石讲完后，也没有让大家发言，大家都是默然相对，不知说些什么好。紧接着第二天，贺衷寒把与会者约到自己家中商谈，贺衷寒问：“老头子究竟是什么意思呢？”康泽答道：“还不是老头子对时局感到困难，要我们想办法。”大家讨论过后，认为应当要帮老头子出出主意并采取一些行动，但都提不出什么具体的意见。

过了几天，蒋介石又再次召集大家开会，把上次的话重复了一遍，依旧只是叹气和骂人。这次会后，贺衷寒又约大家再谈，总算谈出了一点头绪，即众人都认为“要组织起来”。但是怎么个组织法，还是没有具体意见。三天后，蒋介石第三次召集这些学生开会，依然唉声叹气，贺衷寒当即泪流满面地表示：“时局虽然很困难，只要我们能团结，还是有办法的。”蒋介石说：“你们怎样能团结得起来？今天团结，明天就要闹意见。好吧，你们试试也可以。”他接着又补充道：“最好能有个组织，越严密越好。”康泽接着这个话题说：“就我所知，苏联有个情报组织，叫格鲁乌，我们今天的力量已壮大，没有问题。”蒋介石回答说：“你们去研究研究吧！”

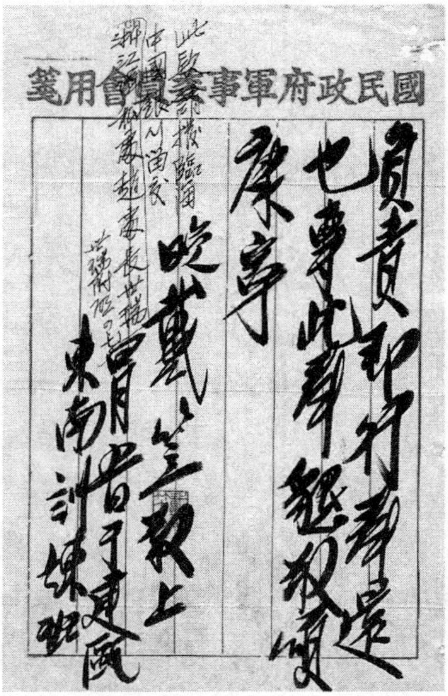
國民政府軍事委員會用箋

戴笠手迹

这次会后，贺衷寒又多次找与会者商谈：成立什么组织，拟定什么名称，如何制定政治纲领、组织原则、章程条例，有哪些人参加，等等。然而，一直谈到12月初，还没有具体确定出来的时候，蒋介石迫于内外形势，宣布第二次下野。蒋介石下野后的一天，曾扩情在南京的浣花菜馆宴请贺衷寒等十多人，大家一边吃饭，一边商谈“怎样组织起来”的具体问题。正在边吃边谈的时候，忽然进来一位不速之客——胡宗南，他刚从西北回来路过南京准备去奉化汇报东北军相关事宜，闻讯后赶来参加讨论。胡宗南说：“同学们要团结，这问题很急切，老是这样谈，时间已迫不及待，应赶快推举几个负责的人来筹备。”大家都同意他的意见，他便就立即推举贺衷寒、酆悌、滕杰、周复、康泽五人负责筹备，获得众人认可。胡说完话，立即告辞了。其实，胡宗南是蒋介石指定的"复兴社"参加者，他自己也俨然以"老大哥"自居，戴笠便是由胡宗南特别推荐给蒋介石而后坐上了"军统"第一把交椅。

那晚宴会的次日，贺衷寒等十几人便召开了会议，将组织定名为"复兴社"，取古书"礼义廉耻，国之四维，四维即张，国乃复兴"之意，并决定由贺衷寒起草章程，康泽起草纪律条例。在此期间，又有一些人加入组织，如彭孟缉、杜心如、娄绍恺、赵范生等等。蒋介石复职以后，贺衷寒向他汇报了筹组复兴社的经过，并递上组织章程和纪律条例。关于组织名称，贺主张用"力行社"，康主张用"复兴社"；而酆悌自己又另外起草了一份材料定名为"救亡社"。此后，蒋介石又召集会议，最后定名为"中华复兴社"。照"中华复兴社"的社章，乃"以蒋中正先生为社长"。最初，凡入社者都须经这位"社长"批准，后来组织扩大了，才改为分社也可以批准。入社的"誓词"中，有这样的几句："遵守本社社章，服从社长命令，保守本社秘密。如违誓言，愿受最严厉之制裁。"至于"纪律条例"，其中有许多"不得"，如"不得违抗命令"，"不得有小组织"，"不得泄露秘密"，"不得倾陷同志"，等等，违犯者最重可处以极刑。蒋介石还亲自制定了复兴社的行动纲领："驱除倭寇，复兴中华，平均地权，完成革命。"

1933年3月初，蒋介石在南京"励志社"召集所有经他批准参加"复兴社"的人举行了隆重的成立大会。除前文已提及的人之外，还增加了骆德荣、张元良、任觉五、叶维、

郑介民

梁干乔、侯志明、田载龙、李秉中等等，总共约四十余人。当会议正要开始的时候，还发生了一个有趣的小插曲：黄埔第一期的冷欣，不知从哪里听到了风声，突然跑进来也要参加。他刚一进门，就被蒋介石看见了，蒋介石跑下主席台，把冷欣向门外推去，一边推一边说："这个地方没有你，这个地方没有你。"然后紧闭大门，回到主席台上，宣布"复兴社"正式成立，并进行选举。蒋介石是社长，自然毋须选举。除社长外，选出贺衷寒、酆悌、滕杰、周复、康泽、桂永清、潘佑强、郑介民、邱开基等九人为中央干事，侯志明、赵范生、戴笠三人为候补中央干事。田载龙、萧赞育、李秉中等三人为中央监事，甘国勋为候补中央监事。蒋介石在当选人中，指定贺衷寒、酆悌、滕杰三人为常务干事，并以滕杰为书记。田载龙为常务监事。下设四处：一、组织处，处长周复；二、宣传处，处长康泽；三、训练处，处长桂永清；四、特务处，处长暂时空悬。直到 3 月下旬，蒋在南京陵园别墅再召集当初的十多人开会时，才提议："特务处长就是戴笠好了，郑介民去做副处长，大家意见如何?"蒋介石说话，谁敢不同意。但是，那群"黄埔老大哥"的心中并不怎样看得起戴笠，因为戴笠只在黄埔第六期读过一阵子骑兵科，连毕业也谈不上。尤其是郑介民，自己明明是黄埔二期，却反而要做戴笠的副手，他心中一直不服，但也不敢向蒋介石表示。特务处是在 4 月 1 日成立的，这成了戴笠"飞黄腾达"的起点，所以后来"军统"成立之后，他便把这一天定为"家庆"之期。

在抗战前后，复兴社的组织遍及全国各省市，在党、政、军、团中都有复兴社成员。关于吸收社员，蒋介石曾指示："黄埔军校的学生，要求条件可以放宽些，但加入组织之后，执行纪律要严一些，吸收普通学校的学生，要求的条件要严一些，加入组织以后，执行纪律要宽一些。"

第五节　红色黄埔系

作为黄埔军校校长的蒋介石，从来都自视为“黄埔之父”，将以黄埔系为骨干的军队视为他私人的军队。不过，由于黄埔军校是国共两党合作创办建立的，黄埔师生中便也有不少共产党人。因而，在共产党军队中也活跃着许多黄埔师生，他们不得不与自己昔日的校长兵戎相见。与“黄埔系”相区别，在国民党方面，便将这些黄埔师生称之为“红色黄埔系”。

一期生中的著名共产党人

在黄埔一期学生中，徐向前是后来“红色黄埔系”中军衔最高（人民解放军十大元帅之一）的两位共产党将领之一（另一位是林彪）。徐向前（1901—1990），山西五台人。少年时的徐向前读过私塾和新式小学，但家境不济使得他过早地承担起了成人的重担。他在河北阜平县当了两年书店学徒，期间阅读了大量的古典小说，同时也磨炼了他顽强的意志和善于忍耐的品格。1919 年 3 月，徐向前考入山西国民师范第一期速成班，1921 年毕业后开始在阳曲县太原第四小学、五台县河边村川至中学附小当教员。1924 年 2 月，徐向前投笔从戎，投考黄埔军校，5 月被招入黄埔第一期，编在学生第一队。黄埔一期毕业后，徐向前留校担任第三期入伍生队第三队排长。1925 年 2 月，他参加了第一次东征，6 月，

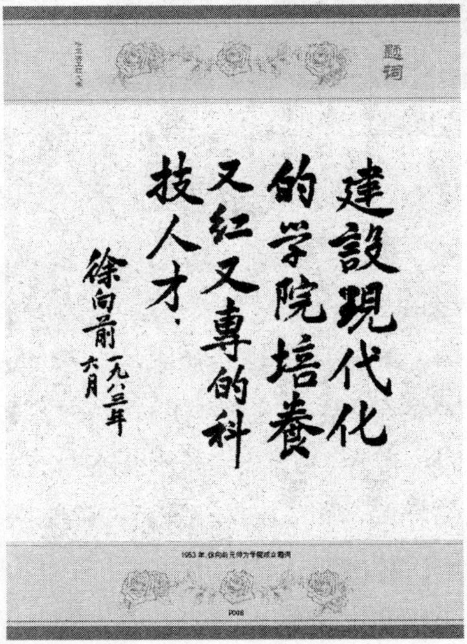

徐向前为哈工大题词

参加了平定杨、刘叛乱。当年 7 月，他被派到驻河南安阳的国民革命军第 2 军第 6 混成旅工作，历任教导营教官、旅司令部参谋、第 2 团少校团副等职。1926 年 11 月，徐向前来到武汉，在黄埔军校武汉分校成立后，他担任学生总队政治大队第一队少校队长。1927 年 3 月，徐向前经樊炳星、杨得奎介绍加入了共产党。当年 5 月，他曾率学生队参加攻打叛军夏斗寅部，之后被派往张发奎部任司令部参谋。广州起义之时，徐向前担任工人赤卫队第六联队队长。起义失败后，徐向前转战各根据地，1931 年就任红四方面军总指挥，他的人头被国民党反动派悬赏标价 10 万元（与毛泽东、朱德一样）。徐向前在黄埔军校学习期间，也曾被蒋介石召见，不过因为他生性少言寡语，又是北方人，所以没怎么引起蒋介石的注意，蒋介石后来对此极为遗憾。

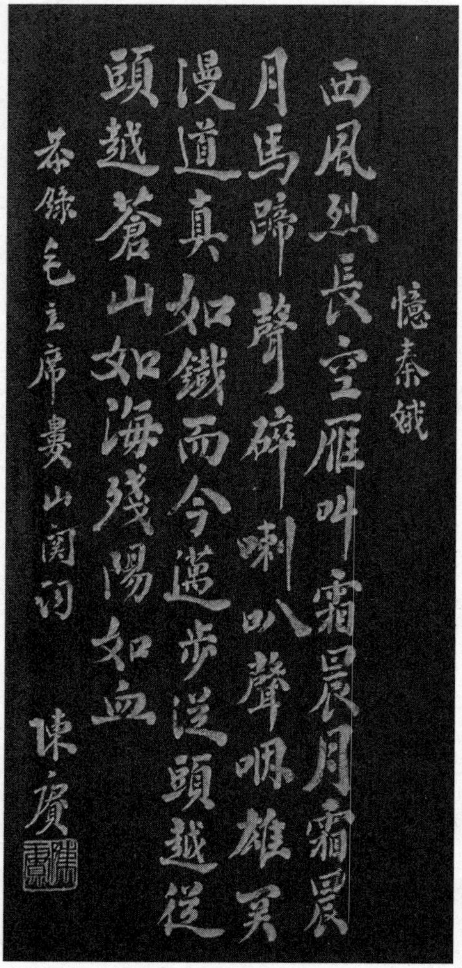

陈赓手迹

另外，不得不介绍的是身为“黄埔三杰”之一的陈赓（另两杰为蒋先云和贺衷寒），他历经北伐、南昌起义、长征、抗日战争、解放战争，为人民的解放事业立下汗马功劳，建国后被授予大将军衔。陈赓（1903—1961）1916 年入湘军当兵。1921 年，他脱离湘军，开始在长沙铁路局当办事员，期间积极参加爱国运动，得到共产党人何叔衡、郭亮等帮助，接受了共产主义思想。1922 年，陈赓加入中国共产党。1924 年 5 月，他考入黄埔第一期，毕业后留校任连长、副队长，参加了平定商团叛乱和东征陈炯明等战斗。第二次东征期间，1925 年 10 月，第 3 师在华阳附近战斗失利，正在前线督战的蒋介石，怕被叛军俘虏，拔枪企图自杀。当时，陈赓劝阻了蒋介石的自杀，然后一边指挥部队阻击追兵，一边毅然背起蒋介石安全撤离。1926 年 9 月，陈赓被中共党组织派到苏联海参崴学习。1927 年 2 月，陈赓回到上海。当年 8 月，他参加南昌起义，任中国国民党革命委员会政治保卫处委员。此后，被派在上海中共中央机关做情报工作，任顾顺章副手，顾顺章叛变后受周恩来指示赴北平组建北平特科地下情报站。1931 年 9 月，被派往鄂豫皖革命根据地工作。1932 年，陈赓因负重伤秘密到上海就医，曾向鲁迅详细介绍了鄂豫皖苏区的革命斗争情况。1933 年 3 月，陈赓在上海被捕。蒋介石偏爱陈赓的才华，曾亲自对其劝降，不过被陈赓严词拒绝。蒋介石念及昔日救命之恩，“有意”放松对陈赓的看守，陈赓才得以被党组织成功营救出来。蒋介石在退居台湾后对此事非常后悔，曾说：“陈赓是个害群之马啊，五个胡宗南也不抵一个陈赓啊！”

其实，陈赓并非“黄埔三杰”中最优秀的，“黄埔三杰”之首乃是蒋先云（1902—1927）。蒋先云原名湘耘，别号巫山，湖南新田人。1917 年，蒋先云考入衡阳湖南省立三师。1919 年，他在衡阳参加“五四运动”，任湘南学生联合会总干事。1920 年 3 月，他参加了湖南的驱张运动。1921 年 10 月，毛泽东在衡阳考察时，介绍蒋先云加入了中国共产党。1922 年 1 月，蒋先云师范毕业后，被毛泽东派赴安源开展工人运动。5 月，安源路矿工人俱乐部成立，李立三任俱乐部主任，蒋先云任俱乐部文书股长。9 月，蒋先云与李立三、刘少奇等一起领导了安源路矿工人大罢工，并且取得了胜利。此后，蒋先云又被派到水口山铅锌矿从事工人运动，同年 11 月，水口山工人俱乐部成立，他被选为全权代表。12 月，他领导 3 千多矿工举行大罢工，罢工胜利后，他就任中共水口山矿支部书记。1923 年 11 月，反动当局通缉蒋先云，他不得不离开水口山，经长沙转到广州。1924 年，蒋先云以第一名的成绩考入黄埔第一期，被编在学生第一队。在校期间，他潜心攻读古今兵法，“学术两科，冠于全校”，与贺衷寒、陈赓被并称为“黄埔三杰”，蒋介石对他“爱之如手足”，廖仲恺赞其为“军校中最可造就的人才”，政治部主任周恩来称其为“军校中的高材生”。种种赞誉声中，蒋先云以第一名的成绩毕业，被委派为教导第1团所属连党代表。1925年初，蒋先云与贺衷寒等发起成立了中国青年军人联合会，他当选为中央执行委员会常务委员(只设一人)。同年2月，蒋先云参加第一次东征，任教导第1团第4连连长。6月，他又参加了平定杨刘叛乱，任党军第1师第2团第2营代理营长。此后，蒋先云调任蒋介石的少校侍从秘书。同年10月，参加第二次东征，任国民革命军第1军第3师第7团党代表。中山舰事件之后，蒋先云退出国民党及国民革命军第1军。北伐战争开始后，他担任国民革命军总司令蒋介石的侍从秘书，后就任补充第5团团长，随军转战湖、赣等地。1927年初，蒋介石的反共阴谋日益暴露，蒋先云力拒拉拢，毅然赶赴武汉就任湖北省工人纠察总队队长。蒋介石发动“四·一二政变”后，武汉三十万各界群众举行“讨蒋大会”，蒋先云任大会主席团成员，同时他还兼任黄埔生讨蒋运动委员会监察委员会。1927年4月第二次北伐开始后，蒋先云担任武汉国民革命军第11军第26师第77团团长兼党代表，率部北上河南。5月，他在河南临颍与奉军张学良部作战时牺牲，年仅25岁。

尸首分离

1927年，蒋介石发动“四·一二”反革命政变，屠杀大批共产党人和革命群众。图为被砍首示众的革命群众。

最后介绍一下当年第一期生的风云人物——因“中山舰事件”而名扬中外的李之龙。李之龙（1897—1928），湖北沔阳人。他7

岁时即随父到武昌两湖师范附小读书，1912 年秋考入武昌外国语专科学校。不久，孙中山发起“二次革命”，当时年仅 16 岁的李之龙随其四叔李国良赶赴江西参加了李烈钧领导的湖口起义。二次革命失败后，李之龙回校复学，不久即因参加“反校长争民主”的学潮而被开除。此后，他又考入武昌高等商业学校，但因家贫无力负担，仅一年即辍学。1916 年秋，李之龙考入北洋政府在山东烟台开办的海军军官学校。在海军军官学校期间，李之龙曾组织同学集会声讨张勋复辟和声援五四运动。1921 年 6 月，因发动校工、水兵罢工罢航以反对学校当局克扣军饷，李之龙被学校开除。当年 8 月，李之龙来到上海，结识了在上海参加中共一大的董必武。9 月，李之龙随董必武到武汉开展革命活动，并于 12 月加入了中国共产党。1922 年，李之龙先后任教于河南陈州中学和武汉中学，以此为掩护从事党的秘密工作。1923 年 2 月，李之龙参加了著名的“二・七”大罢工，主要负责湖北省工团联合会的联络工作。“二・七惨案”后，李之龙遭到湖北当局通缉。1924 年初，李之龙被委任为中共汉口地委执行委员会委员，不久奉调至广州担任苏联顾问鲍罗廷的英文翻译。当年 4 月，考入黄埔第一期，被编在学生第二队。7 月，黄埔军校成立国民党特别党部，他与校长蒋介石等五人当选为第一届执行委员会委员。10 月，参加平定广州商团叛乱。11 月毕业，李之龙留在黄埔军校政治部工作，在周恩来的领导下，与共产党员蒋先云、陈赓等创办血花剧社（后任社长）。1925 年初，李之龙参与发起组织中国青年军人联合会，是该会主要负责人之一。1925 年 2 月，李之龙参加第一次东征。6 月，参加平定杨、刘叛乱。10 月，广州国民政府任命李之龙为海军局政治部少将主任。1926 年初，海军局局长斯米洛夫（苏联人）离职回国后不久，李之龙升任海军局代理局长，后兼任中山舰舰长。这时，年仅 29 岁的李之龙已升至海军中将（与蒋介石平级），成为中共在国民革命军中军衔最高的军事将领。1926 年 3 月 20 日，发生了被国民党反动派指为“共产党阴谋暴乱”的“中山舰事件”，事件中，李之龙被逮捕关押。关于“中山舰事件”的真相至今仍有争论，但经此事件，国民革命军第1军的共产党员全部退出，第1军变成了蒋介石的嫡系。对于中山舰事件，蒋介石曾说：“若要三月二十日这事情完全明白的时候，要等到我死了，拿我的日记和给各位同志的答复质问的信，才可以公开出来。”王柏龄也说：“当中详细，惟鄙人与蒋先生知之，我固不敢披露，而蒋先生对学生训话亦谓如果要知道此事变真相，等我死后，看我的日记。”在此事件后，李之龙虽获无罪释放，但已失去了海军局的一切职务，同时还失掉了共产党党籍，被党内同志所冷淡。北伐战争之时，李之龙随军在北伐军总政治部负责战时宣传工作。“四·一二政变”后，李之龙撰写发表了《“三·二〇”反革命政变真相》，揭露当年“中山舰事件”的内幕罪行。1927年7月，大革命失败之后，李之龙离开武汉到上海，企图策动中山、宝璧、自由等军舰起义。此后，他辗转潜至广州，以港商身份从事海军兵运工作，但不久即身份暴露，被迫东渡日本。1928年2月6日，李之龙从日本经香港潜返广州，被国民党特务发现并逮捕，当月8日，李之龙被杀害于广州黄花岗，年仅31岁。当时，蒋介石得知李之龙被捕后，曾打电报给主持广州“清党”的李济深，命令将李之龙解往南京，但李之龙已被害。临刑前，李之龙给妻子写下一封遗书：“我革命的义务现在结束了，不要悲伤。希望你把孩子抚养成人，继承我未完成的革命事业。”另外，关于李之龙在中山舰事件中监禁期间的表现传言很多，甚至有说李之龙曾向蒋介石表示要脱离共产党。为此，李之龙一直未被认作革命烈士。为了给李之龙恢复名誉，1964年10月26日，吴玉章曾给中央组织部写信证明说：“李之龙被捕后叛变的事，据我所知，不是事实。”

李之龙

二、三、四期生中著名的共产党人

在黄埔二期中比较著名的共产党人是周逸群，红军高级将领，湘鄂西革命根据地和工农红军的创建人之一。周逸群（1896—1931），贵州铜仁人。1914 年，周逸群考入贵阳南明中学。1919 年春，周逸群东渡日本留学，就读于庆应大学政治经济学系，在校期间逐渐接受马克思主义。1923 年春，周逸群回国，在上海从事兵运联络工作。1924 年 5 月，他组织贵州青年社，创办《贵州青年》旬刊，宣传反帝反封建的革命思想。1924 年 8 月，周逸群来到广州，考入黄埔军校第二期，被编在辎重队。进入黄埔不久，他即经鲁易、陈公培介绍加入了中国共产党。1925 年 1 月，周逸群当选为国民党黄埔军校特别区党部第二届执行委员会委员，还被公推为常委，主持日常工作。2 月，周逸群参与创办青年军人联合会，亦是主要负责人之一。9 月，他留校专门负责青年军人联合会的工作，同时就任黄埔军校筹备校史编纂委员会委员。1926 年 4 月，青年军人联合会解散之后，周逸群就任国民政府军事委员会政治训练部宣传科中校科长。北伐战争开始后，周逸群担任左翼宣传队队长。1926 年 8 月，他开始在国民革命军第 9 军第 1 师（师长为贺龙）任政治部主任。1927 年 6 月，贺龙所部被扩编为国民革命军第 20 军，贺龙任军长，周逸群任军政治部主任。1927 年 8 月南昌起义，周逸群和贺龙所部参加起义，起义军南撤途中，周逸群和谭平山介绍贺龙加入了中国共产党。1928 年 1 月，周逸群任中共湘西北特委书记，与贺龙一起赶赴湘西北地区开展武装斗争，途中参与领导鄂中鄂西地区的年关暴动和桑植起义。在优势敌军进攻下，起义最后失败，周逸群与贺龙失去联系，周逸群转至石首、监利一带继续革命斗争。6 月，中共鄂西特委重建于宜昌，由周逸群任书记。1929 年春，周逸群把江陵、石首和监利三县的游击队整编成鄂西游击大队，后又扩编为鄂西游击总队，由周逸群兼任总队长。1930 年 2 月，周逸群领导组建了

贺龙肖像

中国工农红军第 6 军。当年 7 月，周逸群领导的红 6 军与贺龙领导的红 2 军（由红 4 军改称）在公安县胜利会师，两军正式编组成中国工农红军红 2 军团，贺龙任总指挥，周逸群任政委。1931 年 3 月，夏曦被党中央派到湘鄂西根据地，他积极推行王明“左倾”错误路线，撤消了周逸群湘鄂西特委代理书记和湘鄂西联县政府主席的职务。此后，周逸群率领部分红军和地方武装到江南开辟洞庭湖根据地，不幸于 1931 年 5 月遭伏击，壮烈牺牲，时年 35 岁。

朱云卿（1907—1931）是黄埔三期生中比较著名的共产党人，他是广东嘉应（今梅州）人，原名云，字国声。1919 年秋，朱云卿考入梅县县立第一高小。1922 年秋，到印尼万隆跟叔父做工。1924 年冬，朱云卿回到广州，考入黄埔军校第三期入伍生队。1925 年 7 月，正式升入第三期学生队，编在步兵科。在黄埔学习期间，朱云卿加入了中国共产党，并且还是青年军人联合会的骨干。1926 年 1 月，在黄埔军校毕业后，朱云卿被分配到广东省农民协会军事部工作。当年秋，党组织派他任中共北江特委委员，负责筹办北江农军学校。1927 年 4 月下旬，根据中共广东区委指示，北江地区各县农军 1200 余人分别在韶关和南雄集结，成立了广东北江农民自卫军北上总指挥部，朱云卿任参谋长。6 月，朱云卿率一部农军抵达武汉，就任农政训练班主任。大革命失败之后，他率领北江农军参加八一南昌起义。9 月，朱云卿参加了秋收起义，之后上了井冈山，在毛泽东领导下，参加了井冈山根据地和中央革命根据地的创建工作。1928 年 5 月，朱云卿出任红 4 军第 31 团团长。8 月，他指挥留守井冈山的第 31 团一营，取得了著名的黄洋界保卫战的胜利。毛泽东获此捷报后，写下了《西江月 · 井冈山》一词以纪念歌颂。1929 年 1 月，朱云卿跟随毛泽东、朱德离开井冈山，向赣南闽西进军。3 月，朱云卿升任红 4 军参谋长，此后积极协助毛泽东、朱德主持起草、组织、实施战斗计划。12 月，朱云卿参加了在上杭古田召开的中国共产党红 4 军第九次代表大会，积极支持毛泽东的正确主张。1930 年 6 月，中国工农红军第 1 军团（下辖红 4、红 6、红 12 军，共 2 万余人）在长汀成立，朱德任总指挥，毛泽东任前委书记兼政委，朱云卿任参谋长。8 月，红 1 军团和红 3 军团在浏阳会师，正式组成红一方面军，朱德任总司令，毛泽东任总前委书记兼总政委，朱云卿任红一方面军参谋长兼红一军团参谋长。1930 年 11 月至 1931 年 1 月，朱云卿协助毛泽东、朱德指挥红一方面军取得了第一次反“围剿”的胜利。1931 年 1 月，苏区中央局和中央革命军事委员会成立，由项英任代书记和军委主席，毛泽东、朱德为副主席，朱云卿被任命为中革军委总参谋部代部长。1931 年 5 月，红军第二次反“围剿”期间，朱云卿在作战时负伤，住进江西吉安东固红军后方医院，在医院中被国民党特务暗杀，年仅 24 岁。

朱云卿

朱云卿（1903—1931），广东嘉应人。黄埔三期生。1925 年加入中国共产党。1930 年 6 月，任中国工农红军第一军团参谋长。

黄埔四期生中著名的共产党将领是最多的，这里简略介绍一下被誉为“军事天才”的林彪（1907—1971）。林彪，原名林育容，湖北黄冈人，少年读过私塾。1922 年，林彪考入武昌共进中学。在校期间，在堂兄林育英和林育南的影响下，林彪于 1924 年加入了中国社会主义青年团，于 1925 年加入了中国共产党。1925 年，林彪南下广州考入黄埔第四期入伍生队。1926 年 3 月，正式升入第四期学生队，编在步兵科第 2 团第 3 连。毕业后，林彪被分配到叶挺独立团任见习排长。1927 年 4 月，武汉国民政府第二次北伐，林彪任第 4 军第 25 师第 73 团（独立团改称）连长。当年 8 月，林彪参加了南昌起义。1928 年 1 月，他参加了湘南暴动，任工农革命军第 1 师第 28 团第 1 营第 2 连连长，后在耒阳战斗中立功升为第 1 营营长。4 月，井冈山会师之后，成立了中国工农革命军第 4 军，朱德任军长，毛泽东任党代表，林彪当时是第 4 军第 28 团第 1 营营长（8 月，团长王尔琢牺牲，他升任第 28 团团长）。1930 年 6 月，中国工农红军红 1 军团成立，林彪升任红 1 军团第

4 军军长。8 月，红一方面军成立后，他仍任第 4 军军长，并兼任红一方面军总前委委员。1931 年 5 月，中共苏区中央局改组，毛泽东任代理书记，林彪就任苏区中央局委员。在井冈山斗争时期，林彪在军事指挥上表现是出色的，但在残酷的斗争环境中也发生过思想动摇，曾经怀疑“红旗到底能打多久”。对于此种对革命前途的悲观态度，毛泽东专门写了题为“星星之火，可以燎原”的长篇通信，对以林彪为代表的革命悲观主义者进行了批评教育。林彪指挥的红 4 军是中央红军的主力部队，参加了中央苏区的第一、第二、第三次反“围剿”，对于反“围剿”作战的胜利起到了极为重要的作用。1932 年 3 月，林彪升任第 1 军团总指挥（后改称军团长），聂荣臻任政治委员。林彪率部参加了第四、第五次反“围剿”作战，之后他率红 1 军团随中央开始长征。1935 年 1 月，林彪率部智取遵义，之后作为红 1 军团军团长参加了遵义会议。到达陕北之后，林彪曾率部参加了直罗镇战役和东征。1936 年 6 月，他被委任为中国人民抗日红军大学（后改称中国人民抗日军事政治大学）校长，政委起初由毛泽东担任，后改由林彪兼任政委。从 1937 年 8 月至 1943 年 3 月，林彪实际上一直是挂名担任“抗大”校长，此后才改由徐向前担任校长。1937 年 8 月，林彪任八路军第 115 师师长，与副师长聂荣臻一起指挥所部取得了平型关战斗的胜利，这是全国抗战开始后的第一个大胜利。1938 年 3 月，林彪被阎锡山部哨兵误伤，被迫返回延安治疗，同年冬赴苏联就医。1942 年 2 月，林彪回到延安，参加了整风运动，就任中共中央党校副校长。1945 年 4 月，林彪出席了中共“七大”，当选为中央委员会委员，8 月，又当选为中共中央军委委员。抗日战争胜利后，林彪被派往东北任东北人民自治军总司令。1946 年 1 月，部队改称东北民主联军，林彪任总司令，彭真任政委。1948 年 9 月至 11 月，在毛泽东和中央军委的一再督促下，林彪与罗荣桓（东北野战军政委）等一起指挥东北野战军取得了辽沈战役的胜利，解放了全东北。1948 年 12 月，林彪率部入关，与罗荣桓、聂荣臻等一起指挥平津战役，攻克天津，和平解放北平，基本解放了整个华北地区。1949年3月，东北野战军改称中国人民解放军第四野战军，林彪任司令员和前委书记，罗荣桓任政委。当年5月，林彪出任中共中央华中局（12月改称中南局）第一书记、华中军区（12月改称中南军区）司令员。此后直至1950年4月，林彪指挥所部，在第二野战军第四兵团等部队配合策应下，先后进行了宜沙、湘赣、衡宝、广东、广西、解放海南岛等战役。1951年，林彪任军委副主席。1954年，任国务院副总理。1955年4月，任中共中央政治局委员。1955年9月，授元帅衔。

毛泽东与林彪在延安抗日军政大学

五、六期生中著名的共产党人

黄埔五期生中也出了不少重量级人物，比如说陶铸（1908—1969）。陶铸，湖南祁阳人，号剑寒。他早年读过私塾和小学，当过学徒。1924年考入衡阳省立三师。1925年秋，在同乡黄埔一期生蒋伏生的帮助下，来到广州任国民革命军第1军第1师教导第2团第2营司书，后又调任黄埔第五期入伍生第2团第2营第5连司书，不久保送为黄埔五期生。1926年9月，正式升入黄埔第五期步兵科，编在第一学生总队第三大队第十二区队，同年加入共产党。1927年4月，被党组织派到武汉，在国民革命军总政治部宣传队工作。大革命失败后，陶铸参加了南昌起义，曾在叶挺所部任连长。此后，辗转到国民革命军第4军警卫团工作，参加了1927年12月的广州起义。1929年9月，中央军委派陶铸到红4军工作，他途经厦门时，被福建省委留下任省军委秘书，不久任省委秘书长、省军委书记。1930年，任福建省委组织部长。1931年起，先后任中共福建省委代理书记、漳州特委书记、福州中心市委书记等职。1933年3月，党组织调陶铸到上海，因叛徒出卖而被国民党当局逮捕入狱。抗战爆发后，经周恩来、叶剑英等同

陶铸与周恩来等合影

1954年，周恩来（左二）、刘少奇（左四）、罗瑞卿（左三）由陶铸（左一）陪同，在广东省视察胡椒园。

国民党交涉，陶铸被释放出狱，随即被派往武汉任中共湖北省委常委兼宣传部长。1938年冬，陶铸赴鄂中地区组织抗日武装，参与开辟鄂中游击区，后任新四军鄂豫挺进支队代理政委（李先念任司令）。1940年3月，陶铸来到延安。1943年，任中共中央军委秘书长兼总政治部秘书长，后又兼总政宣传部长。1945年8月，陶铸被派到东北地区，10月，任中共辽宁省委书记。此后，历任中共辽宁、辽吉、辽北省委书记兼辽西、辽北军区政委。1947年8月，兼任东北民主联军第七纵队政委。辽沈战役后，担任中共沈阳市委书记兼军事管制委员会副主任（主任为陈云）。平津战役时，他作为解放军平津前线司令部（司令员林彪、政委罗荣桓）的全权代表同傅作义将军进行和谈，为和平解放北平作出了重要贡献。1949年3月，任第四野战军政治部副主任，并任中共中央华中局委员。新中国成立后，陶铸曾任国务院副总理、中共中央书记处常务书记兼中央宣传部部长、政治局常委。

黄埔六期生中也出了很多解放军的高级将领，罗瑞卿就是其一。罗瑞卿（1906—1978），四川南充人，1923年考入南充中学，在校期间参加过共产党领导的革命斗争。1926年10月，他来到重庆，经任伯芳介绍加入了中国共产主义青年团。当时，黄埔军校正在重庆招生，罗瑞卿被录取，进入黄埔军校武汉分校，编在黄埔第六期入伍生总队第一大队第四队。1927年8月，由武汉分校改编而成的红二方面军警卫团赴南昌参加起义，中途被张发奎部缴械，罗瑞卿与党组织失去联系。1928年，罗瑞卿在上海与党组织取得联系，转为共产党员。1929年初，罗瑞卿被派往闽西革命根据地，任闽西游击大队大队长、红军第59团参谋长等职。1929年6月，随部队编入红4军，任支队党代表、代参谋长等职。1930年6月，红1军团成立，罗瑞卿任红1军团第4军第二纵队（后改为第11师）政委。罗瑞卿作战英勇，参加过第一、第二、第四次反“围剿”，在第二次反“围剿”中身负重伤，险些丧命。1933年1月，罗瑞卿调任第1军团政治保卫局局长。1934年1月，当选为中华苏维埃共和国中央执行委员会委员。10月，随军长征。遵义会议后，曾调任红3军团政治部主任。1935年9月，中央红军红1、红3军团组成陕甘支队，罗瑞卿任陕甘支队政治保卫局局长和第三纵队政治部主任。到达陕北后，罗瑞卿升任红一方面军政治保卫局局长。1936年6月，任抗日红军大学教育长。西安事变后，罗瑞卿是中共中央代表团成员之一，在西安协助周恩来进行统一战线工作，为西安事变的和平解决作出了不小贡献。1937年2月，回到延安后，罗瑞卿任抗日军政大学教育长，后升任副校长。1940年5月，任八路军野战政治部主任，自此转战太行山区，参与指挥百团大战和多次反“扫荡”。1945年6月，罗瑞卿被选为中共第七届中央委员会候补委员。解放战争时期，罗瑞卿历任晋察冀军区副政委兼政治部主任、晋察冀野战军政委、华北军区政治部副主任兼第二兵团政委等职。1949年6月，罗瑞卿负责筹建公安部，建国后出任公安部部长。1955年，被授予大将军衔。1959年9月，任中央军委秘书长、国防部副部长和解放军总参谋长。1961年11月，兼任国防工业办公室主任。他参与组织战备，指挥海防和边防作战，组织领导尖端武器及常规武器的研制和生产。

罗瑞卿将军

第六节 “第三党”

《莫斯科宣言》

蒋介石、汪精卫集团先后叛变革命后，抛弃了孙中山的革命主张和新三民主义，国民党内部进一步分化，以宋庆龄、何香凝、邓演达为代表的国民党左派，继承了孙中山爱国、民主、进步的精神，以大无畏的革命精神，同以蒋介石为首的反动的国民党右派展开了英勇斗争。1927 年 7 月 14 日，宋庆龄断然与蒋、汪之流决裂，发表《为抗议违反孙中山的革命原则和政策的声明》，公开宣布退出国民党中央执行委员会。8 月 1 日，宋庆龄、邓演达、毛泽东等 22 名国民党二届中央委员发表《中央委员宣言》，义正词严地指出：“武汉与南京所属党部政府皆已成为新军阀之工具，曲解三民主义，毁弃三大政策，为总理之罪人，国民革命之罪人”，“自今以后，惟有领导全国同志，誓遵总理遗嘱奋斗到底。”号召“全国同志在此期间，均应一本总理创造本党之精神，与一切假冒本党革命名义者坚决奋斗。”这一宣言指明了国民党左派反蒋斗争的方向。为了完成孙中山的临终嘱托，8 月下旬，宋庆龄赴莫斯科考察，行前发表《赴莫斯科的声明》，再一次表明要继续坚持孙中山的革命纲领和政策，称颂中共“是中国内部革命力量中最大的动力”，“苏联在世界上所有革命力量中最为壮大”，“国民党如能和这两种革命力量建立正确的关系，就会大大地帮助中国革命，使中国获得国家的独立”，指出叛变革命和违背三大政策的反动派必然失败。

到了苏联，宋庆龄考察了苏联人民的革命和建设的成就，广泛宣传了国民党左派忠于孙中山革命主张和继续革命的决心，揭露了国民党右派集团破坏革命的罪行，并与国民党左派人物邓演达、陈友仁等开始探索组建新党的工作。1927 年 11 月 1 日，他们在莫斯科以“中国国民党临时行动委员会”名义发表了《莫斯科宣言》，对国民党左派和其他革命者给予很大的鼓舞。宣言论述了三民主义的真义，揭露了国民党右派集团已蜕化成了旧势力的化身，军阀的独裁工具，民众的生死仇敌，并提出革命的动力就是受压迫受剥削最深重的工农群众。

宋庆龄在北京寓所喂鸽子

宋庆龄在莫斯科期间，还与蒋介石来了一场激烈的电报交锋。蒋介石一再发来电报，劝她回国，可她针锋相对，坚定地表示绝对不同蒋介石合作："如果我回国的话，那也只是为了参加工农斗争，""我将踏着革命的足迹继续前进，这是缅怀我们领袖的惟一道路。我在这条路上决不回头。"

廖仲恺夫人何香凝，也是一位重要的国民党左派代表人物。蒋介石叛变革命后，她愤然与蒋介石绝交，拒不参加蒋介石和宋美龄的婚礼，不当他们的证婚人。她指责汪精卫集团的"分共"政策，背叛了孙中山先生和廖仲恺先生的联共主张，表示决不违背孙先生的革命主张，即使是"跟共产党跳水，我也愿意"。她毅然辞去了国民党政府的一切职务，到广州一心一意地创办仲恺农工学校，从事训练工农群众的工作。为了筹集学校经费，她赴菲律宾及南洋卖画。

"第三党"的成立及其政治主张

1928 年初，在上海的一部分国民党左派和一部分脱离中共阵营的人士及一些爱国知识分子，响应宋庆龄、邓演达等人发出的《莫斯科宣言》，由谭平山等发起组织成立了"中华革命党"，是为第三党的前身。会议推选邓演达、谭平山、章伯钧、季方、朱蕴山、邓初民等为中华革命党中央领导层成员，邓演达为总负责人，在邓未回国前由谭平山代理。由于中华革命党的主张既不同于国民党，又不赞成中共当时组织工农起义，建立农村根据地的做法，因此被称为“第三党”。中华革命党以上海为中心，创办《突击》和《灯塔》周刊，宣传反帝反封建的革命主张，揭露和批判了国民党右派集团屠杀共产党人的血腥暴行。

1930 年 5 月，邓演达应中华革命党党员的要求，回国投身革命。邓演达认为，要完成国民革命，实现孙中山的革命主张，当务之急就是展开反蒋运动，而要确保反蒋运动成功，就需要利用一切可以利用的力量，那么，继续利用国民党这块招牌，可以把受过孙中山三民主义革命思想的熏陶，尤其是仍然留在国民党系统及国民革命军中的、对蒋介石统治心怀不满的人最大限度地团结起来。有鉴于此，“中华革命党”易名为“中国国民党临时行动委员会”，以示赓续以三民主义为指导革命的理论基础，复兴被国民党右派集团的倒行逆施而中断了的国民革命。

1930 年 8 月 9 日，邓演达在上海法租界内秘密主持召开了有十几个省区的 30 多名代表出席的中国国民党临时行动委员会第一次全国干部会议，认为蒋介石和汪精卫“完全背叛（国民党）第二次大会的付托”，南京和武汉都成为了“旧势力的化身，军阀之工具，民众之仇敌。”“第三党”的责任就是要“以革命手段中止其受第二次大会委托之职权。并临时行使革命指导之机能。”会议通过了《我们的政治主张》等一系列重要文件，选举邓演达为总干事，在《革命行动》创刊号上公开发表了自己的政治主张，认为：中国社会的性质是封建势力和帝国主义势力双重支配的前资本主义社会，这决定了革命的对象是帝国主义、封建军阀和依附他们的反动资产阶级，革命的任务是以民族、民权、民生三项任务结合在一起，以社会主义为归宿的革命。他们认为自己所代表的利益阶级是广大平民群众和工农群众，斗争的目的是实现三民主义，复兴中国革命，主张由资产阶级、小资产阶级领导平民革命，建立以工农为中心的平民政权，再过渡到社会主义。在外交政策上，主张反对帝国主义，废除一切不平等条约，与各被压迫民族结成政治联盟，表示“对于代表下层民众的各党派，皆愿与之合作，故对于中国共产党，亦取同样的态度。”在对待中共的问题上，承认中共“在理论上是无产阶级的政党，近年在广大的革命群众中发生积极的作用，在中国的历史上，也有很大的贡献”，但不同意中共在农村建立和发展根据地政权，不赞成中共领导的新民主主义革命路线。总之，第三党对中国革命许多基本问题有着正确的认识和分析，具有鲜明的反帝反封建的革命立场，主张武力推翻蒋介石的独裁统治。

中国国民党临时行动委员会，又称第三党，是由国民党内部分化出来的左派，是为反对以蒋介石为首的国民党右派的反动统治而建立起来的革命政党。第三党本来有可能、也希望同中共联合，来反对共同的敌人。邓演达曾多次主动找中共领导人商讨，希望同中共建立联合反蒋战线，但是，由于当时的中共领导人执行错误的“左倾”关门主义路线，对第三党采取了错误的政策，从而失去了团结第三党、壮大革命力量的一个好机会。中共中央于 1928 年 5 月的《关于对第三党的认识和态度》的决定和 6 月的中共“六大”决议中，都错误地把“第三党”视为没有独立性的一部分失意的小资产阶级组织的政党，是蒋介石反革命统治的工具。后来，周恩来曾指出：“第三党是代表小资产阶级的。1930 年邓演达回国后，曾找我们谈判合作反对蒋介石，可是我们没有理睬他，这是不对的。”

中共党人谭平山 1927 年 3 月担任武汉国民政府委员兼农民部部长，试图借助于武汉国民政府的力量来展开土地改革，随即参加南昌起义，被推选为革命委员会主席，起义失败后流亡海外。11 月，在中共临时中央政治局扩大会议上被不适当地开除了党籍。1930 年秋，一群落魄的共产党人黄埔生聚集在上海杨树浦一条小巷里，黄雍、许继慎、余洒度、董郎、宋希濂、覃异之等都在其中，

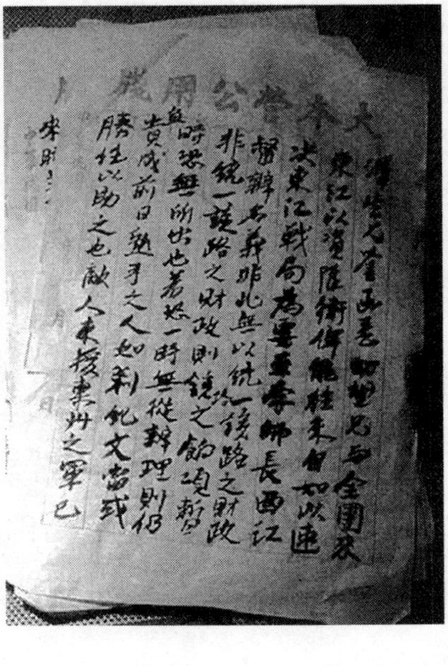
邓演达信札手迹

基本上都是黄埔一、二期生。他们先后与中共组织失去了组织联系。在谭平山的撮合下，他们联系上了邓演达。11 月，在邓演达的倡导下，他们在上海成立黄埔革命同学会，由余洒度、陈烈、黄雍等负责。不及半年时间，就联络上了广泛的黄埔同学，其中就有手握兵权的周至柔、陈诚、罗卓英等黄埔精英，一时影响遍布全国。

而且，第三党由于收罗了一批失意的黄埔生，在军界拥有相当的分量，1931 年，邓演达和第三党积极筹划反蒋军事行动。1931 年夏，黄埔革命同学会成员被蒋介石一网打尽，所有参与第三党的黄埔生，全部被捕，押到南京。这一次，蒋介石不仅没有严厉地惩处他们，反而“宽厚有加”，笑着说：“过去的错误不在你们，而在我校长。你们回来了很好，一切重新来。”临走时又送衣物又送钱。到了这个地步，这批黄埔生也只好“悔过自新”了。从此，这几十名从黄埔军校毕业的共产党人，绝大多数都和中共断绝了联系，在蒋记黄埔集团中形成了一个小小的“自新派”。8 月 19 日，由于叛徒的出卖，邓演达被捕，11 月 29 日被蒋介石秘密杀害于南京麒麟门外沙子岗。为抗议邓演达的被害，宋庆龄 12 月 19 日在《申报》上发表《宋庆龄之宣言》。然而，第三党仍未被消灭，黄琪翔临危受命，无惧国民党的通缉，流亡海外，接着领导第三党。第三党后又叫“中华民族解放行动委员会”。1947 年 2 月始改名为“中国农工民主党”，继续活跃在 20 世纪。著名的“福建事变”就与第三党有关联。第三党是参与酝酿和发动“福建事变”的重要派别，并自始至终参加了福建事变。

“福建事变”

“第三党”重视平民革命形式，发动推翻蒋介石南京政权的武装起义，得到了许多中间党派的支持。“福建事变”发生之前，第三党通过自己的政治主张和党员的积极活动，对促进十九路军的革命热情起到了很大的作用。

邓演达、黄琪翔与十九路军将领陈铭枢、蒋光鼐、蔡廷锴等人或曾为同窗，或曾为同事。利用这些关系，第三党对十九路军发动上层攻势。通过杨杏佛、徐名鸿与陈铭枢等建立联系，信件交流频繁。同时，第三党积极在十九路军中开展活动，宣传自己的政治主张，许多官兵受到了第三党的影响并加入了第三党。正如陈铭枢所说：“十九路军确有一些第三党分子，有的是比较重要的骨干。”

1932 年 1 月 28 日，十九路军打响了著名的“淞沪抗战”，击退了日军的多次疯狂进攻，坚守上海一个月，大长了中国人的抗日志气。在这次抗战中，第三党积极鼓动和支持十九路军抗战。黄琪翔亲赴前线，鼓励十九路军奋勇杀敌；第三党暨南大学小组成员发动各界力量，支援十九路军堵击浏河登陆的日军。此外，第三党党员也积极投身抗战，如余立奎参加了太仓血战，何志坚组织十九路军一个团在闸北抗战，李世璋、朱蕴山从物质上做了大量的后援工作。而蒋介石却采取不抵抗政策，不仅不增援十九路军，反而派蒋记黄埔嫡系第 87、88 两师开赴上海，以监视十九路军，并计划在十九路军兵败后接防。由于两师中上级军官全是黄埔生，曾受过邓演达的教化，其中不少是第三党党员，黄琪翔遂策动两师中坚分子自动参加抗战，支援十九路军。在张治中的率领下，两师官兵英勇参战，给日寇以沉重的打击。3 月 2 日，第三党发表《对上海事件紧急宣言》，提出“立即对日宣战”，“发动全国人民，武装收回已失领土”，其后更坚决主张联合中共。

淞沪抗战后，第三党就鼓动十九路军联共抗日反蒋。李世璋对蔡廷锴说：“十九路军抗日，名誉满天下，现在你只有联共反蒋抗日，就可得到全国人民的拥护，就有办法。”后来，十九路军在闽与红军作战打了大败仗，区寿年在连城全师覆没，谭启秀在延平战败。第三党认识到蒋介石让红军和十九路军两败俱伤的图谋，主张“在上海找中共负责人谈判，说明十九路军是抗日反蒋的，应该是革命的同路军队，红军不应把它消灭。”第三党党员朱蕴山、刘伯垂、彭泽湘等通过杨度、胡鄂公与中共上海党组织取得了联系，胡鄂公说：“你们先动，一旦举起反蒋旗帜，红军自然不会打。”彭泽湘建议十九路军派代表直接去江西苏区

黄琪翔肖像

会见毛泽东。

十九路军奉调入闽，黄琪翔向蔡廷锴提出让部分第三党成员随军到福建开展工作。1933 年夏，陈铭枢从国外回到香港，加紧进行联合各派公开反蒋的活动。秋，应李济深之约，彭泽湘、章伯钧到香港商谈，彭、章都提出十九路军应该立即采取联共反蒋抗日的行动。9 月底，第三党负责人黄琪翔、章伯钧在香港与李济深、陈铭枢等召开了一次重要会议，讨论了即赴福建组织反蒋抗日的人民革命政府事宜，以及军事、外交、政治、财政等有关问题。

此时，在福建的第三党党员也积极推动事变的爆发。联共政策确定后，第三党党员徐名鸿为推动十九路军与中共实现实质性的合作作出了很大的努力。曾是中共党员的徐名鸿在南昌起义失败后脱党。作为十九路军总部秘书长，徐名鸿有蔡廷锴"灵魂"之称，很早就有联合红军反蒋的思想。他以十九路军全权代表身份与苏维埃代表潘汉年谈判，于 10 月 26 日签定了《反日反蒋初步协定》十一条，使联共反蒋抗日的政策得到了落实，解除了十九路军和福建政府的后顾之忧，而且得到了苏维埃和红军这个强大的合作者。11 月中旬，第三党代表黄琪翔、彭泽湘、彭芳草、章伯钧、麦朝枢、郭冠杰、刘伯垂、王亚樵等陆续到达福州，在鼓山召开了一次秘密会议，会议讨论了成立福建人民政府的时间和有关修正政纲政策问题以及军事、财政问题。

1933 年 11 月 20 日，中国人民临时代表大会在福州召开。与会者有来自全国 25 个省市和华侨代表 80 余人，以及十九路军官兵、人民群众共 10 万多人。黄琪翔被选为十七人大会主席团主席，章伯钧、彭泽湘等被选入主席团。主席团接受了皖、闽代表提出的建立人民革命政府的提案，决定 22 日成立人民革命政府，即中华共和国。新政府将原十九路军军官补习所改为"人民革命政府军事政治学校"，任命黄琪翔为校长，许多第三党成员成为该校的教官。军事上，黄琪翔出任军事委员会委员和参谋团主任，直接参与了军事计划如作战方针的制订，亲自到前线指挥作战，鼓舞士气。

第九章
教父的陨落

第一节　应请北上

首都革命

1924年9月17日，第二次直奉战争爆发，冯玉祥被任命为"讨逆军"第3军总司令，出古北口迎战奉系军阀的军队。1924年10月22日午夜，冯玉祥率部返回北京，从城北的安定门进城。23日凌晨二点许，冯军不费一枪一弹，包围了总统府，迫使直系军阀控制的北京政府下令停战并解除吴佩孚的职务，监禁总统曹锟。北京政变次日，冯玉祥、胡景翼（邓宝珊代表）、孙岳（徐永昌代表）、黄郛（北京政府教育总长、老同盟会会员）、李石曾、易培基等在北苑开军事会议，会后以国民军名义发出"漾电"，分致孙中山、段祺瑞、张绍曾、王士珍、唐绍仪和各路巡阅使、各省督理，邀请到京共商国是。

关于"首都革命"，孙中山与冯玉祥等早有联络，曾密函在北京的徐谦请转告冯等进行武装革命，密函如下："请告冯，北京国会为不合法。若仍声声以此非法国会为言，当无商量之余地。倘北方武人知其冒牌之非，而有彻底之觉悟，以救国为前提，吾等亦不坚持合法国会，盖国会分子多属无望，则当用革命手段以救国。如能本此意，与民党携手，则除绝陈之外，再无条件矣。"

10月25日，冯玉祥等仍在北苑开会，会上公推冯玉祥为国民军总司令兼第1军军长，胡景翼为副司令兼第2军军长，孙岳

隶书七言联（冯玉祥）

为副司令兼第3军军长。同时公决推举段祺瑞为临时执政，并任联军总司令，由其筹备召开国民会议，修改约法。同日，冯玉祥等又推段祺瑞为大元帅，意在不承认孙中山的大元帅职位。

10月27日，孙中山分电段、冯，准备北上。国民党内有人担心孙中山北上安全与否，孙中山一点也不担心，说：“汝等以大元帅视我，则我此行诚危险；若以革命领袖视我，则此行实无危险可言。”30日，张作霖与卢永祥联电推举段祺瑞为联军统帅，奉军攻占秦皇岛山海关，冯玉祥对吴佩孚发动总攻击。31日，黄郛代摄北京国务院总理。11月1日，孙中山主持中央政治会议第十二次会议，胡汉民、汪精卫、廖仲恺、伍朝枢、邵元冲、谭延闿、鲍罗廷等出席，会议决定现在上海发表宣言，提出召开国民会议统一中国的主张。同日，冯玉祥电促孙中山早日北上。2日，黄郛以内阁总理摄行总统职务。

永别黄埔

1924年11月3日，因即将北上，孙中山特莅临黄埔军校，除黄埔全体师生外，并有广东大学学生及教授参加，孙中山向与会众人说明了北上的目的：“现在大家都知道，北京发生了事变，……拿这次变动的结果看，毫不算是中央革命，……我何以还要到北京去呢？我因为实践成约起见，所以不能不去。他们在北京奋斗，费了许多大力，才有这次的变化。变化之后，对于本党表同情的，只有几个师长、旅长，……不过，经过这次事变之后，可信北京首都之地，的确是有军队来欢迎革命主义的。……

并且知道北方的军队和人民，也有天良与爱国心。有了天良与爱国心，就可以受革命党的感化。……因为有这种希望，所以我为答北方同志的欢迎起见，决定去北京。……大家又不可以为我到北京之后，马上就能发起一个中央革命，不过借这个机会，可以做宣传的工夫，联络各省同志，成立一个国民党部；从党部之内，成立革命基础。”同时，孙中山还向大家阐释“自由”、“平等”之真义：“……依我看就是欧美的新思想打破的中国的革命思想……理由非常幽微奥妙，不是详细研究很难得明白……中国近来也感受了‘自由’、‘平等’的思想，所以也起了革命，革命成了事实之后，又被这种思想打破，故革命常常失败。我们革命之失败，并不是被官僚武人打破的，完全是被‘平等’、‘自由’这两个思想打破的。……中国革命之所以失败，是误于错解‘平等’、‘自由’。……在普通社会中有‘平等’、‘自由’，在政治团体中便不能有‘平等’、‘自由’。政治团体中份子有‘平等’、‘自由’，便打破政治的力量，分散了政治团体，所以民国十三年来革命不能成功就是由于‘平等’、‘自由’的思想冲破了政治团体。……革命的始意本来是为人民在政治上争‘平等’、‘自由’，殊不知所争的是团体和外界的‘平等’、‘自由’，不是个人自己的‘平等’、‘自由’。……俄国近来革命之所以成功的道理，就是由于打消无政府的主张，把极端‘平等’、‘自由’的学说完全消灭。因为俄国有这种好主张，所以近来革命的效果比较美国、法国一百多年以前的革命之效力还要宏大，成绩还要完满。他们之所以能够有这种美满成绩的原因，就是由于俄国出了一个革命的圣人，这个圣人便是大家所知道的列宁。他组织了一个革命党，主张是革命党有自由，不要革命党员有自由。各位革命党员都赞成他的主张，便把各个人的自由都贡献到党内，绝对服从革命党的命令。……从今而后，要革命成功，便要各位同志改正从前的错误，结成一个大团体，牺牲个人的‘平等’、‘自由’，才能够达到目的。现在想要造成这种团体，便要有好党员。诸位文学生同武学生，都是有知识的阶级，都应该明白这个道理。”

孙中山书法作品

11 月 10 日，张作霖、冯玉祥、段祺瑞于天津开会，会议间，参加南京会议的苏、鄂、浙、陕、闽、赣、皖、豫八省军人和海军依其南京会议决定正式联名通电拥段出山；川湘将领和陈炯明也表示拥段。11 日，孙中山为广东大学题“博学，慎思，明辨，笃行”（以后成为该校校训）。12 日，孙中山举行家宴庆祝生日。本日，广州各界及机关、团体纷纷组织欢送仪式，晚上举行提灯游行大会，约 2 万余人，孙中山于财厅楼上，脱帽答礼，至晚十点始散。

11 月 13 日上午九点二十分，孙中山偕夫人宋庆龄步出大元帅府，乘电船登永丰舰，文武官员于码头伫立欢送。十点二十分，永丰舰起碇，孙中山永远告别广州。随行职员共约 20 人左右，文职随员有汪精卫、陈友仁、韦玉、邵元冲、朱和中、黄昌穀、陈耀祖、张乃恭；武职随员有喻毓西、赵超、邓彦华、马湘、黄惠龙、吴雅觉。下午三点许，永丰舰抵达黄埔（因珠江航路水浅阻碍航行），蒋介石率全体教职员到校门外迎接，并亲登永丰舰恭迎。孙中山在黄埔校内巡视一周，并检阅军校学生军事演习。校阅结束，孙中山加倍称许勉励，然后沉默良久，叹气道：“我这次到北京去，明知道是很危险的，然而我为的去革命，是为救国救民去奋斗，有何危险之可否呢？况今，我年已五十九岁了，亦已经到死的时候了。”蒋介石乍闻此言，异常惊愕，遂问：“先生今日何突作此言？”孙中山回答说：“我是有所感而言的，我看见你这个黄埔学校精神，一定能继续我的革命事业。现在我死了，就可以安心瞑目了！如果前二三年，我就死不得；现在有这些学生，一定可以继承我未竟之志，能够奋斗下去的。”并且表示：“这次北上不论成败决不回来，革命大任交黄埔军校同志负之！”蒋介石在校内设宴为孙中山饯行，杨希闵、刘震寰、许崇智、胡汉民均列席。宴毕已是下午五点五十分，孙中山复登永丰舰，六点驶离黄埔，军校全体师生再次列队欢送。在苏联兵舰护卫下，永丰舰驶向香港。14日，孙中山于香港换乘日轮“春阳丸”，中午离港赴沪。永丰舰至香港时，挂青天白日红旗，英国殖民当局遣人相告，如挂五色旗则予礼遇，孙中山依然不顾。

旅途演讲

1924年11月15日，张作霖、冯玉祥、胡景翼等（并未与孙中山商量）正式推段祺瑞为中华民国临时执政，请段入京主持大局。16日夜半，孙中山抵达上海吴淞口，到码头欢迎者有于右任、居正、石青阳、戴季陶、杨庶堪、宋子文、蒋作宾、冯玉祥代表马泊援和段祺瑞代表光云锦、齐燮元代表凌铁庵等20余人。17日上午，至上海法租界码头，欢迎者达万余人。本日，在小火轮上接见上海各国新闻记者团，坚决表示：“上海是中国的领土，我是这领土的主人，……我登陆之后，住在租界内，只要不犯租界中的普通条例，什么事都可以做。英国人一味蛮横，拒绝主人。则我惟有采取断然之处置，取消不平等条约。……余须警告外人，即上海在中国境内，外人仅立于宾客地位，我华人实为主人翁，此节，外人需牢记。……租界迟早必须收回，华人对于收回租界事，久有非常之决心也。”

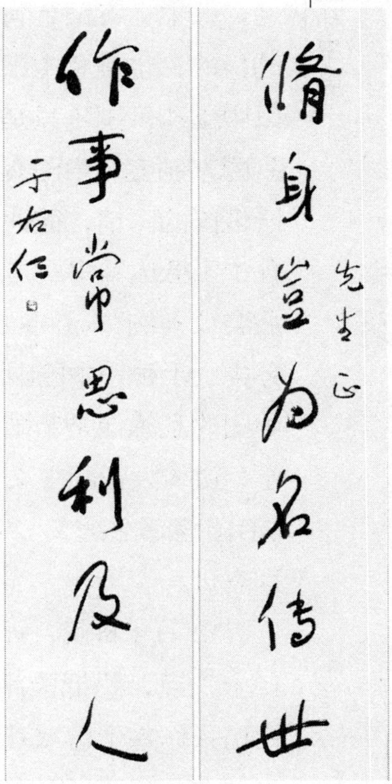

行书七言联（于右任）

此前，李烈钧奉孙中山命常驻日本策进中日合作事，孙中山特召其返国商谈北上之事，李返抵上海时孙中山已抵沪。11月18日，孙中山接受李烈钧的建议，决定绕道日本北上，亲自与日本旧友、政要叙谈，并借以宣传自己对时局主张和了解日本国民对华态度。同日，蒋介石复电黄郛，要求黄如陈其美之事孙中山

（陈、黄、蒋，早年于上海义结金兰）。19日，孙中山于上海寓所招待中外记者30余人，宣布北上目的在于召开国民会议和废除不平等条约。同日，决定汪精卫、马超俊先行北上，随从人员分道而行到天津会齐。

11月21日，孙中山乘日邮船“上海丸”离沪，于23日抵日本长崎，有日本记者和政学各界及中国留学生二三百人至码头欢迎。孙中山答记者问：“中国革命的目的，和俄国相同，俄国革命的目的，也是和中国相同，中国和俄国革命，都是走一条路。所以中国和俄国不只是亲善，照革命的关系，实在是一家。至于说到国家制度，中国有中国的制度，俄国有俄国的制度，因为中国同俄国的国情，彼此向来不相同，所以制度也不能相同。”24日，孙中山抵达神户。同日，张作霖入京，段祺瑞就执政职，发表“善后会议条例”，并通知各使馆，继续遵守一切不平等条约。25日，孙中山于神户中国国民党欢迎会上演讲《中国内乱之原因》，说明中国的乱源便是帝国主义的侵略。28日，在神户高等女子师范大学，讲《大亚洲主义》，听者万余人。当日晚，又于东方旅馆，讲《治国睦邻之道》。29日，接到汪精卫催促电报，决定于30日启程离日。

12月4日晨，孙中山抵大沽，汪精卫登轮报告京津情况。当日十二点，船抵天津特一号码头，欢迎者2万余人。同日午后，往访张作霖于曹家花园。张作霖亲迎大门之外，携手而入，并屏去左右，密谈了两个多小时。返抵驻地日租界张园行馆后，突感胃疼，即请日医诊治。稍后，又有前大总统黎元洪来访。5日，肝病爆发，难以按期赴京。7日，段祺瑞与日本记者谈话中宣称：“孙所言之废除不平等条约，余殊不能赞同。”翌日，他又发表宣言，表示尊重与列强所缔结的不平等条约。12日，孙中山为解除时疑，派李烈钧代为主持招待会，重申“孙大元帅对于共产主义绝对不能赞成。”15日，又由胡汉民在广州声明“不赞成共产主义”。孙中山坚决抵制大政客、军阀们垄断的善后会议，为此于17日致书段祺瑞，主张于善后会议中加入人民团体（包括实业团体、商会、教育会、大学、学生联合会、农会、工会）诸代表，目的是使善后会议变成实质上的国民会议。18 日，段祺瑞再派代表叶恭绰、许世英到天津谒见孙中山，当二人报告北京近况时言及“外崇国信”之保证，孙中山勃然大怒：“我在外面要废除那些不平等条约，你们在北京，偏偏要尊重那些不平等条约，这是什么道理呢？你们要升官发财，怕那些外国人，要尊重他们，为何还要来欢迎我呢？”

孙中山与黎元洪合影

12 月 31 日上午十点，孙中山至天津老火车站上车赴京，于午后四点抵达北京前门车站，“各界列队欢迎，人山人海，约计十万之众。”是日，通电各界，主要说明北上之目的，以及此时肝病在身只能先就医疗养。北京政府全体阁员、警察总监、警备总司令、国民军全体驻京官兵、各大学校长等皆到站欢迎，因孙中山身体不佳，乃由北京政府派总代表一人进站欢迎，随后孙中山即出站赴北京饭店下榻。

第二节　生命之最后

“入京宣言”

孙中山入住北京饭店后，即发表公开书面谈话：“中华民国主人诸君：兄弟此来，承诸君欢迎，实在感谢。兄弟此来不是为争地位，不是为争权利，是特来与诸君救国的。十三年前兄弟与诸君推翻满洲政府，为的是求中国人的自由平等。然而中国人的自由平等，已被满洲政府从不平等条约里卖与各国了，以致我们仍然处于殖民地之地位，所以我们必要救国。关于救国的道理很长，方法也很多，成功也很容易，兄弟本想和诸君详细地说，如今因为抱病，只好留待病好再说，如今先谢诸君的盛意。”同日，还发表了“入京宣言”：“文此次来京，曾有宣言，非争地位、权利，乃为救国。十三年前，余负推倒满洲政府，使国民得享自由平等之责任。惟满清虽倒，而国民之自由平等，早被其售与各国，故吾人今仍处帝国主义各殖民地之地位。因而吾人救国之责任，尤不容缓。至于救国之道多端，当向诸君缕述，惟今以抱恙，不得不稍俟异日。”

1925年1月1日，外国医师六七名为孙中山诊断，均断为肝病，但究为何种肝病，一时无法下结论，一致意见是静卧和不用脑及不生气。从此，孙中山静居疗养，不见宾客，一切悉由侍从人员代办。1月5日，经协和医院德、美7位医师会诊，决定以药针治疗。但经过半月诊治，病情仍无起色。1月6日，秘书处函复清室人员，说明孙中山认为驱逐清帝出宫一事无可非议，并嘱“本时代趋势，为共和之公民，享受公权，羽赞郅治。”

1月17日，孙中山在病榻上口授电报，为其最后的民主宣言，大意是不同意军阀和政客垄断善后会议，在会议名义、程序上对段祺瑞有所让步，但期望让人民参与议政大计，建立民主共和国。1月21日，孙中山病情加重，体温升降失常，脉搏加快。23日，德国医生克礼建议外科手术治疗，但念及孙中山体力不支，众人又迟疑不决。后决定由协和医院法国医师注射药针，共注射11次，体温、脉搏恢复原状。但自此以后，不能进食，进则呕吐。1月26日，经宋庆龄劝说，孙中山同意入协和医院施行外科手术。各医师鉴定，肝癌已到末期，无法割除，惟施以镭锭照射阻碍癌细胞蔓延。1月30日，中国国民党遵照孙中山指示，决定不参加善后会议。

“革命尚未成功，同志仍需努力”

1925年2月17日，协和医院以实情告以家属，称孙中山的病已无法治好。18日，孙中山在宋庆龄、孙科、汪精卫、孔祥熙等陪同下，从协和医院移入铁狮子胡同11号行辕。为应付时局，设立了北京政治委员会，孙中山指定汪精卫、于右任、李大钊、李石曾、吴稚晖、陈友仁为委员，以黄昌穀为书记，鲍罗廷为顾问。政治委员会多次开会研究孙中山遗嘱草稿，吴稚晖和鲍罗廷时相辩论，李大钊沉默寡言。遗嘱原稿由吴稚晖起草，后经大家讨论商榷再三修改而成，最后由汪精卫抄录而成。

吴稚晖七言对联（1948）

吴稚晖（1865—1953），名敬恒，字稚晖。江苏武进人。近、当代著名无政府主义者，政治家、教育家、篆书名家，被联合国科教文组织认定为20世纪“世界100个文化名人”之一。

2月24日下午，医生提醒家属，孙中山的病情加重，不如趁他还清醒，请示遗言。经宋庆龄同意，请其暂离病室，汪精卫、孙科、宋子文、孔祥熙四人为代表进入病房。孙中山即招四人至榻前，问道：“诸同志何为？”汪精卫诸人欲言又止，孙中山闭上眼睛，移时复又睁目而视，继续问：“汝等前来，将有何言耶？不妨直陈。”四人犹豫不敢言，汪精卫更移近榻前，委婉地说：“当一月二十六日先生进入病院，诸同志皆责备我等，要请先生留下些许教诲也。吾等固知先生有力量以抗病魔，吾等亦愿助先生以抗病魔。惟思趁先生精神较佳时，留下些许教诲，即十年、二十年后，仍可受用也。”孙中山听罢，欲言又止，闭目沉默良久，方张目郑重而言：“我何言哉，我病如克痊愈，则所言甚多，惟先至温泉休养，费数日之思索，然后分别言之。设使不幸而死，由汝等任意去做可矣，复何言哉！”四人复请：“吾等乃愿听先生之吩咐也。”汪精卫还说：“先生之病不久当可痊愈，只恐调养需时太久，难以处理公务，而本党又际重要时会，其进行不能一刻停滞，还请先生早赐训诲，以便吾等遵守，以利党务进行为是。”孙中山又默然，好久才说：“吾若留下说话给汝等，诚有许多危险。当今无数敌人，正在围困汝等，我死之后，彼辈更将向汝等进攻，甚至必有方法，令汝等软化。如果汝等不被敌人软化，强硬对抗，则又必将被加害，危险更大。故吾仍以不言为佳，则汝等应付环境，似较为容易也。如吾必定说出，汝等将更难对付险恶之环境矣！如此，我尚何说。”语毕，双目复闭。汪精卫再请求：“我等追随先生，奋斗数十年，从未巧避危险，此后危险何畏？从未被人软化，此后何人能软化我等？吾等亦深知大部分同志能遵从先生之言，不计危险生死也。先生教训我等甚久，当能信及。”孙中山点点头，说：“吾已著书甚多矣！”汪精卫回答说：“诚然，先生著有《建国大纲》、《建国方略》、《三民主义》及《第一次全国代表大会宣言》，诸同志皆当竭诚奉行，犹望先生为一总括之言。”孙中山说：“汝等欲我云何？”汪精卫说：“我等已预备一稿，读与先生一一清听，先生如肯赞成，即请签字，当作先生之言，如不赞成，亦请别赐数语，我可代为笔记。”孙中山答：“可。汝试读之。”汪精卫即取出欲拟之稿，低声慢读。孙中山听罢，点头说：“可。好呀，我甚赞成。”

孙中山的“政治遗嘱”内容如下：

余致力国民革命，凡四十年，其目的在求中国之自由平等。积四十年之经验，深知欲达到此目的，必须唤起民众，及联合世界上以平等待我之民族，共同奋斗。现在革命尚未成功。凡我同志，务须依照余所著《建国方略》、《建国大纲》、《三民主义》及《第一次全国代表大会宣言》，继续努力，以求贯彻。最近主张召开国民会议及废除不平等条约，尤须于最短期间，促其实现。

是所至嘱。

随后，宋子文又请求孙中山，说：“先生对于党务已有训诲，家属则何如，亦可数语为法否?”孙中山说:“诚然。汝等欲我云何?”汪精卫乃取出另一份预拟之稿读给先生听，孙中山听罢也点头说:“好，我极赞成。”

孙中山的“家事遗嘱”内容如下：

余因尽瘁国事，不治家产。其所遗之书籍、衣物、住宅等，一切均付吾妻宋庆龄，以为纪念。余之儿女，已长成，能自立，望各自爱，以继余志。

此嘱。

孙中山与宋庆龄合影

汪精卫等原拟请孙中山签字，开门出病房去取文具，宋庆龄正在室外客室中悲泣，见到门开即入病房。孙中山为免夫人绝望之情，于是对汪精卫说:“汝暂时收存可也，今日不须签字，俟数日后再酌。吾总还有数日之生命。”汪精卫等不敢再请，便将两份遗嘱稿折好放于衣袋，退出病房，随即赴政治委员会报告。

3 月 10 日，闻东江捷报，即谕:“电告汉民，不可扰乱百姓。”3 月 11 日晨，何香凝见孙中山的瞳孔已经开始散光了，就叫汪精卫把遗嘱稿拿来签字，大家怕宋庆龄再度悲泣，使孙中山不忍签字，宋子文、何香凝就把情况对宋庆龄进行了说明，宋庆龄说:“至于此时，我不特不愿阻止君等，且要帮助君等。”何香凝即嘱汪精卫将两张遗嘱稿取出，并即用孙科的墨水笔请孙中山签字，惟众人犹踌躇不敢进前。正午时分，孙中山忽然睁开眼睛遍视床前家属及各同志，召之面前，说："现在要分别你们了，拿前几日所预备的那两张字来呀，今日到了签名的时候了。"汪精卫即将两张遗嘱稿并墨水笔呈上，孙中山因手力甚弱，无法自持，由宋庆龄含泪托起右腕执笔逐一签名。当时，英文秘书陈友仁临时提出一英文稿，为致苏联遗书，系陈与鲍罗廷起草，由宋子文口诵一遍，即请先生签字，因而此一遗稿成为有争议之遗嘱。

孙中山的"致苏联遗书"内容如下：

苏维埃社会主义共和国大联合中央执行委员会亲爱的同志：

我在此身患不治之症。我的心念，此时转向于你们，转向于我党及我国的将来。你们是自由的共和国大联合之首领，此自由的共和国大联合，是不朽的列宁遗产与被压迫民族的世界之真遗产。帝国主义下的难民，将藉此以保卫其自由，从以古代奴役战争偏私为基础之国际制度中谋解放。我遗下的是国民党，我希望国民党在完成其由帝国主义制度解放中国及其他被侵略国之历史的工作中，与你们合力共作。命运使我必须放下我未竟之业，移交于彼谨守国民党主义与教训而组织我真正同志之人。故我已嘱咐国民党进行民族革命运动之工作，中国可免帝国主义加诸中国的半殖民地状况之羁缚。为达到此项目的起见，我已命国民党长此继续与你们提携。我深信你们政府亦必继续前此予我国之援助。亲爱的同志！当此与你们诀别之际，我愿表示我热烈的希望，希望不久即将破晓，斯时苏联以良友及盟国而欢迎强盛独立之中国，两国在争为世界被压迫民族自由之大战中，携手并进以取得胜利。谨以兄弟之谊祝你们平安！

此时，在病榻旁侍疾者，除夫人宋庆龄和儿子孙科外，尚有吴稚晖、宋子文、孔祥熙、戴恩赛、邵元冲、戴季陶、邹鲁、张静江、何香凝等十余人。先生遗嘱又由以上诸人签名作证，汪精卫为笔记者。签名后，孙中山与夫人谈话甚久，内容略同于遗嘱。少静息后，又安然面谕诸同志：“我此次放弃两广，直上北京，为谋和平统一。所主张统一方法，是开国民会议，实行三民主义、五权宪法，建设新国家。兹为病累，不克痊愈。生死本不足念，惟数十年致力国民革命，所抱定之主义，未能完全实现，不无遗憾。甚望诸同志努力奋斗，使国民会议早日开成，达到实行三民主义和五权宪法之目的。如是，我在九泉之下，亦堪瞑目。”

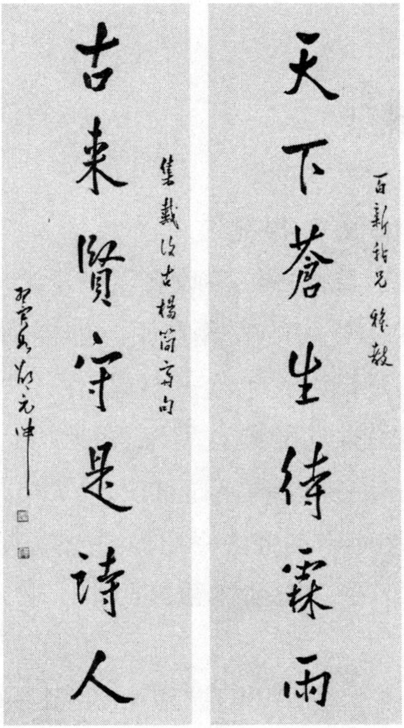

邵元冲书法对联

邵元冲（1890—1936），浙江绍兴人。1917年任孙中山大元帅府机要秘书、代行秘书长职事。1925年参加西山会议。1930年以后，任国民政府委员、国民政府立法院副院长，兼任立法院代理院长。1935年游历陕、甘、宁、青、绥、晋等省，著成《西北揽胜》一书。1935年12月，国民党“五大”继续当选为中央执行委员会委员和中央政治委员会委员。1936年12月12日，西安事变时，跳窗逃跑被士兵开枪击伤，死于医院。

自此以后，孙中山呼吸益形艰难，精神极倦，不能连说四五字以上之语，惟闻不连不断之声音为：“和平”、“奋斗”、“救中国”数语。医师急请孙中山安眠勿语。晚五点许，又复醒来一次，手足已冷，不复能言。医师遂告众人，脉搏已散，即将去世，须特别注意。时孙中山又作欲语状，宋庆龄听出系呼汪精卫，急呼汪近前。汪精卫按孙中山之手，脉已如丝，更复无语。1925 年 3 月 12 日九点三十分，中国民主革命的先驱、一代伟人孙中山与世长辞，享年 60 岁。

第三节　不尽的殊荣

空前绝后的“国民安葬礼”

孙中山先生逝世当日，段祺瑞政府发布下半旗志哀令，并决定拨发专款作为孙中山先生的安葬费用。孙中山逝世后的当晚，中国国民党在京人员开会讨论了治丧事宜，决定立即组织治丧办事处，并通电中国国民党党员：“左臂缠黑纱 7 日，停止宴会及娱乐 7 日，以志哀悼。”治丧办事处同时议定：“长期保留孙中山遗体，以供后人瞻仰；在南京紫金山修建孙中山陵墓；在北京中央公园内设灵堂举行公祭；孙中山遗体暂移至香山碧云寺，待陵墓建成后正式安葬。”

孙中山逝世次日（3 月 13 日）上午，北京各界人士自发涌至铁狮子胡同行辕，献上临时赶制的花圈、挽联、条幅等，表达了深切哀悼之情。3 月 14，宋庆龄和宋子文等护送孙中山遗体至协

孙中山葬礼上的送殡队伍

和医院进行防腐处理，然后亲视遗体入殓。当日，在京的非常国会议员在参议院开会，最后决议对孙中山“国葬”。19 日，段祺瑞核准“国葬办法”，但中国国民党人拒绝了段祺瑞政府此项安排，决定以国民礼制安葬孙中山以示平等。3 月 19 日，孙中山灵柩自协和医院移至故宫西侧的中央公园（今中山公园）社稷坛大殿（现中山堂），沿途护灵致哀的民众约 12 万人。24 日，开始为期一周的公祭，据报载，前往中央公园社稷坛拜殿吊唁的团体和个人络绎不绝，公祭处共收花圈 7000 余个，挽联 5900 余幅，横条幅 500 余件，唁电、唁函不计其数，签字留名的吊唁者共计 746823 人、机关团体 1254 个。

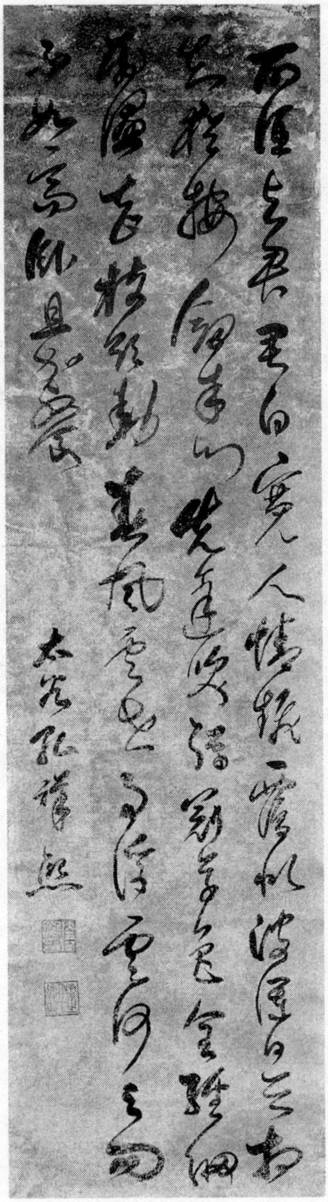

孔祥熙书法立轴

灵堂设于中央公园社稷坛正中，上悬孙中山遗像及“有志竟成”横匾，两旁悬挂“革命尚未成功，同志仍须努力”的对联。各界赠送的挽联、哀词、祭文达 6 万余件，由宋庆龄、国民党要员和各界知名人士撰写的挽联悬挂在最醒目的地方：

宋庆龄的挽联是：

志在求大同，热爱黎民热爱我；

星沉乱方寸，痛哭社稷痛哭君。

胡汉民的挽联是：

博爱无穷，革命造共和，

尽瘁犹为民众死；

知行不二，遗书遍天下，创垂自与昔人殊。

许世英的挽联是：

四十年建革命之勋，立志艰贞，身可毁，家可破，国不可亡，三民五权，大名永著；

八千里徇合肥之请，征人况瘁，声相应，气相求，而未相觌，九仞一篑，遗憾难忘。

章炳麟的挽联是：

孙郎使天下三分，当魏德萌芽，江表岂曾忘袭许；

南国是我家政物，恐灵修浩荡，开关无旧人明素。

孔祥熙的挽联是：

奉令谒尊灵，念三年旅榇多惊，有缺省瞻惭重托；

同侪承大业，虽此日中原初定，愿依奋厉竟全功。

张作霖的挽联是：

读遍中华廿四史，讵少英豪，扫清君主淫威，谁曾倡首；

唤醒同胞亿万人，弥留付托，抱定民生主义，死不灰心。

阎锡山的挽联是：

人群进化，天下为公，壮志竟未申，大厦栋梁归后死；

国难方殷，台星遽殒，平生期不负，十年蓝筚愧元功。

蔡元培的挽联是：

是中国自由神，三民五权，推翻历史数千年专制之局；

愿吾侪后死者，齐心协力，完成先生一二件未竟之功。

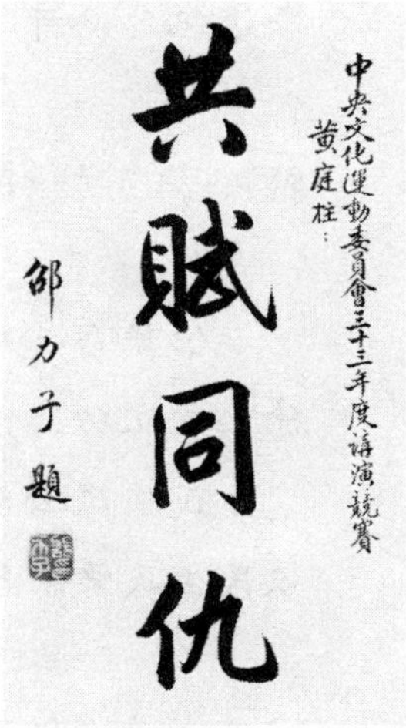

邵力子书法立轴

杨杏佛的挽联是：

行二百年独创名言，视孔仲尼、马克思、卢梭皆如无物；

后廿四史别开生面，合朱元璋、华盛顿、列宁而为一人。

邵力子的挽联是：

举世崇拜，举世仇恨，看清崇拜或仇恨是些什么人，愈见先生伟大；

毕生革命，毕生治学，倘把革命与治学分成两件事，便非吾党精神。

李宗仁的挽联是：

举数千年帝制扫荡无遗，改良政治，铸造共和，盖世景勋猷，岭海苍茫钟间气；

为中百兆民族牺牲以死，功在国家，名垂简册，周年逢纪念，河山黯谈有余哀。

鹿钟麟的挽联是：

但凭奋斗精神，能将五千年古国改造共和，所谓立德立言立功，惟我公当之无愧；

正值风云变幻，不为四百兆同胞憖遗一老，幸留民权民生民族，各主义久而弥光。

冯玉祥的挽联是：

要固三秦革命根基，争独立，争自由，全凭热血精诚，相率就死，数将士人民暨先进国同志，高冢千秋，甘为牺牲殉主义；

恰值二年哀祭时节，哭总理，哭国殇，对此青天白日，誓承遗愿，与工农阶级和共患难弟兄，兼程并进，最后奋斗策全功。

在众多挽联之中，中国共产党人李大钊的一幅长联非常引人注目：

广东是现代思潮汇注之区。看明季迄于今兹，汉种子遗，外邦通市，乃至太平崛起，类皆孵育萌兴于斯乡。先生挺立其间，砥柱于革命中流。启后承先，涤新淘旧。揭民族大义，决将再造乾坤。四十余年，殚心瘁力，誓以青天白日，红血红旌，唤起自由独立之精神，诚为人间留正气；

中华为世界列强竞争所在。由泰西以至日本，政治掠取，经济侵凌，甚至共管阴谋，争思奴隶牛马而家国。吾党适丁此会，丧失我建国山斗。云凄海咽，地暗天愁。

问继起何人，毅然重整旗鼓。亿兆有众，惟工与农。须本三民五权，群策群力，遵依牺牲奋斗诸遗训，厥成大业慰英灵。

三民主义大花圈

孙中山先生逝世在全国和世界范围也引起了巨大的悲哀，在北京举行公祭活动的同时，全国各地纷纷举行隆重的追悼大会，1925 年 3 月 30 日，黄埔军校在广东兴宁县沉痛哀悼孙中山逝世。周恩来以政治部主任的身份宣读祭文，并号召大家在革命取得胜利时要提高警惕，保卫革命果实。毛泽东为孙中山的早逝无比哀痛并致悼词道：“他全心全意地为改造中国耗尽了半生精力，真是鞠躬尽瘁，死而后已。”苏联莫斯科、日本东京、英国伦敦、美国旧金山、法国巴黎等地也都举行了追悼大会或追悼活动。斯大林以俄共(布)中央总书记名义发来唁电：“俄国共产党中央委

孙中山的灵车

员会相信，孙中山的伟大事业将永存，孙中山的事业将永远铭记在中国工人、农民心中，永远使中国人民的敌人心惊胆寒。”孙中山逝世之后，苏联大使馆率先降半旗致哀；随后，驻北京的所有外国使领馆均下半旗致哀。

孙中山葬礼上的花圈队

1925年4月2日上午，孙中山灵柩由中央公园出发，宋庆龄头罩黑纱，身穿黑色夹袍，乘一辆两匹马牵引的黑车紧随孙中山灵车之后。当日，送殡人数达30万，有2万多人一直追随灵柩由西直门步行至碧云寺。此后几年，孙中山的灵柩便暂厝于西山碧云寺的金刚宝塔内，直到1929年归葬南京紫金山。

值得一提的还有“国父”一称的由来，早在中央公园社稷坛举行公祭时，豫军总司令樊钟秀特致送巨型素花横额（当中大书“国父”二字），他的唁电挽幛均称“国父”，这是孙中山在公开场合被尊称为“国父”之始。抗日战争时期，1940年3月21日，国民党中央常务委员会第143次会议决议，尊称国民党前总理孙中山为国父，以表尊崇。根据中常会的决议，国民政府于同年4月1日明令全国自是日起，尊称总理孙中山为“中华民国国父”。同年5月29日，国民政府又发布明令，规定在政府机关、民众团体应一律改称孙中山先生为国父，在国民党党内称国父或总理均可。

奉安中山陵

1912年4月1日，孙中山在解职临时大总统后，与随从同游南京东郊明孝陵。在今中山陵所在地休息时，他见其地三峰并峙，蜿蜒如龙，山名紫金，恰与他先祖居住的广东东江上游紫金县名相同，因而曾笑对随员言道："待我他日辞世后，愿向国民乞一抔土，以安置躯身。"孙中山逝世后，1925 年 4 月 11 日，宋庆龄亲赴南京紫金山勘察孙中山墓址，择定南京紫金山南麓中茅南坡为墓地。此处前临平川，后拥青峰，西邻明孝陵，东毗灵谷寺，南达钟汤路，面积约 6000 余亩。1925 年 5 月中旬起，以杨杏佛任主任干事的总理葬事筹备处登报悬奖征求设计图案，后来经宋庆龄等亲属及有关专家、官员讨论评审，远在美国求学的工程师吕彦直的设计图案以第一名当选。1926 年 3 月 12 日，这一天是孙中山逝世的一周年纪念日，全国各地代表近万人参加了中山陵奠基仪式，基石刻有"中华民国十五年三月十二日中国国民党为总理孙中山陵墓奠基礼"，字为颜体，由谭延闿手书。

1929 年 5 月，耗资 100 万元的中山陵建成，国民政府特命宋庆龄、蔡元培等赴北平接灵。5 月 26 日，孙中山先生灵柩自北京西山起运南下，28 日抵南京。5 月 29 日，首都南京各界开始公祭孙中山先生，国民政府于是日公布了《公祭总理文》，全文如下：

惟中华民国十八年五月二十九日。

国民政府主席蒋中正、行政院院长谭延闿、立法院院长胡汉民、司法院院长王宠惠、考试院院长戴传贤、监察院院长蔡元培，暨各委员车同文官处、参军处全体职员等，谨荐馨香，报告于总理之灵，曰：

于戏！揽金陵之形势兮，实开创之始基。仰钟山之岩崎兮，奉神灵而永绥。惟总理兮，先觉先知。民国之国父兮，人类之导师。首倡国民革命兮，万方众人之欢嬉。创行三民五权兮，范千古而不遗。故夫颠覆满洲政府兮，举天下而公之。苟一夫之不获兮，犹已溺而已饥。荡涤军阀割据之秽兮，抗帝国主义者之陵夷。四十岁如一日兮，盍尝因成败以自疑。轶尧舜而薄汤武兮，固将跻斯世于雍熙。中华民国其自由平等兮，亦大同之可期。地坏兮天崩，山枯兮海泣。天惨惨兮昼冥冥，风冷冷兮云幂幂。悲当年兮鼎湖，攀龙髯兮英嶷。惧神州兮陆沉，尤吾民兮所戚。惟党人能继述兮，逾丰岭而北征。寄在天之灵爽兮，振大军之辙声。三年战绩兮，壹朔南以告成。武威再接再厉兮，已鲁难以宏汉京。其有或侵或叛之人兮，亦必大张而用甲兵。此奋斗之精神兮，维持世界之和平。弓剑尤新兮，山河益壮。列强系盟兮，四方会葬。探遗容兮如生，迎灵榇兮凄怆。上山陵兮穷崇。岂明祖兮敢况。吾党忠实主义兮，即大道之未丧。既虎踞兮龙蟠，冀马归而牛放。吉日兮良辰，灵主来兮洋洋。萃万国兮冠裳，执玉璧兮荐馨香。功烈炳然兮久长，与日月兮齐光。千秋祀兮，作轩辕苗裔无疆。

尚飨！

6月1日，奉安大典正式举行，由蒋介石主祭，胡汉民、谭延闿、蔡元培、戴季陶、王宠惠等五院院长陪祭，蒋介石宣读祭文，胡汉民献花圈。礼毕，由孔祥熙率杠夫二十名，恭移灵榇进墓，随行者除总理家属外，蒋介石代表中央，犬养毅代表总理故旧，荷兰特使欧登科代表18国专使进墓。灵榇安位完毕，进墓人员退出。此后，由胡汉民率全体中央委员、国府委员及特任官；由日使芳泽率全体专使及海外高级军官；由头山满率其他外宾，分批依次入墓瞻仰。最后，大众集合行三鞠躬礼，礼毕由宋庆龄、孙科夫妇、戴恩赛夫妇将灵墓二门关闭，奉安大典遂告完成。

奉安后多年，虽历经战乱，但中山陵始终未遭破坏。中华人民共和国成立之后，中国共产党政府接管中山陵，一直悉心保护。1956年11月12日，为纪念孙中山诞辰90周年，中共中央特派谒陵代表团和外宾一起在南京晋谒中山陵。中央谒陵代表团团长朱德、副团长李济深率团员们和各国外宾一起步行走上三百多级的花岗石台阶，站在中山陵祭堂献花行礼，向伟大的革命先行者孙中山表示敬意。“文革”期间，在周总理的直接关怀下，南京城内和孙中山有关的文物，包括新街口广场上的孙中山铜像和中山陵园，都得以完好保存下来。

孙科

孙科（1891—1973），广东香山人。曾任复旦大学校董，国民政府建设部部长、财政部部长、行政院院长、国民政府副主席、国民党中央常委。

在中山陵园旁边还有廖仲恺夫妻合葬墓，廖仲恺遇刺中弹身亡于1925年8月20日，他的夫人何香凝于1972年9月1日在北京病逝，依照何香凝“生同寝，死同穴”的遗愿，其灵柩运往南京与廖仲恺合葬。1981年5月29日，宋庆龄病逝于北京，她的遗体火化后，尊照其生前的嘱托、安排，骨灰以专机运往上海，安葬于万国公墓的宋氏墓园。身为孙中山的夫人和战友，却没有与孙中山合葬，引发了种种议论和猜测，成为了一个历史之谜。

众人评说孙中山

关于如何评价孙中山的问题，在孙中山逝世之后马上就有了争议。孙中山逝世后，全国各大报章都发表了评论，大多是以歌颂为主，比如上海《申报》的评论：

> 中国数十年来为主义而奋斗者，中山先生一人而已。中国政界中之人格，不屈不变，始终如一者，中山先生一人而已。中山先生，真爱国者也；于为国之外，无其他杂念，可谓纯洁之爱国者。中山先生，真实行者也；不顾成败，不问毁誉，可谓勇往之实行者。以中国今日之情形言，人才少，奸佞多；有所措施，每反初愿，不能尽如人意；此乃社会之孽，而非中山之罪也。故以有

名于世者，中山先生诚中国一人而已。

梁启超书法对联

但是，就是在一片颂扬之声中，北京的《晨报》特立独行地在孙中山逝世次日（1925年3月13日）刊登了梁启超的《孙文的价值》一文，基本上表明了以梁启超为首的“研究系”对孙中山的一些“另类”看法。《孙文的价值》中也是先“夸奖”了一下孙中山，如梁启超说孙中山有三大优点：“第一，意志力坚强，经历多少风波未尝挫折；第二，临事机警，长于应变；第三，操守廉洁，从不为自己谋私利。”但真正的最想说的话藏在后面，梁启超说：

> 我对于孙君最不满的一件事，是“为目的而不择手段”。孟子说：“行一不义，杀一不辜，而得天下，不为也。”这句话也许有人觉得迂阔，不切事情，但我始终认为，政治家道德所必要的。因为不择手段的理论一倡……结果可以把目的扔向一边，所谓本来之目的，倒反变成装饰品了……但我以为孙君所以成功者在此，其所以失败者亦未必不在此。我们很可惜的是：孙君本来目的没有实现的机会便死去了，我们所看见的只是孙君的手段，无从判断他的真价值。

虽然国民党和共产党都对孙中山进行了大力的褒扬，但对孙中山的负面评价也一直延续至今，不过在中国范围内负面的观点难以成为主流。或许，一些西方学者对孙中山的评价会让大多数中国人“大吃一惊”。西方人的观点尤其荒谬，甚至于简单地把孙中山归类为“失败的政治家”，或者是“浅薄的思想家”。比如说，德国学者尤尔根·奥斯特哈梅尔曾说：

> 孙中山的政治思想的意义与作用，向来颇受争议。当他无论在中华人民共和或台湾地区都享有爱国领袖和理论家的崇高声望时，西方的中国研究，却大多将他视为失败的政治家和浅薄的思想家……他作为政治理论家，实际上是矛盾及缺少创造性的，与他名字相联的许多想法，都出自宋教仁、朱执信、章炳麟、胡汉民等优秀青年……

至于国内学者对孙中山的一些的评价，也有不少是持批判性的态度。比如说，中国学者袁伟时就将蒋介石政府的专制根源追溯至孙中山，他认为：

> 南京国民政府成立，取消了思想、文化、学术自由，建立了取消个人自由，全面干预社会生活的根本原因。而这样的极权统治，不能简单归结于蒋介石的“叛变”。其实，从国民党改组和广州国民政府时开始，广州已经开始实行取消和限制公民权利的制度，系统进行公对个自由的教育。这是对新文化运动的反动。

对于孙中山的批评还有很多，大略都是认为孙中山晚年开始为了革命实际需要而对“自由”、“平等”进行曲解以及使“党权”高于“民权”。然而，某些学者在高喊孙中山“曲解”自由和平等理念的同时，他们也在曲解着孙中山先生的一些话语。例如，孙中山曾说：

> 中国奴隶制已行了数千年之久，所以民国虽然有了九年，一般人民还不晓得自己去站那主人的地位。我们现在没有别法，只好用强迫手段，迫着他来作主人，教他练习练习……共和国皇帝就是人民，以五千年被压作奴隶的人民，一旦招他作皇帝，定然是不会作的，所以我们革命党人应当来教训他，如伊尹训太甲一样。

可是，一些学者偏要把孙中山的这段话理解成皇权主义思想，说孙中山把人民当做儿皇帝，难道伊尹不是太甲的臣子吗？难道伊尹是把太甲当做儿皇帝吗？很明显的历史常识却被他们视而不见。这些学者不能理解孙中山从中国国情出发的高瞻远瞩，他们就会死抱着从书本上背下来的一些概念范畴而不懂得根据实际进行变通。他们认为一个有着数千年专制统治习惯的国家可以不用经历过渡阶段一下子就能变成自由民主的国度，在他们心目中当时的中国人民是拥有民主思想、习惯以及能力的，他们宁愿活在自己的理想中也不愿稍微认清些许一点儿现实情况，所以企望此类清谈书生能够明白孙中山这样一个非常注重实干精神的政治家的伟大之处，真乃难于上青天！

第四节　假如孙中山晚死十年

这一节的标题似乎是比较荒谬可笑的，历史本就是不允许假设的，本节无非是想大略概述一下孙中山死后的历史发展（1925年至1935年），同时与假设孙中山多活十年的情况相对比，或许通过这种比较能让我们更能领会到孙中山其人对于中国历史发展进程的重要性。

群龙无首的国民党

孙中山死后不久，由于孙中山生前没有指明继承人问题，一时间国民党内群龙无首，各派代表人物为争夺对孙中山的继承权而产生分歧。代理大元帅胡汉民虽然是最符合资格的人选，但是，他本人没有这个“野心”，同时也不能令全党党员都衷心拥护其为领袖。关于对胡汉民的评价，李宗仁的话可供参考：“这个人确为一守正不阿、有为有守的君子。然胡氏器量亦极狭隘，恃才傲物，言语尖刻，绝无物与民胞的政治家风度。当时党内自元老以至普通党员，没有人对展堂先生不表示尊敬，然也没有人觉得展堂先生足以为全党一致归心的领袖。因胡氏的天赋，为治世之循吏有余，为乱世乾坤的领袖却不足。”

除了胡汉民之外，许崇智也有相当的资历，他是粤军总司令兼大元帅府军事部长，不过由于其军阀出身，党内要员们都有点瞧不上他。廖仲恺也是身为孙中山器重的党政要员，在党内也颇有威信，但因为与共产党关系过近，被国民党右派（许多在党内是元老级人物）所不能容忍。蒋介石在当时虽然是黄埔军校校长，但在党内的资历尚浅（孙中山一直很看重蒋介石，但似乎只想让他在军界发展，在党内并未对他“政治”提拔），根本无力竞争大元帅的宝座。

隶书七言联（胡汉民）

党内各派对于汪精卫作为孙中山的接班人似乎都比较赞成，孙中山也一直对汪精卫寄予厚望，在政治上对其一直大力提携。国民党一大时，汪精卫是大会主席团主席之一，而且还担任了国民党章程审查委员会主席，他还曾作为孙中山的发言人代替孙中山说话。在孙中山

《总理遗嘱》的起草制定过程中，汪精卫躬身入局，而且大多都是由他代表众人向孙中山请示。然而，汪精卫的劣势却也非常明显，那就是他手中无兵。正由于此点原因，他从北京返回广东不久，立即便偕夫人陈碧君到东征前线看望蒋介石，极力拉拢蒋以取得黄埔校军的支持。同时，汪精卫还积极与苏联顾问及共产党加强联系，大力宣扬“扶助农工”。1925 年 7 月，广东军政府改组为国民政府，汪精卫被推举为国民政府常务委员会主席兼军事委员会主席（还担任黄埔军校党代表及国民革命军总党代表），终于如愿以偿地成为孙中山的正式接班人。

1925 年 8 月，国民党右派刺杀了廖仲恺，如果孙中山在世，国民党右派是不敢这么猖狂的。廖仲恺被刺，不仅是使国民党左派力量大减，还给了汪精卫和蒋介石机会联手利用廖案排挤走了共同的潜在“对手”——胡汉民和许崇智以及许多国民党右派都因涉嫌廖案而离开了广东革命政府，汪精卫认为如此一来，自己的主席宝座越坐越稳了，蒋介石则利用这个机会接近了国民党党内领袖的位置。

蒋汪联手打击了国民党右派，这些元老辈的国民党右派除了对孙中山服气外，对于汪精卫和蒋介石都是不买账的。孙中山不在了，早就对其“联俄容共”政策不满的右派们开始不必再遮掩自己的本来面目，他们在 1925 年 11 月正式组成了“西山会议派”。所谓“西山会议派”，是指邹鲁、谢持、张继等国民党右派中央委

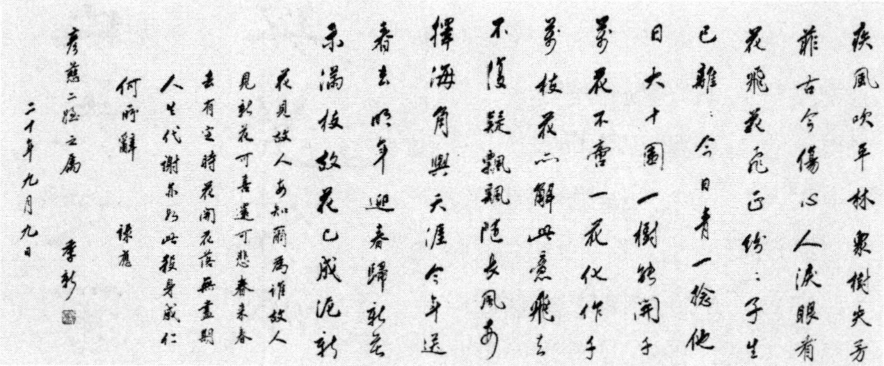

汪精卫书法

员和监察委员十余人冒称“中央全会”在北京西山碧云寺召开了所谓“国民党一届四中全会”。西山会议派提出了一系列破坏国共合作的议案，其中包括《取消共产派在本党党籍》、《顾问鲍罗廷解雇案》、《开除中央执行委员之共产派谭平山案》、《取消政治委员会案》、《关于反对共产派被开除者应分别恢复党籍案》等。1925年12月，西山会议派组成了伪国民党中央执行委员会，于次年2月设立执行部，之后又于1926年3月在上海召开了伪国民党第二次全国代表大会，成立了伪第二届中央执、监委员会。

廖案之后，在广州的国民党内只剩下了汪精卫和蒋介石两个有资格逐鹿中原的人，他们两人开始各自拉帮结派做最后的角逐，著名的“中山舰事件”正是在这种背景下发生的。当时，汪精卫与苏联顾问和共产党的关系非常不错，而且开始插手军界。蒋介石在北伐问题上与苏联顾问季山嘉分歧很大，同时对汪精卫拉拢军队很有戒心，而蒋派势力对于汪精卫提拔李之龙为海军局中将局长尤为不满。

可是中山舰事件的真相究竟如何，却是众说纷纭。根据李之龙《关于中山舰案报告书二则》得知，1926年3月18日晚，军校办事处秘书欧阳钟奉蒋校长之命，饬海军局即派得力军舰两艘开赴黄埔，听候校长调遣。由于自由舰正在修理，李之龙遂决定派中山舰前往听候差遣。19日，由于苏俄参观团要参观军舰，李之龙便打电话向蒋介石请示，可否调中山舰返省。得到蒋介石的允许后，又电召该舰返省，预备参观。

可是到了19日深夜，六七名士兵携带驳壳枪闯入李之龙寓所，将其逮捕，押解到第20师办事处。“登楼，见中山舰代理舰长章臣桐先已在。问为什么，彼云不知。欧阳格出，故作态向之龙曰：‘你为什么这早起身？’（因他报告我已夜起登舰将发动）之龙答云：‘未有起身，是你派人到我家中把我拿起来的。’欧阳格遂不复言，命人将之龙外衣剥下，将手绑起；先将章臣桐捉下楼，复命人用毛巾将之龙的眼睛蒙蔽，又用手巾二条以驳壳枪启子塞入之龙口中，口破出血，既不使看见，又不使之龙出声。之龙想道：为什么这样不正大光明？既是正式拿办人，为什么不经审讯，这样黑暗。死不足惜，只恐死得不明白。此时全副精神，只注意到听那一声枪响耳。稍待片刻即下楼，押解在汽车上，天已渐明，由毛巾内见车经过惠州会馆向广九车站方面进行。此时之龙心中想到必是将我载到车站附近人稀之地谋害。”

到了第一军经理处，开始审问。口内毛巾一经除去，李之龙便问为什么捉他，处长不答，反问：“有什么事对不起校长未有？”“答：‘未有。’问：‘你想一想。’答：‘只有前几天把校长的坐船江固派到梧州去了，这是打电话向校长请过示，经他许可的。先打算派到西江剿匪，又因招待苏俄参观团，送他们到梧州去了。’问：‘中山舰是那个派到黄埔去的？’答：‘是校长的面谕，叫邓教育长演达打电话到办事处来要我派去的。’问：‘是哪个调回来的呢？’答：‘因为苏俄参观团定昨日午后二时参观舰队，曾用电话向校长请示，得其允许才调回的。’问：‘你能够指挥哪条船？’答：‘用代理局长名义，都可以指挥，用私人的名义，一条也不能指挥。’问：‘中山舰上有些什么人？’答：‘有舰长，有兵士，另有看守该舰的第二师兵力二班。’问：‘中山舰上共有若干人？’答：‘约百三十人。’问：‘有枪支若干？’答：‘长短枪三四十支。’问：‘派了船到西江去未有？’答：‘军事委员会要海军局派船去剿匪，但因财政部黄埔学校各处调去的船尚未回来，故尚未派出。昨日有两只船名安北、平南到海南去，是军事委员会前一个星期要的，迟到昨天才出发。’问：‘你为什么这早就起来？’之龙一闻此语，顿时心中就明白了，就知道是欧阳格诬陷的阴谋了，遂答道：‘并未起床，是欧阳格派人到我家中由梦中拿来的，你看衣履都不齐整，就知道了。’处长云：‘报告的人说你深夜起来上船有举动。’答云：‘请处长转报告校长，务必要将报告人扣留，以免逃逸。’处长云：‘我去对校长说。’言已遂去。此时将之龙移到一小房内，取去蔽眼毛巾，另加几条粗绳，把手脚绑得动也不能动。陈肇英时来看一看，呼云：‘校长的命令，绑紧一点！’监守兵又紧一次。过一刻，陈肇英又来云：‘校长的命令，再绑紧一点！’监守兵又拿一条绳来，竭力绑，绑得两手肿得痛入骨心。约三刻钟后，陈肇英得意洋洋，带了卫队用汽车把之龙押解到造币厂内，遂由第六团特务连监守矣。”

关于此次事件，周恩来在《关于中山舰事件》中写道：“至于三月二十日事变，则完全是蒋介石制造的。二月五日，蒋介石把王懋功赶走，向汪精卫做了第一次示威。他打电报要我回广州。我因为看到他与右派来往密切，并且察觉他的神色不对，报告了张太雷同志。当时的苏联顾问不重视这事，把一个大问题当做小问题，儿戏对之。陈延年同志因三月二十日前一二天从上海才回到广州，方针上也掌握得不大稳。

李之龙同志当时是中山舰的党代表。他抓住了虎门要塞司令陈肇英走私的事，报告汪精卫。陈肇英是蒋介石的人，自然向蒋介石报告。于是蒋介石在右派的支持下，乘机发动了三月二十日事变，造谣说中山舰要炮轰黄埔军校，共产党要赶走蒋介石。他逮捕李之龙，下令黄埔戒严，监视各师党代表，包围苏联领事馆，监视苏联顾问，解除省港罢工工人纠察队的武装，把我也软禁了一天。蒋介石与右派勾结，打击汪精卫，向共产党进攻，向革命示威。”

蒋介石明显不同意这一说法，根据他 3 月 25 日给军事委员会的呈文，得知“本月十八日酉刻，忽有海军局所辖中山兵舰，驶抵黄埔中央军事政治学校，向教育长邓演达声称，系奉校长命令调该舰特来守候等语。其时本校长因公在省，得此项报告，深以为异。因事前并无调遣该舰之命令，中间亦无传达之误，而该舰露械升火，亘一昼夜，停泊校前，及十九日晚又深夜开回省城，无故升火达旦；中正防其扰乱政府之举，为党国计，不得不施行迅速之处置：一面令派海军学校副校长欧阳格暂行权理舰队事宜，并将该代理局长李之龙扣留严讯；一面派出军队于广州附近紧急戒严，以防不测。”

王柏龄与蒋介石有着非同一般的关系。两人在保定军校同时考取留日生，一同赴日，且同学炮科。在黄埔军校，王柏龄是蒋介石依为心腹股肱的头号人物。1926年年初，先后被调任黄埔军校教导师中将师长，国民革命军第1军第20师师长，第1军第1师师长，第1军副军长，参与制造了“中山舰事件”。王柏龄在《三月二十日事件》中也说：“蒋先生对学生训话，有如果要知道此回事变真相，等我死后，看我的日记，于此可以判断这次事件性质之重大，决不是宣传为中山舰事件者比。中山舰云者，烟幕也，非真历史也。而其收功之总枢，我敢说，是孙文主义学会。若没有学会的话，党老早没有办法了。”

1926年4月3日的《向导周报》中记录了一段依文诺夫思基等对该报记者的谈话：“广州二十日事变，黄埔军队于短时间包围罢工会及东山俄人住宅，逮捕李之龙及其他五十余人，都是事实；但也只有这些事实，周恩来、邓中夏并未逮捕，均尚在广州，更无杀人之事。蒋介石表示：他此次举动只是防止有叛乱之事发生，他本人并不反俄反共。他军中确有些反共分子，且云他并未发出包围俄人住宅及罢工会之命令。此时蒋氏似已了解共产派确未有谋危政府及蒋氏个人之计划，风波已归平静。惟孙文主义学会一派挑拨离间的举动仍未停止，随时都会有事故发生，这真是中国革命之不幸。”该报还刊登了上海孙文主义学会持志分会致广州孙文主义学会同志书，曰：“诸君学养有素，大义凛然，爱党爱国，不遗余力，兹竟能助介石先生，于短时间蹴平叛党祸国之分子。”综合诸多因素，该报最终认为“此次事变，无论是功是罪，都不能不归于孙文主义学会为中心的国民党右派了。”

不管真相如何，蒋介石终究是抓住了机遇，利用“中山舰事件”达到了一箭四雕的目的：第一，李之龙被解职，避免了海军指挥权掌握在中共手中；第二，共产党员退出了第1军，第1军成为了纯粹的蒋氏嫡系部队；第三，苏联顾问季山嘉被辞退回国；第四，逼走了汪精卫。蒋介石在“中山舰事件”中的举动不仅是为了打击共产党在军队中的势力，可能更主要的是为了对付汪精卫，因为汪精卫握有蒋介石所觊觎的最高权力。“中山舰事件”的发生，汪精卫一无所知，事后勃然大怒：“我是国民政府主席，又是军委主席，介石这样举动，事前一点也不通知我，这不是想造反吗?”汪精卫开始称病不出，也曾要求其他各军反对蒋介石，但没有得到积极支持。他还寄希望于苏联顾问和中共向蒋介石施压，但结果鲍罗廷和陈独秀决定对蒋介石妥协。灰心丧气的汪精卫见大势已去，不得不悄然离粤。后来，蒋介石曾对陈公博说：“我以为党政军只能有一个领袖，不能有两个领袖。如果大家要汪先生回来，我便走开。如果大家要我不走，汪先生便不能回来。”

对此，周恩来在《关于中山舰事件》中说：“这时谭延闿、程潜、李济深都对蒋介石不满，朱培德、李福林有些动摇，但各军都想同蒋介石干一下。如果这时党中央的政策是给蒋介石以有力的回击，毫无问题，事情是有办法的。但当时却采取了继续退让的政策，不了解蒋介石这时还没有足够的力量，他是不敢分裂的，却以为蒋介石是要分裂，就向蒋介石说这是误会。蒋介石于是乘机立刻放了人，表示误会。这是陈独秀右倾机会主义第二次向蒋介石的大让步。这是军事上的大让步。

为了解释‘误会’，在汪精卫床前开了一个一点钟的政治委员会。汪精卫、谭延闿、苏联顾问都客气地表示了歉意，而蒋介石倒反而一句话都没说，精神上占了优势，政治上得到极大成功。从此以后汪精卫‘失踪’了，国民党左派束手无策。蒋介石向革命进攻，我们没有给他有力的回击，蒋介石的地位更加巩固了，于是他回过头来又打击右派，逮捕了欧阳格，不用陈肇英，不理古应芬、伍朝枢。胡汉民在三月二十日事变后，回到广东想进行活动，这时又不得不再度离粤，恰好与‘失踪’的汪精卫同船到港。蒋介石打击左派以取得右派的支持，又打击右派以表示革命，这就是他的流氓手段阴险刻毒的地方。从此以后，蒋介石实际上成了国民党的右派。这个时候，他乘机把广东的青年军人联合会和孙文主义学会解散了，并压迫我们的党员从国民革命军第一军以及黄埔军校撤出。我们已经暴露了的党员退出国民党和第一师的有二百五十多人，其中有蒋介石最得意的学生蒋先云同志，他第一个声明退出国民党，只有三十九个人退出共产党，其中第一个就是李默庵。从此以后，第一军的元气完全丧失，战斗力一落千丈了。”李默庵是黄埔一期生，进入黄埔之后才加入中国共产党，又是黄埔生中第一个退出中共的。也是在国民党内的“黄埔三杰”之一，时称“文有贺衷寒，武有胡宗南，又文又武李默庵”。

汪精卫被逼走之后，蒋介石一面上书军事委员会称：“专擅之罪，诚不敢辞”，一面表示：“我对于共产同志，亲爱的精神，是不言而喻的。”他对鲍罗廷更是一再表示坚持联俄政策不变，曾对人说：“应该和第三国际联络，而且还承认它是在指导的地位”，甚至在演讲中称“孙中山是国父”而“鲍罗廷是亚父”。事变后第三天晚上八点多，黄埔军校全体师生集合在校本部大礼堂听蒋介石的训话。蒋介石指着“亲爱精诚”的校训，说：“如果本校长不革命、反革命，同学们就应该打倒我。”讲完后蒋介石注视着全体师生，问对他的讲话有什么意见没有？这时政治大队第二队中一个叫王襄的学生，操着湖北口音高声喊道：“请问校长，你只要我们精诚团结，试问：我们最亲爱的廖党代表被帝国主义和一小撮反动派刺死了，我们的汪党代表到哪里去了呢？”这一义正词严的质问，使全场为之一惊。蒋介石也一下子面红耳赤，半晌没有说话，过了一会儿，才叫侍卫将他的名字记下来，说：“汪党代表有病，入医院了，不久就要出来的。”

陈独秀书法作品

1926 年 4 月 16 日，蒋介石被任命为军事委员会主席。1926 年 5 月 15 日至 22 日，国民党二届二中全会在广州召开。蒋介石借口“消除疑虑，杜绝纠纷”以及“改善中国国民党与共产党间的关系”，提出了所谓《整理党务案》。中共中央领导人陈独秀等和苏联顾问鲍罗廷主张采取妥协退让的态度。张国焘被委派指令出席二届二中全会的中共党员接受这个提案。国民党二届二中全会顺利通过了《整理党务案》，其主要内容是：加入国民党的共产党员在国民党中央、省、特别市党部中担任执行委员，其数额不得超过各该党部委员总数的三分之一；共产党员不得充任国民党中央机关之部长；国民党员不得加入他党；共产党须将加入国民党的共产党员名单交国民党中央执行委员会主席保存；共产党发给参加国民党的共产党员的指示，应先交国共两党联席会议通过，如有特别紧急事故来不及提出通过时，应将此项指示请联席会议追认。

《整理党务案》实施之后，共产党员担任国民党中央机关部长者均被取代，如原任国民党中央执行委员会秘书长刘芬（由叶楚伧接任）、组织部长谭平山（由蒋介石接任）、宣传部长毛泽东（由顾直余代理）、农民部长林祖涵（由甘乃光接任）。由于汪精卫不辞而别，故而年老体弱的谭延闿被推举为国民政府代理主席，蒋介石的盟兄张人杰（张静江）被推举接任汪精卫中央执行委员会主席之职。1926 年 6 月 4 日，蒋介石被任命为国民革命军总司令。7 月 6 日，张人杰患足疾辞职，蒋介石被推举为中央执行委员会主席。当时正值北伐战争，蒋介石这位总司令可以指挥国民政府所属军、政、民、财各机关，取代汪精卫将党、政、军大权初步抓到手中，成为了国民党一号领袖人物。

北伐军于 1926 年 10 月 10 日攻占武昌，于 11 月 8 日攻占南昌，此后为适应革命形势发展和便于指挥战争，国民政府北迁的问题成为议题。但是由于蒋介石与以汪精卫为首的国民党左派之间存在着尖锐矛盾，所以便有了迁都之争（国民政府迁往武汉或者南昌）。迁都之争爆发前，国民党内许多人开始对蒋介石的个人军事独裁日益不安，国民党第二届中央委员和各省各特别区市、海外各总支部代表联席会议通过了一项《请汪精卫销假案》，决议请汪精卫“回粤视事”，以便与蒋介石相抗衡。1926 年 11 月，国民党中央决定将中央党部和国民政府迁往武汉。12 月底，由粤迁汉的第二批人员（包括谭延闿和张静江）经过南昌时，被蒋介石截留。1927 年 1 月 3 日，蒋介石操纵召开了中央政治会议临时会议，决议国民政府和中央党部暂驻南昌。由于共产党人、国民党左派和广大人民群众的强烈反对，蒋介石迁都南昌的图谋并未得逞。3 月上旬，代理国民政府主席谭延闿和一部分驻南昌中央委员来到武汉办公。

第一次国共合作破裂

1927 年春夏之交，在国共合作之下，随着北伐军的节节胜利，大革命看似轰轰烈烈，大有席卷中华，直捣黄龙之势。然而，就在这需要双方精诚合作、亲密无间的关键时刻，国共两党沉积已久的理念和利益之争，却来了一个总爆发。掌握了军权和财权的蒋介石集团，从背后对正在北伐前沿呐喊鼓劲、流血流汗的“友党”举起了邪恶的屠刀。

汪伪政权

1940 年 4 月，汪精卫与日本华南派遣军最高指挥官安藤利吉合影。

1927 年 4 月 2 日，蒋介石在上海高昌庙江南兵工厂的北伐东路军前敌总指挥部召开了秘密会议，出席会议的有张静江、吴稚晖、邓泽如、蔡元培、李济深、李宗仁等，刚从国外回来的汪精卫也应邀参加了会议。蒋介石严肃地对大家说：“现在如果不清党，不把中央移到南京，建都南京，国民党就要被共产党所篡夺，国民革命军就不能继续北伐，国民革命就不能完成!”汪精卫对于蒋介石“清党”之议并未答允，会上辩论至高潮时，吴稚晖竟向汪精卫下跪，求其改变立场。汪精卫边退边谦让地说："稚老，您是老前辈，这样来我受不了，我受不了！"与会众人为之啼笑皆非。

4月5日，汪精卫与中共中央总书记陈独秀发表了《汪、陈联合宣言》："国共两党同志们，我们强大的敌人，不但想以武力对待我们，并且想以流言离间我们，以达其'以赤制赤'之计。我们应该站在革命的观点上，立即抛弃相互间的怀疑，不听信任何谣言，相互尊敬，事事开诚协商进行，政见即不尽同，根本必须一致。两党同志果能开诚合作，如弟兄般亲密，反间之言，自不获乘机而入也。技沥陈词，万希各自省察！勿至为亲者所悲，仇者所快，则中国革命幸甚！两党幸甚！"汪精卫在《宣言》发表之后，便悄然离开上海赶赴武汉。

4月12日凌晨，蒋介石策划发动了"四·一二"反革命政变，自此逐渐在全国范围内开始公开屠杀共产党人和革命群众，由于事出突然，江、浙、沪、赣、闽、皖等地的中共组织，根本来不及做出任何反应，就纷纷被新军阀们捣毁。瞬时之间，长江下游一带血流成河，中共组织被迫转入地下。甚至连一些优秀的黄埔军校师生也做了自己校长的刀下鬼。被"清洗"的黄埔军校中共产党人最著名的是政治部主任熊雄、政治教官萧楚女。

据黄埔四期生李逸民回忆熊雄被害的过程："'四·一二'蒋介石在上海叛变革命时是李济深去上海开会的。他开会后回到广州，找方鼎英谈了以上的布置。方从李处回校后，当晚即找熊雄谈话，要他快走。熊雄同志郑重说：'他是国共合作后，国民党的任命要他在黄埔任政治部主任的。要走，必须开个大会，让他在师生面前讲讲话再走。'这时方鼎英坚决反对，认为不能那样做，并拿出路费让他快走。这些话是熊雄同志当时向我们少数人讲的。熊雄出走时，并没有正式开什么党员大会。他是找了十几个同志到他办公室谈话。我所讲开会，就是如此。这十几个同志，我记得的有安体诚、宋文彬、饶来杰、杨其纲等。当时，杨其纲是党支部书记，后被国民党杀害。熊雄同志向我们讲话时，并没有什么布置，也无决定谁走谁留。他表现了共产党员的英雄气概，勉励我们要继续争取群众，自己不愿走。经我们劝说，他才同意走了。可是，时已太晚，他走后国民党追上了，把他逮捕而遭杀害。”

原来 1927 年 4 月 14 日，担任广州“清共”总指挥的李济深刚从上海回到广州，便紧急召见黄埔军校教育长方鼎英，布置黄埔军校的“清党”事宜。虽然李济深当时兼任黄埔军校副校长，但由于他要总揽广东全省的“清共”大局，于是决定把黄埔军校具体的“清党”工作，交给方鼎英来负责。方鼎英对“左派”和共产党员颇为同情，他很怕“清党”演变成杀戮，看着同事和学生成为“刀下亡魂”，他于心不忍。所以当接到李济深的紧急电话时，他的心情格外复杂。可是蒋介石是自己的顶头上司，从军人的角度而言，他又不得不服从。

在留守总部等着方鼎英的除了李济深，还有国民党元老张静江、中央党部后方负责人朱家骅和广州卫戍司令钱大均。方鼎英一进门，李济深便把国民党中央党部的“清党电令”交给了他。方鼎英仔细看完，一言不发。李济深见状，严肃地对方鼎英说：“这次清党关系重大，广州的共产党大本营，就在你黄埔军校。校长要我问你，军校的共产党有多少？谁是共产党？谁是主要负责人？你平日有没有调查过？清党时会不会出乱子？你有没有把握？你能不能负责？”

面对李济深一连串的问话，方鼎英有点招架不住。他略一思索，反问了李济深一句：“据电令的指示，只是清党，并不是要杀共产党，是吗？”李济深点头称是。方鼎英随即说，他可以负责“清党”，但是必须满足他三个要求：宣布“清党”之后，黄埔学员所在的范围，三天内不得派“一兵一舰”前来；三天之后，成立“清党”委员会，负责办理相关事宜；拨出一笔专款，用作师生自由离校的川资，而共产党在学校的总负责人熊雄，则由校方送法国留学，川资多少，任他需要。

熊雄是继周恩来之后在黄埔军校中最有名的共产党员，时任军校政治部代主任，在黄埔学生中名望极高。李济深虽然不情愿，但还是勉强答应了，随后方鼎英回校布置相关事宜。深夜时分，方鼎英把熊雄请到了海关楼上，向他和盘托出“清党”计划，并力劝其出国避风头。初闻此事，熊雄十分激动，义愤填膺地谴责钱大均、朱家骅等人。他激动地说：“我宁愿将我满腔热血洒在黄埔岛上，一泄我与此辈不共戴天之恨。”方鼎英见状，急忙苦口婆心地劝告熊雄。经过一番冷静的思考，熊雄终于决定暂时离校。

在离开黄埔之前，熊雄对全校师生做了一次告别讲话。可是天意弄人，当熊雄做完报告登上汽艇准备离开之时，汽艇机件突然失灵，不得不停在江心进行检修。就在检修的关口，正在这一带巡逻的中山舰上的武装人员发现了熊雄，并将其逮捕。一个月以后，广东当局为免节外生枝，迫不及待地将熊雄秘密处死，并将遗体沉入珠江之中。

熊雄被捕之后，趁军校中共产党员群龙无首之时，广东当局立刻命令粤军将黄埔军校团团包围起来。此时的形势已经完全脱离了方鼎英的掌握。当部队荷枪实弹地开入军校时，方鼎英拿出李济深的“三点承诺”来作为“挡箭牌”，却遭到了带兵长官的粗鲁拒绝，气得方鼎英满脸发青，却无能为力，只能躺在沙发上难过。

4 月 15 日清晨，黄埔军校并没有像往常一样响起嘹亮的出操军号声，到处一片死寂。睡眼惺忪的学员一走出寝室，便被几个全副武装的士兵给挡住了。原来，他们已经完全被控制住了。面对荷枪实弹的军队，学员们既感到莫名其妙又惊恐不安，这时，一个冰冷的声音从操场的扩音器里传来：“校本部四周都戒严了，中山兵舰等已开到校外江中，炮口正对着你们；鱼珠炮台等要塞的炮也脱了炮衣，炮口对着你们。谁也不许乱动，乱动就要打死你们！”随后，一千多名在校师生，以区队为单位，全部被赶到操场集合起来。

当所有人都集合完毕，主席台上又发出命令：“共产党员一律自行站起来，其余人在原地不动。”连喊了几遍，只有少数学员站了起来。这时，“孙文主义学会”的人开始对照“黑名单”来点名，点一个就出列一个。不一会，就点出来了200多个“共党嫌疑分子”。其实，很多人根本就不是真正的共产党员，有的只是平时看过一些进步书籍，同情共产党，言论激进了一点；有的则只是与执行“清党”的人或右派的学生有矛盾，就被陷害成了共产党；还有一些只是违反了一般的纪律，比如给某某写了情书，也被当作共产党关了起来。这200多人被集中到大队部，一番捆绑之后，便由全副武装的卫兵迅速押入蝴蝶岗禁闭室。

最后经过统计，校本部连同市区内和东莞各地共有400多名黄埔师生被确认收押，押解到广州南郊的南石头监狱集中囚禁。在那里他们遇到了还未被杀害的老上级熊雄主任，在熊雄的领导下，被囚的黄埔师生们建立了狱中党支部，继续与当局进行坚决的斗争。

对于这群如此不听话的学生，蒋介石自然不会心慈手软。熊雄自不必说，肖楚女、杨其纲、谭其镜、麻植、朱凯、熊锐等知名“共党分子”，也都被全部处决，一个不留。对于一般的党员或“左倾”学生，则一律采取严格教化的方法，以令其“反省”。为此，这群被关押的黄埔学生可以说是受尽苦难，不仅生活质量及其恶劣，而且还要经常被刑讯，甚至不少人被活活折磨至死。有的学生受不了这种非人的折磨，竟用长铁钉插进喉咙，向曾经的校长提出强烈的抗议。

黄埔“清党”之惨况，可以说是惨绝人寰，就连一些思想右倾的学生也看不下去了，有的学生直接给蒋介石写信，认为李济深对黄埔生实在是太过残酷。曾经极力主张在黄埔军校中“清党”的南京国民党中央政治会议主席胡汉民，更是连连摆手，长叹一声说：“清党，清党，许多罪恶，借之而生。”

黄埔“清党”，场面惨烈，过程也是相当混乱，这就给了不少人趁乱脱险的机会。其实，在方鼎英把“清党”消息透露给熊雄以后，熊雄曾组织校内的骨干党员开过一个紧急会议，因此，这部分人实际上已经提前知道了“险讯”。之后的几个小时，这个“险讯”被尽可能地传递着。可惜的是，由于时间太短，又加上校方加紧了对学生的看管，因此，只有少部分人收到了“险讯”，并组织了转移。到底有多少人及时转移了，目前已不得而知，在可以确定名字的人中，陈远湘、阳翰笙、饶来杰、宋云彬、黄锦辉、尹伯休、苏怡、李逸民、覃异之等人，最终都安全脱险，而孙炳文、安体诚等人，则就没那么好运了，他们在好不容易逃出广州以后，却在上海被捕，最后都没有逃脱被处死的命运。

至5月底仅在广州黄埔军校以“清党”名义捕杀的共产党学生便达350余人，逃亡学生近千人。被誉为“国共合作典范”的黄埔军校在革命的道路上也划上了“休止符”。

在清党反共的同时，蒋介石还在紧锣密鼓地准备成立南京国民政府。4月18日，南京国民政府正式成立，与武汉国民政府分庭抗礼，史称“宁汉分裂”。

6月1日，共产国际代表罗易收到了共产国际发来的“五月指示”电报，内容要点是：

> 1. 必须坚决实行土地革命的政策；
>
> 2. 必须建立工农革命武装，拟动员两万左右的共产党员，加上湖南、湖北约五万的革命工农，编成几个新军，用军官学校的学生来充当指挥人员；
>
> 3. 要求对国民党现存机构加以革新，必须从下面吸收新的工农领袖去充实国民党的上层领导机构，同时还必须靠工会、农民协会会员去扩大国民党的地方组织；
>
> 4. 组织革命军事法庭，惩办和蒋介石保持联系或唆使士兵残害工农的军官。

对于“五月指示”，罗易和鲍罗廷、陈独秀采取了两种不同的态度。罗易未征求其他领导人的意见，就私下送给了汪精卫一份电报副本，他认为：“汪精卫是国民党主要领导人中唯一努力同中国共产党保持友好关系的……在这个关键时刻，应该做出最后的努力，重新获得汪精卫的信任。”罗易还认为实行土地革命和维持国共合作的统一战线是可以同时并举的，于是在中共中央政治局会议上，他提出了一个"自下革命"改组国民党的计划。鲍罗廷和陈独秀不同意罗易的观点，他们认为共产国际关于土地革命与北伐并举、土地革命与统一战线并举的策略是"荒唐可笑"的，"五月指示"与实际情况不符，并未有成功执行之可能。

陈独秀书法作品

"五月指示"彻底确定了汪精卫的"分共"决心，他曾对唐生智等说："斯大林的指示，随便执行哪一条，国民党就完了……这个电报是共产党要解散国民党，实行共产革命！"汪精卫觉得这个电报违反了《孙越宣言》和"三大政策"，他在6月5日的中央政治会议上将电报副本传示众人。陈友仁看后，大吃一惊："这不是等于共产党向国民党开战吗？"此次会议决定解除苏联顾问鲍罗廷、加伦等的全部职务，驱逐回国。罗易的泄密之举，客观上给了汪精卫一个绝佳的"分共"借口，成为了国共合作破裂的最后导火索。对于此事，1937年，毛泽东在陕北曾对斯诺说："罗易在武汉的言行，表明他的确是一个蠢货。"

7月13日，中共中央发表《对政局宣言》，揭露汪精卫等"已在公开地准备政变，以反对中国人民极大多数的利益及孙中山先生之根本主义与政策"，同时声明"决定撤回参加国民政府的共产党……共产党绝无理由可以退出国民党，或者甚至于抛弃与国民党合作的政策"。7月15日，国民党中央执行委员会举行第二届常务委员会第20次扩大会议，出席会议的有汪精卫、孙科、谭延闿、顾孟余、陈公博等17人。汪精卫在会上宣读了共产国际"五月指示"，并就其内容发表了长篇讲话。他认为这是共产党"破坏国民党的阴谋"，同时指出中共的《对政局宣言》是"破坏本党'容共'政策之最大表示"，提议中共"既然退出国民政府，则在国民革命军中及各级政府机关中亦无须存在”。孙科、顾孟余、谭延闿等都支持汪精卫的看法，认为“共产党同志加入国民党是要使三民主义共产主义……将国民党作为共产党的工具”，因而对共产党“加以相当的制裁”是必要的措施。汪精卫更是咬牙切齿地喊出了“宁可枉杀千人，不使一人漏网”的口号。随着汪精卫集团在武汉的党、政、军部门进行大规模“清党”，黄埔军校武汉分校学员被迫毕业离校，军校整体改编为第 4 集团军第 2 方面军军官教导团（此后广州起义的主力）。自此以后，孙中山先生创办的黄埔军校完全丧失了国共合作的色彩，黄埔军校两派学生也彻底分道扬镳，昔日的同窗好友转眼之间就变成了战场仇敌。

“清党”以后，黄埔军校内一片死寂，往日激情澎湃的革命气氛，荡然无存。不久，蒋介石就架空了方鼎英的权力，任命邓文仪为校本部政治部主任，胡靖安为入伍生部政治部主任。除了将共产党员和“左倾”学生捕杀殆尽以外，曾举行过对蒋介石不利的党权运动的国民党黄埔军校特别党部，也遭到了广东当局的摧残，多名执委、监委被枪决。9 月，忍无可忍的方鼎英宣布辞职，离开了黄埔军校。

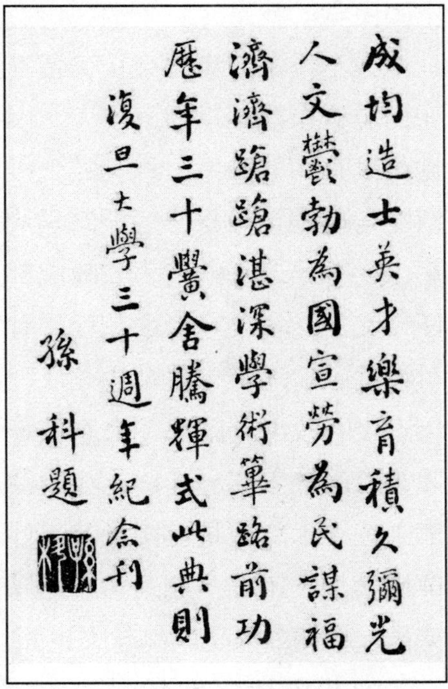

孙科手迹

1927 年 7 月，在共产党人恽代英的主持下，黄埔军校第五期炮兵、工兵、政治三个大队的学员，在武汉举行了毕业典礼。而步兵、骑兵、经理三个大队的学员，则在何应钦的主持下，于 8 月份在南京举行了毕业典礼。同期学员分属两地的毕业典礼，形象地表明了“国共”兄弟之情的彻底决裂。随着汪精卫的再次“清共”，黄埔军校完成了由“革命摇篮”到“蒋家嫡系”的质变。

然而，红色革命的火种是蒋介石“清”不尽的，惨遭“清党”的黄埔生中仍然有中共的秘密党员，如一期生侯镜如、一期生廖运泽、三期生周邦彩等人。据 1982 年出版的《黄埔军校回忆录专辑》载，侯镜如回忆：“我是黄埔军校第一期毕业后才加入共产党的。一九二五年二次东征胜利，当时第一军政治部主任是周恩来驻在潮汕、第一军第三师第三团党代表包惠僧、团党代表办公室干事李默庵、一营营长郭俊都是共产党员，我任第一营副营长职务，与他们常在一起。同年年底在潮州我经周恩来和郭俊介绍加入共产党。一九二六年三月‘中山舰事件’爆发，蒋介石要把共产党员名册交给他后，整党宣布：‘不能跨党，要么退出国民党，或者退出共产党。’结果极少的二三十人退出共产党，一般的都退出国民党。我是入党不久，没有暴露，无人怀疑，于是经党组织同意我不作共产党员登记，留在国民革命军，七月北伐开始，我随何应钦东路军从梅县出发，以秘密党员的身分工作，我做秘密党员没有横的关系，只与党上级联系，独立工作，我通过组织介绍曾与秘密党员身分三期同学周邦彩接洽过。他以后当国民革命军十七军第二师党代表兼政治部主任，是孙文主义学会成员，担任孙文主义学会‘青白花社’刊物主编。一九二九年在河南暴动时牺牲了。随着东路军的北伐胜利，孙传芳部队陆军第十二师李生春投降改编为国民革命军第十七军第三师，由我任该师师党代表兼政治部主任。这样，在改编后经组织介绍才知道十七军政治部主任李木庵也是秘密党员，他在解放后任司法部副部长，不是黄埔学生。还有一期同学廖运泽，当时是在潮州军官学校的秘密党员，我们二人是南昌起义见面时才知道的。”

国共内战之发轫

如果孙中山此时尚在世，那么一定不可能有所谓“宁汉分裂”，也不可能出现国共合作迅速破裂的局面，而蒋介石和汪精卫根本没机会叛变革命。面对大革命的失败，为反抗国民党反动派的屠杀，中共中央于 1927 年 7 月 12 日进行改组（依据共产国际的指示），停止了中央委员会总书记陈独秀“右倾”机会主义的领导。7月20日，中共中央领导人李立三最先提出了“武装暴动”的建议。此后，中共中央决定集合自己掌握和影响的部分国民革命军，利用“宁汉分裂”（当时正值“东征讨蒋”，南昌兵力比较薄弱），在江西南昌实行暴动。中共中央指定周恩来、李立三、恽代英、彭湃等组成中共中央前敌委员会，以周恩来为书记，前往南昌领导起义。当时，共产党在南昌掌握的兵力大大超过敌方，有国民革命军第2方面军第11军第24、第10师，第20军全部，第4军第25师第73、第75团以及朱德为团长的第5方面军第3军军官教育团一部和南昌市公安局保安队一部，共2万余人。起义之前，张国焘于7月30日赶到南昌，以共产国际电报为由，主张应拉拢到张发奎才可暴动。张国焘的意见遭到众领导人一致反对，谭平山大骂张“混蛋”，并要把他捆起来杀掉。周恩来及时制止了事态发展，说：“党内斗争不能这样做。”

郭沫若

起义部队中黄埔师生大约有60余人，比较著名的如周恩来、聂荣臻、陈毅、恽代英、郭沫若、毛泽覃、张国焘、陈赓、周士第、侯镜如、周逸群、朱云卿、林彪、郭化若、文强、陶铸等。黄埔军校师生在起义军中担任各级指挥员及官佐，人数虽不多，但却是起义胜利的关键。8月1日凌晨二点，在周恩来、贺龙、叶挺、朱德、刘伯承的领导下，南昌起义开始。起义成功后，按照仍用国民党左派名义号召革命的指示精神，中共前敌委员会发表了国民党左派《中央委员宣言》（后来史称《八一宣言》）。当日，中国国民党革命委员会成立，邓演达、宋庆龄、何香凝、谭平山、吴玉章、贺龙、林祖涵（伯渠）、叶挺、周恩来、张国焘、李立三、恽代英、徐特立、彭湃、郭沫若等25人为委员，吴玉章被任命为秘书长，周恩来、贺龙、叶挺、刘伯承等组成参谋团，以刘伯承为参谋团参谋长，郭沫若为总政治部主任。所有起义部队总称国民革命军第 2 方面军，贺龙任总指挥，叶挺为前敌总指挥。

南昌起义后，宁汉双方的国民党都迅即调动军队向南昌进攻。8 月 3 日起，依照中共中央原定计划，起义军分批撤出南昌，南下向广东进发，沿途与敌多次作战。8 月下旬，南昌起义部队经历了最激烈的一次战役——会昌之役，这次战役的对手是国民革命军北路军总指挥钱大钧。钱大钧曾任黄埔教官，其部队中黄埔毕业生颇多。会昌战役成为国共合作破裂后黄埔同学在战场上兵戎相见的首次激战，是役双方均有伤亡，最后以钱大钧部失败而告终。会昌战役后，南昌起义军主力陆续折返瑞金，然后改道东进，经福建长汀、上杭，沿汀江、韩江南下。9 月下旬，起义部队在广东潮汕被李济深、黄绍竑、范石生、钱大钧 4 万敌军击溃。10 月初，起义军余部在朱德、陈毅率领下转战闽粤赣湘边，后来

南昌起义（油画）

还参加了湘南起义，之后于 1928 年 5 月到达井冈山革命根据地与毛泽东领导的湘赣边界秋收起义部队胜利会师。

与南昌起义爆发相隔不久，1927 年 9 月 9 日，毛泽东领导发动了秋收起义。起义部队称中国工农革命军第 1 军第 1 师（下辖四个团，官兵共约 5 千余人），毛泽东任前敌委员会书记，卢德铭（黄埔二期生）为总指挥，余洒度（黄埔二期生）为师长。秋收起义很快遭到失败，9 月 19 日，各路起义军退至文家市，前委重新讨论部队进军方向。毛泽东建议到敌人统治力量薄弱、群众条件较好的农村去，在经过激烈的会议争论后，否定了“取浏阳直攻长沙”的主张，决定向湘赣粤边农村进军。秋收起义部队中有许多黄埔生，有些如余洒度、范树德等后来叛变革命脱离了共产党，还有好多未能活到革命胜利的时候，活下来的在解放后都军衔甚高，如张宗逊（上将）、陈伯钧（上将）、谭希林（中将）。秋收起义后，毛泽东率部几经转战，走上井冈山。1928 年 5 月，朱毛井冈山会师，部队改称工农红军第 4 军，王尔琢（黄埔一期生）任参谋长。

继南昌起义和秋收起义之后，中国共产党在 1927 年底还领导了广州起义。1927 年 11 月，在广东的粤桂军阀发生武装冲突。中共中央认为机不可失，通过了《广东工作计划决议案》，要求广东省委“坚决地扩大工农群众在城市、在乡村的暴动，煽动士兵在战争中哗变和反抗，并急速使这些暴动会合而成为总暴动，以取得全省政权，建立工农兵士代表会议的统治”。11 月 26 日，张太雷来到广州，召开了秘密会议，决议乘广州敌军薄弱之机组织共产党所掌握的第 4 军教导团和警卫团一部以及工农武装发动武装起义。12 月 11 日凌晨三点左右，在张太雷、叶挺、黄平、周文雍、叶剑英等领导下，广州起义部队仅经两个多小时就占领了广州市内绝大部分地区。当日，广州苏维埃政府成立，以苏兆征为主席（苏当时在上海，由张太雷代理），叶挺被任命为工农红军总指挥，叶剑英为副总指挥。参加广州起义的黄埔师生非常多，这里不再一一列举，值得特别指出的是当时在黄埔军校的几位朝鲜同志以及黄埔四期肄业的越南同志洪水也参加了起义。

洪水原名武元博，1908年生于河内一个地主家庭。17岁追随胡志明去法国，从事革命活动。在巴黎，他认识了周恩来、陈延年、李富春等中国战友。1924年，他来到广州加入胡志明主办的越南青年革命同志会。在课堂上，他认识了毛泽东、刘少奇和彭湃。1926年，经蔡畅介绍，洪水成为了黄埔四期学员。“四·一二”反革命政变后，他毅然退出国民党，加入了中国共产党。在长征途中，他同广大红军战士一道爬雪山、过草地，历经了千辛万苦，抗战时期他出任晋察冀军区《抗敌报》第一任社长，先后在山西、河北等地开展抗日工作。1945年8月，胡志明领导了越南“八月革命”，迫切需要军事干部，洪水毅然辞别妻儿，回到越南报效祖国，先后任四联区司令员、五联区司令员兼政委。1950年，他再度来到中国，任中央统战部越南科负责人，后到南京军事学院学习。毕业后，任中央军委条令局副局长、中国人民解放军总参谋部《战斗训练》杂志社社长兼总编。1955年，洪水被毛泽东主席授予正军级少将军衔，还被授予一级八一勋章、一级独立自由勋章、一级解放勋章，他是获得中国人民解放军将军军衔的唯一一位外国人。

广州起义爆发后，国民党各军阀立即停止内斗，集中5万大军进攻广州。由于敌我力量悬殊，广州起义最后失败，起义主要领导人张太雷在战斗中牺牲。起义军余部后来分别到达东江和右江地区，参加了当地的革命武装斗争。

除了以上三大起义，在全国各地还爆发了许多武装暴动，黄埔师生都积极参与。他们利用所学专长在历次武装起义和创建革命根据地中都发挥了重要作用，如海陆丰起义、海南岛起义、鄂中鄂西起义、黄麻起义、商南起义、百色起义等。

“围剿”与反“围剿”

大革命失败后的三年中，国民党各派新军阀不断发生战争，工农武装革命根据地正是在这种条件下茁壮发展。蒋介石扫清各路军阀之后，终于有了余力来进行“清剿赤匪”。1930年10月23日，蒋介石将黄埔系将领何应钦、陈诚、顾祝同、蒋鼎文、胡宗南等召到南京，秘密议定了“第一次围剿”计划。12 月 7 日，蒋介石亲抵南昌督师“剿共”，任命张辉瓒为前敌总指挥，负责统率十万大军进攻中央苏区。张辉瓒依仗装备精良，骄横不可一世，结果被红军打得大败，自己也被活捉。第一次“围剿”失败后，1931 年 2 月，何应钦出任南昌行营主任，统一指挥湘鄂赣闽四省“围剿”部队，以“稳扎稳打，步步为营”为作战方针，对中央苏区发动了第二次“围剿”。在第二次“围剿”时，蒋介石还利用黄埔军校校长的身份，试图策反红军中的黄埔生，黄公略（黄埔第三期高级班）便是重点对象之一。4 月至 5 月，工农红军打垮了敌军 13 个师，歼敌 3 万余人，缴枪 2 万余支。7 月，蒋介石又纠集 30 万大军，亲任总司令，坐镇南昌指挥大军向中央苏区发动了第三次“围剿”。毛泽东制定了“避敌主力，打其虚弱，乘胜追歼”的作战方针，用“磨盘战术”牵着敌人兜圈子，将蒋介石的黄埔嫡系部队拖得疲惫无力。九·一八事变爆发后，第三次“围剿”被迫中止，胜券在握的中央苏区经此战已将赣南、闽西两块根据地连成一片，共拥有 21 个县。

第三次“围剿”后的一年多，国民党嫡系部队陈诚的第 18 军与中央苏区红军主力林彪的红 1 军团连连交手，一个是黄埔教官，一个是黄埔学生，但此时却各率劲旅进行着生死搏斗。1932 年 12 月，蒋介石发动了对中央苏区的第四次“围剿”，他任命何应钦为“剿赤军”总司令，分左、中、右三路，以泰山压顶之势杀向红军。“蒋记黄埔系”和“红色黄埔系”在这次“围剿”与反“围剿”的战争中全力相搏，结果最后以国民党军队的空前惨败而结束，对此，无奈的蒋介石在给陈诚的手谕中写道：“惟此次挫失，凄惨异常，实有生以来惟一之隐痛！”第四次反“围剿”胜利后，中央苏区地跨湘、鄂、闽、粤四省，且与闽、浙、赣苏区连成一片，占地 10 万余平方公里，拥有人口 300 余万，中央红军兵力亦增至十余万。

1933 年 9 月，蒋介石调集 100 万大军，200 架飞机，发动了对中央苏区空前规模的第五次“围剿”。这次，蒋介石根据德国军事专家的建议，制定了《铁桶围剿计划》，以“层层巩固，节节进逼，对峙则守，得隙则攻”为新战略。而这时的中央苏区已经笼罩“左倾”冒险主义，在中革军委博古等领导人军事冒险主义、军事保守主义的战略指导下，红军屡战失利，危机日趋严重。1934 年 10 月 10 日，中共中央和红军总部披星戴月离开瑞金，率领红 1、红 3、红 5、红 8、红 9 军团连同后方机关共 8.6 万余人踏上了万里征程，选择了蒋介石认为的“不利之路”向赣粤边境突围。在红军两年的万里长征中，红色黄埔系的周恩来、聂荣臻、叶剑英、徐向前、陈赓、左权、周士第、林彪、罗瑞卿等在生死危亡时刻，积极拥护毛泽东为代表的正确意见，对于红军长征的顺利成功起到了不可或缺的重要作用。1936 年 10 月，红军第 1、第 2、第 4 方面军三支主力在甘肃会宁胜利会师，至此两万五千里长征胜利结束。而 1934 年末，黄埔一期生刘畴西率红 10 军团在浙赣边被黄埔一期生俞济时“围剿”两月余，刘畴西、方志敏被捕。在黄埔军校时，俞济时同桂永清交好，桂永清与刘畴西同乡，故俞济时和刘畴西也很熟。当衣衫褴褛、冻得瑟瑟发抖的刘畴西被带到身穿大氅、烤着炭火的俞济时面前时，俞济时没想要给“兵戎相见”的昔日老同学开点后门，甚至于连一句再度相见时的寒暄都没有，挥一挥手，就让人把刘畴西给押走了。后来，此事传到黄维耳中，他对俞济世大为不满，当面损他：“那么冷，你也该叫人吃顿好饭，穿件棉袄嘛！大家同学一场，你也太狠心了。”蒋介石多次派黄埔同学来软化、劝降刘畴西，皆无果。1935 年 5 月，刘畴西在南昌百花洲被杀。

红军抵达陕北根据地之后，蒋介石立即召集张学良、顾祝同、陈诚等到四川开会，制定了彻底消灭红军的计划部署。然而，张学良的东北军和杨虎城的西北军对于“剿共”内战实难忍受，秘密与中共达成停战协议，双方还互派代表以利联络。1936 年 12 月 4 日，蒋介石飞抵西安，逼迫张杨进攻红军。12 月 12 日，张杨发动“兵谏”，武力“逼蒋抗日”，史称“西安事变”。随即，在国民党中央紧急会议上，身为军政部长的何应钦力主武力讨伐“勤王”，并自告奋勇出任讨伐军总司令。黄埔生贺衷寒是何应钦的主要谋士。12月23、24日，宋子文、宋美龄代表蒋介石，与张学良、杨虎城正式谈判，周恩来作为中共中央全权代表参加谈判。

蒋介石夫妇与张学良夫妇合影

谈判达成六项协议：1. 改组国民党与国民政府，驱逐亲日派，容纳抗日分子；2. 释放上海爱国领袖，释放一切政治犯，保证人民的自由权利；3. 停止“剿共”政策，联合红军抗日；4. 召集各党各派各界各军的救国会议，决定抗日救亡方针；5. 与同情中国抗日的国家建立合作关系；6. 实行其他具体的救国办法。12月26日，蒋介石由张学良陪同回到南京，西安事变遂告和平解决。而蒋介石一回南京，三下五除二，何府就门庭冷落，贺衷寒则从此坐冷板凳，只能解决温饱问题。

西安事变和平解决之后，国共两党就合作抗日问题进行了六次正式谈判。1937年8月，蒋介石同意将红军改编为国民革命军第八路军，任命朱德、彭德怀为正、副总指挥。9月22日，国民党中央通讯社发表了《中共中央为公布国共合作宣言》。9月23日，蒋介石对此发表谈话，实际上承认了中国共产党的合法地位。至此，第二次国共合作宣告成立，抗日民族统一战线正式形成。第二次国共合作的酝酿过程中，双方许多代表都有着黄埔渊源，中共方面如周恩来、叶剑英等，国民党方面如陈立夫、顾祝同、贺衷寒、邓文仪、康泽等。抗战开始后大家认为一个中国不能用两面旗子，于是合作达成之后，共产党临时把红星旗收起来，周恩来、叶剑英、陈赓、左权、林彪、许光达、罗瑞卿等一大批原黄埔师生重新戴上了青天白日帽徽，红色黄埔系和蒋记黄埔系的黄埔同学们再次聚集在青天白日旗之下，携手一致，共同抵御外敌侵略。虽然历史不允许假设，但我们还是可以幻想一下孙中山如果多活十年，那么所谓十年国共内战便绝不会发生，中国也不必将如许国力都耗费于内斗，日本也不会那么容易地取得侵华初期的“辉煌战果”。

第五节　再忆黄埔

黄埔军校是中国革命军队的摇篮，它为反帝反封建的民主革命培养了大批政治军事人才，为广东革命根据地的统一和北伐战争的胜利建立了卓著的功勋。黄埔师生出身的国共两党将士在东征、北伐和抗战中的出色表现，共同为中国人民反帝反封建的事业做出了不可磨灭的贡献，一起建树了为国家为民族建功立业的历史丰碑。

全国政协和“黄埔军校同学会”曾做过几组统计数字：从1924年黄埔军校创办，到1949年蒋介石退出大陆，黄埔军校共招收二十三期学生，前六期为正宗的黄埔时期，共有8107名毕业生；加上在南京、成都等地开办的后十七期和各分校招收的学员，黄埔军校总共约有毕业生23万余人。经过北伐战争、十年内战、抗日战争和第三次国内战争，在黄埔师生中涌现出了一大批高级将领，成为国共两党军队的骨干力量。国民党方面，仅被授予上将军衔的黄埔生就有近40人；在中将中，有50余人担任过集团军总司令、兵团司令以上的职务。共产党方面，解放军十大元帅中，林彪、陈毅、徐向前、聂荣臻、叶剑英五人均出自黄埔；十名大将中，黄埔出身的占了三位；57名上将中，黄埔师生有八人；在红军、八路军、新四军和解放军中，担任正军职以上领导职务的也有近40人。

不管是分属哪个阵营，他们都为中国的革命和统一大业立下了汗马功劳。黄埔军校为巩固广东革命根据地和北伐战争输送了一批又一批的干部。学员从1924年起就陆续参加了平定商团军、第一次东征等战斗，初步显示了这所新型军校的能量。国共两党共同努力，特别是共产党人做的政治工作，使这所学校在培养干部的同时，也开始塑造新型人才。如学员们不得酗酒，要互相关爱等。北伐期间人民对黄埔军箪食壶浆，充分说明了这一点。蒋介石说军队“能得人民爱助”是因为“革命军不是别人的军队，就是工农学群众的军队”。虽然第一次国共合作仅仅持续了三四年的时间，但在这段时间国民革命力量得到迅速的壮大，1925年中共成立了中央委员会领导下的军事部，两党都开始建立现代意义上的军队。从这个意义上来说，无论是在政治还是军事上，国共两党通过合作得到的都是双赢的结果。可以说没有黄埔军校就没有现代中国，整个一部中国近代史，都逃不掉黄埔的影子，它开启了中国的一个新时代。

同仇敌忾抗日

赳赳北伐，黄埔师生一马当先，汀泗桥、贺胜桥、龙潭畔，倒下了多少黄埔健儿，堆满了多少革命者的尸骨；十年内战，在战场上对阵的黄埔生有的连对方的奶名都叫得出来：“二狗子，有种你站出来！”“小六子，替老蒋卖命，你坏了良心！”接着就是一梭子对射。抗日烽火里，大江南北，长城内外，印缅丛林，撒下了多少黄埔生的热血。解放战争时期，蒋记黄埔生更是成千上万地充当了蒋介石打内战的炮灰。从1924年打到1950年，黄埔师生或并肩对敌，或分壕对垒，在你死我活的战场上整整拼杀了26年。

1933年3月，日军长驱直入，由东北一直推进到热河境内的长城脚下。古北口是长城在密云县境内战略地位十分重要的一个关口，不仅是平津的门户，也是华北的屏障，自古就是兵家必争之地。迫于战局和舆论的压力，蒋介石急忙调遣中央军增援长城前线。黄埔将士的浴血抗战就从古北口拉开了序幕。在先后奉调的第17军三个师中，军官几乎都是黄埔生。第2师师长董杰、旅长郑洞国，第25师师长关麟征、副师长杜聿明，第81师师长刘勘，都是黄埔一期生。黄埔名将戴安澜、王润波、郑庭芨、覃异之、罗奇等人，也都在其中。这三个师在长城一线，对阵装备精良的日军。只要天气好，日军的飞机就会出来狂轰滥炸，面对日军猖狂的进攻，17军将士实行车轮战，一支部队打残了，就换下来休整，再换上另一支部队，和日本人在南天门一线阵地继续对峙。每天都有北平城里的大学教授、学生、附近百姓，冒着敌人的炮火上阵地送食物、修工事，战斗结束后千方百计安葬阵亡将士。经过两个月的激战，古北口一带所有的高地全部化作焦土，17军伤亡了将近上万名官兵，共有170多名黄埔生长眠于长城脚下。日军共伤亡6千余人，最后迫使国民党政府将17军从阵地上撤走。虽然古北口失守了，但是中国军民在长城脚下的顽强抵抗挫败了日本侵略者的嚣张气焰，在全国人民心中筑起了一道新的长城。

1937年7月7日，卢沟桥事变后，日军悍然发动全面侵华战争，7月17日，蒋介石发表庐山谈话，表示对日应战。8月13日，日军率先点燃战火，在八字桥一带向中国军队发起陆海空立体进攻，淞沪保卫战开始。8月15日，蒋介石在庐山与众将领商讨抗战方略。黄埔一期特别官佐陈诚很得蒋介石的赏识，他认为当前的抗战计划在作战方针和指导要领方面，所主张的处处设防，御敌于国门之外，不切合中国实际，势必会影响抗战大业。为此，他提出了持久战的战略，把对日作战分为三个时期，即持久抗战、敌我对峙和总反攻。这与毛泽东的战略方针在不少地方极其相近。这个黄埔军校培养出来的战略家在分析上海方

淞沪会战

1937年10月31日，虹桥区的中国士兵集中火力准备歼灭来犯的日寇。

面的仗是否继续打时，又力排众议，坚决果断地认为“上海方面的仗不仅要打，还要大打”。他从华北地形、日军作战特点、我军所处情势等多个方面综合考虑，得出诱敌深入的对日策略，他认为，“日军既不肯放弃上海，不如索性将计就计，扩大上海战事，把北方的日军吸引到南方来。我华中广大地区，江河纵横，水网泽国，机械化部队展开困难，敌之锋芒顿然锐挫，而我军则尽可发挥其优势。”这一策略得到了蒋介石的大力认可，就这样，30余万中国军队对上海形成了包围态势，日本军部和内阁极其震怒，痛下决心，一定要严惩中国军队，于是正如陈诚所料，日军将大量兵力投入到了华中广大地区。在作战计划的指导下，30万中国军队凭借着一腔爱国之情，在制空、制海权完全操控于装备训练占绝对优势的日军手中的情况下，从8月13日至11月9日将近三个月中，以血肉之躯与日军相抗，其视死如归的精神可歌可泣。

据黄埔十六期生黄琏回忆，当他们到达八字桥的时候，战况已经相当惨烈了，白天日军就用飞机炸，用兵舰上的大炮轰，在飞机和大炮的掩护下，日军攻过来，火力太猛，中国军队没有办法，就只好向后退；到了晚上，日军停止轰炸后，中国军队又攻过去，就这样展开拉锯战。

时任黄埔南京分校教育长的张治中请缨出战，出任宁沪警备司令，他指挥的先头部队第87师、88师，后加第36师，陆续进入上海市区，他自己也做好了牺牲的准备，写了遗嘱，表示他抗战的决心。张治中下令全线反击，王敬久指挥第87师向日租界，孙元良指挥第88师向虹口，宋希濂指挥第36师向江山码头，同时发起攻击，突破日军十几个据点，除了这三位师长都是黄埔一期生外，在参加血战的队伍中还有30多位黄埔生分别担任旅、团、营长。激战第一天下午六点，第88师第264旅旅长黄埔一期生黄梅兴，血染沙场，他是淞沪抗战中第一个为国捐躯的黄埔生。日军也同样伤亡惨重，大批援军从海上登陆，双方激战呈白热化状态，许多阵地几易其手。在宝山争夺战中，第98师第583团第3营营长、黄埔六期生姚子青率领六百壮士，坚守阵地，最终全部壮烈殉国，实现了他"子青守土有责，誓与宝山共存亡"的誓言。毛泽东称赞"黄梅兴、姚子青等抗日烈士是全国人民崇高伟大的模范"。在月浦之战中，第98师少将参谋长、黄埔四期生路景荣亲临一线指挥，身中数弹倒在阵地上，年仅35岁。

其后，第51师开赴上海，黄埔四期生张灵甫调任第74军第51师第305团团长，在罗店与日军久留米师团展开激战。面对武器装备远远优于己方的日寇冲锋而来，杀红眼的张灵甫甩掉上身军服，抱起机枪就跳出了战壕，身先士卒带领100多名敢死队员给日军迎头痛击，杀得日寇丢盔卸甲，抱头鼠窜。他又率团连续打退敌人七次冲锋，打死打伤日寇800多人。

虽然武器装备处于劣势，但中国军队有坚强的意志和崇高的信念，这些支撑着他们同侵略者奋勇拼杀，战场上的尸体堆积如山，罗店七天都没有清扫过，战士们只能把死人堆起来做依托，再把枪摆上去来抵抗敌人，这真是用我们中华民族的血肉，来筑成我们新的长城。

从1937年10月26日起国民党政府主动放弃所有阵地，只留下了四行仓库，由第88师第524团团副、黄埔四期生谢晋元率一营壮士坚守。四行仓库位于苏州河北岸，是一座十分坚固的建筑，原为大陆、金城、盐业、中南四家银行共用的储备仓库。留下它是为了引起国际社会的干预。谢晋元率领452人进驻四行仓库，坚守在淞沪抗战的最后一块阵地上。

为了迷惑敌人，谢晋元与一营营长统一口径，对外说驻守仓库的是八百壮士。全营官兵英勇顽强的抵抗，激怒了日军指挥官，下令集中火力日夜猛攻，久攻不下后又用高音喇叭劝降，皆无效果。整个战斗进行了四天四夜，日军没日没夜地不断进攻，上百人的大进攻就有6次。1937年10月31日零时，谢晋元奉命率部撤至英租界。四天四夜共击毙日军200余人，伤者上千，中国军队仅伤亡30余人。

淞沪抗战历时110天，使日本侵略军遭受沉重打击，打破了日军"三个星期打下上海"、"三个月灭亡中国"的美梦。

淞沪会战，中国军队表现了高度的大无畏精神，面对侵略者的嚣张气焰，民众所表现的也是慷慨捐输。凡是部队所需要的无论是食物，还是防御用品如麻袋、沙包、铁丝等都是无条件贡献，这种爱国热诚无形中鼓舞了士气，激励了斗志，至今仍让人深为感动。在452名壮士坚守四行仓库的四天四夜里，成千上万的上海市民隔着苏州河为他们欢呼，在谢晋元遇害后，30万上海人民为他送行。抗战胜利后，上海市将四行仓库附近的模范中学改名为晋元中学。中国的英勇抗战也得到了国际舆论的一致赞誉，英法等国纷纷认为中国军队在沪抵抗日军的战绩，实为历史中最英勇光荣的一页，上海一隅之抵抗，对于整个中国均有极大影响。多年后，史学家们对这一南北战略颇多赞誉，日本战略家也承认，日军大量投入上海、华中，是陷入中国战场而无力自拔的一大败招。

1937年12月12日，西安事变的发生让“安内”暂时被废弃一旁，携手“攘外”成了国共共同面临的当务之急。第二次国共合作达成之后，中国历史进入八年抗日时期，分属国共两党的黄埔师生都英勇奔赴前线，为抵御日寇付出了巨大牺牲，做出了重大贡献。

1937年8月，黄埔四期生林彪在山西平型关打了一场抗日的著名战役。同样，1939年年底，一期生杜聿明在广西昆仑关也打了一场这样的大胜仗。

抗日战争时期的林彪（右一）

与以往防守为主的策略不同，这两场战役打得都是进攻战。在平型关战役中，林彪凭借居高临下的有利地势，指挥着小米加步枪的土八路115师，运用出其不意攻其不备的战略战术，打了一场漂亮的巧仗。而杜聿明则仰攻“一夫当关，万夫莫开”的昆仑关，带领着中国唯一的机械化军第5军，和日军来了个实打实硬碰硬的攻坚战。虽然两场战役的对手都是号称“钢军”的板垣征四郎师团，但林彪打的是21旅团辎重队和后卫部队，歼敌1000余人；而杜聿明攻击的是12旅团主力，歼敌4000余人，旅团长也被击毙。两场战役在中国的抗日史上都是至关重要的，昆仑关之战使杜聿明威名大震，而平型关大捷更是中国军队节节败退时炸响的一曲凯歌，打破了“日本皇军不可战胜”的神话。

1938年，日寇重兵进犯江西，张灵甫奉命对驻守江西德安万家岭张古山的日寇进行反击。张古山地势险要，易守难攻，日军步步为营，阵地固若金汤，双方形成拉锯战，僵持数回合，始终攻克不下。经过研究，张灵甫亲率一支突击队，在大军从正面进攻的同时，攀木挂树，穿过艰险的深山恶水，峡谷老林，从人迹罕至的张古山背面进行偷袭，配合正面部队的进攻，并最终白刃格斗，夺下张古山。

第二天天刚亮，不甘心失败的日寇便派出20余架轰炸机，飞临张古山上空，顷刻间，张古山上炸翻了天，全都笼罩在浓烟火海之中，犹如一座熊熊燃烧的火山。日机知道中国军队几乎没有防空能力，异常猖獗，肆无忌惮地作低空俯冲，对准山头轰炸扫射，毫不顾虑被防空火炮击落的危险。在敌机的轮番轰炸下，305团伤亡极其惨重。空袭一停，急于夺回阵地的日军106师团便向张古山发起了冲锋。张灵甫跑上305团防御阵地亲自督战，日军不顾一切地弯着腰向山上猛冲，直逼305团阵地。一部分日军冲上山顶，张灵甫就带领305团的残余官兵，上刺刀，与敌人展开白刃战，刺刀弯了，枪管裂了，终于把日军打下了山。黄昏时分，日军再度发动强大攻势，面对敌人炮火密集的进攻，伤亡大半的305团已经精疲力竭，为了避免更大的损失，张灵甫不得不将残部撤下张古山。

入夜，张灵甫又带领四百余名精兵奋勇反击，重新夺回了阵地。就这样鏖战五天五夜，阵地几经易手，双方都打得头破血流，张古山上尸山血海。张灵甫人送外号“猛张飞”，所谓“两军交战勇者胜”，在他的顽强作战之下，日军最终再次被赶下张古山，任凭敌军再怎样狂轰滥炸，身中 7 块弹片的张灵甫，始终带领 305 团将士将阵地牢牢控制在自己手中，彻底堵死了日军 106 师团的生路。

在整个万家岭会战中，日军整个一个师团被完全打垮了，这是抗战中唯一一次全歼日军一个师团的战役。据战后路过此地的 139 师师长唐永良回忆说：“人骨、马骨……沿山麓、沿道路、沿溪流，无处无日兵骸骨，若说五步一尸、十步一马，并不过分，统计日兵骸骨至少在六千具以上，马骨至少在千具以上。”

德安大捷后，军事委员会政治部第三厅第五处处长、著名作家田汉到江西前线采访张灵甫，编写了话剧《德安大捷》，在被 74 军的英勇事迹深深感动后，挥笔作词，由著名作曲家任光谱曲，创作了一首振奋人心的 74 军军歌：“起来，弟兄们，是时候了。我们向日本强盗反攻。他，强占我们国土，残杀妇女儿童。我们保卫过京沪，大战过开封，南浔线，显精忠，张古山，血染红。我们是人民的武力，抗日的先锋。人民的武力，抗日的先锋！我们在战斗中成长，我们在炮火里相从。我们死守过罗店，保卫过首都，驰援过徐州，大战过兰封！南浔线，显精忠，张古山，血染红。我们是国家的武力，我们是民族的先锋！起来！弟兄们，是时候了。踏着先烈的血迹，瞄准敌人的心胸，我们愈战愈勇，愈杀愈勇。抗战必定胜利！杀！建国必定成功！杀！”

历时八年，像平型关大捷、万家岭会战这样的战役数不胜数，这一场场大大小小的战役是中国人民抗击日军、驱逐侵略者的英勇奋斗，在这场保家卫国的殊死抗争中，死于抗日战场的黄埔生数以万计，比如，黄埔十四期生赵正伦毕业后分配到后方训练新兵，可是在国家生死存亡的紧急关头，他一心想奔赴前线，并最终经过严格考核，被国民政府军事委员会外事训练班录取，调往重庆受训。他在日记中写道：“我愿意到祖国光荣的前线去。”“为国家无畏，为民族无畏，为杀敌无畏，以大无畏的精神向前迈进！”1941 年 6 月 5 日，日军发动了震惊中外的重庆大轰炸，赵正伦不幸遇难，年仅 23 岁。正如他自己说的“留丹心以照汗青，用热血以染河山”。

左权肖像

左权（1905—1942），湖南醴陵人。中国工农红军和八路军高级指挥员，著名军事家。黄埔一期生。1942 年 5 月 25 日，为掩护中共中央北方局和八路军总部等机关突围转移，在十字岭战斗中壮烈殉国。左权是八路军在抗日战场上牺牲的最高指挥员，周恩来称他“足以为党之模范”，朱德赞誉他是“中国军事界不可多得的人才”。

在数不尽的捐躯赴国难的黄埔生中，比较著名的高级将领有左权（黄埔一期生，共产党八路军副参谋长）、郑作民（黄埔一期生，国民党第 2 军中将副军长）、蒋志荣（黄埔一期生，国民党浙江台州守备司令部少将司令）、张雅韵（黄埔一期生，国民党新编 15 师 44 团少将团长）、姚中英（黄埔二期生，国民党第 83 军 156 师少将参谋长）、张本禹（黄埔三期生，国民党第 13 军第 4 师 12 旅少将副旅长，张治中胞弟）、王竣（黄埔三期生，国民党新编第 27 师少将师长）、杨杰（黄埔四期生，国民党第 1 军第 1 师第 1 旅少将副旅长）、谢晋元（黄埔四期生，国民党第 88 师第 524 团少将团长）、燕鼎九（黄埔四期生，国民党游击 22 纵队少将副司令）、赵尚志（黄埔五期生，共产党抗日联军二路军副总指挥）、王剑岳（黄埔五期生，国民党第 57 军第 8 师少将副师长）、陈文杞（黄埔五期生，国民党第 80 军新编 27 师少将参谋长）、赵一曼（黄埔六期生，共产党东北人民革命军第 3 军第 1 师第 2 团政委）、陈忠柱（黄埔六期生，国民党鲁苏皖边区少将游击司令）等。当然，在抗战中也有一些黄埔生因作战不利被处以死刑，如酆悌（黄埔一期生，国民党少将）、龙慕韩（黄埔一期生，国民党少将）、薛蔚英（黄埔一期生，国民党少将）、廖龄奇（黄埔四期生，国民党少将）等。

内战硝烟再起

黄埔师生分属不同阵营后，战场上常有交手机会，一开始，中共方面处于弱势的局面较多。而在解放战争时，国共强弱势力颠倒过来。1946 年，胡宗南对晋南大规模进攻，其对手就是老同学、太岳纵队司令员陈赓。胡宗南用 11 个师与陈赓 4 个旅交战，却一再吃败仗。陈赓每捉住国民党军高级将领，就说："我是陈赓，和你们胡长官黄埔同期!"陈赓虽不私放俘虏，但不忘当年在黄埔相处半年多的同窗之谊，黄维说的那个"一顿好饭，一件棉袄"的"同窗待遇"还是认认真真地落实着。

日本帝国主义投降后不久，蒋介石悍然挑起内战，携手抗日的国共两党黄埔师生再次对立起来。红色黄埔系和蒋记黄埔系各自为了自己的主义信仰，在刚刚平息的抗日战场上开始兵戎相见，昔日的黄埔师生、同僚、同窗又一次反目成仇。蒋介石认为以蒋记黄埔系为骨干的国民党军队占有绝对优势，但让他出乎意料的是，国军与共军的内战只打了三年余就以失败告终。许多蒋记黄埔系的国民党名将最后都变成了败军之将，而红色黄埔系的共产党将领却一直掌握着战争主动权。

对中国共产党来说，黄埔军校是其建军实践的开端，为人民军队的建设准备了干部，积累了初步经验。通过参加创办黄埔军校，中国共产党人懂得了军事的重要性，懂得了直接准备战争和组织军队的重要性。军校师生中的共产党员为当时中共掌握部分国民革命军，以及后来创建人民军队——工农红军、八路军与新四军、人民解放军培养了大批中坚骨干力量。他们为人民武装的创建、发展和壮大，立下了汗马功劳，建立了不朽功勋。众多的黄埔师生在中国共产党的领导下，走上了革命的道路。土地革命战争时期，先后跟着中国共产党继续革命的黄埔师生约有 3 千余人，他们几乎参加了所有重大的武装起义，为革命战争的发展，为红军和苏区的建设，为白区斗争的开展，做出了杰出的贡献。

1948 年 9 月，辽沈战役开始。敌对双方的战地主帅分别是黄埔教官、国民党东北"剿匪"总司令卫立煌，副总司令杜聿明、郑洞国、范汉杰皆为黄埔一期生；共产党主帅是黄埔四期生林彪。双方都是黄埔师生，主帅又都是抗日名将，林彪和杜聿明在平型关大捷和昆仑关之战中早已威名远播，而在昆仑关击毙日本旅团长中村正雄的，正是荣誉第1师师长郑洞国的部下所为。卫立煌更是实战经验丰富的老将，太平洋战争爆发后，国民政府组建中国远征军，卫立煌出任总司令。在攻击战略要地腾冲的反攻战中，他的灵机应变和巧妙部署，为战争的胜利奠定了基础。此一役为他赢得了国际上的赞誉，美国《时代》周刊在封面上刊登了卫立煌的照片，还为其做了专题报道，题为《常胜将军卫立煌》。然而时隔5年，在东北战场上，林彪却让这个“常胜将军”输了个底朝天：47万国民党精锐部队，在短短的52天中全部化为齑粉；副总司令范汉杰被擒；郑洞国也无奈地举起了双手；昔日从昆仑关到山海关，在黑土地上打响内战第一枪的杜聿明，如今却从秦皇岛到葫芦岛，在黑土地上指挥撤退最后一名国军士兵。世事无常，在仓惶逃离沈阳的路上，卫立煌想起了11年前的旧事，那时他去洛阳开会，路过延安，便去二十里铺看望在平型关战役中受伤的林彪。本想给林彪送点礼，但由于没有事先准备，只好临时凑了六百元钱，当时感觉很遗憾，拿不出手。谁知这份遗憾在11年后倒是一股脑地都给补上了，他把从美国讨来的大批军事装备全都留给了林彪。蒋介石气得捶胸怒吼：“林彪是四期的，而你们是一期的，全是一期的……教官不如学生，一期打不过四期！”

在解放战争后期，一些黄埔军校出身的国民党高级将领率部起义投诚，比较著名的有陈明仁（黄埔一期生，原国民党中将，解放军上将）、郑洞国（黄埔一期生，原国民党中将）、甘清池（黄埔一期生，原国民党少将）、徐经济（黄埔一期生，原国民党少将）、邓士富（黄埔二期生，原国民党少将）、赵鸿厚（黄埔三期生，原国民党少将）、阎家屿（黄埔四期生，原国民党少将）等。

1949年1月31日，人民解放军胜利开进北平城。北平的和平解放，无疑是傅作义做出的一个非常正确的抉择，这其中，国民党第17集团司令、黄埔一期生侯镜如的巨大贡献不得不提。正是在他的授意下，他的部下、第92军军长、黄埔七期生黄翔才通过北平地下党同中共高层达成了起义的协议，这对和平协定的最后签定起了十分重要的作用。当时，陈赓通过地下党刘仁，给侯镜如送去了一封安子文的亲笔信，上面写着“周（恩来）、贺（龙）二公问你好，希望你对中国人民解放事业能够做出贡献“。在傅作义接受第一次谈判的时候，92军和解放军的谈判已经完成，对如何联络，如何起义，都做了详细的部署，为以防万一，92军接受的指示是：如果傅作义不起义，92军单独起义，把永定门让开，让大军进城，保护文物，保护古都。在商谈起义的整个过程中，92军各级指挥官中的黄埔生都深明大义，紧随黄翔。起义后92军整建制编入解放军第20兵团。

1949年8月4日，国民党第一兵团司令陈明仁和国民党长沙绥靖公署主任程潜，在长沙通电中共中央，宣布为了保证湖南3千万父老乡亲的生命财产不受损失，决定率第一兵团及保安部队、地方武装共12万人起义，湖南全省由此和平解放。陈明仁，黄埔一期生，国民党中将，曾经参加过两次东征，作战勇猛，深得蒋介石赏识。在东北，他修筑的“陈明仁防线”令国军群起效仿；困守四平孤城，他毫不惊慌，静观战局，撒豆成兵，坚守最后一分钟，是一员不可多得的悍将。然而，打了几十年的仗，此刻陈明仁终于清醒了：他所走过的路，其实与孙总理当年创办黄埔军校的初衷越来越背道而驰了。经过艰难的挣扎，最终他同老同盟会员、军界前辈程潜一起弃暗投明，成了解放军的上将司令。湖南的解放为人民解放军南下广东和挺进大西南打开了通道。毛泽东赞扬他们“义声昭著，

毛泽东（左四）同程潜（左五）、陈明仁（左二）等人合影

人民欢迎”。面对共产党的不计前嫌，依然重用自己，陈明仁感激不尽。1949年9月9日，程潜、陈明仁作为全国政协会议特邀代表，来到北平。参加第一届政协会议的662名代表中有20多位黄埔校友，他们同全体代表一起，制定了中国人民政治协商会议共同纲领，选举了中央人民政府领导人。会议期间，毛泽东对程潜和陈明仁这两位湖南老乡热情有加，亲自陪同他们游览北平城。

毛泽东和陈明仁在祈年殿前合影，陈明仁很是感慨，说要把照片洗十打。毛泽东谈笑风生，幽默地说：“少了，洗五十打吧。可以分送给海外那些人看一看。”因为当时海外有很多人讲，陈明仁起义之后，共产党怎么虐待他。毛泽东又对陈明仁说：“以后解放军有饭吃，你有饭吃；解放军有衣穿，你有衣穿。”1949年11月1日，起义部队改编为中国人民解放军第21兵团，陈明仁任兵团司令，1955年被授予上将军衔。从国民党中将司令到共产党上将司令，对此，毛泽东说：“当初，陈明仁是坐在他们的船上。各划各的船，都想划赢，这是理所当然，我们会原谅。只要他站过来就行了，我们还会重用他。”

还有一些国民党将领被解放军俘虏，后来经过改造后分批予以特赦，其中出身黄埔的名将有杜聿明（黄埔一期生，原国民党中将）、宋希濂（黄埔一期生，原国民党中将）、李仙洲（黄埔一期生，原国民党中将）、曾扩情（黄埔一期生，原国民党中将）、黄维（黄埔一期生，原国民党中将）、刘嘉树（黄埔一期生，原国民党中将）、胡靖安（黄埔二期生，原国民党中将）、康泽（黄埔三期生，原国民党中将）、文强（黄埔四期生，原国民党中将）等。

“亲爱精诚”精神永在

自蒋介石逃离大陆避隅台湾，海峡两岸开始进入长期分裂时期。可是再宽的海峡、再深的鸿沟都阻不断人们的思乡之情。国民革命军第100军军长、73军军长、74军的头面人物、黄埔三期生李天霞，败逃台湾后，被台湾军事法庭判处12年监禁，后来在何应钦、顾祝同、钱大钧和蒋鼎文四位元老级将领的多次联名上书下，改去金门服军役，虽然金门防卫司令官、黄埔四期生胡琏，与他是老相识，将他奉为上宾，同吃同住，但是李天霞失去了一个高级将领所拥有的所有实权，昔日的威风荡然无存，内心颇感苦闷。后来他索性脱离军界回到台北，闭门熟读历史，研究哲学。李天霞经常到住处附近的台北圆通寺散步，经常站在高处面对北方遥望大陆，后来李天霞对他的子女说，自己死后要面对着祖国大陆安葬。1967 年李天霞去世后，子女遵照他的遗愿，将其骨灰面对大陆方向安葬于台北圆通寺中。

像李天霞这样，心系大陆、遥望故乡的黄埔人还有很多。时光荏苒，1981 年 9 月，全国人大委员长叶剑英公布了九条《关于台湾回归祖国实现和平统一的方针政策》，是为“一国两制”的初步构想。在中共中央 1983 年的春节座谈会上，一些黄埔同学建议成立黄埔军校同学会，以便在有生之年为祖国统一出力。3 月 8 日，中央对台工作领导小组向邓小平做了书面汇报，3 月 11 日邓小平批示：“请中央书记处议定。”中央书记处随即委派徐向前、聂荣臻、许德珩、程子华等同志负责筹建黄埔军校同学会。1984 年 6 月 16 日，黄埔军校同学会正式在北京宣告成立。

解放战争时期的叶剑英

1984 年 6 月 16 日，是黄埔军校成立六十周年校庆的日子，全国政协和中央统战部在北京和广州举办了一系列纪念活动。一百多名黄埔师生从世界各地赶来参加，这是自 1949 年以来，黄埔师生在中国大陆聚集人数最多的一次，不少人分别几十年，相逢如梦寐。黄埔九期生蔡文治此时已年近八十，1949 年前他曾当过蒋介石的作战参谋，国防部作战厅长，可谓是蒋介石身边红极一时的人物。在蒋介石节节败退，寄居台湾之时，他对国民党彻底绝望，便离开蒋介石，定居美国。到了80年代，他往返于大陆与美国之间，为两岸的和平统一积极奔走。1984年年初，在他的倡议下，发起成立了“黄埔军校同学及其家属促进中国统一筹备会”，得到了世界各地学子的热烈响应。在首都机场，黄埔一期生侯镜如热情地迎接了蔡文治，同是黄埔生的两人一见面就打开了话匣子，当年黄埔军校的回忆实在是太多了。在黄埔，已经九十高龄的黄埔一期生李仙洲不顾年老体弱，硬是步行上山，他一边登山一边回忆说：“当年我在黄埔读书时，经常和同学们登这座山，每次都是第一名。现在我要拿出当年的劲头，亲自登上山，向孙总理纪念碑致敬！”

大会选举了徐向前为第一届黄埔军校同学会会长，郑洞国、侯镜如、宋希濂、李默庵为副会长。为了联络世界各地的黄埔学友加入祖国统一的洪流，黄埔老人们奔走海外，1984年2月28日，黄埔一期生侯镜如、宋希濂、李默庵，四期生蔡文治，在美国《华侨日报》上发表《旅美黄埔同学及其家属促进中国统一筹备会宣言》，得到了海外黄埔同学的积极响应。1985年6月11日至16日，黄埔军校同学会在中南海怀仁堂举行第一次会员代表大会，并确立了同学会的宗旨：发扬黄埔精神，联络同学感情，促进祖国统一，致力振兴中华。

黄埔同学会成立之后，根据工作需要，在各省、自治区、直辖市也先后成立了黄埔同学会，共发展会员4万余人。以中华传统武德为基础，以新三民主义的革命精神为主体，以大同理想为核心，为主义而英勇奋斗的黄埔精神，至今仍有重要的现实意义。这是一种“忍苦耐劳、努力奋发”的学习精神，“一心一意为国家奋斗”的革命精神，为民众利益“不要身家性命”的牺牲精神，主动活泼的富于进攻的战斗精神。它不仅具有丰富的武德内涵和独特的武德规范，而且充满着道德悟性和人生智慧，它是一座兼具人格魅力和思想魅力的精神宝库。对于今天来说，弘扬黄埔精神，汲取国共合作与分裂的经验教训，对于促进祖国的统一，无疑是有重要意义的。抗战时期的延安黄埔同学分会以“团结抗日救国”为职责，而新时期的黄埔同学会以“致力振兴中华，促进祖国统一”为己任，延续至今的黄埔精神一直在为祖国的和平统一大业做贡献。

每年春节一过，在台湾地区一些有相当影响的黄埔师生，就会以“黄埔同学会”的名义举行一次聚会。1987年的台湾“黄埔同学会”是国民党迁台以后规模最大的一次，有一千六百多人参加，差不多囊括了台湾军界的精华，仅四星上将，就有何应钦、薛岳、袁守谦、王叔铭、彭孟缉、刘安祺、高魁元和郝柏村八人。大家相互团拜，自由组合聊天，对“台独”言论，大都表现出强烈的反感情绪。1987年年底，台湾当局部分开放台胞赴大陆探亲，许多在台湾的黄埔同学得以能返回故乡。1990年5月10日，徐向前元帅会见了他的黄埔一期同学邓文仪。5月10日，邓文仪又受到聂荣臻元帅的接见。5月16日，邓小平在人民大会堂接见了邓文仪（两人是莫斯科中山大学同窗），就“一国两制”和平统一祖国的问题交换了意见。1991年4月，台湾“中华黄埔四海同心会”组成恭谒黄帝陵、中山陵访问团，荣誉会长邓文仪、会长刘璠（黄埔一期生）、执行长张琦（黄埔十期生）率团一行30余人重返大陆。访问团先后到黄埔军校旧址、西安、北京、南京等地访问，邓文仪接受记者采访时说：“我是为促进祖国统一打冲锋来了。”

张灵甫与王玉龄结婚照

黄埔四期生张灵甫战败被杀后，他的夫人王玉龄女士只身赴美，虽然留在美国工作，但始终怀念祖国。从1967年周恩来总理邀请她回国参观后，此后每年她都会回国一次，她是美国华美协会的两届会长，为中美两国民间交往和海峡两岸的和平统一，做了很多贡献。在台湾大选中，她和家人亲友坚持：谁致力于两岸统一，就选谁，坚决反对“台独”。她还担任香港黄埔军校同学会的副会长，她表示愿与张灵甫的同学好友一道为祖国的统一大业尽绵薄之力。并咏诗言志：“宝岛亟需归统一，弟兄何必动戈矛。同心彩笔鸿图绘，国际争强百代豪！”

2001年6月16日，“黄埔军校同学会”与台湾“中华黄埔四海同心会”联合举行纪念会，海峡两岸黄埔同学60多人欢聚一堂，共同庆祝母校七十七周年校庆。黄埔四期生、副会长李运昌在致词中指出：“在台湾新当局中，有人数典忘祖，巧言令色，挟洋自重，甚至不承认自己是中国人，回避和模糊一个中国的原则，使两岸关系陷入僵局。这是铤而走险。海内外黄埔同学，要坚决反对‘台独’，促进祖国统一。这是历史赋予黄埔同学的使命。”黄埔同学在黄埔岛上追忆往昔，憧憬未来，自发地唱起那首慷慨激昂的校歌：“怒潮澎湃，党旗飞舞，这是革命的黄埔！主义须贯彻，纪律莫放松，预备做奋斗的先锋！打条血路，引导被压迫民众。携着手，向前行；路不远，莫要惊！亲爱精诚，继续永守，发扬本校精神，发扬本校精神！”

海峡两岸统一是历史的潮流，第三次国共合作是人心所向，我们衷心盼望两岸共同发扬当年国共两党合作创办黄埔军校的合作精神，以民族大义为重实现祖国和平统一。“度尽劫波兄弟在，相逢一笑泯恩仇。”现如今，意识形态的分歧已经不再是不可逾越的鸿沟，两岸黄埔同学再忆往日情分，不顾年迈体弱，四处奔波，正在以“亲爱精诚”的黄埔精神共同增进内地和台湾地区的团结与合作，如果黄埔教父孙中山先生在天有灵，当会感到无比欣慰的。

孙中山年表

1866 年　1 岁

11 月 12 日，出生于广东省香山县翠亨村，取名文，字德明，号日新、逸仙。

1879 年　14 岁

随母去夏威夷，就读于“意奥兰尼书院”。修读英语、英国历史、数学、化学、物理、圣经等科目。

1880 年　15 岁

毕业于“意奥兰尼书院”，获夏威夷王亲颁英文文法优胜奖。

入美国教会学校“奥阿胡学院”就读。

1883 年　18 岁

回国。

冬，在公理会受洗加入基督教。

就读于拔萃书屋。

1884 年　19 岁

就读于皇家书院。

与卢慕贞结婚。

1892 年　27 岁

7 月，毕业于皇家学院。

1894年　29岁

11月24日，赴檀香山茂宜岛筹划建立革命组织“兴中会”，提出“驱除鞑虏，恢复中国，创立合众政府”的口号。

1895年　30岁

2月12日，在中环士丹顿街13号正式成立“香港兴中会总会”。

2月20日，在香港大学公开演讲。

2月21日，在香港正式成立兴中会，任秘书。

3月16日，策划香港起义，起义军大旗为陆皓东所设计的青天白日旗。起义失败，遭到清政府缉捕。

11月，避往日本。

1896年　31岁

与妻儿抵达夏威夷。

秋，转往英国，被清廷特务缉捕入中国使馆。

1897年　32岁

经加拿大，到日本，结识宫崎寅藏、平山周，以及其他日本政界、帮会中人，并一度接触梁启超等保皇派人。

1900年　35岁

9月，到台湾，得到当地日本官员支持，命郑士良等人于惠州三洲田发动起义。后，日本官员改变态度，起义失败。

1903年　38岁

夏，在日本青山开办革命军事学校，并再度将“驱除鞑虏，恢复中华，创立民国，平均地权”作为革命誓词。

9月，赴檀香山，希望在华侨中发展革命力量。

1904 年　39 岁

年初，在檀香山加入洪门，成为致公堂洪棍。

被美国移民局扣押，得到致公堂保释，代聘律师，才未被遣送回国。

年底，转往欧洲，在伦敦、巴黎、布鲁塞尔等地的留学生中进行革命宣传和筹款。

1905 年　40 岁

8 月，“中国同盟会”在日本东京成立，任同盟会总理，确定革命纲领“驱除鞑虏，恢复中华，建立民国，平均地权”。

创办机关刊物《民报》，在发刊词上首次提出“三民主义”。

1906 年　41 岁

3 月，离开日本赴南洋，在南洋另成立同盟会总部。

1907 年　42 岁

5 月，命余丑等人发动潮州黄冈起义，6 日后失败。

7 月 6 日，徐锡麟在安庆起义，失败殉难。

9 月，命邓子瑜于惠州七女湖起义，十几天后失败。

12 月，亲自指挥黄明堂发动镇南关起义。

1908 年　43 岁

3 月 27 日，黄兴由安南率领革命军进攻钦州。

4 月，黄明堂在云南河口起义。

1910 年　45 岁

2 月，倪映典在广州发动新军起义。

1911 年　46 岁

4 月，赵声、黄兴等人在广州领导起义。后收殓到 72 具烈士遗骸，合葬于黄花岗。

10 月 10 日，武昌起义成功，清政府被推翻。

12 月 28 日，被推选为中华民国“临时大总统”，于四日后宣誓就任。

1912 年　47 岁

2 月 12 日，清帝溥仪发表《退位诏书》，清政府的统治结束。

2 月 13 日，向参议院请求辞职，并推荐袁世凯代任临时大总统。

4 月 1 日，宣布解除临时大总统一职。

8 月，同盟会与统一共和党、国民共进会、国民工党合并，成立国民党。

25 日，谢绝出任国民党理事长，由宋教仁代理。

1913 年　48 岁

3 月，宋教仁被杀。发动“二次革命”讨伐袁世凯，失败后避难日本。

1914 年　49 岁

在日本建立“中华革命党”。

1915 年　50 岁

发表《讨袁声明》，发动“护国运动”。

与卢慕贞离婚。

10 月 25 日，与宋庆龄在日本结婚。

1916 年　51 岁

袁世凯的“洪宪帝制”失败。

1917 年 52 岁

7 月 25 日，国会议员在广州召开国会非常会议，议定《国会非常会议组织大纲》和《中华民国军政府组织大纲》。

9 月 1 日，被国会非常会议选举为中华民国军政府大元帅，执行护法讨逆任务。

10 月 7 日，下令北伐。

1918 年 53 岁

5 月 4 日，因受制于桂系军阀，护法无望，故辞去大元帅职。

1920 年 55 岁

10 月，中华革命党改为“中国国民党”，被推举为党的总理。

1921 年 56 岁

被选为大总统，开始第二次护法运动。

1922 年 57 岁

6 月，总统府被陈炯明炮轰，离粤退居上海。

1923 年 58 岁

1 月，讨论与共产党合作事宜，发表《孙文越飞联合宣言》。

1 月 16 日，陈炯明部被逐出广州。

2 月 21 日，重回广州，设立大元帅府。

12 月 29 日，在苏联帮助下重建大元帅府，以苏共模式重组国民党。

1924 年 59 岁

1 月，宣布实行“联俄、联共、辅助工农”三大政策。接受中国共产党和苏俄共产党帮助，改组国民党。

1 月 24 日，决定成立军校筹备委员会，任命蒋介石为筹备委员会委员长。

9 月 3 日，江浙战争爆发，在广州组织北伐。

10 月 10 日，广州商团事变发生，率师击溃商团武装。

10 月 23 日，冯玉祥发动北京政变，推翻曹锟，邀请孙中山北上。

12 月 31 日，抵达北京。

1925 年　60 岁

3 月 12 日，于北京病逝。

3 月 30 日，黄埔师生在广东兴宁县哀悼孙中山的逝世。周恩来宣读祭文，毛泽东致悼词。

1929 年

6 月 1 日，安葬于南京中山陵。

1938 年

3 月 12 日，纪念孙中山逝世 13 周年，毛泽东提出纪念活动的注意事项，称孙中山为“伟大的革命家、杰出者”。

1956 年

新中国隆重纪念孙中山诞辰 90 周年，毛泽东、刘少奇、周恩来与党和国家领导人参加纪念大会。

1981 年

10 月 9 日，邓小平为广州中山图书馆题馆名，为北京中山公园孙中山铜像题字：伟大的革命先行者孙中山先生永垂不朽！

1985 年

邓小平拜谒南京中山陵。

黄埔大事记

1921年

12月23日，孙中山在桂林接见共产国际代表马林。马林在桂林期间向孙中山提出了“创办军官学校，建立革命军的基础”的建议。

1923年

1月，孙中山与苏俄全权代表越飞签订《孙文越飞联合宣言》，联俄政策正式确立。

8月15日，以蒋介石为首的“孙逸仙博士代表团”赴苏联考察。访苏期间，蒋介石提出希望苏联能派人协助组建、训练军队。

1924年

1月16日，国民党一大召开。

1月24日，孙中山决定成立军校筹备委员会，并任命蒋介石为筹备委员会委员长。

2月6日，军校筹备处在广州南堤二号正式开始办公，分设教授、教练、管理、军需、军医五部，推定王柏龄、李济深（由邓演达代）、林振雄、俞飞鹏、宋荣昌为临时主任，分部办事。

5月5日，黄埔军校正式成立，定名为“中国国民党陆军军官学校”，蒋介石任校长。

6月16日，举行开学典礼。

10月，平定广东商团叛乱。

11月，成立黄埔军校教导团第1团，日本士官生何应钦任团长。

12月，成立黄埔军校教导团第2团，保定生王伯龄任团长。

1925年

1月30日，黄埔师生誓师东征。

2月，中国国民党陆军军官学校改名为“中国国民党党立陆军军官学校”，出师东征。

攻占淡水城。

国民党中执会决定成立党军第1旅，旅长为何应钦。

3月12日，孙中山病逝。

3月13日，取得棉湖大捷。

4月，组建军校教导团第3团，保定五期留日生钱大钧为团长。

6月，平定刘震寰、杨希闵叛乱，增加了黄埔教导团第4、第5团，由保定七期生刘尧宸、蒋鼎文分任团长。

8月20日，军校党代表廖仲恺遭国民党右派杀害。

8月24日，国民革命军第1旅扩为第1师，何应钦任师长，原党军第4、第5团为国民革命军第2师，两师合为第1军，各级干部全部为黄埔师生，蒋介石任军长。

9月28日，黄埔师生第二次东征。

1926年

1月，国民党第二次全国代表大会召开。

3月1日，中国国民党党立陆军军官学校易名为“中央军事政治学校”。

3月20日，蒋介石制造“中山舰事件”，逮捕舰长李芝龙和军校以及第2师中的共产党人40多位。

7月9日，出师北伐。

1927 年

4 月 6 日，蒋介石密令各省开始“清党”，屠杀共产党人。

4 月 12 日，蒋介石发动“四・一二”政变，保定生刘峙任师长的第 2 师为上海大屠杀的主要凶手。

4 月 18 日，蒋介石在南京建立国民政府，与武汉政府对立。

4 月下旬，军校政治教官肖楚女、入伍生部政治部主任谭其镜、一期生杨其纲被国民党反动派杀害。

5 月 1 日，蒋介石决定继续北伐，任东路军总指挥。

5 月，一期生蒋先云在与奉军张学良部作战时牺牲。

5 月中旬，军校政治部主任熊雄被国民党反动派秘密杀害。

8 月 13 日，蒋介石通电“下野”。

8 月 31 日，北伐军取得龙潭大捷。

9 月 16 日，宁汉合流。

9 月 25 日，二期生卢德铭被国民党杀害。毛泽东痛惜不已：“还我卢德铭！给我 3 个师也不换！”2009 年 9 月 14 日，卢德铭被评为 100 位为新中国成立作出突出贡献的英雄模范之一。

9 月 26 日，南京军事委员会改组。

11 月，蒋介石组建中央陆军军官学校，任校长。

12 月 13 日，六期生游曦在广州起义中壮烈牺牲，年仅 20 岁。

1928 年

2 月，中国国民党四届二中全会召开，蒋介石重新掌握了南京国民政府的军政大权，决定继续北伐，并将国民革命军分编为 4 个集团军，蒋介石、冯玉祥、阎锡山、李宗仁分任总司令。

2 月 8 日，一期生李之龙被国民党杀害于广州黄花岗。临刑前，李之龙给妻子留下遗书：“我革命的义务现在结束了，不要悲伤。希望你把孩子抚养成人，继承我未完成的革命事业。”

3 月 27 日，蒋桂战争爆发，以桂系的失败而告终。参加此次战役的桂系将领有保定陆军三期生何健、夏威，四期生胡宗铎、陶钧等人。

5 月，中央军事政治学校改名为“国民革命军军官学校”。

8 月 25 日，一期生王尔琢被叛徒杀害。毛泽东评价他：“王尔琢的牺牲，换回了两个连，稳定了红军，挽救了革命。”并亲书挽联：“一哭尔琢，二哭尔琢，尔琢今已矣，留却重任谁承受；生为阶级，死为阶级，阶级后如何？待到胜利方始休！”

2009 年 9 月 14 日，他被评为 100 位为新中国成立作出突出贡献的英雄模范之一。

1929 年

5 月，蒋冯战争爆发，以冯军失败，退回陕西告终。

9 月 27 日，蒋张桂战争爆发，以张桂军失败，退回广西告终。

10 月，冯部将领宋哲元发表反蒋通电，蒋、冯战争再次爆发。

12 月，蒋、唐、石战争爆发，以蒋、唐的失败而告终。

1930 年

4 月 11 日，蒋、阎、冯、桂大战爆发，以蒋介石的胜利告终。

10 月，蒋介石发动对红军的第一次“围剿”。

1931 年

1 月，第一次“围剿”失败。日本士官生张辉瓒所部全军覆没。

4 月，蒋介石以军政部长何应钦兼任陆海空军总司令南昌行营主任，对江西中央革命根据地进行第二次“围剿”，历时 15 天，以失败告终。

4 月 29 日，主任政治总教官恽代英被国民党反动派杀害。“浪迹江湖忆旧游，故人生死各千秋。已摈忧患寻常事，留得豪情作楚囚。”这是他就义前留下的感人肺腑的诗篇。

5 月，二期生周逸群被国民党军队伏击，壮烈牺牲。

5 月，黄埔三期生朱云卿被国民党特务暗杀。

6 月 21 日，蒋介石亲到南昌组织第三次“围剿”。保定陆军三期生毛炳文以及蒋介石“五虎上将”之一蒋鼎文所率部队均遭红军重创。

9 月 15 日，第三次“围剿”失败。

11 月，军校教育长邓演达被蒋介石秘密杀害于南京麒麟门外沙子岗。遗著有《邓演达文集》等。

1932 年

6 月，蒋介石对江西中央革命根据地发动第四次“围剿”。蒋介石调动了以黄埔一期生李默庵、胡宗南、李玉堂、俞济时、蒋伏生等和黄埔教官蒋鼎文、汤恩伯、陈继承等 10 个师的黄埔嫡系，与红军中的黄埔一期生徐向前、陈赓，四期生倪志亮等部展开了血战。

10 月，国民党川军刘湘等部在川北、川西、川南地区对刘文辉部作战，取胜。

1933 年

2 月，保定八期生陈诚率黄埔战将萧乾、霍揆彰、黄维、夏楚中、李及兰、彭善、陈烈、胡启儒、方天、宋瑞珂、方靖等，与共产党方面周恩来指挥的红军对战，红军参战的有黄埔一期生左权，三期生陈奇涵，四期生林彪，六期生王良、罗瑞卿以及黄埔军校政治教官聂荣臻等人。

3 月 10 日，古北口战役。国民革命军第 17 军军长徐庭瑶率黄埔一期生第 2 师师长黄杰、25 师师长关麟征、83 师师长刘戡，打退了进犯古北口的日军。在此次战役中关征麟负伤，黄埔三期生、第 149 团团长王润波牺牲。

3 月 21 日，第四次“围剿”失败。

9 月，蒋介石发动第五次“围剿”，红军被迫长征。

1934 年

1 月，六期生胡筠被王明左倾路线执行者秘密杀害。胡筠在“狱中自述”中写道：“牺牲换人间幸福，奋斗乃吾辈生涯。”

10月中旬，黄埔四期生林彪指挥红1军团，突破粤军的第一、二道防线。

11月19日，蒋介石命何健为“追剿军总司令”，在湘江阻截红军，红军突围，伤亡惨重。

11月24日，谭家桥战役爆发。黄埔军校一期生俞济时与赵观涛部围攻方志敏带领的红军，红军伤亡惨重。

二期生余洒度被国民党杀害。

1935年

5月，一期生刘畴西在南昌百花洲被国民党反动派杀害。

1936年

8月2日，六期生赵一曼被日军杀害。

11月16日，黄埔一期生胡宗南率部在甘肃阻截红军，被红军给予沉重打击，史称“山城堡战役”。

1937年

7月7日，“七七事变”发生，日军全面侵华。

8月13日，“八·一三”淞沪会战，国民革命军失败。黄埔四期生谢晋元率500人死守四行仓库，震惊中外。

8月，一期生黄梅兴血染沙场。他是淞沪抗战中第一个为国捐躯的黄埔生。

8月23日，罗店争夺战，黄埔三期生汪化霖临危请命，壮烈牺牲。

8月30日，三期生张本禹率部在南口与日军激战，壮烈牺牲。

9月，六期生姚子青率领六百壮士，坚守阵地，最终全部壮烈殉国。四期生路景荣亲临一线指挥，身中数弹壮烈牺牲。

9月13日，太原会战爆发，其中包括黄埔一期生傅作义指挥、参与的平型关大捷、忻口会战、太原保卫战等战役，国民革命军获得胜利。

9 月 25 日，林彪率部歼灭板垣师团一个大队及后勤人员 1800 余人，史称平型关大捷。

10 月，忻口会战，卫立煌指挥黄埔一期生李默庵军、彭杰如师、刘戡师、陈铁师和李仙洲师以及刘茂恩、王靖国、郝梦龄、陈长捷等部，在林彪 129 师的配合下，在忻口地区鏖战二十余日，反复争夺，阵地多次失而复得。

11 月，南京保卫战，黄埔二期生、第 87 师旅长易安华，第 156 师参谋长姚中英，黄埔三期生、第 88 师旅长朱赤、高致嵩、团长韩宪元、教导总队团长李昌龄、黄埔四期生谢承瑞，均以身殉国。

11 月 20 日，南京国民政府迁都重庆。

12 月 12 日，二期生姚中英在南京保卫战中壮烈殉国。

12 月，南京保卫战失败，日军进行了残酷的“南京大屠杀”。

1938 年

1 月，李宗仁指挥中国第五战区部队发动徐州会战，抵御日军，为部署武汉保卫战赢得了时间。先后参加作战的黄埔生有关麟征军的郑洞国师、张耀明师，王仲廉军的陈大庆师、张雪中师和张轸师，李延年军的李玉堂师和李延年师，樊崧甫军的董钊师、周士冕师、黄国梁师，李仙洲军的吴良琛师、李仙洲师，周磊军的张珙师、甘丽初师及韩德勤军的贾韫山师、李守维师，还有罗奇、王文彦师，以及在豫东战役的黄杰第 8 军、46 师，桂永清军第 40 师、预 8 师，俞济时军的王耀武师、冯圣法师，宋希濂军的沈发藻师、龙慕韩师、陈瑞河师、钟松师。

5 月 21 日，薛岳指挥兰封会战，阻截日军土肥原贤二部。

6 月，国民革命军发动武汉会战抵御日军，该战役共进行了四个半月，是整个抗日战争中时间最长、规模最庞大和最出名的战役。

11 月，一期生酆悌因长沙大火案被军事法庭枪决。遗著有《本校从黄埔到南京的演变》、《军队政治训练要释》等。

1939 年

3 月，南昌会战。第九战区总司令罗卓英指挥俞济时军的黄埔三期生王耀武、黄埔一期生冯圣法、中央军校高等教育班四期生施中诚所率部队抵抗日军。

5 月，随枣会战。李宗仁指挥军队抗击冈村宁次部，获得成功。

9 月 14 日，第一次长沙会战。以黄埔系骨干将领陈诚指挥的第九战区部队对日军进行防御，获胜。

11 月 15 日，白崇禧指挥桂南会战，一期生杜聿明等人参战。

1940 年

2 月 3 日，一期生郑作民在对日突围作战中壮烈殉国。蒋介石题词："马革裹尸还万里，虎贲英烈壮千秋。"毛泽东、朱德、周恩来分别题写挽词："尽忠报国"、"取义成仁"、"为国捐躯"。

5 月 1 日，枣宜会战。黄埔系骨干将领、保定三期生张自忠殉国于南瓜店，宜昌失陷。

1941 年

1 月，豫南会战爆发。日军一度攻占安徽界首和太和，但经第五战区官兵抵抗下，伤亡 9 千人，最终撤退。

3 月 15 日，陈诚、罗卓英指挥上高会战。日军被国民革命军包围而仓皇撤退，伤亡高达 1.5 万人。

3 月 24 日，一期生张雅韵在上高水口圩与日军作战，壮烈殉国。

4 月，四期生谢晋元被叛徒杀害。

5 月，第一战区司令长官卫立煌指挥晋南会战。国民革命军伤亡 4.2 万余人，被俘 3.5 万余人，日军伤亡仅为国民革命军的 1/12，成为"抗战史上最大的耻辱"。

5 月 9 日，三期生王竣在与日军的肉搏战中壮烈牺牲。五期生陈文杞在中条山战役中壮烈殉国。

6 月，十四期生赵正伦，在日军发动的重庆大轰炸中遇难。

7 月 1 日，六期生陈忠柱在武家泽地区与日伪军展开激战，不幸牺牲。

9 月，第二次长沙会战。此为国民革命军第六战区在正面战场主动发起 1941 年以来唯一的一次主动进攻作战，歼灭日军 7 千人。日军曾一度攻占长沙，中国军队伤亡失踪 7 万人，日军伤亡 2 万人。

12 月，第三次长沙会战。国民革命军第九战区取得长沙会战大捷，共毙伤日军 5 万余人。

1942 年

2 月，五期生赵尚志被日军杀害。

3 月 19 日，一期生杜聿明指挥同古保卫战获胜。

4 月，第三战区司令长官顾祝同指挥浙赣会战。日军曾经占领衢州机场，但遭到严重损失，第 15 师团师团长阵亡，日军战史记载伤亡 17148 人。

4 月 19 日，孙立人将军率中国入缅远征军新 38 师第 113 团获仁安羌大捷。

5 月 18 日，三期生戴安澜在对日突围作战中牺牲。毛泽东挽诗《海鸥将军千古》:“外侮需人御，将军赋采薇。师称机械化，勇夺虎罴威。浴血东瓜守，驱倭棠吉归。沙场竟殉命，壮志也无违。”周恩来题挽词:“黄埔之英，民族之雄。”蒋介石的挽词是:“虎头食肉负雄姿，看万里长征，与敌周旋欣不忝;马革裹尸酹壮志，惜大勋未集，虚予期望痛何如?”

5 月 25 日，一期生左权在十字岭战斗中壮烈殉国。周恩来称他“足以为党之模范”，朱德赞誉他是“中国军事界不可多得的人才”。

8 月 26 日，教育长王柏龄在成都病逝。著有《黄埔军校创始之回忆》等。

1943年

2月11日，三期生周复在对日突围中力竭殉国。

5月，鄂西会战。日军沿长江向上游进攻，国民革命军第18军坚守石牌要塞，第六战区及友邻部队夹击日军，歼灭敌军4千人。参战的黄埔军人有战区司令长官陈诚，方天军的胡琏、覃道源、方日英，陈颐鼎军的罗贤达、黄湘、曹金轮，牟廷芳军的刘云瀚、戴之奇、吴光朝，柳际明军的沈澄年、王中柱师，方靖，宋瑞珂军的靳力三、李仲辛，王耀武军的张灵甫、余程万、李炎，夏楚中军的向敏思、龚传文、赵季平，高卓东军的王严、金德扬，汪之斌军的韩浚、彭士量等人。

11月，常德会战。一期生余程万率部誓死抵抗日军长达16天，最终国民革命军收复常德等阵地，毙伤日军2万人。

1944年

4月，豫中会战。日军试图通过豫中会战围歼第一战区主力，并打通平汉线。由于蒋鼎文、汤恩伯等人指挥失当，洛阳沦陷。

5月，长衡会战。国民革命军在衡阳进行了长达48天的抵抗，最终因没有支援而失败。

6月，滇西远征军发动松山战役，第11集团军第71军新28师师长刘又吾，远征军总预备队新编第8军军长、一期生何绍周指挥作战，历时128天，将日本守军全部歼灭。

6月10日，五期生王剑岳在豫湘桂战役中壮烈殉国。

8月，桂柳会战。日军为摧毁大西南的空军基地发动桂柳会战。第四战区司令长官张发奎指挥不力，桂林和柳州仅数日即沦陷。

1945年

4月，何应钦指挥湘西会战。国民革命军在战役中对日军进行了包围，创造了雪峰山大捷，毙伤日军1万多人。最终在国民革命军的反攻下，日军伤亡2万余人，被迫撤退。

1946 年

3 月，黄埔四期生林彪指挥人民解放军与由黄埔一期生杜聿明、陈明仁以及黄埔六期生廖耀湘率领的部队争夺四平。

3 月 17 日，六期生戴笠摔死。

1947 年

1 月 1 日，“中央陆军军官学校”改名为“陆军军官学校”。蒋介石为名誉校长，关征麟为校长。关征麟被认为是继蒋介石之后的台湾省黄埔军校的第二任校长。

5 月 16 日，四期生张灵甫阵亡于孟良崮战役。蒋介石称其为“国民党第一烈士”。

8 月，黄埔六期生宋时轮指挥部署梁山阻击战，成功牵制国民党军队的行动。

10 月，中国人民解放军晋察冀野战军和地方武装一部，在河北省定州市清风店镇地区歼灭国民党军。原黄埔军校政治处主任聂荣臻、黄埔二期生罗历戎等人参加战役。

11 月 6 日，聂荣臻指挥石家庄战役，解放石家庄。

1948 年

3 月，东北人民解放军进攻驻守长春的国民党军，大获全胜，史称长春围困战。

4 月，西府战役。西北野战军在陕西省西部和甘肃省东部地区进攻国民党军胡宗南部和马家军。

6 月，人民解放军攻克黄埔六期生李仲辛率军占据的开封，史称开封战役。

6 月 17 日，黄埔一期生徐向前指挥临汾战役，国民党军第 6 集团军副总司令兼晋南武装总指挥梁培璜被俘。

10 月 2 日，华北军区第一副司令员兼第 1 兵团司令员和政治委员徐向前指挥太原战役，击溃阎锡山余部。

10 月，东北野战军开展黑山阻击战，粉碎蒋介石进攻阴谋，俘获黄埔六期生廖耀湘等人。

11 月 6 日，淮海战役爆发。

11 月，平津战役打响。

1949 年

2 月 11 日，军校第一任政治部主任戴季陶去世。

9 月，张耀明任军校校长。张耀明被认为是台湾省黄埔军校的第三任校长。

10 月，厦门战役，人民解放军与汤恩伯部争夺厦门。

10 月 17 日，人民解放军击溃由黄埔七期生郑果指挥的国民党军队，攻占金门。

1950 年

8 月，蒋介石在台湾凤山恢复“陆军军官学校”，作为黄埔军校的延续。罗友伦任第四任校长。

1951 年

12 月，一期生甘清池被错捕处决。1982 年为其平反，恢复名誉。

一期生徐经济在“镇反”运动中被杀害。1983 年为其平反，恢复名誉。

1952 年

二期生邓士富在“镇反”运动中被错误处决。1983 年为其平反，恢复名誉。

1954 年

8 月 12 日，一期生桂永清逝世。

9 月，谢肇齐出任凤山陆军军官学校校长，为台湾省黄埔军校的第五任校长。

1957年

4月，徐汝诚出任第六任校长。

1959年

12月11日，二期生郑介民在台北逝世。著有《游击战术之研究》、《谍报勤务》、《军事情报学》、《中日战争太平洋列强政略的判断》、《抗战期中对共产党的对策》、《苏俄现阶段的国家战略》等。

1960年

1月17日，一期生卫立煌病逝于北京。

1961年

1月，艾瑷出任第七任校长。

3月16日，一期生陈赓病逝于上海。

1962年

2月14日，一期生胡宗南病逝。留有《宗南文存》。

1964年

6月20日，一期生王敬久在台湾病逝。著有《五十述怀》、《抗战八年回忆》等。

1965年

3月，陈立夫任第八任校长。

3月5日，黄埔一期特别官佐陈诚病逝于台北。著有《陈诚回忆录》。

1967年

2月10日，三期生李天霞逝世。

三期生康泽在北京逝世。著有《复兴社的缘起》、《三民主义青年团成立的经过》、《我在国共第二次合作谈判中的一段》等回忆性文字。

1969 年

4 月 6 日，军校学生总队长张治中逝世。著有《张治中回忆录》等。

6 月 3 日，五期生许光达逝世。著有《战术发展的基本因素》、《论新战术》、《许光达论装甲兵建设》。

11 月 30 日，五期生陶铸在合肥逝世。主要著述有《理想 · 情操 · 精神生活》、《松树的风格》等。

1970 年

4 月，林初耀任第九任校长。

1971 年

7 月 15 日，军校战术教官刘峙在台湾病逝。著有《我的回忆》等。

9 月 13 日，四期生林彪乘飞机叛逃，摔死在蒙古人民共和国温都尔汗地区。

12 月 10 日，军校战术教官陈继承在台北病逝。

1972 年

1 月 6 日，黄埔军校武汉分校政治部文书陈毅在北京逝世。著有《陈毅军事文选》、《陈毅诗词选集》和《陈毅诗稿》等。

5 月，一期生贺衷寒病逝。著有《交通管理要义》、《交通管理论丛》、《一得集》等。

1973 年

2 月，秦祖熙任第十任校长。

1974 年

1 月 2 日，军校军事教官蒋鼎文病逝。

5 月21 日，一期生陈明仁逝世。毛泽东说：“即使你一人起义，也是成功之举！”

1975 年

4 月 5 日，校长蒋介石在台北逝世。他一生的言论、文电极多，散见于报刊和内部档案。台湾地方当局编有他的《全集》、《思想言论总集》等。

1976 年

1 月 8 日，军校政治部主任周恩来在北京逝世，主要著作编为《周恩来选集》。他一生心底无私，严以律已，廉洁奉公，是共产党人立党为公、执政为民的典范。

1 月 16 日，一期生范汉杰在北京逝世。著有《抗战回忆记》、《国民党发动全面内战的序幕》、《锦州战役经过》、《胡宗南部在川北阻截红军经过》，译著《德国步兵动作》等。

4 月，言百谦任第十一任校长。

1977 年

12 月，许历农任第十二任校长。

12 月 2 日，一期生潘佑强在台湾逝世。

1978 年

6 月 12 日，武汉分校政治科教官郭沫若在北京逝世。他是我国新诗的奠基人，是继鲁迅之后革命文化界公认的领袖。

8 月 3 日，六期生罗瑞卿因病逝世。著有《抗日军队的政治工作》、《罗瑞卿诗词集》等。

二期生胡靖安逝世。

1979 年

6 月 30 日，一期生周士第病逝。

12 月 3 日，武汉分校政治教官张国焘死于加拿大。著有长篇回忆录《我的回忆》一书。

12 月，朱致远任第十三任校长。

1980 年

8 月 1 日，一期生关麟征逝世。徐向前发去唁电："噩耗传来，至为悲痛，黄埔同窗，怀念不已，特此致唁，诸希节哀。"著作有《关麟征回忆录》等。

1981 年

5 月 7 日，一期生杜聿明病逝于北京。悼词中这样评价他："他虽然走过曲折的道路，但他有光荣的后半生，为人民的革命事业，作出了自己的贡献，人民怀念他！"

7 月，卢光义任第十四任校长。

1982 年

7 月 21 日，军校教官钱大钧在台北病逝。著有《钱大钧上将八十自传》等。

1983 年

7 月，黄幸强任第十五任校长。

11 月 3 日，一期生曾扩情在辽宁逝世。著有《黄埔同学会始末》、《西安事变回忆》、《何梅协定前复兴社在华北的活动》、《川陕甘边绥靖主任公署的反共措施》、《记成都解放的经过》、《蒋介石两次派我入川内幕》、《我的一生》等。

1985 年

7 月，黄耀羽任第十六任校长。

1986 年

10 月 22 日，军校教授部副主任叶剑英逝世。他所作的“矢志共产宏图业，为花欣作落泥红”的诗句，正是他不懈奋斗的光辉一生的真实写照。

12 月，汤元普任第十七任校长。

军校政治部副主任张申府逝世。

1987 年

1 月 17 日，军校战术教官兼管理部主任顾祝同逝世，著有《墨三九十自述》。

9 月 27 日，一期生廖运泽在南京病逝。著有《南昌起义的片断回忆》、《阜阳保卫战》、《蒋军在京沪杭的最后挣扎》等。

10 月 21 日，军校总教官兼教育长何应钦逝世。

1988 年

10 月 22 日，一期生李仙洲在济南逝世。著有《忻口战役中的第二十一师》、《莱芜战役蒋军被歼始末》等。

1989 年

3 月 20 日，一期生黄维在北京逝世。

7 月，胡家麒任第十八任校长。

1990 年

1 月 25 日，一期生俞济时在台北逝世。著有《时代新军人应有之修养》、《孙子之战术战略思想采微》等。

9 月 21 日，一期生徐向前在北京逝世。

1991 年

1 月 27 日，一期生郑洞国逝世。在数百名黄埔系将领中，他是两个同被两岸追悼的将领之一。

7月，杨德智任第十九任校长。

1992年

5月14日，军校政治部秘书兼政治教官聂荣臻在北京逝世，他为我国的航天事业倾注了大量心血，最后骨灰葬在内蒙古东风航天城烈士陵园。

10月4日，一期生袁守谦逝世。

1993年

2月13日，一期生宋希濂在美国逝世。生前曾撰生平自述，集成《鹰犬将军》一书。

9月，马登鹤任第二十任校长。

1994年

1月9日，九期生蔡文治逝世。

10月25日，一期生侯镜如逝世。

12月13日，六期生胡兰畦在成都逝世。

1995年

9月8日，三期生刘安祺逝世。

9月17日，二期生覃异之逝世。著有《第五十二军台儿庄抗战经过》、《黄埔建军》、《舒宗鎏等谈中山舰事件》、《衡阳保卫战前后回忆》、《蒋经国与青年军》、《中国驻印军始末》、《古北口抗战纪要》等，遗作编入《覃异之回忆录》等。

11月26日，四期生郭化若逝世。代表作品有《郭化若军事论文选集》、《新教育教学法》、《军事辩证法》等。

1996年

7月，童兆阳任第二十一任校长。

1997年

7月，丁渝洲任第二十二任校长。

12月19日，五期生彭孟缉逝世。

1998年

1月，张岳衡任第二十三任校长。

一期生邓文仪逝世。

10月28日，一期生王叔铭在台北逝世。著有《赴美考察空军纪要》等。

2000年

1月5日，六期生谢冰莹逝世。人们按照她“如果我不幸地死在美国，就要火化，然后把骨灰撒在金门大桥下，让太平洋的海水把我飘回去”的遗嘱，将她的骨灰撒入江海，圆了她的还乡之梦。

2001年

10月22日，四期生文强逝世。著有《文强回忆录》。

10月27日，一期生李默庵逝世。晚年著有回忆录，总结自己90年的人生历程和经验。从军20多年，撰写了《国防讲话》、《治军作战一贯论》、《军队教育与青年训练》、《军官团要义》等著作和文稿。

2002年

2月，杨国强任第二十四任校长。

2003年

广西宜州发现1940年3月29日竖立的“中央陆军军官学校第四分校在桂殉故官员生兵纪念碑”。

2007 年

5 月 25 日，最后的黄埔一期生孙元良在台湾地区辞世，享年 103 岁，遗愿有朝一日能迁葬南京。晚年著有回忆录《亿万光年中的一瞬》等。

2008 年

10 月 24 日，四期生李运昌逝世。

参考文献

1. 中国黄埔军校网。

2. [法] 米歇尔福柯著、刘北成、杨远婴译:《规训与惩罚》，三联书店，1999 年版。

3. 陈以沛等编:《黄埔军校史料》(续篇)，广东人民出版社，1994 年版。

4.《第一次国共合作时期的黄埔军校》，文史资料出版社，1984 年版。

5. 陈希孔著:《学员生活点滴》。

6. 宋瑞珂著:《往事历历》。

7.《黄埔军校史料》(续篇)。

8.《潮州分校学生修学规则》。

9. 黄埔军校同学会编:《黄埔军校建校六十周年纪念册(1924—1984)》，长城出版社，1984 年版。

10. 何崇校著:《难忘的岁月》。

11. 文强著:《我在黄埔军校的见闻》。

12. 方鼎英著:《黄埔中央军事政治学校概述》,《方教育长言论集》，1927 年版。

13.《难忘的黄埔军校生活——记安徽黄埔同学会名誉会长侯爵》,《江淮文史》，1995 年第 1 期。

14. 宋希濂著:《参加黄埔军校前后》。

15. 蒋超雄著:《我在黄埔军校学习的回忆》。

16.《孙中山与现代文明》，苏州大学，1997 年版。

17.《黄埔军校校歌》,《蒋介石年谱初编》。

18. 陈蕴茜著:《黄埔军校的日常规训》，南京大学中华民国史研究中心。

19.（台湾）中国国民党中央委员会党史委员会编:《总统蒋公思想言论总集》。

20. 宋瑞珂、文强等著述:《第一次国共合作时期的黄埔军校》。

21. 酆悌著:《本校从黄埔到南京的变化》,《黄埔月刊》，1993年版。

22. 顾冬辉著:《黄埔军校的管理》,《军事历史研究》，1995 年第 2 期。

23. 黄道炫著:《蒋介石与黄埔建军》,《史学月刊》，2004 年第 2 期。

24. 李明著:《黄埔军校》，广东人民出版社，2005 年版。

25. 黄埔军校文史馆。

26. 杨帆著:《国民党去台高官大结局》，华文出版社，2010年版。

27. 蒋经国著:《负重致远》，台北实践出版社，1985 年。

28. 李宗仁口述:《李宗仁回忆录》，广西人民出版社，1988 年。

29. 何定藩著:《陈诚先生传》，台北，1965 年版。

30. 杨燕华著:《中国共产党对辛亥革命的评价及其意义》,《上海党史与党建》，2002 年第 4 期。

31.《毛泽东选集》，人民出版社，1991 年版。

32.《孙中山选集》，人民出版社，1957 年版。

后 记

假如教父晚死十年

作为中国民主革命的教父，孙中山用四十年的革命实践得出“以党治军”、“以党治国”的革命理论，在他生命中的最后几年，为了实践“以党治军”的理论，呕心沥血地创建革命军校，践行“党指挥枪”的革命原则，成为“黄埔教父”。正是因为有了一支以黄埔师生为核心骨架的革命军，国民革命军从1925年起，东征，北伐，只用三年时间就荡平了中华民国成立以来持续了十几年的军阀割据与混战局面，定都南京，统一了中国，而日本人甚至于认为，中国人的抗日战争打了八年，之所以能够取得最后的胜利，就是因为中国有二十几万训练有素的黄埔军官。

作为黄埔教父，孙中山从铁与血的教训中才认识到革命党与革命军的重要性：有了革命党，才能造就革命军；有了革命军，才能缔造革命政权。从黄埔军校成立之后，无论是国民党还是共产党，都从中获得了制胜的法宝。由此，蒋介石高喊“一个主义一个党”，拼命培植蒋记黄埔军事集团，凭借黄埔军团，蒋介石得以执掌民国二十几年；毛泽东大唱“枪杆子里面出政权”，指点江山，激扬文字，组建工农红军，万里长征，红色黄埔系星星之火，渐渐燎原，再到人民解放军，完成了新民主主义革命，缔造了人民当家作主的共和国。

历史是渐行渐远，真相却越来越近，我们对历史人物和事件的看法和评价就越来越公正。今天，我们可以撇开意识形态的分野，而是比较客观公正地说，没有孙中山，就没有“亲爱精诚”的黄埔军校，就没有20世纪叱咤风云的黄埔系；就没有新三民主义思想的确立，就没有大革命时代国共的第一次合作；没有“不要钱，不要命，爱国家，爱百姓”的黄埔精神，就没有黄埔师生在抗日战争期间的可歌可泣的感人事迹。一部黄埔风云史，就是20世纪中国的革命史。合与分，斗与争，黄埔师生皆是主角。

本书以海内外比较丰富的文献资料为依据，站在开放、客观的史学立场，用通俗流畅的史传文笔，从“黄埔教父”这一界定来回顾、探讨辛亥革命的元勋孙中山先生的革命实践活动，重点阐述了从1918年到孙中山先生逝世这一个时间段内孙中山是如何为了创建革命者的黄埔军校而努力奋斗的，是如何把国共两党聚集在一起而实现了国共两党的第一次精诚合作的。作者的阐述与分析结构严密，有理有据，条分缕析，最后，作者大胆地提出假设：如果孙中山先生多活十年，则中国新民主主义革命的完成必定会大大提前，中国必定可以直接从半殖民地半封建社会直接跨入社会主义初级阶段，而日本侵略者必定不可能给中国造成如此巨大的伤痛和损失，或许日本人蓄谋已久的侵略中国的狼子野心可以早早地被扼杀在摇篮之中。诚然，历史不容假设。但是，一切历史都是当代史，我们回顾历史，假设历史，就是为了我们今日能够更好地创造我们的未来，从这一角度来说，合理的假设能够让人们做到前事不忘后事之师，以古为镜。

本书在成稿过程中，作者参阅了大量的海内外专家学者的研究成果，在此致谢，文中插入的历史人物和事件图片，大多是从军事博物馆、红楼、展览馆等处直接翻拍下来的，只有少量的图片属于公有版权作品。同时，作者鉴于自己的史学水平有限，文中可能存在错讹之处，敬请专家、学者、读者不吝赐教。

德玄馨

2010年7月9日

于北京信愿堂